# 波兰民主左翼联盟研究

Study on the Democratic Left Alliance

李玉萍 著

南开大学出版社
天津

**图书在版编目(CIP)数据**

波兰民主左翼联盟研究 / 李玉萍著. —天津:南开大学出版社,2022.1
ISBN 978-7-310-06266-9

Ⅰ.①波… Ⅱ.①李… Ⅲ.①政党－研究－波兰 Ⅳ.①D751.364

中国版本图书馆 CIP 数据核字(2021)第 277666 号

**版权所有　侵权必究**

波兰民主左翼联盟研究
BOLAN MINZHU ZUOYI LIANMENG YANJIU

南开大学出版社出版发行
出版人:陈　敬
地址:天津市南开区卫津路 94 号　　邮政编码:300071
营销部电话:(022)23508339　营销部传真:(022)23508542
https://nkup.nankai.edu.cn

河北文曲印刷有限公司印刷　全国各地新华书店经销
2022 年 1 月第 1 版　2022 年 1 月第 1 次印刷
230×170 毫米　16 开本　18 印张　1 插页　304 千字
定价:88.00 元

如遇图书印装质量问题,请与本社营销部联系调换,电话:(022)23508339

# 目 录

前 言 ········································································· 1
  一、关于波兰民主左翼联盟的称谓 ································ 1
  二、研究意义 ····························································· 2
  三、研究现状 ····························································· 6
  四、研究方法 ····························································· 9
  五、研究思路、基本框架及主要内容 ···························· 9
  六、创新之处 ···························································· 10

**第一章 波兰民主左翼联盟的建立与发展** ····················· 11
  第一节 波兰民主左翼联盟建立的历史背景 ················· 11
    一、东欧剧变之后东欧政党政治发展及特点 ··············· 11
    二、东欧剧变之后波兰的基本政治格局与主要政党 ····· 16
    三、东欧剧变之后波兰政党制度的主要特点 ··············· 25
    四、波兰民主左翼联盟建立和发展的法律环境 ··········· 28
  第二节 波兰民主左翼联盟的建立与发展历程 ············· 32
    一、波兰共和国社会民主党的建立（1990—1991年）····· 32
    二、波兰民主左翼联盟的建立与1991年波兰大选 ········ 35
    三、波兰民主左翼联盟在波兰政坛的第一次起落（1993—
      1999年）······························································· 38
    四、波兰民主左翼联盟注册为政党（1999—2000年）····· 42
    五、波兰民主左翼联盟在波兰政坛的第二次起落（2001—
      2005年）······························································· 45
    六、波兰民主左翼联盟2005年之后的调整与发展（2005年— ）
      ············································································· 50
  第三节 波兰民主左翼联盟迅速发展及步入低谷的主要原因 ······ 54
    一、波兰民主左翼联盟迅速发展的原因 ······················ 54
    二、波兰民主左翼联盟步入低谷的原因 ······················ 61

## 第二章　波兰民主左翼联盟的基本理论 …… 66
### 第一节　波兰民主左翼联盟关于社会主义的基本观点 …… 66
一、对社会主义历史（1945—1989年）的反思 …… 66
二、对未来社会主义——"第三条道路"的理解 …… 73
### 第二节　波兰民主左翼联盟关于党的建设的基本观点 …… 79
一、波兰民主左翼联盟的指导思想、奋斗目标与任务 …… 79
二、波兰民主左翼联盟的性质 …… 82
三、波兰民主左翼联盟的社会基础 …… 84

## 第三章　波兰民主左翼联盟的对内政策主张 …… 93
### 第一节　关于波兰经济发展的政策主张 …… 93
一、关于私有化的政策主张 …… 96
二、关于工业发展的政策主张 …… 107
三、关于农业发展的政策主张 …… 112
四、关于吸引外资的政策主张 …… 118
### 第二节　关于波兰文化和社会发展的政策主张 …… 125
一、关于文化发展问题的政策主张 …… 126
二、关于教育问题的政策主张 …… 133
三、关于社会保障问题的政策主张 …… 138
四、关于妇女儿童和家庭问题的政策主张 …… 156
五、关于青年问题的政策主张 …… 166
六、关于宗教问题的政策主张 …… 170

## 第四章　波兰民主左翼联盟关于国际问题的政策主张 …… 180
### 第一节　波兰民主左翼联盟对外政策的指导思想与主要特点 …… 180
一、波兰民主左翼联盟对外政策主张的思想渊源 …… 180
二、波兰民主左翼联盟对外政策的基本方针 …… 182
三、波兰民主左翼联盟对外政策的特点 …… 185
### 第二节　波兰民主左翼联盟关于若干国际热点问题的基本主张 …… 186
一、关于全球化 …… 187
二、关于欧洲一体化 …… 190
三、关于北约及波兰与北约的合作 …… 195
四、关于联合国的作用及其改革 …… 201

五、关于2008年国际金融危机 …………………………………… 206
　　六、关于国际恐怖主义与反恐合作 ……………………………… 211
　第三节　波兰民主左翼联盟关于波兰与相关国家关系的基本主张 … 216
　　一、关于波兰与欧盟主要国家的关系 …………………………… 216
　　二、关于波兰与东部邻国的关系 ………………………………… 221
　　三、关于波兰与美国的关系 ……………………………………… 228
　　四、关于波兰与中国的关系 ……………………………………… 235

第五章　波兰民主左翼联盟对波兰政坛的影响及发展趋势 ………… 241
　第一节　波兰民主左翼联盟对波兰政坛的影响 ……………………… 241
　　一、波兰民主左翼联盟对波兰政党格局的影响 ………………… 241
　　二、波兰民主左翼联盟对波兰左翼政治力量发展的影响 ……… 243
　第二节　波兰民主左翼联盟的发展趋势 ……………………………… 246
　　一、波兰民主左翼联盟未来发展的可能性 ……………………… 247
　　二、波兰民主左翼联盟自身存在的主要问题 …………………… 248
　　三、波兰民主左翼联盟面临的外部挑战 ………………………… 252

结　语 ………………………………………………………………………… 256
参考文献 ……………………………………………………………………… 259
后　记 ………………………………………………………………………… 277

# 前　言

## 一、关于波兰民主左翼联盟的称谓

本文的研究对象是波兰民主左翼联盟，其英文名称为 Democratic Left Alliance，波兰文名称为 Sojusz Lewicy Demokratycznej，波兰文简称 SLD（国内外学术界均使用波兰文简称，以下文内其他波兰政党的简称亦如此）。为参加 1991 年 10 月波兰剧变之后举行的第一次西方式议会选举，1991 年 7 月 16 日，波兰共和国社会民主党与波兰工会全国协议会、波兰社会党、妇女民主联盟、波兰绿党等 32 个中左翼政党和社会团体组建了以波兰共和国社会民主党为核心的波兰民主左翼联盟。为适应 1997 年波兰新宪法的规定，同时为进一步整合波兰左翼力量与右翼力量展开大选竞争，提前布局 2001 年大选，1999 年 5 月 17 日，波兰民主左翼联盟在华沙地方法院注册为政党。当然，尽管注册为政党，但其英文名称、波兰文名称及波兰文简称并没有变化，而且其领导机构主要成员也没有发生变化，只是改变了政治存在形式而已。

目前在我国政界、学术界、新闻界，关于 Sojusz Lewicy Demokratycznej 中文名称的翻译并不统一。有的将其翻译成"波兰民主左翼联盟党"，如外交部网站关于波兰的简介[①]和中共中央对外联络部网站新闻中关于该组织的介绍[②]，唐海军、秦德占发表于《当代世界与社会主义》2009 年第 2 期的《世界社会党的现状与发展趋势探析》和项佐涛、徐刚发表于《中国社会科学报》第 319 期的《中东欧左翼政党衰落了吗?》等；有的将其翻译成"波兰民主左翼联盟"，如赵司空发表于《马克思主义与现实》2011 年第 4 期的《中东欧

---

① 波兰国家概况[EB/OL].（2014-09）[2014-10-12]. http://www.fmprc.gov.cn/mfa_chn/gjhdq_603914/gj_603916/oz_606480/1206_606722/.

② 张志军将访问英国、波兰、保加利亚和捷克[EB/OL].（2007-11-09）[2012-08-16]. http://www.idcpc.org.cn/xwb/071109-2.htm.

左翼政党与理论格局现状探析》；有的将其翻译成"波兰民主左派联盟"，如张月明发表于《国外理论动态》2003年第4期的《中东欧社会民主党执政、参政情况简介》，孔寒冰、项佐涛发表于《马克思主义与现实》2010年第5期的《二十年东欧转型过程中的社会主义理论与实践》，朱晓中主编的《十年巨变·中东欧卷》等；还有的将其翻译成"波兰民主左派联盟党"，如中共中央对外联络部新闻网站①、外交部新闻②、新华网新闻③等。总之，关于Sojusz Lewicy Demokratycznej 中文名称的翻译共有波兰民主左翼联盟、波兰民主左派联盟、波兰民主左翼联盟党、波兰民主左派联盟党四种。

此外，我国学术界对波兰民主左翼联盟1999年注册成为政党前后的称谓没有作严格区分，如王志连发表于《科学社会主义》2007年第3期的《东欧社会民主主义政党执政的若干经验教训》讲到波兰民主左派联盟党两次执政（1993—1997年、2001—2005年）；赵司空发表于《马克思主义与现实》2011年第4期的《中东欧左翼政党与理论格局现状探析》提到1991年大选波兰民主左翼联盟就是议会中最大的反对党；杨鸿玺在《欧亚左翼力量发展的经验教训及其前景》（2008年第5期《学习月刊》）一文中既使用"波兰民左联党"（即"波兰民主左翼联盟党"）的称谓又使用"民主左翼联盟"的称谓，实际指称的都是同一个行为主体。

鉴于国内政界、学术界、新闻界对于 Sojusz Lewicy Demokratycznej 有多种翻译，本文使用"波兰民主左翼联盟"这一名称，在文内为叙述简洁同时使用"民主左翼联盟"这一名称。

## 二、研究意义

（一）研究波兰民主左翼联盟是研究中东欧国家左翼政党的需要

东欧剧变之后，中东欧各国共产党相继失去了政权，并发生了分化。一部分共产党在重建以后，依然坚持以马克思列宁主义为指导思想，如波兰"无产阶级"共产主义者联盟、捷克和摩拉维亚共产党（简称捷摩共）、匈牙利工人党、阿尔巴尼亚共产党、共产主义者联盟-维护南斯拉夫运动、保加利亚劳

---

① 王兆国会见波兰民左联党代表团[EB/OL].（2004-02-02）[2012-08-16]. http://www.idcpc.org.cn/duiwai/niandugaikuang/2004/040202.htm.

② 驻波兰大使徐坚拜会波兰民主左派联盟党主席米莱尔[N/OL].（2012-10-25）[2012-11-20]. http://www.chinadaily.com.cn/hqgj/jryw/2012-10-26/content_7347743.html.

③ 波兰民主左派联盟党选出奥莱克西为新主席[N/OL].（2004-12-19）[2012-08-16]. http://news.163.com/41219/8/17V0UMUA0001121Q.html.

动人民党（后改称保加利亚共产党）、保加利亚共产党（马克思主义者）等。

另外一部分共产党则转变为社会民主党，这也是东欧剧变后前共产党的主要发展方向。如1990年由波兰统一工人党改名而来的波兰共和国社会民主党及后来以波兰共和国社会民主党为核心建立的波兰民主左翼联盟，1989年10月由匈牙利社会主义工人党改名而来的匈牙利社会党，由捷克斯洛伐克共产党改名而来的斯洛伐克民主左翼党，1990年2月民主德国统一社会党改称民主社会主义党，1990年4月保加利亚共产党改称保加利亚社会党，1991年6月阿尔巴尼亚劳动党更名为阿尔巴尼亚社会党，而罗马尼亚共产党经过几次改名，最终在1993年改称罗马尼亚社会民主主义党。南斯拉夫共产主义者联盟在1990年解体后，原6个联盟组织分别改称为马其顿社会民主联盟、波黑社会民主党、塞尔维亚社会党、斯洛文尼亚民主改革党、克罗地亚民主改革党和黑山社会主义者民主党。

这些由过去执政的共产党转变而来的社会民主党或社会党宣布接受西欧的民主社会主义思想，将民主社会主义价值观作为党的纲领和奋斗目标，声称要将实现民主社会主义作为自己的理想和目标。这些党在政治方面主张多党议会民主制和三权分立；在经济方面主张实行社会市场经济，建立社会福利保障体系；在社会方面反对战争和恐怖主义，主张加强环境保护，消灭贫富差距；在外交政策方面主张欧洲一体化，加速北约和欧盟东扩，维护民族独立和国家主权等，力求成为新型的社会民主党。

东欧剧变之后，由共产党演变而来的社会民主党成为中东欧政治舞台上重要的政治力量。以波兰共和国社会民主党为核心组建的波兰民主左翼联盟自1991年选举以来就是波兰唯一保持议会政党地位的左翼力量，也是波兰政坛最有影响力的左翼力量，并于1996年成为社会党国际成员，1999年成为欧洲社会党成员。

1991年波兰举行剧变后第一次西方式的议会大选，波兰民主左翼联盟得票率11.99%，获众议院60个议席，成为议会最大反对派；1993年议会大选，波兰民主左翼联盟得票率攀升至20.41%，获众议院171个议席，成为议会第一大党，获得组阁权，携手波兰人民党联合组阁执政；1995年波兰举行总统选举，波兰民主左翼联盟推出的候选人亚历山大·克瓦西涅夫斯基（Aleksander Kwasniewski）战胜团结工会候选人莱赫·瓦文萨（Lech WaleSa）成为波兰新一任总统，并于2000年获得连任；1997年议会大选，波兰民主左翼联盟得票率为27.13%，虽然再次成为议会最大反对派，但得票率却比1993年大选提高了近 7 个百分点；2001 年议会大选，由波兰民主左翼联盟和劳动联盟结成的竞选联盟创纪录地获得 41.04%的选票，获众议院 216 个议席，波兰民主左翼联盟、劳动联盟与波兰人民党联手组成新一届联合政府，第二次执掌国家政权。至此，波兰民主左翼联盟既控制了议会，又取得了总理和总统两大职位，形成所谓的"红三角"，波兰民主左翼联盟的发展也达到了顶峰。

然而，2005 年议会大选，波兰民主左翼联盟与劳动联盟组成的竞选联盟仅获得 11.31%的选票和 55 个众议院议席，位列议会第四位，首次跌出前两位；2007 年议会大选，波兰民主左翼联盟和两个左翼政党（劳动联盟、波兰社会民主党）及一个中派政党（民主党）组成的左翼与民主者联盟，共获得 13.15%的选票和 53 个众议院议席，位列议会第三位；2011 年议会大选，波兰民主左翼联盟得票率下跌至 8.24%，仅得到 27 个众议院议席，位列议会五大政党之末。2015 年 7 月，民主左翼联盟与你们的运动、波兰社会党、劳动联盟、绿党和波兰劳动党建立竞选联盟——统一左翼（英文名称为 United Left，波兰文名称为 Zjednoczona Lewica，波兰文简称 ZL）参加 2015 年波兰议会大选，并得到全波兰工会联合会的支持，获得 7.55%的选票，未达到竞选联盟进入议会 8%的最低门槛要求，未能进入议会，这是 1991 年民主左翼联盟参加波兰议会大选以来第一次未能进入议会，民主左翼联盟遭遇 1991年波兰举行西方式自由选举以来最大的一次失败。

由波兰统一工人党逐步演变而来的波兰民主左翼联盟是中东欧国家最早重新走上执政舞台的左翼力量，其政治经历跌宕起伏，变化剧烈。研究波兰民主左翼联盟的历史、理论、政策主张，不仅对我们了解和研究中东欧的政党政治、开展对中东欧的政党外交、促进我国改革开放和社会主义现代化建设事业的发展具有现实必要性，而且对我们了解世界社会主义运动流派之一的民主社会主义在中东欧的发展也具有理论意义。

（二）研究波兰民主左翼联盟是丰富和发展中国特色社会主义理论体系的需要

中国特色社会主义理论体系是中国共产党把马克思主义与中国社会实际相结合而形成的当代中国的马克思主义。中国特色社会主义理论体系的不断发展，需要我们一方面继续坚定不移地坚持马克思主义，另一方面要不断总结社会主义实践的经验和教训，在实践中坚持和发展中国特色社会主义理论体系。需要总结的社会主义实践经验和教训，既包括中国共产党在建设中国特色社会主义过程中的经验教训，也包括其他国家左翼政党与思潮的基本理论与政策主张的变化与调整。而对后者的研究和借鉴除了要加强对其他社会主义国家共产党、发达国家左翼政党社会民主党及共产党的研究外，还要重视对处在从计划经济向市场经济转轨过程中的中东欧国家左翼政党的理论与实践的跟踪研究。

波兰民主左翼联盟曾两度执政，是1989年剧变之后波兰政坛最有影响力的左翼政党。因此，对波兰民主左翼联盟的理论、内外政策及执政实践的研究，不仅有助于我们深化对中国特色社会主义理论体系与实践的认识，而且对于加强中国共产党的执政能力建设也具有借鉴意义，尤其是其在民生问题上的主张与实践更值得我们关注。

（三）研究波兰民主左翼联盟是进一步了解波兰的经济、政治与社会现状，发展两国、两党关系的需要

波兰位于欧洲大陆中部，领土面积32.26平方公里，位居欧洲第九位。截止到2019年6月，波兰人口总数为3839万，位居欧洲第八位。在中东欧国家中，波兰的国土面积和人口都位列第一位。从地缘政治看，波兰西邻德国，南接捷克和斯洛伐克，东邻乌克兰和白俄罗斯，东北部接立陶宛和俄罗斯"飞地"——加里宁格勒州，北濒波罗的海，地处东西欧交汇之地，战略位置十分重要。冷战时期波兰是东西方对抗的"前沿阵地"，冷战后波兰是东欧国家进入西欧的桥头堡。

波兰有悠久的历史和灿烂的文化，是哥白尼、肖邦、居里夫人等历史名人的故乡。历史上，波兰曾是欧洲最大的国家，但是1772年、1793年、1795年不幸遭到沙皇俄国、奥地利、普鲁士三国瓜分而被灭国，直到1918年才得以复国。第二次世界大战时波兰又被德国法西斯占领，1945年5月苏联军队解放了波兰全境，在波兰建立了社会主义制度，1989年波兰发生剧变。

经过30多年的转轨和发展，2019年波兰国内生产总值居世界第二十一位、欧盟第七位（不含英国）。2004年5月1日，波兰成为中东欧首批加入欧盟的国家，波兰优越的地理位置、质高价廉的劳动力、良好的投资环境等优势为其在全球化过程中赢得了较多的发展机遇。根据联合国2019年人类发展指数，波兰排名世界第三十五位，为世界高度发达国家之一。2009年受国际金融危机影响，波兰经济虽明显下滑，但仍好于欧盟多数国家，是欧盟内唯一实现正增长的国家。2019年，波兰经济增长4.1%，2020年公共债务占国内生产总值比重55%，远低于欧盟88%的平均水平。联合国贸易和发展会议2011年世界投资报告显示，在2011－2013年全球最具投资吸引力的国家

中，波兰位居第六。2010年，波兰吸引外国直接投资91亿美元；2018年，吸引外国直接投资120.4亿美元。

中华人民共和国成立后，中波两国、中国共产党与波兰统一工人党之间建立了良好的关系。1989年波兰剧变之后，中波两国、中国共产党与波兰国内包括波兰民主左翼联盟在内的主要政党继续保持良好的政府间和政党间关系。中波两国经济往来也日益密切，根据中国海关总署统计，2011年中波贸易额为129.9亿美元，同比增长16.7%。其中，中方出口109.4亿美元，同比增长15.9%；进口20.5亿美元，同比增长20.7%。2018年在波兰的主要贸易伙伴中，中国列第二位。

波兰民主左翼联盟虽然现在是在野党，但依然是波兰政坛最有影响力的左翼政党，对波兰社会有重要影响。所以，深入研究波兰民主左翼联盟，对进一步加强中国共产党与波兰民主左翼联盟之间的良好关系、开展和加强党际交流、促进两国的经贸往来、发展中国特色社会主义建设事业，以及加强中国共产党的自身建设都有重要的理论与现实意义。

### 三、研究现状

波兰民主左翼联盟从1991年建立至今只有三十年的历史，但在波兰政坛却发挥着举足轻重的作用：1993－1997年、2001－2005年波兰民主左翼联盟两度执政，波兰民主左翼联盟领导人克瓦西涅夫斯基在1995－2005年期间蝉联两届波兰总统。即使是2005年之后处于在野党地位，波兰民主左翼联盟也是迄今为止波兰政坛最有影响力的左翼政党。所以，波兰民主左翼联盟从步入政坛开始就受到了国内外学术界的关注。

（一）国外研究现状

到目前为止，还没有专门的对波兰民主左翼联盟进行研究的英文专著，但有相当数量与之相关的其他类型研究成果。比较多见的英文研究文献主要有两类。

一类是有关中东欧国家左翼政党的研究论文集，其中包含了对波兰民主左翼联盟的研究论文。例如：论文集 *Party Structure and Organization in East-Central Europe*（《中东欧政党结构和组织》，1996）中有 Stanislaw Gebethner 的 *Parliamentary and Electoral Parties in Poland*（《波兰的议会和竞选政党》）；论文集 *The Communist Successor Parties of Central and Eastern Europe*（《中东欧的共产主义后继党》，2002）中有 Radoslaw Markowski 的 *The*

*Polish SLD in the 1990s*（《20 世纪 90 年代的波兰民主左翼联盟》）和 Valerie Bunce 的 *The Return of the Left and Democratic Consolidation*（《波兰、匈牙利左翼的回归和民主的巩固》）；等等。

另一类也是较多的一种英文研究文献，是刊登在英文期刊上的有关论文。例如 *Party Politics*（《政党政治》）、*Journal of European Social Policy*（《欧洲社会政策杂志》）、*Journal of Communist Studies and Transition Politics*（《共产主义研究和转型政治杂志》）、*East European Quarterly*（《东欧季刊》）、*Electoral Studies*（《选举研究》）、*East European Politics & Societies*（《东欧政治与社会》）、*Comparative Politics*（《比较政治学》）、*Post-Communist Economies*（《后共产主义经济》）、*Europe-Asia Studies*（《欧亚研究》）、*Political Studies*（《政治研究》）、*Communist & Post-Communist Studies*（《共产主义与后共产主义研究》）、*Studies in East European Thought*（《东欧思想研究》）等期刊都刊登有较多的关于波兰民主左翼联盟研究的论文，内容涉及波兰民主左翼联盟参加波兰议会竞选活动及其竞选战略的分析、波兰民主左翼联盟纲领和组织结构方面的分析、波兰民主左翼联盟的活动经费问题等。

（二）国内研究现状

笔者在中国知网等国内网站以"波兰""波兰政党""中东欧政党""中东欧政治"为关键词查询到了一定数量的关于波兰左翼政党的学术文献，情况大体如下（以发表时间先后顺序）。

1989－1999 年期间发表的关于波兰左翼政党研究的主要论文有 28 篇，2000 年以来发表的关于波兰左翼政党研究的主要论文有 40 篇。此外，还有与波兰民主左翼联盟研究相关的硕士和博士学位论文 5 篇：《冷战结束以来欧洲左翼思想变迁的理论分析》（王克宁，中共中央党校硕士论文，2006 年）、《波匈捷左翼政党的社会政策研究》（翟宇婷，山西大学硕士论文，2008 年）、《剧变后东欧左翼联合政府研究》（王曦莹，山西大学硕士论文，2010 年）、《中东欧"共产主义后继党"执政问题研究》（贺蕊玲，中国政法大学硕士论文，2010 年）、《剧变以来中欧四国左翼政党研究》（王雅萍，华东师范大学博士论文，2001 年）。

除上述论文以外，国内还出版有与波兰左翼政党研究有关的中文专著，如《1989 年以来东欧、中亚政党嬗变》（杨元恪、陈刚主编，中共中央党校出版社，1993 年）、《列国志·波兰》（高德平编著，社会科学文献出版社，2005 年）、《政坛 10 年风云：俄罗斯与东欧国家政党研究》（张月明、姜琦著，上海社会科学院出版社，2005 年)、《执政党的经验教训》(李慎明主编，社会科学文献出版社，2008 年)、《从民主社会主义到社会民主主义——当代欧洲社会民主党的理论与实践》(刘玉安、蒋锐等著，人民出版社，2010 年)、《原苏东地区社会主义运动现状研究》(孔寒冰编著，上海人民出版社，2010 年)等。

综合起来看，上述国内关于波兰民主左翼联盟的研究或者是把中东欧作为一个整体，比较分析包括波兰民主左翼联盟在内的中东欧国家左翼政党的发展，或者是把波兰民主左翼联盟单独作为研究对象进行研究。从研究的具体内容上来说有三类：一是研究波兰民主左翼联盟在竞选中的表现；二是对波兰民主左翼联盟执政经验的总结研究；三是对中东欧民主社会主义的研究。从时间上看，国内关于波兰民主左翼联盟的研究主要集中在 1991－2005 年，2005 年波兰民主左翼联盟竞选失败成为在野党之后，国内关于波兰民主左翼联盟的后续研究比之前大为减少。

（三）国内外研究现状的总体评价

英文研究文献主要是使用西方已有的政党理论对波兰民主左翼联盟进行研究，把波兰作为案例来验证西方的政党理论，探讨较多地涉及波兰民主左翼联盟参加 1993、2001 年大选获胜原因，对该党的纲领、组织结构和经费等问题的研究也是为了说明其崛起的原因。此外，在英文研究文献中，对波兰民主左翼联盟与波兰国内其他政党、中东欧其他国家左翼政党的比较研究也较为多见。

国内对波兰民主左翼联盟的研究多数属于跟踪研究，从研究内容上来看大多集中于对该党参加大选成败原因、执政经验教训的分析，对其内外政策主张的研究尚不够系统；从时间上来看，多数研究集中于分析 2005 年之前的波兰民主左翼联盟，对其 2005 年之后的研究较为少见。

总而言之，笔者认为，对波兰民主左翼联盟的现有研究还不够全面和系统，如对波兰民主左翼联盟 1991 年建立至今的发展历史的梳理还不够系统，尤其是对 2005 年波兰民主左翼联盟沦为在野党后的发展研究几乎是个空白；另外，现有研究更多地关注其崛起的原因和执政经验教训，而对波兰民主左翼联盟内外政策主张的系统分析较为少见。因此，系统、全面地分析波兰民主左翼联盟的发展及其内外政策主张很有必要，而国内外现有的研究成果也为笔者的进一步研究提供了较为有力的资料基础。

## 四、研究方法

本研究将以马克思列宁主义基本原理为指导,综合运用辩证唯物主义和历史唯物主义的科学方法、比较的方法和西方学者关于政党政治的研究方法,系统、全面地分析和研究波兰民主左翼联盟的发展历史、基本理论、内外政策主张及发展趋势。

## 五、研究思路、基本框架及主要内容

本研究致力于系统地梳理波兰民主左翼联盟的发展历程、基本理论及政策主张。本书力图从纵向和横向两个层面入手,纵向上主要研究波兰民主左翼联盟从1991年建立至今的整个发展历程,分析波兰民主左翼联盟不断发展壮大及步入低谷的原因。横向上主要从三个方面展开研究:一是关于波兰民主左翼联盟的基本理论观点;二是关于波兰民主左翼联盟在国内问题上的基本政策主张;三是关于波兰民主左翼联盟在国际问题上的基本政策主张。本书结尾是对波兰民主左翼联盟未来发展的展望,主要分析波兰民主左翼联盟对波兰政坛的影响、未来发展面临的主要问题和外部挑战。除前言外,正文共分五章。

第一章主要介绍波兰民主左翼联盟建立和发展的历史背景及发展历程。首先,从国际、国内和法律约束三个方面介绍波兰民主左翼联盟建立和发展的历史背景;其次,回溯波兰民主左翼联盟建立和发展的历程,共分为波兰共和国社会民主党的建立、波兰民主左翼联盟的建立、波兰民主左翼联盟的第一次起落、波兰民主左翼联盟注册为政党、波兰民主左翼联盟的第二次起落、波兰民主左翼联盟2005年成为在野党以后的发展六个阶段;最后,总结波兰民主左翼联盟迅速发展和步入低谷的主要原因。

第二章主要论述波兰民主左翼联盟的基本理论。首先,梳理波兰民主左翼联盟关于社会主义的基本观点,包括其对波兰社会主义历史的反思和对未来社会主义的理解;其次,论述波兰民主左翼联盟的指导思想、奋斗目标与任务、性质和社会基础等问题。

第三章主要论述波兰民主左翼联盟对波兰国内问题的基本政策主张。首先,论述波兰民主左翼联盟关于波兰经济发展的政策主张,包括私有化、工业发展、农业发展、吸引外资等的政策主张;其次,论述波兰民主左翼联盟关于波兰文化和社会发展的政策主张,包括文化发展问题、教育问题、社会保障问题、妇女儿童和家庭问题、青年问题、宗教问题等。

第四章主要论述波兰民主左翼联盟关于国际问题的基本政策主张。首先，论述波兰民主左翼联盟对外政策的指导思想与主要特点，分析波兰民主左翼联盟关于波兰对外政策主张的思想渊源、基本方针和特点；其次，论述波兰民主左翼联盟关于全球化、欧洲一体化、北约及波兰与北约的合作、联合国的作用及其改革、2008年国际金融危机、国际恐怖主义与反恐合作等若干国际热点问题的基本主张；最后，论述波兰民主左翼联盟关于波兰与德国等欧盟主要国家、波兰与东部邻国、波兰与美国及波兰与中国等主要国家双边关系的基本主张等。

第五章主要论述波兰民主左翼联盟的政治影响及其发展趋势。首先，从对波兰政党格局的影响和对波兰左翼政治力量发展的影响两个方面论述波兰民主左翼联盟对波兰政坛的影响；其次，展望波兰民主左翼联盟的发展趋势，包括波兰民主左翼联盟未来发展的可能性、波兰民主左翼联盟未来发展过程中自身内部面临的主要问题，以及波兰民主左翼联盟发展所面临的外部挑战，如欧洲政治风向的右转等。

## 六、创新之处

本研究力图对波兰民主左翼联盟的发展、基本理论、内外政策主张做一个较为系统、全面的梳理。研究重点在于较为详细地分析、论述波兰民主左翼联盟的基本理论和内外政策主张。创新之处主要有以下两个方面。

第一，就研究资料而言，以一定数量的第一手英文和波兰文资料为研究基础，大量借鉴国外学者的研究成果。

第二，就研究内容而言，系统梳理了波兰剧变之后，以波兰共和国社会民主党为代表的波兰左翼及后来在波兰共和国社会民主党基础上建立的波兰民主左翼联盟的整个发展历程，其中关于波兰民主左翼联盟2005年之后的发展变化、基本理论及内外政策主张方面的研究在一定意义上填补了国内研究空白。

# 第一章　波兰民主左翼联盟的建立与发展

波兰民主左翼联盟作为波兰统一工人党的"后继党",其建立和发展有着特定的社会历史背景。波兰及整个东欧政局的大变动是波兰民主左翼联盟赖以建立的大舞台,当然,波兰民主左翼联盟的发展变化还离不开剧变之后波兰政治制度的根本改变。

## 第一节　波兰民主左翼联盟建立的历史背景

马克思主义认为政党与政党制度具有鲜明的阶级性,因此,东欧政局的演变与这些国家政党制度的更迭必然是一个相互联系的统一过程。东欧各国政权性质的变更,推翻了共产党的领导,改变了社会主义政党制度。波兰民主左翼联盟的建立和发展就是在整个东欧政局大变动的历史背景下进行的,而东欧政局大变动的起点则是波兰政局的大变动,波兰是引发东欧剧变的第一张多米诺骨牌。

### 一、东欧剧变之后东欧政党政治发展及特点

1989年2月,波兰举行的圆桌会议引发了东欧剧变的多米诺骨牌效应,东欧各国纷纷效仿波兰,原来执政的共产党被迫下台,亲西方的右翼政党上台执政。右翼政党上台后,变更国名,修改宪法,实行多党议会民主和三权分立,其共同的政治口号和实践就是"与过去决裂""回归欧洲",即告别社会主义加入资本主义世界。①以匈牙利和捷克为例,东欧政党政治的发展如下。

---

① 姜琦,张月明.悲剧悄悄来临——东欧政治大地震的征兆[M].上海:华东师范大学出版社,2001:21.

1989年10月18日，匈牙利国会通过宪法修正草案将匈牙利人民共和国改名为匈牙利共和国。1989年2月，匈牙利社会主义工人党发表声明承认多党制。1989年6月13日，匈牙利举行了由执政党、反对派以及工会、爱国人民阵线等社会组织参加的三方圆桌会议，讨论从一党制向多党制"和平过渡"的具体问题。

1989年10月7日，匈牙利社会主义工人党举行第十四次（非常）代表大会，决定把匈牙利社会主义工人党改名为匈牙利社会党，确定党的目标是民主社会主义，建立"以混合经济所有制、社会市场经济的自治体制为基础的多党制议会民主"①。新任党主席涅尔什宣布匈牙利社会党同无产阶级专政和民主集中制决裂，新党章不再提党的指导思想是马列主义、无产阶级国际主义以及为工人阶级和劳动人民服务，匈牙利社会主义工人党转变为社会民主党。

1990年1月，匈牙利举行议会大选，右翼民主论坛获胜，与小农党和基督教民主人民党组成三党联合政府，匈牙利完成政权"和平"交接，建立三权分立的多党议会民主制，结束了匈牙利社会主义工人党一党执政。1994年，左翼匈牙利社会党赢得大选。经过1998年的第三次大选，匈牙利政坛基本形成以匈牙利社会党、匈牙利社会民主党、匈牙利共产主义工人党（1989年底、1990年初重建，1993年3月又改名为工人党）、匈牙利社会绿色党、2006匈牙利工人党等为主的左翼阵营和以公民论坛、青年民主同盟、自由民主同盟、基督教民主人民党为主的右翼阵营，左右两翼轮流执政。

1989年，受国内外形势影响，捷克斯洛伐克社会动乱加剧。1989年12月22日，捷克斯洛伐克各派政治力量举行圆桌会议，一致同意分别提名反对派"公民论坛"代表哈维尔和捷共1968年时的领导人杜布切克为总统和联邦议会主席候选人。1990年3月29日，捷克斯洛伐克联邦议会决定将捷克斯洛伐克社会主义共和国改名为捷克斯洛伐克联邦共和国。1992年11月25日，捷克斯洛伐克联邦议会通过《国家解体法》，决定从1993年1月1日起捷克斯洛伐克联邦共和国分裂为捷克共和国、斯洛伐克共和国两个独立的主权国

---

① 张月明，姜琦. 政坛10年风云——俄罗斯与东欧国家政党研究[M]. 上海：上海社会科学院出版社，2005：97.

家，被称为"天鹅绒分离"①，即和平分裂。

1989年11月24日，捷克斯洛伐克共产党中央召开非常会议，中央总书记雅克什辞去总书记职务，中央主席团和书记处也宣布集体辞职，这等于放弃了捷共对国家的领导权。11月29日，捷克斯洛伐克联邦议会通过宪法修正案，取消了关于捷克斯洛伐克共产党在社会和国家中起领导作用的规定，修改了捷共领导民族阵线和根据马列主义精神对人民进行教育的条款。以乌尔班内克为首的新中央主席团决定从1989年12月31日起终止捷共在一切国家要害部门中的活动。1989年12月20—21日，捷共召开特别代表大会，通过了《捷克斯洛伐克共产党关于争取民主社会主义的行动纲领》和暂行组织章程等文件，把民主社会主义作为党的奋斗目标，改变及放弃捷共的无产阶级先锋队性质和领导地位，放弃马列主义的指导思想和民主集中制的组织原则等，捷共转向社会民主党。1990年3月31日，在捷克斯洛伐克共产党捷克地区组织的基础上成立捷克和摩拉维亚共产党（简称捷摩共）。

1990年1月23日通过的政党法确认1989年11月17日之前存在的公民论坛（后改为公民民主党）、捷克斯洛伐克共产党、社会民主党、"公众反对暴力组织"等5个政党为合法组织。经过1990—1996年较为混乱的时期，到1996年大选，在捷克共和国形成了由捷克社会民主党、捷摩共、捷克民主社会主义党等组成的左翼阵营和由公民民主党、基督教民主同盟——人民党、公民民主联盟等组成的右翼阵营。1989年之后，捷克左右两翼通过大选轮流执政：1990—1998年公民民主党为代表的右翼执政；1998年大选捷克社会民主党获胜，左翼重新上台执政。

1989年之后，以匈牙利、捷克为代表的东欧各国政党政治发展呈现以下特点。

第一，剧变之后，东欧各国政党打破共产党一党执政的体制，在西方多党议会民主体制下开展活动。剧变伊始，原来执政的共产党纷纷放弃马克思主义的指导原则和共产主义奋斗目标，放弃共产党对国家的领导地位，抛弃了无产阶级专政和民主集中制的原则，主张政治多元化，实行西方式的多党议会民主政治体制，并相继通过了新的政党法、选举法。无论左翼政党还是右翼政党都在新的法律框架之下开展活动，政党斗争也围绕议会竞选展开而

---

① "天鹅绒分离"原指1989年在捷克斯洛伐克发生的没有经过大规模暴力冲突就实现的政权更迭，因如天鹅绒般平和柔滑，故得名。1993年1月1日，捷克斯洛伐克以和平方式分裂为捷克共和国和斯洛伐克共和国两个独立主权国家，也被称为天鹅绒分离或天鹅绒离婚。

不是街头政治。

第二，新政党层出不穷，经历了从混乱无序到形成左右两翼政党有序竞争的局面。剧变之后，东欧各国宣布实行多党议会民主，各国相继通过了新的政党法，由于成立政党门槛很低，因此各类政党如雨后春笋般涌现出来。1991 年波兰大选前有超过 100 个政党注册，1989 年匈牙利登记注册的政党有 65 个，1990 年捷克斯洛伐克登记注册的政党或政治运动有 100 个，①政党政治呈现碎片化特征。

1990 年匈牙利议会大选有 11 个政党得票率超过 1%，有 8 个政党得票率低于 1%，②最后有 6 个政党得票率超过 4%进入议会。1990 年捷克斯洛伐克大选规定成员数达到一万人的政党或政治运动才有资格参加大选，得票率（捷克）达到 5%以上的党派才能进入议会。1990 年大选，捷克有 13 个政党参选，最后有 4 个政党得票率超过 5%进入议会。③经过 4 年左右的调整和适应，匈牙利、捷克等东欧国家最终形成了以社会民主党为代表的左翼政党和右翼政党竞争的局面。在匈牙利是以匈牙利社会党为代表的左翼政党和以自民盟、青民盟为代表的右翼政党之间的竞争，在捷克则是以捷克社会民主党为代表的左翼政党和以公民民主党为代表的右翼政党之间的竞争。

第三，东欧各国左翼政党以信仰民主社会主义的社会民主党和社会党为主，他们与历史上的社会民主党、原来执政的共产党之间有着千丝万缕的关系。

中东欧的左翼政党有老牌的社会民主党，第二次世界大战前它们就在中东欧国家存在。第二次世界大战后这些政党中的一部分不愿与共产党合并的党员流亡国外，成为流亡党，他们在剧变前后回到国内，恢复活动。这类政党主要有波兰社会党、匈牙利社会民主党、保加利亚社会民主党、罗马尼亚社会民主党、捷克社会民主党和斯洛伐克社会民主党等，也有人将这类政党称之为"重建党"④。

---

① 张月明，姜琦. 政坛 10 年风云——俄罗斯与东欧国家政党研究[M]. 上海：上海社会科学院出版社，2005：63，99，123.

② Hungary: Parliamentary Election 1990[DB/OL]. [2013-02-05]. http://eed.nsd.uib.no/webview/index.jsp?study=http://129.177.90.166:80/obj/fStudy/HUPA1990_Display&mode=cube&v=2&cube=http://129.177.90.166:80/obj/fCube/HUPA1990_Display_C1&top=yes.

③ Czech Republic: Parliamentary Election 1990[DB/OL]. [2013-02-05]. http://eed.nsd.uib.no/webview/index.jsp?study=http://129.177.90.166:80/obj/fStudy/CZPA1990_Display&mode=cube&v=2&cube=http://129.177.90.166:80/obj/fCube/CZPA1990_Display_C1&top=yes.

④ 王志连. 东欧社会民主主义政党执政的若干经验教训[J]. 科学社会主义，2007（3）.

"共产主义后继党"①（或"改建党"）是指由原来执政的共产党演变而来的社会民主党，国外学者大多使用"共产主义后继党"②（the communist successor parties）或"后共产主义政党"③（the post-communist parties）这两种称谓，如 1989 年 10 月匈牙利社会主义工人党改名为匈牙利社会党，1990 年波兰统一工人党改名为波兰共和国社会民主党（后转变为波兰民主左翼联盟），捷克斯洛伐克共产党斯洛伐克地区政党改名为斯洛伐克民主左翼党等。

剧变后新建的社会民主党，如斯洛文尼亚社会民主同盟（1990 年 2 月"一大"时改称社会民主党）、阿尔巴尼亚社会民主党和波兰劳动联盟等。

重建共产党④，剧变后由对原来执政的共产党社会民主党化持不同态度的一部分共产党人另行建立的共产党，如波兰共产党、匈牙利社会主义工人党（后于 1993 年 3 月改名为工人党）、捷摩共、阿尔巴尼亚共产党、保加利亚共产党（马克思主义者）等。

第四，剧变之后东欧各国基本形成了左右两翼政党轮流执政的局面。剧变伊始，原来执政的共产党多数在第一次大选中败下阵来，如波兰、捷克、匈牙利等，只有保加利亚共产党（后改名为保加利亚社会党）、阿尔巴尼亚劳动党等少数国家原来执政的共产党在第一次大选中获胜，但在之后的竞选中也不得不让位于右翼政党。经过调整和适应，左翼政党又重新执政，最早重新执政的是波兰民主左翼联盟和匈牙利社会党，分别在 1993 年和 1994 年赢得大选执政。之后在东欧国家形成了左右两翼政党轮流执政的局面。迄今为止，匈牙利社会党在 1994—1998 年、2002—2006 年、2006—2010 年三次执政；捷克社会民主党在 1998—2002 年、2002—2006 年两次执政，尽管捷克社会民主党在 2010 年大选中是议会第一大党，但中右翼政党组成了联合政

---

① 王秋准. 东欧共产党社会民主党化探析[J]. 聊城大学学报（社会科学版），2008（2）.

② Vincentas Vobolevičius. The Left or the Right? The Political Logic Behind the Economic Policies of the Communist Successor Parties in Central Europe[J]. Baltic Journal of Law & Politics; Andras Bozoki, John T. Ishiyama. The Communist Successor Parties of Central and Eastern Europe[M]. New York: M. E. Sharpe, Inc., 2002; Anna M. Grzymała-Busse. Redeeming the Communist Past: The Regeneration of Communist Successor Parties in East Central Europe[M]. Cambridge: Cambridge University Press, 2002.

③ Csaba Nikolenyi. Coordination problem and grand coalition: the puzzle of the government formation game in the Czech Republic[J]. Communist and Post-Communist Studies, 2003 (36); John E. Jackson, Bogdan W. Mach, Radosław Markowski. Electoral Success among Post-Communist Parties[C]. Paper presented at the annual meeting of the American Political Science Association, Washington, DC, 2005-09-01.

④ 高歌. 剧变后东欧国家左翼政党发展过程中的三个为什么——东欧左翼政党发展态势初探[J]. 东欧中亚研究，1998（6）.

府，2013 年提前举行大选，捷克社会民主党再次获得优先组阁权执政至 2017 年。

此外，剧变之后，东欧各国左右两翼政党还在持续分化中，左右两翼政党的意识形态分歧越来越小，为争取选民支持，其政策主张倾向于实用主义。

## 二、东欧剧变之后波兰的基本政治格局与主要政党

研究东欧的学者金雁曾评价"波兰是前苏联、东欧国家'剧变'中的领头羊，也是剧变后迄今为止经济发展状况最好的一个国家。同时，也是剧变后政局最为'波动'的一国"①。1989—1999 年的 10 年间波兰换了八届政府，但并没有影响国家重要经济政策的执行。

1991—2011 年，波兰共举行了七次西方式议会选举，剧变之后波兰政坛的政治力量分为左、中、右三派，进入议会的主要政党（政治团体）及其基本主张如下。

第一，左翼阵营除了本文的研究对象波兰民主左翼联盟之外，还包括劳动联盟和波兰社会民主党。

劳动联盟（英文名称为 Union of Labour，波兰文名称为 Unia Pracy，波兰文简称 UP）成立于 1992 年 6 月，与波兰民主左翼联盟的不同主要是政治谱系的来源。劳动联盟是从团结工会分裂出来的左翼力量，属于社会民主主义派别。劳动联盟与波兰民主左翼联盟同为社会党国际（Socialist International，SI）和欧洲社会党（Party of European Socialists，PES）正式成员，在欧洲议会属于社会主义议会党团，②是波兰政坛与民主左翼联盟关系最紧密的左翼力量。

1993 年波兰议会大选，劳动联盟获得 7.28%的选票，首次进入议会，获得 41 个下院席位。2001 年大选，劳动联盟与民主左翼联盟结盟以 41%的得票率赢得大选胜利，劳动联盟获得 16 个下院席位，与波兰人民党同为民主左翼联盟的执政伙伴。2006 年，劳动联盟加入民主左翼联盟、波兰社会民主党和民主党组成的左翼竞选联盟——左翼与民主者联盟（英文名称为 Left and Democrats，波兰文名称为 Lewica i Demokraci，波兰文简称 LiD），该联盟在

---

① 科勒德克. 波兰转型的思考：公私合伙鼓励中小企业发展[J/OL]. 财经国家周刊，（2011-07-27）[2013-05-16]. http://focus.news.163.com/11/0727/12/79VGOSOR00011SM9.html.

② Cornelia Hildebrandt, Birgit Daiber. Political Parties and Party Alliances between Norway and Turkey [R]. Rosa Luxemburg Foundation Brussels Office 2009: 146.

2007 年大选中以 13.2%的支持率成为议会第三大党，获得 53 个席位，但劳动联盟是左翼与民主者联盟中唯一未获得议会席位的政党。1997、2005、2011 年大选劳动联盟未能进入议会。

劳动联盟持亲欧立场，积极主张推进欧洲一体化，强调社会公正是政治稳定和社会发展的重要因素。劳动联盟虽然起源于团结工会，名称上是劳动联盟，但与工会组织没有联系。劳动联盟政治上属于左派，又具有自由主义倾向，比民主左翼联盟更强调解放问题，如保护少数族裔群体等。

波兰社会民主党（英文名称为 Social Democracy of Poland，波兰文名称为 Socjaldemokracja Polska，波兰文简称 SDPL）成立于 2004 年 3 月 26 日，是从民主左翼联盟分裂出来的左翼政党。[1]该党刚成立时在波兰议会下院有 32 个议席，在议会上院有 9 个议席。[2]截至 2005 年 3 月，该党有 6000 人，3500 个注册支持者。波兰社会民主党认为他们的主要对手不是民主左翼联盟，而是激进的、原教旨主义的右翼。该党在欧洲议会属于社会主义议会党团。[3]波兰社会民主党曾申请加入社会党国际，但没被批准。

波兰社会民主党主张进行政治改革，如减少政党对公务员及其他国家机构的影响，提高公务员的标准，在公务员中实行竞争；主张成立独立的反腐败机构；成立立法委员会提高立法质量，立法过程透明化。在经济方面主张为投资创造最有利的条件，清除影响企业发展的障碍；降低失业率，降低税率，建立有利于经济发展和投资的环境，反对不公平竞争。在社会政策上重点关注的是教育，主张人人有平等的机会接受教育，主张改革教育方式；改革医疗体系，减少看病等候时间、提供廉价药品，实施战胜癌症的计划；主张男女平等，妇女有终止妊娠的权利，反对性别歧视。在对外关系上支持波兰加入欧盟和批准欧盟宪法；主张在欧盟和美国之间保持平衡，支持美国在伊拉克的军事行动及波兰向伊拉克派出稳定特派团，但鉴于伊拉克形势，主张撤出驻伊拉克的波兰稳定特派团。

波兰社会民主党候选人马雷克·博罗夫斯基（Marek Borowski）参加了 2005 年的波兰总统选举，在第一轮投票中获得 10.3%的支持率，位列第四。

---

[1] 不能把波兰社会民主党混同于 1990 年成立并作为民主左翼联盟主要成员的波兰共和国社会民主党（波兰文名称为 Socjaldemokracja Rzeczpospolitej Polskiej，波兰文简称 SdRP）。

[2] Social Democratic Party of Poland after one year (brief outline) [R/OL]. [2013-02-08]. http://www.sdpl.pl/index.php/ida/27/.

[3] Cornelia Hildebrandt, Birgit Daiber. Political Parties and Party Alliances between Norway and Turkey [R]. Rosa Luxemburg Foundation Brussels Office, 2009: 146.

2006年，波兰社会民主党加入左翼与民主者联盟。2007年大选，在左翼与民主者联盟获得的53个议席中，波兰社会民主党分得10席。①

第二，中间阵营主要包括波兰民主党、波兰人民党和帕利科特运动。

波兰民主党（英文名称为 Democratic Party，波兰文名称为 Partia Demokratyczna-demokraci.pl，波兰文简称 PD）成立于2005年2月28日，其前身为民主联盟（Democratic Union）和自由联盟（Freedom Union），②是欧洲自由与民主联盟党（Alliance of Liberals and Democrats for Europe Party）成员。截至2005年5月27日，该党声称有13000名成员，其中8000人曾是自由联盟成员。

成立于1990年的民主联盟曾是后团结工会的主要成员之一。1991年波兰大选，民主联盟得票率为12.32%，成为议会第一大党，1992年7月到1993年10月曾短暂执政。1993年大选得票率为10.59%，是议会第三大党。1994年民主联盟与自由民主国民大会（Liberal Democratic Congress）合并为自由联盟，1997年大选自由联盟得票率为13.4%，是议会第三大党。2005年重组成立民主党。2007年民主党加入左翼与民主者联盟，2007－2009年在下院有3个议席，2008年左翼与民主者联盟解散，3个民主党议员组成自己的议会党团，2009年6月民主党3个议员中的2个退党。2001、2005、2011年大选民主党未能进入议会。2013年民主党加入"欧洲加"政党联盟（Europa Plus）。该党领导人豪斯纳（Hausner）曾在民主左翼联盟米莱尔、贝尔卡政府担任经济事务和就业部部长，提出关于国有企业、公共事业和社会保障的市场社会主义改革计划——豪斯纳计划（Hausner Plan）。

自由联盟主要吸引受过良好教育的、富裕的城市选民。改组成民主党后，为使自己获得更广泛的选民基础，其成员主要是中间派的社会自由主义者、倾向于经济自由主义的务实的中间派、中间派的天主教民主派等。2005年，民主党发表了"通过民主发展"（Development through Democracy）的宣言，受到很多波兰知识分子和艺术家的支持。

---

① 根据欧洲选举数据库波兰历次大选结果整理[DB/OL].[2013-02-10]. http://www.nsd.uib.no/european_election_database/country/poland/.

② Partia Demokratyczna-demokraci.pl[OL].[2013-03-03]. http://en.wikipedia.org/wiki/Democratic_Party_-_demokraci.pl.

民主党支持 2005 年欧盟宪法公投①；主张对创业项目减税，对收入征收 18% 的单一税，降低非工资劳动成本；创造新的就业机会，如毕业生第一年免缴社会保障费；增加教育支出，给农村青年设立专项助学金，义务教育年龄从 6 岁开始（目前是 7 岁），在小学阶段普及两门外语；提高医疗服务并使医疗服务在全国标准化，建立公共医疗网络而不是医疗服务的私有化等。

波兰人民党也被称为波兰农民党（英文名称为 Polish People's Party，波兰文名称为 Polskie Stronnictwo Ludowe，波兰文简称 PSL），成立于 1945 年。1989 年 8 月，一部分农村活动分子在 1946 年纲领的基础上恢复了波兰农民党（PSL-W），1989 年 11 月成立了再生波兰农民党（PSL-O）。② 1990 年 5 月，波兰农民党（PSL-W）、再生波兰农民党（PSL-O）及一部分农村的团结工会成员合并为现在的波兰人民党并力图成为波兰政治中的"第三力量"。波兰人民党是波兰政坛的中间派农本主义、基督教民主主义政党。③ 截至 2000 年，该党号称有 20 万党员，是波兰人数最多的政党。

波兰人民党是波兰政坛的常青树，从 1991 年第一次西方式议会大选至今一直是议会政党（见表 1.1），并多次进入执政联盟。1989 年，波兰人民党与团结工会组成第二次世界大战后波兰第一个非共产党执政的政府；1993 年，其与民主左翼联盟组成执政联盟，该党领导人瓦尔德马·帕夫拉克（Waldemar Pawlak）1993 年 10 月到 1995 年 3 月出任联合政府总理；2001 年，该党再次与民主左翼联盟组成联合政府；2007 及 2011 年，该党与公民纲领党两次组成执政联盟执政。

波兰人民党代表农民利益，在人民波兰时期是波兰统一工人党的盟友。波兰剧变之后，在 20 世纪 90 年代波兰人民党依然保持传统的左翼特色，但 20 世纪 90 年代末期，波兰人民党转向中间派路线。2005 年，该党与民主左翼联盟组成的联合政府解体后，转向中间派和保守主义立场。2005 年、2007

---

① 欧盟宪法公投：《欧盟宪法》又称《欧盟宪法条约》和《罗马条约》，由欧盟宪法委员会起草，意在欧盟全体成员国统一采用的宪法。欧盟成员国于 2004 年签署了建立《欧盟宪法》的协定，协定必须在欧盟全部成员国根据本国法律规定，通过全民公决或议会投票方式批准后方能生效，但在 2005-2006 年的各成员国公民投票过程中，多国国内有争议，协定被搁置。2007 年 10 月 19 日，欧盟非正式首脑会议通过了欧盟新条约，于 2007 年 12 月 13 日由欧盟各国首脑在里斯本签署，称为《里斯本条约》，取代 2005 年在荷兰和法国全民公决中遭否决的《欧盟宪法条约》，经欧盟 27 个成员国批准最终于 2009 年 12 月生效 [OL]. [2014-07-05]. http://baike.baidu.com/link?url=q8MkzXaCj2dZNlsZsa43IIBlsf5pv2UZEQS8_GaXenQaUywdFgLpy DlygkVXO0C83xUX-gb_9tcGIC3R9bVQIa.

② 波兰人民党 [OL]. [2013-03-06]. http://zh.wikipedia.org/wiki 波兰人民党/.

③ 波兰人民党 [OL]. [2013-03-06]. http://zh.wikipedia.org/wiki/波兰人民党/.

年，该党发布的宣言提出了一个保持政治、经济同步改革和发展的方案，其核心是农业和地区发展。

表 1.1　1991—2011 年波兰人民党在历次大选中的情况

| 年份 | 得票率（%） | 议会席位（个） | 议会排名 |
| --- | --- | --- | --- |
| 1991 | 8.67 | — | 5 |
| 1993 | 15.4 | 132 | 2 |
| 1997 | 7.3 | 27 | 4 |
| 2001 | 8.98 | 42 | 5 |
| 2005 | 6.96 | 25 | 6 |
| 2007 | 8.91 | 32 | 4 |
| 2011 | 8.36 | 28 | 4 |

资料来源：根据欧洲选举数据库波兰历次大选结果及其他相关资料整理。

波兰人民党在经济上以强烈的农本主义为基础，赞同国家干预（特别是在农业方面的国家干预），不反对私有化但主张"放慢私有化步伐"。在社会和道德问题上，反对堕胎，反对同性婚姻和同性恋团体，反对软性毒品合法化，反对安乐死和死刑，支持义务（国家）教育和公费医疗。总体上，波兰人民党在社会事务上倾向于保守主义和基督教民主主义。波兰人民党对波兰加入欧盟持怀疑态度，拒绝批准欧盟宪法。波兰加入欧盟后，把欧盟共同农业政策作为其纲领的基石。

此外，2010 年 10 月前，公民纲领党议员亚努斯·帕利科特（Janusz Palikot）成立了帕利科特运动（英文名称为 Palikot's Movement，波兰文名称为 Ruch Palikota，波兰文简称 RP），2011 年议会大选，该党获得 10.02% 的选票，共 41 个下院席位，位列议会第三大党。帕利科特希望终止公立学校的宗教教育和国家对教会的补助、堕胎合法化、允许同性婚姻、改革选举制度、改革社会安全局、解散上议院、大麻合法化和实行单一税制等。

第三，右翼阵营主要包括团结竞选联盟、法律与公正党、公民纲领党、波兰家庭同盟和自卫党等。

团结竞选联盟（英文名称为 Solidarity Electoral Action，波兰文名称为 Akcja Wyborcza Solidarność，波兰文简称 AWS）是中右翼的多党联盟，起源于团结工会。1993 年波兰大选，力量分散的团结工会各派未能进入议会。面对 1993 年波兰议会大选和 1995 年波兰总统大选右翼力量接连失败的状况，为与执政的左翼力量——民主左翼联盟竞争，波兰右翼各派力量总结经验教训，暂时搁置争议走向联合。1996年6月，以时任团结工会主席沙克莱夫斯基为首成立了团结竞选运动，吸引了35个持反共立场的右翼政党和团体加入，如天主教民族联盟（Christian National Union，波兰文简称ZChN）、天主教民主中间协议（Christian democratic Central Alliance，波兰文简称PC）、保守农民党（Conservative Peasant Party，波兰文简称SKL）、天主教民主劳动党（Christian Democratic Labour Party，波兰文简称ChDSP）、天主教民主党（Christian Democratic Party，波兰文简称PChD）等，1997年议会大选获胜后改称团结竞选联盟，之后又注册成为政党。

团结竞选联盟主要获得农村选民的支持，1997年大选得到33.8%的支持率，共201个下院席位，成为议会第一大党，与自由联盟联合执政。2001年5月，团结竞选联盟发生分裂，而后自由联盟退出执政联盟。2001年议会大选，团结竞选联盟只获得5.6%的支持率，未能进入议会，随后团结竞选联盟作为一个政党停止活动并注销政党资格。

法律与公正党（英文名称为Law and Justice，波兰文名称为Prawo i Sprawiedliwość，波兰文简称PiS）是2001年由孪生的卡钦斯基兄弟（Lech Kaczyński和Jarosław Kaczyński）联合团结竞选联盟、天主教民主中间协议等右翼团体成立的民族保守主义右翼政党，是欧洲保守改革联盟成员，在欧洲议会属于欧洲保守改革党议会党团成员。[①]截至2010年，该党有22000名党员。

2001年波兰议会大选，法律与公正党得票率为9.5%，共获得44个下院议席，位列议会下院第四大党，2002年莱赫·卡钦斯基当选华沙市市长。2005年波兰议会大选，该党以26.99%的得票率赢得大选，获得133个下院席位和49个上院席位，并赢得2005年总统大选胜利，莱赫·卡钦斯基出任波兰总统。由于没能与同属右翼的公民纲领党联合组阁，以卡齐米日·马尔钦维奇（Kazimierz Marcinkiewicz）为首组成少数派政府，该政府垮台后，2006年7月该党与民粹主义的自卫党、波兰家庭同盟组成执政联盟，雅罗斯瓦夫·卡钦斯基就任总理。由于执政联盟成员——自卫党领导人安杰依·莱佩尔（Andrzej Lepper）被指控涉嫌贪污与性骚扰等问题，法律与公正党决定解散执政联盟并提前举行大选。2007年、2011年大选，该党都是最大反对党。

法律与公正党的主要支持者在波兰东部，主要获得没有从经济自由主义

---

① Law and Justice[OL]. [2013-03-10]. http://en.wikipedia.org/wiki/Law_and_Justice.

和欧洲整合中获益的"被剥夺"选民的支持,其支持者的最大特点是赞同"去共产主义"(decommunisation)。①

法律与公正党在意识形态上属于民族保守主义、社会保守主义、柔性欧洲怀疑主义和国家教权主义。在经济上支持温和的经济干预主义,赞同西欧基督教民主派的社会市场经济主张,支持贸易保护主义;主张降低增值税;赞同私有化但不包括对国家具有战略意义的国企。在对外政策方面该党倾向于大西洋主义②,对欧洲政治融合持怀疑态度,反对联邦欧洲,反对欧盟宪法;赞同在经济上与欧洲融合,但强调欧盟应"服务"于波兰而不是相反;主张加强与欧洲在能源安全与军事上的融合;支持波兰与美国在政治军事上建立紧密的联盟关系;赞同参加由联合国、北约和美国主导的海外军事任务,如出兵阿富汗和伊拉克等;支持乌克兰、白俄罗斯、摩尔多瓦的独立,主张对莫斯科采取更强硬的立场,支持乌克兰的"橙色革命"。在国防政策上该党主张通过消除官僚主义、增加军费开支特别是国防设备现代化来加强军队建设;主张废除义务兵役制,引进全职业化军队制度。在社会事务上反对削减社会福利开支,赞同引进国家担保的住房贷款制度;赞同由国家提供免费的医疗保健服务;主张限制堕胎,反对安乐死,反对同性婚姻合法化,强烈批评媒体上的色情和暴力内容;主张亲家庭的政策,主张通过立法延长产假并给新生儿家庭补助,退税给多子女家庭;主张公共假日和周日关闭大型超市,员工有更多时间陪伴家庭成员;拥护天主教会,但在人工授精和干细胞研究方面其主张与天主教不同;主张增加对刑事犯的处罚,严厉打击腐败,成立反贪腐机构;主张公开政治人物和重要公务员的财产等。

公民纲领党(英文名称为 Civic Platform,波兰文名称为 Platforma Obywatelska,波兰文简称 PO)是波兰政坛的基督教民主派,是欧洲人民党

---

① "去共产主义"意即和过去的共产主义一刀两断。一方面指禁止生产、持有、传播和销售含有共产主义标志的任何产品(王冲:前苏联集团的"去共产主义"潮财经杂志,2010 年第 9 期);另一方面指《洁净法》(Lustracja),即调查公职人员是否与共产主义时期的安全机构有关系,禁止与安全机关有关的人员从事与公共职能有关的职业。2009 年,时任波兰总统莱赫·卡钦斯基签署一项刑法修正案,禁止在波兰生产、持有、传播和销售含有共产主义标志的任何产品;法律与公正党赞同通过《洁净法》,不仅支持调查公职人员而且支持将调查范围扩大到包括大学教授、律师、记者、大型企业经理人和其他公共职能人员,还支持公布共产主义时期所有特工人员的姓名。

② 大西洋主义是第二次世界大战后美国和英国推行的基本外交安全政策。它强调北美和西欧国家在军事、政治和经济方面的团结与合作,其宗旨是维护相关国家的安全及保卫"民主、个人自由与法治"的价值,是维持资本主义制度的保证和对抗社会主义国家的基本条件。

（European People's Party，简称 EPP）成员。①2001 年，安杰伊·奥莱霍夫斯基（Andrzej Olechowski）和马切伊·普瓦任斯基（Maciej Płażyński）等从团结竞选联盟分离出来的一部分人与唐纳德·图斯克（Donald Tusk）领导的自由联盟的一部分成员联合组成公民纲领党。

2001 年、2005 年波兰大选，公民纲领党都是议会最大反对党。2007 年波兰大选，公民纲领党获得 41.51%的支持率，共 209 个议会下院议席及 60 个上院议席，成为第一大党，与波兰人民党联合执政，领导人图斯克出任政府总理。2010 年 4 月，波兰总统莱赫·卡钦斯基在斯摩棱斯克空难中遇难，公民纲领党的布罗尼斯瓦夫·科莫罗夫斯基（Bronisław Komorowski）当选新任总统。2011 年波兰大选，公民纲领党获得 39.18%的支持率，共计 207 个下院议席和 63 个上院议席，蝉联第一大党，继续与波兰人民党联合执政至 2015 年。②公民纲领党也因此创造了在波兰连续赢得四次大选的记录——2007 年、2011 年议会大选，2010 年地方选举和 2010 年总统大选。

公民纲领党的主张结合了经典自由主义在经济上的立场和社会保守主义在社会、道德等问题上的立场。在经济上其核心主张是将波兰经济中其余的公共部门私有化，如在高等教育改革上主张私立和公立大学权利平等，高等教育私有化和非垄断化，医疗卫生私有化等，改革劳动法，缩小工会特权，由波兰国家银行制定独立的货币政策，征收 15%的单一税制。在政治上主张直接选举市长和地区长官，选举制度由比例代表制改为得票最多者当选，主张分权使地方政府有更大的财政自治和决策权，取消议员的豁免权。在社会和道德问题上的主张类似于法律与公正党，但与法律与公正党相比不那么尖锐，主张把赌博定为刑事犯罪，支持学校开设宗教教育。公民纲领党的其他社会保守主义立场还包括禁止特制药品和修改刑法对恋童癖实施化学阉割等。

执政后，公民纲领党的主张越来越倾向"中间派"，如有利于国家进步的现代化、社会公正、社会包容、社会市场经济、灵活保障和环境的可持续发展等。公民纲领党持亲欧洲立场，但也强烈支持维护波兰的国家利益，在其他对外政策上同法律与公正党一致。

波兰家庭同盟（英文名称为 League of Polish Families，波兰文名称为 Liga Polskich Rodzin，波兰文简称 LPR）成立于 2001 年 4 月，是一个极端的基督

---

① Civic Platform[OL].[2013-03-16]. http://en.wikipedia.org/wiki/Civic_Platform.
② 欧洲选举数据库波兰历次大选结果[DB/OL].[2013-03-16]. http://www.nsd.uib.no/european_election_database/country/poland/.

教民族主义政党，为参加 2001 年 9 月大选，由 10 个单独不可能获胜的小政党组成。波兰家庭同盟吸引了过去支持团结竞选联盟的农村选民的支持。

2001 年大选，波兰家庭同盟获得 7.87%的支持率共 34 个下院席位和 2 个上院席位。2005 年大选，波兰家庭同盟获得 7.97%的支持率共 34 个下院席位和 7 个上院席位并加入了法律与公正党为首的执政联盟。① 2007 年、2011 年议会大选，波兰家庭同盟作为一个极端的、较小的、内部分裂的政党，其受欢迎程度逐步下降，没再进入议会。

波兰家庭同盟的纲领明确表示是德莫夫斯基②的民族民主政党，强调国家的种族性质，敌视外国的影响。对外政策持反德立场，对波兰同乌克兰、立陶宛的和解持批评态度，同情俄罗斯，主张泛斯拉夫主义。持欧洲怀疑论立场，反对波兰加入欧盟，反对波兰加入欧元区，拒绝批准欧盟宪法。该党大部分成员毫不掩饰对多种族、亲以色列的美国的不喜欢的态度，反对波兰外交政策中的跨大西洋主义，但该党支持与美国结盟使波兰免受来自德国和俄罗斯的威胁。反对波兰出兵伊拉克，呼吁尽快从伊拉克撤兵。不支持波兰参与任何海外军事行动，包括阿富汗和西巴尔干。

自卫党（英文名称为 Self-Defence of the Republic of Poland，波兰文名称为 Samoobrona）作为一个农民工会，1992 年注册，其根基是农民，是农耕民粹主义政党，同年晚些时候成为一个政党——自卫联盟（Alliance "Self-Defence"）。

20 世纪 90 年代，自卫党在波兰政坛一直处于边缘状态。2001 年大选，该党获得 10%的支持率共 53 个下院席位和 3 个上院席位，位列议会第三大党。2005 年大选，自卫党获得 11.41%支持率共 56 个下院席位和 3 个上院席位，保持第三大党地位。2006－2007 年，自卫党加入法律与公正党为首的执政联盟，其领导人安杰依·莱佩尔被任命为分管农业的副总理，其两名副手也进入内阁。2007 年、2011 年大选未能进入议会。

自卫党坚持平民主义，反对腐败，鄙视代表民主制，主张把健康的国土与反对外国经济的统治并列在一起。自卫党虽然植根于农村，但农业和乡村

---

① 欧洲选举数据库波兰历次大选结果[DB/OL]. [2013-03-16]. http://www.nsd.uib.no/european_election_database/country/poland/.

② 德莫夫斯基（1864 年 8 月 9 日－1939 年 1 月 2 日）出身于城市贫民阶层，是波兰民族民主政治运动开创者，是 20 世纪波兰最著名的政治人物。他持强烈的民族主义政治立场，主张波兰是波兰人的国家，国民都应讲波兰语，是反犹太主义者和社会达尔文主义者。

在其纲领中不占统治地位。在对外政策上,该党创始人安杰依·莱佩尔声称捍卫德莫夫斯基的思想,认为他在对外政策上是现实主义并理解俄罗斯的重要性。反对欧盟,反对美国,主张亲近俄罗斯,反对波兰出兵伊拉克,反对在乌克兰"橙色革命"期间波兰的外交接触政策。

### 三、东欧剧变之后波兰政党制度的主要特点

综观剧变之后波兰基本政治格局和各主要政党的发展,可以发现剧变后波兰的政党制度呈现以下主要特点。

第一,各派政治力量分化明显。剧变之后波兰各种政治力量明显分为左、中、右三派。在整个20世纪90年代,波兰政坛被区分为后团结工会和后共产主义阵营。右翼在剧变之初以团结工会、团结竞选运动为代表,左翼以波兰统一工人党的"后继党"——波兰共和国社会民主党、民主左翼联盟为代表。进入21世纪,右翼代表是出身于团结工会的法律与公正党、公民纲领党,左翼代表是民主左翼联盟、劳动联盟。在左右两翼之间是中间派的波兰人民党和民主党。

第二,左右两翼轮流坐庄执政。1989年6月,波兰举行大选,按照圆桌会议的要求,以波兰统一工人党为首的执政联盟获得按比例分配的299个下院议席(占65%),团结工会通过自由选举获得下院161个议席(占35%)和参议院100个席位中的99个,另1个参议院议席被无党派人士获得。选举结束后,众议院以压倒多数选举团结工会顾问塔德乌什·马佐维耶茨基(Tadeusz Mazowiecki)出任政府总理,新政府中团结工会占8人,波兰统一工人党和统一农民党各4人,民主党3人,无党派人士5人,共24人,组成了二战后波兰第一个非共产党领导的政府。

1991年10月提前举行的大选是波兰剧变之后举行的第一次西方式的大选,共有29个政党进入议会下院。出身于团结工会的民主联盟在下院获62个席位,位列第一;以波兰共和国社会民主党为核心的民主左翼联盟获60个下院席位,是最大反对派;团结工会获得27个下院席位。12月6日,波兰议会任命扬·奥尔谢夫斯基(Jan Olszewski)为政府总理,团结工会第三届政府成立。[①]

---

[①] 1989年12月—1991年1月塔德乌什·马佐维耶茨基政府,1991年1月—1991年12月扬·克日托夫·别莱茨基政府,1991年12月—1992年6月扬·奥尔谢夫斯基政府。

1991—2011 年，波兰共举行七次西方式议会大选（1991、1993、1997、2001、2005、2007、2011），左翼两次执政（1993—1997 年、2001—2005 年），其余右翼执政。1990—2010 年，波兰举行了五次总统大选（1990、1995、2000、2005、2010），1995 年、2005 年民主左翼联盟领导人亚历山大·克瓦希涅夫斯基两度出任波兰总统，其余是右翼占据总统职位。

总体上，剧变后波兰政坛右翼比左翼力量更强大些。2005 年之后，以民主左翼联盟为代表的左翼力量的影响力呈下降趋势，但民主左翼联盟依然是波兰政坛最有影响力的左翼力量。

第三，中间派力量不容忽视。在波兰政坛有一个中间派力量——波兰人民党，剧变之后该党一直是波兰政坛的议会政党，可谓是政坛"常青树"。波兰人民党不仅两次与左翼的民主左翼联盟联合执政，而且 2007 年、2011 年又与右翼的公民纲领党联合执政，是波兰政坛不容忽视的"第三力量"。

第四，没有形成有影响力的宗教特色的政党。尽管宗教在波兰人的生活中有重要地位（94%的波兰人信仰天主教①），但在波兰政坛未出现有影响力的宗教特色的政党。瓦文萨曾试图建立一个一万人的天主教民主党，但没有成功。总体来说，天主教选民支持的政党力量都比较弱小，比如天主教竞选联盟 1991 年大选获得 8.7%的得票率进入议会，但 1993 年大选只获得 6.4%的得票率，未达到竞选联盟进入议会 8%的门槛而没能进入议会；波兰家庭同盟 2001 年、2005 年大选分别获得 7.9%、8%的得票率进入议会，但 2007 年之后再无宗教特色的政党进入波兰议会。

第五，波兰政坛各派政治力量经历了剧变之初的政党碎片化到较为稳定的几个大党相互竞争的转变。1990 年通过的波兰《政党法》规定，15 个成年人签名并在最高法院登记注册就可以成立一个政党，但如果政党不想成为法人，不在最高法院登记也可以进行活动。政党建立的低门槛使得剧变之后波兰各种政党如雨后春笋般涌现出来，出现了很多"沙发党"②，政党呈现典型的碎片化特征。据统计，1990 年末波兰有大约 40 个政党，1992 年增长到 169 个，1996 年末飙升至 262 个。③其中，大多数政党没有社会基础，不被

---

① 高德平. 列国志·波兰 [M]. 北京：社会科学文献出版社，2005：16.
② "沙发党"是波兰人发明的一个专有名词，意指一条沙发就可以坐下这个政党的所有成员，政党的主要活动就是坐在那里清谈。
③ Hieronim Kubiak. Poland's Democratic Left Alliance:Beyond Postcommunist Succession[M]. //Kay Lawson, Peter H.Merkl. When parties prosper:the uses of electoral success. London: Lynne Riemmer Publishers, Inc., 2007: 66.

认同。1991年10月，在剧变之后第一次西方式的议会选举之前，有超过大约100个"政党"注册。①

据统计，1991年波兰议会大选共有60个政党和29个社会团体参加，最终有29个政党或政党联盟进入议会下院，其中不足10席的政党有9个，占65.5%，只有1个席位的政党有11个，占37.9%。②

为了解决政党碎片化、政党质量不高、政党参与议会比例代表制失衡、政党体系结构不合理等问题，1993年5月28日，波兰议会通过新《选举法》。新《选举法》对进入议会的最低门槛做了规定，单一政党参选进入议会下院的最低得票率是5%，作为竞选联盟进入议会的最低得票率是8%，政党或竞选联盟只有获得至少7%的选票，才有资格重新分配比例代表制投票所保留的剩余议席。政党体制的重大变革，对以小党为主的中右翼政党不利，却为促进政党的整合创造了有利条件。1993年议会大选，参选党派从1991年的100多个下降为35个，而能提出全国名单的只有15个，最终民主左翼联盟获得了本次大选的胜利。

1997年，波兰通过新《政党法》，把建立政党的人数从15人提高到1000人，原来注册的政党大约只有40个符合条件，到2000年大约有100个政党注册；③1997年波兰规定只有政党才能参加竞选，这让利益取向不明确的公民社团走向衰落。通过大幅度提高建立政党的"门槛"，一些滥竽充数的"沙发党"被清理出政坛，政党质量得到了提高，对政党的健康发展有积极作用。1997年议会大选后波兰形成了稳定的右翼政府，2001年议会大选后又形成了稳定的左翼政府。经过调整，少数几个大党逐渐形成，波兰政党格局趋向成熟。

第六，波兰政坛左右两翼政党分化还在持续进行。剧变之后，波兰右翼政党基本都脱胎于团结工会，主要的左翼政党脱胎于波兰统一工人党。从团结工会中分化出团结竞选联盟、法律与公正党、公民纲领党等，2011年从公民纲领党中又分裂出新政党——帕利科特运动。从波兰统一工人党演变而来

---

① Jack Bielasiak. The Institutionalization of Electoral and Party Systems in Postcommunist States[J]. Comparative Politics, 2002, 34(2).
② 张月明，姜琦. 政坛10年风云——俄罗斯与东欧国家政党研究[M]. 上海：上海社会科学院出版社，2005：64.
③ Hieronim Kubiak. Poland's Democratic Left Alliance:Beyond Postcommunist Succession[M]. //Kay Lawson, Peter H.Merkl. When parties prosper: the uses of electoral success. London: Lynne Riemmer Publishers, Inc., 2007: 66.

的波兰共和国社会民主党联合其他中左翼力量组建了民主左翼联盟。2004年，民主左翼联盟发生分裂，一部分成员成立波兰社会民主党，2007年再次分裂，部分成员成立了波兰左翼党（英文名称为 Polish Left，波兰文名称为 Polska Lewica，波兰文简称 PL），后又回到民主左翼联盟。2007年，波兰社会民主党、民主党、劳动联盟与民主左翼联盟又组成左翼与民主者联盟。2013年，前总统克瓦希涅夫斯基、波兰社会民主党领导人沃伊切赫·菲列莫诺维奇（Wojciech Filemonowicz）与"帕利科特运动"领导人雅努什·帕利科特共同宣布组成新的竞选联盟"欧洲加"。

据统计，1991－1993 年议会周期的头 8 个月有 37 名议员改变了自己所属政党，1991－1993 年全部 460 名议员中有 60 人改变了自己所属政党。[1]尤其是右翼政党成员经常变来变去，如扬·莫里亚（Jan Moria）曾经五次当选议员，但每次所属党派都不同。[2]

经历了剧变初期的混乱无序，建立了议会民主、三权分立和多党竞争民主制的波兰政治力量格局逐步趋向成熟，最终在波兰政坛形成了左中右三派竞争、左右两翼轮流坐庄执政的现代西方多党竞争体制。

## 四、波兰民主左翼联盟建立和发展的法律环境

波兰民主左翼联盟的建立和发展受到波兰剧变之后制定的一系列相关法律制度的约束，主要包括《宪法》《政党法》和《选举法》等。

1989 年 2 月 6 日至 4 月 5 日，波兰举行了由波兰统一工人党、团结工会、统一农民党、民主党、全波兰工会总协会（简称全波工协）、天主教会及其他世俗宗教团体、无党派人士参加的圆桌会议。各方代表围绕波兰政治改革、经济发展政策、社会政策及未来工会多元化等问题展开激烈讨论。

经过与会各方讨价还价，波兰统一工人党与团结工会就以下问题达成共识：在政治改革方面承认团结工会合法化，确立实行议会民主、三权分立的政治体制，增设参议院，由总统制取代国务委员会制；继续进行经济改革，

---

[1] Anna M.Grzymala-Busse. Redeeming the Communist Past: the Regeneration of Communist Parties in East Central Europe[M]. Cambridge: Cambridge Univetsity Press, 2002: 182.

[2] Hieronim Kubiak. Poland's Democratic Left Alliance:Beyond Postcommunist Succession[M]. // Kay Lawson, Peter H.Merkl. When parties prosper: the uses of electoral success. London: Lynne Riemmer Publishers, Inc., 2007: 66.

建立新的经济秩序；就第十届议会席位分配达成协议等。①

1989年4月8日，波兰议会下院通过了《宪法修正案》《工会法修正案》《议会选举法》《结社法》等六项法案，使圆桌会议达成的协议法律化。圆桌会议否定了波兰实行了半个世纪的政治体制，为波兰政治体制的转变确定了基本框架。②

1989年12月29日，波兰议会再次通过《宪法修正案》，波兰人民共和国改称波兰共和国，《宪法修正案》取消了波兰统一工人党是国家"政治领导力量"的条款，恢复君主制时期红色盾面上绘有一只戴王冠的白鹰图像为波兰新国徽，《宪法修正案》加入政治多元化、多党议会民主等条款，这标志着波兰正式走上了政治上奉行西方式多党议会民主、经济上实行以私有制为基础的市场经济发展道路。

1990年1月16日，波兰政府通过《政党法草案》，5月24日议会下院正式通过《政党法》，为多党制的实行奠定了坚实的法律基础。法律对政党建立的条件、政党的活动范围、政党的法律地位、政党参与政治的途径和程序、政党执政的条件等做了详细规定。法律规定公民有建立政党的自由，政党可以从事正当的经济活动来筹措活动经费，但政党不可以在生产单位、国家机关、国防部、内务部所属单位从事活动，这一规定使得波兰统一工人党在许多基层单位的组织变为非法，迫使波兰统一工人党必须改变活动方式以适应新的法律制度的要求。③《政党法》为波兰共和国社会民主党在内的各种政党的建立和活动开展提供了法律保障。

根据法律规定，波兰议会选举采用比例代表制，国民大会由议会下院（众议院）和议会上院（参议院）组成，为国家最高立法机构。众议员460名，参议员100名，均通过普遍、平等、直接和无记名投票方式选举产生，任期4年。

根据2001年4月12日通过的《波兰共和国选举法》第166条的规定，

---

① 张月明，姜琦. 政坛10年风云——俄罗斯与东欧国家政党研究[M]. 上海：上海社会科学院出版社，2005：46.

② 张月明，姜琦. 政坛10年风云——俄罗斯与东欧国家政党研究[M]. 上海：上海社会科学院出版社，2005：46.

③ 张月明，姜琦. 政坛10年风云——俄罗斯与东欧国家政党研究[M]. 上海：上海社会科学院出版社，2005：57.

波兰的选举制度比较接近修正后的圣拉古计算方法。①1991年大选，波兰被划分为37个选区，460个议会下院议席中的391个由37个选区选出，每个选区根据人口数量选出7—19名议员，投票人从各政党的候选人名单中选出个人代表，按最大剩余数规则得票最多的候选人票数再转化成议会席位。其余69个下院议席由所有选民从各政党的全国名单中投票选出。

法律规定，一个政党或者竞选联盟在至少5个选区获得席位或者获得5%以上的选票才能提出该党或者竞选联盟的全国名单。议会上院100个名额分配如下：除了华沙和托卡维兹各有3个名额外，其余每个省有2个名额。每个投票人可以选2个人，得票最高的2—3人当选。这种名为赫尔制（Hare-Niemayer）②的席位分配体制有利于小党，再加上1991年议会大选对进入议会没有设置最低得票率的限制门槛，因而为小党进入议会提供了机会。1991年，议会选举有111个政党参选，最后共有29个政党或竞选联盟在议会下院获得了议席，但是席位较为分散，没有取得较大优势的政党，得票最多的7个政党的得票率在7%—13%之间，民主联盟以12.3%的得票率位列第一，波兰民主左翼联盟和天主教选举行动（包括天主教竞选联盟）的得票率都超过10%，第七位的自由民主协会得票率为7.5%。

政党数量过多且实力平均化使得各派政治力量在议会中的力量严重分散，因而使得政策的制定、维系和协调阻力重重，政府频繁更迭，③这非常不利于民主政治和经济的稳定发展。

1992年，波兰议会下院通过了选举法修正案，并于1993年5月28日通过了一部新的选举法，修改了选举规则。一是对进入议会的最低门槛做了规定，法律规定单一政党参选进入议会下院的最低得票率是5%，竞选联盟进入议会的最低得票率是8%。只有获得至少7%选票的政党或者竞选联盟，才有资格重新分配比例代表制投票所保留的剩余议席。二是重新划分了选区，

---

① 圣拉古计算法（Sainte-Laguë method），又称圣拉格计算法，为比例代表制最高均数方法选举形式之一。本规则为：每一党派所取得票数，除以1后比较并得出第一席候选人（注意：不是得票第一的候选人），除以3后比较并得出第二席候选人，除以5后比较并得出第三席候选人。然后各党派所有候选人得票最多者（与议席数目比较）为胜。在经改良的圣拉古计算法中，第一个除数由1改为1.4，以确保选举结果比起原来的计算方式更合乎比例。

② A党应获席位数=（席位总数×A党所得第二票数）÷（所有政党所得第二票数总和）。

③ 1991年10月大选之后于1992年1月产生新一届政府到1993年10月大选后产生新一届政府之前，不到3年时间波兰更换了三届政府。分别是1992年1月—1992年6月扬·奥尔谢夫斯基政府、1992年6月—1992年7月瓦尔德马·帕夫拉克政府、1992年7月—1993年10月汉娜·苏霍茨卡政府。

选区比过去更小。三是席位分配采用洪特制①，把转化规则由最大剩余数变为最高平均数，降低了选区比例。

政党体制的重大变革为促进政党的整合创造了有利条件，选举法的变革对以小党为主的中右翼政党不利，而对有执政经验和群众基础的左翼政党较有利。1993 年议会大选，参选政党和团体从 1991 年的 111 个下降为 35 个，1997 年进一步下降为 21 个。②1993 年大选能提出全国名单的政党只有 15 个，最后只有 6 个政党进入议会（1991 年有 29 个政党进入议会）。

2002 年对 1993 年的《选举法》进行了修正。此次修正《选举法》的原因有三：一是 1997 年《宪法》要求只有政党和政党组成的竞选联盟才可以提交议员候选人，社会组织如工会被排除在外；二是 1999 年省界的改革，引进三分之一的县，选举要适应新行政架构下的议会选区；三是来自欧盟的压力及公众对腐败问题的关注将政党资金问题提上了日程，下院同意更严厉地控制政党筹款，国家对政党拨款进行更严厉的财务控制，如政党的日常活动、政治营销和竞选活动等。

1992 年 8 月 1 日，波兰议会通过《关于波兰共和国立法当局与执行当局之间相互关系以及地方自治问题的宪法法令》（简称"小宪法"）。"小宪法"进一步明确了多党议会民主制和三权分立的政治发展模式，但是"小宪法"没能完全解决总统和议会之间谁是国家政治生活主导的问题。1997 年 4 月，波兰议会通过新《宪法草案》，6 月经过全民公投通过了新《宪法》，并于 1997 年 10 月生效，波兰宪政转轨彻底完成。

新《宪法》③第 4 条明确波兰共和国最高权力属于人民，人民直接或者通过自己的代表行使权力。第 10 条明确波兰在政治上实行立法、行政、司法三权分立并相互制衡的政治制度，立法权属于国会上下两院，行政权属于总统和部长会议，司法权属于法院和裁判所。第 11 条规定波兰公民在自愿和平等的基础上有自由建立政党的权利，建立政党的目的是以民主的方式影响国家政策的制定，公众可以查询政党经费开支。第 13 条规定政党不得宣传极权主义，不能使用纳粹主义、法西斯主义和共产主义的方式煽动和制造民族仇

---

① 首先要计算出获得一个席位的最低选票数，即分配基数，具体步骤是将各政党所得选票分别除以 1，2，3，4……n，n 代表所要产生的席位数。

② Jack Bielasiak. The Institutionalization of Electoral and Party Systems in Postcommunist States[J]. Comparative Politics, 2002, 34(2).

③ 1997 年波兰共和国宪法英文版[OL].（1997-04-02）[2013-04-18]. http://www.sejm.gov.pl/prawo/konst/angielski/kon1.htm.

恨，不能用暴力手段取得权力和影响国家政策，不能泄露国家秘密。第20条规定波兰经济体制是建立在经济自由，私有制，社会伙伴的团结、对话、合作基础上的社会市场经济。第26条规定波兰武装力量在国家政治事务中应保持中立，并且受民意和民主控制。第62条规定波兰公民年满18周岁享有选举权。第99条规定波兰公民年满21周岁可以参选众议员，年满30周岁可以参选参议员。第100条和102条规定不能同时参选或者担任两院议员。新《宪法》对总统权限做了明确规定，第122条规定如果总统否决了议会或政府提交的法案，议会可以五分之三的多数否决总统的决定。

波兰剧变后，《宪法》《政党法》和《选举法》等法律的通过，使得波兰各政党的权力斗争被纳入法制轨道，包括民主左翼联盟在内的左右翼政党都以议会为主要斗争舞台，议会游戏规则逐步被各政党所接受，各政党都把争取选民、参加竞选和夺得议会席位作为参与政治权力的合法手段，议会取代街头成为各政党斗争的主要场所，走议会道路成为一种共识。多党议会民主制、三权分立、私有化和混合所有制的市场经济、加入欧盟和北约成为各党的政治共识。各政党尊重宪法和选举结果，实现了权力的和平交接。在此背景下，从1991年首次举行西方式议会选举到2011年，波兰共举行了七次议会大选，政局基本保持平稳，为波兰经济和社会发展创造了良好条件。

## 第二节　波兰民主左翼联盟的建立与发展历程

1989年波兰发生剧变，1990年初原来执政的波兰统一工人党停止活动，同时成立波兰共和国社会民主党。为了参加1991年议会大选，以波兰共和国社会民主党为核心组建了波兰民主左翼联盟，1999年注册成为政党。以2005年为分界线，波兰民主左翼联盟在波兰政坛的发展经历了2005年之前的两起两落和2005年败选之后支持率的持续下滑。

### 一、波兰共和国社会民主党的建立（1990－1991年）

波兰民主左翼联盟是以波兰共和国社会民主党为核心组建的左翼团体，波兰共和国社会民主党是波兰民主左翼联盟的领导力量，因此，波兰民主左翼联盟的建立和发展要从波兰共和国社会民主党的建立说起。波兰共和国社会民主党建立的直接起因为原来执政的波兰统一工人党丧失政权及随后的解散。可以说，波兰民主左翼联盟是波兰政坛渊源于波兰统一工人党的左翼力量，是波兰统一工人党大部分遗产的继承者。

20 世纪 80 年代末，面对国内外反对派势力的施压，波兰人民共和国执政党——统一工人党在 1988 年 12 月到 1989 年 1 月召开了十届十中全会，通过了《党内改革是革新和改革战略取得成功的条件》《关于政治多元化和工会立场多元化的立场》两个重要决议，首次确认在波兰实行多党制和建立政治多元化的新模式，使波兰成为东欧第一个发生剧变的国家。1989 年 2 月至 4 月，经过两个月的圆桌会议，波兰统一工人党最终做出重大让步，承认团结工会合法化，主动将自己在议会下院的席位比例从 83.4%降低到 65%，其余 35%的席位让给以团结工会为首的反对派。

圆桌会议结束后，1989 年 6 月波兰举行了议会大选，经过两轮投票，以统一工人党为首的执政联盟虽然得到了圆桌会议协议分配的议会下院65%的席位，[①]但在事先不分配名额的参议院大选中，团结工会获得 100 个席位中的 99 个，另 1 个席位被无党派人士获得，统一工人党一无所获。对于大选结果，波兰统一工人党领导人米奇斯瓦夫·拉科夫斯基（Mieczyslaw Rakowski）在大选后表示，他们"没有考虑到形势的变化"[②]。波兰议会大选宣告了以波兰统一工人党为首的执政联盟的失败。虽然，沃伊切赫·雅鲁泽尔斯基（Wojciech Jaruzelski）以一票优势当选总统，但反对派步步紧逼，原执政联盟伙伴波兰农民党、民主党在组阁时倒向团结工会，统一工人党在组阁问题上不得不做出退让。1989 年 8 月 24 日，波兰议会以压倒性优势任命团结工会首席顾问马佐维耶茨基为政府总理，波兰出现了战后历史上第一个由非共产党人领导并以反对派团结工会为主体的联合政府，波兰统一工人党失去执政地位。1989 年 12 月，波兰议会宣布取消宪法中"党是国家的政治领导"的章节，大选及组阁失败使波兰统一工人党的领导人认为党已经失去人民的信任，应该立即停止活动，另组新党。

在此情况下，1990 年 1 月 27 日至 29 日，波兰统一工人党举行了"十一大"，也是最后一次代表大会，与会代表决定停止统一工人党的活动，会议通过了《关于波兰统一工人党停止活动的决议》。之后，统一工人党的"十一大"

---

① 统一工人党173席，统一农民党76席，民主党27席，天主教社会联盟和帕克斯协会等4个组织23席，共计299席，占议会下院460席的65%，其余35%共计161席归团结工会。

② Anna M.Grzymala-Busse. Redeeming the Communist Past: the Regeneration of Communist Parties in East Central Europe[M]. Cambridge: Cambridge Univetsity Press, 2002: 100.

成为新的左翼政党的成立大会,与会代表就新政党的性质和名称进行了讨论。早在1989年夏天,统一工人党举行了一次党员公投,公投结果显示72.1%的党员支持将波兰统一工人党改造成一个有新党纲、党章和名称的政党,在名称上波兰社会党是首选。①但是这次大会否决了把党的名称改为波兰社会党这一建议,最后代表大会通过投票决定新政党的名称为波兰共和国社会民主党(英文名称为 Social Democracy of the Republic of Poland,波兰文名称为 Socjaldemokracja Rzeczpospolitej Polskiej,波兰文简称 SdRP)。同时,会议通过了《波兰共和国社会民主党宣言》,宣告成立波兰共和国社会民主党。与会代表以1106票赞成、66票反对、82票弃权通过了新党纲,②还通过了新党章等一系列文件。这次代表大会也成为波兰共和国社会民主党的第一次代表大会。当时,参加波兰统一工人党第十一次代表大会的1600名代表中,大约有1200人加入了波兰共和国社会民主党并出席了波兰共和国社会民主党成立大会。

大会选出了新的领导机构,36岁的亚历山大·克瓦希涅夫斯基以90%的支持率当选为最高委员会主席,莱舍克·米莱尔(Leszek Miller)当选为党的执行委员会总书记。《论坛报》被确定为党的机关报。③会议决定用社会民主党的红色玫瑰代替原来有波兰统一工人党波兰文缩写"PZPR"的红旗图案作为党徽,以此强调其民主社会主义思想。新成立的波兰共和国社会民主党接受了激进的市场改革理念,放弃了先锋党、工人阶级的领导力量和中央计划等概念,主张政教分离的世俗化观点,认为妇女有堕胎的权利。

作为波兰统一工人党的唯一继承者,波兰共和国社会民主党的主要成员是波兰统一工人党和波兰工会全国协议会成员,其中拥有210万党员的波兰统一工人党有3万人宣布加入波兰共和国社会民主党。④1991年该党有党员4.7万,之后党员人数稳定在6万人左右,人数上是波兰仅次于波兰人民党的第二大党。

---

① Anna M.Grzymala-Busse. Redeeming the Communist Past: the Regeneration of Communist Parties in East Central Europe[M]. Cambridge: Cambridge Univetsity Press, 2002: 106.

② Anna M.Grzymala-Busse. Redeeming the Communist Past: the Regeneration of Communist Parties in East Central Europe[M]. Cambridge: Cambridge Univetsity Press, 2002: 106.

③ 波兰共和国社会民主党[OL]. [2014-03-20]. http://xuewen.cnki.net/read-R2006080980000926.html.

④ Aleks Szczerbiak. The new Polish political parties as membership organizations[J]. Contemporary Politics, 2010, 7(1).

波兰共和国社会民主党成立后，其议会下院席位从173个降至22个，成为议会中最小的政党。23名内阁成员中，开始时按照协议波兰统一工人党占有内政、国防、运输和海洋以及外贸4个部长职位。而到1990年7月，3个部长被解除职务，外贸部部长也已退党，实现了瓦文萨"建立一个没有共产党的联合政府"的计划。总统雅鲁泽尔斯基的任期应为六年，但实际上其早已被反对派架空，出任不到一年，雅鲁泽尔斯基就被迫宣布辞职，被团结工会领导人瓦文萨取代，波兰人民共和国改名为波兰共和国，国徽图案恢复了君主制时期戴着皇冠的白鹰的图案，至此波兰统一工人党及其"后继党"——波兰共和国社会民主党失去全部政权。

波兰共和国社会民主党成立时面临的政治环境非常恶劣。波兰民众对东欧第一个非共产党政权有着无限热情，在右翼的怂恿之下，人们在大众媒体上不断声讨共产党在执政时期犯下的罪行，作为波兰统一工人党"后继党"的波兰共和国社会民主党自然成了民众声讨过去的靶子。

1990年5月，波兰举行地方议会选举，刚刚成立的波兰共和国社会民主党表现欠佳。一方面，所有政党都对波兰共和国社会民主党避而远之，在议会中没有政党愿与他们合作，虽然同属左翼政党，但这些政党的官方态度是既不允许与波兰共和国社会民主党合作，也不允许他们进入其执政联盟。无奈之下，很多波兰共和国社会民主党成员在参选时混淆或者隐瞒自己的党籍。另一方面，由于右翼政府实行"去共产主义"政策，波兰共和国社会民主党也成了与波兰统一工人党有联系的个人和团体的避风港，受到右翼迫害的人们被迫团结在一起，社会民主党的凝聚力大大增加。

可以说，刚刚成立的波兰共和国社会民主党非常弱小，在政治上被孤立，成了大家嘲笑和谴责的对象。竞争对手把它看作没有任何希望的一帮"波兰人民共和国的孤儿"，此时作为左翼政党的波兰共和国社会民主党面临的首要问题是在波兰政坛生存下去。

## 二、波兰民主左翼联盟的建立与1991年波兰大选

1991年10月，波兰举行剧变后第二次议会大选也是剧变后第一次西方式的议会大选，100多个注册政党积极备战。为力争在此次议会选举中取得胜利，1991年7月16日，波兰共和国社会民主党与波兰工会全国协议会、波兰社会党、妇女民主联盟、波兰绿党等32个中左翼政党和社会团体组成了以波兰共和国社会民主党为核心的波兰民主左翼联盟，这被国内学术界看作

波兰民主左翼联盟的正式建立。① 1997 年大选前,波兰民主左翼联盟共包含了 33 个中左翼政党和社会团体,他们分别是:波兰共和国社会民主党,白俄罗斯人社会-文化联谊会(Bielarusian Socio-Cultural Fellowship),妇女民主联盟(Democratic Union of Women),金属、电气和机械工业联合会-"金属工人"(Federation of Metal, Electrical and Machine Industry Workplace Union Organisations-"Metalworkers"),波兰高等教育和科学学校教师联合会(Federation of Polish Higher and Scientific Schools Teaching Unions),健康服务雇员工会联合会(Federation of Health Service Employees' Trade Unions),波兰国家铁路雇员工会联合会(Federation of Polish State Railways Employees' Trade Unions),轻工业雇员工会联合会(Federation of Light Industry Employees' Trade Unions),左翼退伍军人全国理事会(National Council of Left-wing Veterans),退休人员和领养老金的全国代表(National Representation of Retirees and Pensioners),最高法院合作理事会(Supreme Co-operative Council),新民主党(New Democracy),波兰工会全国协议会(All-Poland Agreement of Trade Unions),劳动党(Labour Party),波兰社会党(Polish Socialist Party),波兰绿党(Polish Green Party),退休者、领养老金和荣军波兰联盟(Polish Union of Retirees, Pensioners and Invalids),工人运动(Movement of Working People),独立欧洲倡议"NIE"(Independent European Initiative "NIE"),代际联合("Generations" Association),第三帝国波兰受害人协会(Association of Poles Injured by the Third Reich),瞭望台波兰人家园协会("Watchtower" Polish Home Association),世俗文化联谊会(Secular Culture Fellowship),社会科学之友联谊会(Fellowship of the Friends of Social Sciences),天主教-社会联盟(Christian-Social Union),波兰学生联谊会(Polish

---

① 笔者查阅国外相关资料(Anna M.Grzymala-Busse. Redeeming the Communist Past: the Regeneration of Communist Parties in East Central Europe[M]. Cambridge: Cambridge Univetsity Press, 2002. Voytek Zubek. The eclipse of Walesa's political career[J]. Europe-Asia Studies, 1997, 49(1).),发现波兰民主左翼联盟最早出现在波兰政坛是在 1990 年 10 月波兰总统大选前。1990 年 4 月,波兰总统雅鲁泽尔斯基在团结工会等右翼势力的压力下被迫辞职,为支持波兰共和国社会民主党推出的总统候选人齐莫谢维奇参加总统竞选,以波兰共和国社会民主党为首联合其他 27 个政党和社会组织组建了波兰民主左翼联盟,其目标是 "在竞选中为党赢得尽可能最大的支持,并让其他社会组织认同党"。这场被称为 "政治歇斯底里" (Voytek Zubek. The eclipse of Walesa's political career[J]. Europe-Asia Studies, 1997, 49(1).) 的总统选举,最后的结果是团结工会领导人瓦文萨胜出,当选新一届波兰总统。但是国内相关文献都认为波兰民主左翼联盟成立于 1991 年波兰议会大选前。笔者认为成立波兰民主左翼联盟的主要目的是参加议会大选,因此,笔者认同国内学界的看法,将 1991 年 7 月 16 日作为波兰民主左翼联盟正式成立的时间。

Students' Association），波兰教师工会（Polish Teachers' Union），波兰社会主义青年联盟（Union of Polish Socialist Youth），建筑工会（"Builders" Trade Union），波兰矿工工会（Trade Union of Miners in Poland），铜业雇员工会（Copper Industry Employees' Trade Union），波兰共和国农业工人工会（Trade Union of Farming Workers in the Republic of Poland），波兰人民军队工会（Polish People's Army Trade Union）等。①此时，波兰共和国社会民主党依然被大多数政治学者和波兰政坛主要政治力量看作波兰统一工人党的继承者，认为其力量主要来自目前特权的社会阶层和"红色蜘蛛网"②。

波兰共和国社会民主党是波兰民主左翼联盟的核心和领导力量，此时的波兰民主左翼联盟是一个竞选联盟。1991年议会大选，波兰共和国社会民主党为波兰民主左翼联盟制定了竞选战略，旗号为"进步、法治、民主的波兰"，竞选口号为"不能再这样继续下去"。本次大选波兰民主左翼联盟获得11.99%的得票率，仅次于得票率12.32%的民主联盟，在波兰民主左翼联盟所获得的60个下院议席中（见表1.2），波兰共和国社会民主党独占37席。

表1.2 1991年波兰议会大选结果

| 党派 | 得票率（%） | 议会下院席位（个） |
| --- | --- | --- |
| 民主联盟 | 12.32 | 62 |
| 民主左翼联盟 | 11.99 | 60 |
| 天主教竞选联盟 | 8.79 | 49 |
| 公民中心联盟 | 8.71 | 44 |
| 波兰人民党 | 8.67 | 48 |
| 波兰独立联盟 | 7.50 | 46 |
| 自由民主大会 | 7.49 | 37 |
| 农民协会 | 5.47 | 28 |
| NAZZ团结 | 5.05 | 27 |
| 啤酒党 | 3.27 | 16 |

注：本次大选投票率43.2%，无进入议会的最低门槛限制，共有29个政党进入议会下院。
资料来源：笔者根据以下资料整理。参见欧洲选举数据库——波兰1991年大选结果[DB/OL].[2013-04-22]. http://www.nsd.uib.no/european_election_database/country/poland/；张月明，姜琦. 政坛10年风云——俄罗斯与东欧国家政党研究[M]. 上海：上海社会科学院出版社，2005：71.

---

① Aleks Szczerbiak. Interests and Values: Polish Parties and their Electorates[J]. Europe-Asia Studies, 1999, 51(8).
② Hieronim Kubiak. Poland's Democratic Left Alliance: Beyond Postcommunist Succession[M].//Kay Lawson, Peter H. Merkl. When parties prosper: the uses of electoral success. London: Lynne Riemmer Publishers, Inc., 2007: 62.

对于以波兰共和国社会民主党为首的波兰左翼在短时间内的再次崛起，有学者指出，如果执政的团结工会政府在1990年春天而不是1991年秋天举行选举，那么波兰共和国社会民主党可能就被永远逐出政坛了。①由此可以看出，波兰共和国社会民主党组建波兰民主左翼联盟适时地整合了波兰的左翼力量，这是波兰左翼再次崛起的重要原因，拉开了波兰民主左翼联盟在波兰政坛大发展的序幕。

大选之后，尽管在社会、文化、经济上波兰民主左翼联盟与同属左翼阵营的民主联盟的主张比较相似，也极力争取与民主联盟联合组阁，但因为20世纪80年代波兰变故的责任问题，特别是实施军事管制的责任问题，民主联盟拒绝与波兰民主左翼联盟联合组阁，波兰民主左翼联盟成为最大反对派。

### 三、波兰民主左翼联盟在波兰政坛的第一次起落（1993—1999年）

面对波兰政坛左右两翼政党林立的形势，作为左翼力量代表的波兰共和国社会民主党需要重塑自己社会民主左翼的形象，整合波兰的中左翼力量，把他们集合在自己的旗下，为下一次大选做准备。在整合资源上，波兰共和国社会民主党巧妙地把支持他的两个基本政治支柱整合在一起，即：拉科夫斯基计划②形成的前权贵阶层和政治上怀旧的力量——很多退休人员及在社会主义时期过得很好而在持续的转轨过程中心理上、物质上损失很多的那些人③。在后团结工会左右两翼分裂状态下，波兰共和国社会民主党采取了一种稳健的政策，团结包括后团结工会左翼在内的左翼力量，以期实现对波兰政坛左翼力量的整合，并以此赢得其他政党的尊敬。④经过此番整合再加上团结工会左翼——民主联盟的分裂，以波兰共和国社会民主党为核心的波兰民主左翼联盟成为"破碎的"波兰议会中最大的政治力量。⑤

---

① Voytek Zubek. The Phoenix Out of the Ashes: The Rise To Power of Poland's Post-Communist SdRP[J]. Communisf and Post-Communist Studies, 1995, 28(3).

② 拉科夫斯基：1988年9月—1989年8月出任波兰政府总理，1989年7月—1990年1月担任波兰统一工人党中央委员会第一书记。拉科夫斯基坚持积极进行经济和政治改革，反对团结工会提出的极端化的政治主张。主张国有企业商业化，扩大私有经济，关闭亏损的格但斯克造船厂。

③ Voytek Zubek. The Reassertion of the Left in Post-communist Poland[J]. Europe-Asia Studies, 1994, 46(5).

④ Voytek Zubek. The Reassertion of the Left in Post-communist Poland[J]. Europe-Asia Studies, 1994, 46(5).

⑤ Voytek Zubek. The Fragmentation of Poland's Political Party System[J]. Communist and Post-Communist Studies, 1993, 26(1).

1993年9月19日，波兰提前举行议会选举，民主左翼联盟打出"不能再这样生活下去""减少失业""制止生活水平进一步下降""波兰需要一个好管家""波兰需要走上为人民服务，而不是为富人效劳的改革之路"等口号，①倡导继续改革但提出要建立安全保护网。本次大选民主左翼联盟获得20.41%的得票率共计171个下院席位（见表1.3），一举成为议会第一大党派，获得组阁权执政。波兰成为中东欧第一个左翼通过赢得竞选重返执政舞台的国家。

表1.3 1993年波兰议会大选结果

| 党派 | 得票率（%） | 议会下院席位（个） |
| --- | --- | --- |
| 民主左翼联盟 | 20.41 | 171 |
| 波兰人民党 | 15.4 | 132 |
| 民主联盟 | 10.59 | 74 |
| 劳动联盟 | 7.28 | 41 |
| 波兰独立联盟 | 5.77 | 22 |
| 支持改革的无党派联盟 | 5.41 | 16 |
| 德意志少数族群党派 | — | 4 |
| 共计 | 64.86 | 460 |

注：此次大选投票率52.13%，共有7个政党进入议会；大选前规定政党进入议会的门槛是5%，竞选联盟是8%。天主教竞选委员会、团结工会、中心协议、自由民主代表大会、真正的政治联合、农民自卫、共和国联盟、"X"党等由于没能达到竞选规定的最低门槛而未能进入议会。

资料来源：笔者根据相关数据整理。参见欧洲选举数据库——波兰1993年大选结果[DB/OL].[2013-04-26]. http://www.nsd.uib.no/european_election_database/country/poland/；Rzeczpospolita[N]. 1993-09-27。

大选获胜后，民主左翼联盟曾提出与议会中位居第三的自由主义政党——民主联盟联合组阁，继续自由主义的改革，但民主联盟拒绝与被认为是前共产党的继承者合作；而同属左翼的劳动联盟也因反对民主左翼联盟提出的自由主义经济纲领及民主左翼联盟的社会主义过去而拒绝与其合作。最终，10月26日，民主左翼联盟与波兰统一工人党的"卫星党"波兰农民党的继承者——波兰人民党组建了联合政府。两个植根于前社会主义制度的政党组成了联合政府，这种组合进一步强化了波兰政坛的历史分野。波兰左翼力量在剧变后重新回到执政舞台，有人形容这是波兰左翼的"凤凰涅槃"②。民主

---

① 刘悌和，陈凤英. 波兰左翼力量政府及其内外政策[J]. 国际研究参考，1993（12）.
② Voytek Zubek. The Phoenix Out of the Ashes:The Rise To Power of Poland's Post-Communist SdRP[J]. Communisf and Post-Communist Studies, 1995, 28(3).

左翼联盟与波兰人民党结成的执政联盟控制了议会 2/3 的席位，同时获得议会中另一个左翼政党劳动联盟的支持，获得议长和总理职位，控制了议会和政府。1995 年 11 月，波兰举行剧变后第三次总统大选，41 岁的波兰共和国社会民主党创始人和第一任主席、民主左翼联盟议员团主席亚历山大·克瓦希涅夫斯基在第二轮投票中以 35.1%的支持率战胜团结工会候选人、时任总统瓦文萨，成为剧变后波兰第三任总统。至此，民主左翼联盟控制了总统、议会、政府，也被称为政坛"红三角"，民主左翼联盟在波兰政坛的影响达到第一次高潮。

民主左翼联盟与波兰人民党组成联合政府后继续进行波兰的市场经济改革，推进私有化计划，只是由于执政联盟中波兰人民党的阻挠而经常回调；继续融入西方，谋求加入欧盟和北约，与美国保持紧密的联盟关系；实施亲社会的政策，承诺降低转轨的社会代价。

转轨后失业率的上升和日益增加的社会不平等使上百万选民把民主左翼联盟与社会主义时期的社会保障联系起来。通过实施放慢新自由主义改革的"波兰战略"，1993－1997 年，波兰实现了经济增长和失业率下降，降低了改革的社会代价，加强了国有部门。1993－1997 年，波兰经济持续增长，国内生产总值连续 4 年以年均 5.5%的速度增长，连续 4 年成为欧洲经济增速最快的国家。1997 年上半年，波兰经济增长率达到 7.8%，失业率从 16.4%下降到 10.3%，通货膨胀率从 1993 年的 35%下降到 14.8%左右，[1]居民生活水平得到提高。

1997 年 10 月，波兰举行剧变后第三次西方式议会选举，民主左翼联盟打出的旗号是"好的今天、更好的明天"。以团结工会为核心组建的右翼"团结竞选联盟"获得 33.83%的选票共计 201 个下院席位，占下院席位的 44.7%，成为本次大选的赢家；而执政的民主左翼联盟得票率为 27.13%，获得 164 个下院席位（见表 1.4），占下院席位的 34.7%，成为最大反对派。大选后团结竞选联盟与议会第三大党自由联盟结成执政联盟联合执政，组成了以前团结工会领导人耶日·布泽克（Jerzy Buzek）为总理的右翼政府，团结竞选联盟领导人马·普瓦任斯基（Maciej Płażyński）出任众议院议长。

---

[1] Gavin Rae. Poland's Return to Capitalism: from the Socialist Bloc to the European Union[M]. London: I.B.Tauris & Co Ltd, 2008: 64.

表 1.4　1997 年波兰议会大选结果

| 党派 | 得票率（%） | 议会下院席位数（个） |
|---|---|---|
| 团结竞选联盟 | 33.83 | 201 |
| 民主左翼联盟 | 27.13 | 164 |
| 自由联盟 | 13.37 | 60 |
| 波兰人民党 | 7.31 | 27 |
| 重建波兰运动 | 5.56 | 6 |
| 德意志少数族群党派 | — | 2 |
| 共计 | 87.2 | 460 |

注：本次大选投票率 47.93%，共 6 个政党进入议会。

资料来源：笔者根据相关数据整理。参见欧洲选举数据库波兰——1997 年大选结果[DB/OL]. [2013-04-29]. http://www.nsd.uib.no/european_election_database/country/poland/；张月明，姜琦. 政坛 10 年风云——俄罗斯与东欧国家政党研究[M]. 上海：上海社会科学院出版社，2005：68。

与上届大选相比，民主左翼联盟支持率从 20.41% 上升到 27.13%，但议会席位却从 171 席下降到 164 席，在议会中屈居第二，成为最大反对派。民主左翼联盟在此次大选中虽失去了执政地位，但依然控制着议会下院建设委员会 50% 的席位、消费者事务委员会 43% 的席位、经济事务委员会 41% 的席位。[1]这主要是因为民主左翼联盟在执政时期减少了改革的社会代价，因此争取到了选民的支持，其支持者数量净增加了 700000。[2]

导致此次民主左翼联盟败北的原因主要有两个。一是执政联盟内部的矛盾与不和。1993 年大选胜利，民主左翼联盟与波兰人民党结成执政联盟以来，两党在权力分配、政府高层变动、财政预算的使用分配、私有化的速度与方式、地方自治、如何处理与教会的关系等重大问题上矛盾不断，导致在执政期间三次改组政府和三易总理。[3]1997 年议会大选开始后，两党又因农产品和粮食收购问题产生严重分歧，波兰人民党在此问题上与反对党站在一起，要求总理下台。这些分歧不仅导致执政联盟内部不稳定，而且在选民中造成了不良影响，削弱了左翼的竞选力量，为右翼团结竞选联盟上台创造了机会。

---

[1] Anna M.Grzymala-Busse. Redeeming the Communist Past: the Regeneration of Communist Parties in East Central Europe[M]. Cambridge: Cambridge Univetsity Press, 2002：256.

[2] 欧洲选举数据库波兰 1997 年大选结果[DB/OL]. [2013-04-29]. http://www.nsd.uib.no/european_election_database/country/poland/.

[3] 1993 年 10 月－1995 年 3 月瓦尔德马·帕夫拉克政府、1995 年 3 月－1996 年 1 月约瑟夫·奥莱克西政府、1996 年 2 月－1997 年 10 月沃齐米日·齐莫谢维奇政府。

二是以民主左翼联盟为首的左翼政府在4年执政期间的政策失误,如在税收政策、养老保险等社会福利政策、社会治安政策、私有化政策、宗教政策等方面引起了一部分原来支持左翼政党的选民的不满,使得右翼团结竞选联盟抓住把柄,在选民中大造舆论,联合教会等力量,最终击败民主左翼联盟成功上台执政。

1997年12月6日至7日,波兰共和国社会民主党在华沙举行第三次全国代表大会。大会总结了1997年9月议会选举失利的原因,选举莱舍克·米莱尔为党主席,克什日多夫·雅尼克(Krzysztof Janik)为总书记。确定了党的近期和远期任务,通过了新的党纲并修改了党章。新党纲突出强调:回到工人中去,了解在目前经济状况下工人们的问题;缩短工时而不是减少工资;反对失业和贫困,确保公众接受免费教育和普遍享受医疗保健。①大会通过的决议主张:扩大地方自治机构的权力,保证乡(镇)参加天然气、能源和电信的私有化,对农业进行结构改造。党最重要的任务是维护劳动人民的权益,在社会生活和政治生活中实现男女平等。为适应1997年10月通过的波兰新宪法的规定,大会提出把民主左翼联盟改组为政党。经过准备,以波兰共和国社会民主党为核心的波兰民主左翼联盟于1999年5月17日在华沙地方法院注册为政党。

1999年6月16日,波兰共和国社会民主党召开第四次全国代表大会,大会指出党目前面临的最主要问题是如何在保证国家经济发展的同时消除社会贫富不均、如何改变缺乏投资的社会福利体制和缩小社会差异、如何保证公民的安全感等。此次大会通过了解散波兰共和国社会民主党的决议。

民主左翼联盟1993年大选胜利成为执政党,1997年大选失利再次成为在野党,民主左翼联盟在波兰政坛经历了第一次起落。

## 四、波兰民主左翼联盟注册为政党(1999—2000年)

1998年10月,波兰共和国社会民主党主席、民主左翼联盟议员团主席米莱尔提议将民主左翼联盟改组为政党。经过讨论,1999年4月15日,民主左翼联盟召开会议,决定把民主左翼联盟改组为政党。

民主左翼联盟改组为政党是有一定原因的。首先,1997年通过的波兰宪

---

① Program of The Social Democracy of The Republic of Poland[R/OL]. [2013-05-12]. http://library.fes.de.

法规定只有政党或者选民才可以提名参众两院议员候选人①，这也就意味着没有政党身份就没有资格参加竞选。民主左翼联盟虽然集合了 32 个中左翼政党和社会团体，但毕竟只是一个竞选联盟，而非政党。如果不进行改组，不注册为政党就不能参加以后的议会大选和总统选举，因此，注册成为政党势在必行。

其次，为了更好地整合左翼力量以应对右翼的挑战。波兰剧变后，以团结工会为首的右翼势力极力打压波兰左翼力量，波兰共和国社会民主党因被视为共产党的继承者而成为重点打压对象，如 1992 年右翼制造了"佩雷斯事件"，炮制了"64 人秘密甄别名单"，对军队和政府进行了大规模清洗。②到 1991 年 1 月，原波兰统一工人党成员在政府中已无任何职位，政府副部长以下甚至省、市、乡和企业一级的原波兰统一工人党领导干部均被免职。团结工会出身、支持瓦文萨的中间派协议会起草了一个"去共产主义"草案，规定原波兰统一工人党的工作人员 10 年内不准担任任何公职，依法剥夺他们"非法侵占的财产"，并禁止他们享受所有制改造向公民提供的优惠。1997 年议会大选，以团结工会为核心的团结竞选联盟再一次掀起"去共产主义"浪潮，并把它作为选举口号和施政目标之一来吸引选民。因此，左翼力量必须团结起来才能更好地应对右翼的疯狂打压。出身于团结工会、曾经拒绝与波兰共和国社会民主党合作的左翼政党——劳动联盟主席波尔就表示，民主左翼联盟作为一个统一政党比一个由众多实体组建的联盟能更好地发挥作用。

再次，1997 年大选民主左翼联盟败北也使其开始考虑如何提前布局、加强组织力量建设以迎接 2001 年的议会大选。波兰共和国社会民主党总书记雅尼克认为，有预见性地结束波兰共和国社会民主党的活动是对左翼最有利的方案。时任波兰总统克瓦希涅夫斯基则明确指出，民主左翼联盟作为一个政党使左翼实现了统一而不是解体。由此可见，解散波兰共和国社会民主党、把民主左翼联盟改组为政党是波兰共和国社会民主党为摆脱左翼力量分散、统一左翼力量进而争取大选获胜实施的一个有计划、有步骤的战略部署。民主左翼联盟改组为政党后，统一的组织、明确的纲领和步调一致的行动将有助于其在选民中树立左翼的良好形象，从而赢得更广泛的选民支持。

最后，改组为政党也给民主左翼联盟提供了一个摆脱从原波兰统一工人

---

① 孙谦，韩大元. 世界各国宪法·欧洲卷[M]. 北京：中国检察出版社，2012：151.
② 王福兴. 波兰的民主社会主义[J]. 当代世界与社会主义，2000（2）.

党那里继承的"债务"的机会（波兰共和国社会民主党因涉嫌非法收购和处置波兰统一工人的资产而陷入争论），可以帮助民主左翼联盟（波兰共和国社会民主党）进一步把自己象征性地与社会主义的过去分开，使他们跨越左右翼分野吸引更广泛选民的支持。

1999年5月17日，民主左翼联盟在华沙地方法院正式注册成为政党。1999年6月16日，波兰共和国社会民主党召开第四次（最后一次）全国代表大会，会议通过了解散该党的决议，波兰共和国社会民主党成员加入改组为政党的民主左翼联盟并成为其领导者。

1999年12月，改组为政党的民主左翼联盟召开第一次全国代表大会，参会的767名代表选举莱舍克·米莱尔为最高委员会主席，克日什多夫·雅尼克（Krzysztof Janik）为总书记。会议通过了新纲领《我们的传统和价值》。

在新纲领中，民主左翼联盟向在波兰人民共和国时期以自己的诚实劳动为国家和他人服务的人们致敬，对那些敢于反对雅尔塔会议后形成的制度并促成了今天波兰民主秩序的人们表示赞赏和感激之情，对所谓的极权主义罪行进行了谴责，认为1989年的社会剧变是不可逆转的。

新纲领认为应当把波兰建设成为符合波兰人愿望的国家，即公正、平等、民主、包容、持久和均衡的国家，一个在统一的欧洲和世界上享有独立主权地位的国家，在这个国家里，青少年能够学习，人们能得到必要的帮助，人人都有机会实现自己的抱负和志向，这是民主左翼联盟的奋斗目标。新纲领认为，民主左翼联盟继承了波兰社会民主党人的传统——把爱国主义、独立的愿望同争取政治民主和经济、社会权利的斗争结合在一起。民主左翼联盟在政治上主张实行三权分立和多党制；在经济上主张社会市场经济，把市场经济同国家干预相结合，实现经济效益与社会公正的均衡发展。

2000年10月，波兰举行总统大选，时任总统克瓦希涅夫斯基在第一轮投票中以53.9%的支持率击败所有竞争对手成功连任波兰总统。尽管1995年当选总统后，克瓦希涅夫斯基就退出了波兰共和国社会民主党，声称自己是"全体波兰人民的总统，而不是一个党派的头头"[①]，但克瓦希涅夫斯基支持民主左翼联盟的观点，主张波兰走"民主社会主义"道路，他在经济上提倡"平民主义"的社会市场经济，致力于维护全体波兰人的利益，代表波兰积极开展对外交往，得到了广大民众和各党派的广泛认可。克瓦希涅夫斯基尽管

---

① 王正泉. 剧变后的原苏联东欧国家（1989—1999）[M]. 北京：东方出版社，2001：87.

不再是波兰共和国社会民主党和民主左翼联盟的成员，但仍然被视为左翼力量的代表，受到左翼政党和团体的支持，其成功连任波兰总统无疑进一步扩大了左翼在波兰政坛的影响力。

## 五、波兰民主左翼联盟在波兰政坛的第二次起落（2001—2005年）

2001年9月23日，波兰举行议会大选，民主左翼联盟与劳动联盟结成竞选联盟参加本次大选。在竞选中，民主左翼联盟打出"回到正常"的口号，向选民展示他们在第一次执政时取得的成就，并在竞选纲领中承诺会继续经济转轨，尽快让波兰加入欧盟；同时，承认福利国家的原则，如增加教育开支和提高教育标准，重建一个由国家负责的、现代的、高效的医疗服务体系，为来自贫困家庭的孩子提供校餐和旅行资助，为残疾人建立资助体系，等等。选民们也认为，民主左翼联盟能在使改革更好地进行下去的同时减小改革的社会代价。最终，民主左翼联盟与劳动联盟结成的竞选联盟以创纪录的41.04%的得票率赢得本次大选（见表1.5），再次与波兰人民党组成联合政府，民主左翼联盟全国委员会主席米莱尔出任总理。加上此前左翼出身和受到左翼支持的克瓦希涅夫斯基赢得了2000年总统大选，时隔6年波兰左翼力量再次控制了总统、议会和政府，民主左翼联盟在波兰政坛的影响达到第二次高潮。

表1.5 2001年波兰议会大选结果

| 党派 | 得票率（%） | 议会下院席位数（个） |
| --- | --- | --- |
| 民主左翼联盟-劳动联盟 | 41.04 | 216 |
| 公民纲领党 | 12.68 | 65 |
| 自卫党 | 10.20 | 53 |
| 法律与公正党 | 9.50 | 44 |
| 波兰人民党 | 8.98 | 42 |
| 波兰家庭同盟 | 7.87 | 38 |
| 德意志少数族群党派 | — | 2 |
| 共计 | 90.27 | 460 |

注：此次大选投票率为46.28%，有7个政党进入议会。执政的团结竞选联盟和自由联盟得票率分别为5.6%和3.1%，因没能到达政党5%和政党联盟8%的竞选门槛而未能进入议会。

资料来源：笔者根据相关资料整理。参见欧洲选举数据库——波兰2001年大选结果整理[DB/OL].[2013-05-20]. http://www.nsd.uib.no/european_election_database/country/poland/.

2001年大选，民主左翼联盟重获选民支持的原因主要有两个。第一，右翼执政期间存在的问题给左翼重新上台提供了机会。团结竞选联盟执政后没能很好地解决波兰经济面临的问题，经济增速下滑，失业率居高不下。左翼总统与右翼总理执政理念不同，总统主张走"民主社会主义"道路，在经济上提倡"平民主义"的社会市场经济，不赞同右翼政府的"去共产主义"政策和美国式"自由市场经济"道路。为与民主左翼联盟竞争而临时拼凑起来的竞选团体——团结竞选联盟内部派系非常复杂，大选获胜后，内部斗争愈演愈烈，甚至在对新内阁进行信任投票时，部分团结竞选联盟议员都投了反对票。而且，团结竞选联盟与执政联盟伙伴——自由联盟从一开始就围绕权力分配等展开了激烈斗争，在执政过程中对很多问题的观点也并不一致。右翼的不和谐削弱了右翼势力在选民中的影响力。第二，民主左翼联盟在1997年大选失利后进行了调整，整肃党纪，加强基层队伍建设，惩治腐败，清除害群之马。1999年民主左翼联盟注册成为政党，整合左翼力量并调整策略，争取尽可能广泛的选民群体，尤其是青年、妇女和信仰天主教选民的支持，最终赢得2001年大选。

尽管2001年赢得大选后民主左翼联盟依然与波兰人民党联合执政，但与1993—1997年不同的是，这一次民主左翼联盟是执政联盟的主力，能够更好地实施其纲领政策。执政后，民主左翼联盟提出了"建立市场经济，反对市场社会"的口号，强调国家的宏观调控作用，力图通过调整，增加就业岗位，提高人民生活水平。但是，右翼团结竞选联盟的四年执政给民主左翼联盟政府留下了经济停滞、失业率大幅上升的问题。而新政府又没有多少资源来解决这些问题，正如民主左翼联盟总书记马莱克·迪杜赫（Marek Dyduch）所说："1993年我们有很多国家资源而且有大量的外国投资能帮助我们降低失业。然而，现在波兰正处于财政危机之中。"[①]

内在的财政危机意味着在民主左翼联盟执政之前问题就已经存在，而现在问题变得越来越明显了。为摆脱危机，民主左翼联盟政府不得不通过新自由主义的紧缩措施解决预算危机。而此时波兰所面临的国际环境也发生了变化：由于外资在波兰所有权结构中所占比例很大，国际资本对波兰经济产生了很大影响；波兰正处于入盟谈判的关键时刻，必须完成诸多困难且充满矛

---

① Gavin Rae. Poland's Return to Capitalism: from the Socialist Bloc to the European Union[M]. London: I.B.Tauris & Co Ltd, 2008: 128.

盾的改革，如降低预算赤字的同时还要得到民众对入盟的支持；在伊拉克等一系列问题上欧盟与波兰支持的美国之间的矛盾正在扩大；等等。

执政后，民主左翼联盟政府开始实施"第三条道路"式的经济纲领，发挥市场作用，为经济增长创造条件，这也为增加社会支出和实施稳定平衡的预算提供了手段。一系列放松国家对商业控制的措施被提出，这被认为是促进经济增长和减少失业的关键。由于民主左翼联盟政府实施了债务减免的反危机措施和"复兴经济发展战略"的公共财政恢复计划，波兰经济从2001年第四季度的0.2%增长到2004年第一季度的7%，是自1998年以来最高的经济增长率，但2005年第一季度又回落到2.1%（见表1.6）。① 然而，政府与央行和货币政策委员会的矛盾也显露了出来，严格的货币政策限制了政府采纳有助于经济增长的货币政策的能力，波兰的利率水平是欧洲最高的，币值被高估。政府想降低利率，干预兹罗提贬值，但由于脆弱的资本基础和金融机构、外国金融机构对波兰经济的掌控，央行和货币政策委员会不得不向国际金融利益势力低头。

表1.6　2001年第四季度－2005年第一季度波兰GDP增速

| 年份 | 2001年 | 2002年 | | | | 2003年 | | | | 2004年 | | | | 2005年 |
|---|---|---|---|---|---|---|---|---|---|---|---|---|---|---|
| 季度 | 四季度 | 一季度 | 二季度 | 三季度 | 四季度 | 一季度 | 二季度 | 三季度 | 四季度 | 一季度 | 二季度 | 三季度 | 四季度 | 一季度 |
| 增速（%） | 0.2 | 0.4 | 0.8 | 1.6 | 2.1 | 2.3 | 3.9 | 4.0 | 4.7 | 7.0 | 6.1 | 4.8 | 4.0 | 2.1 |

资料来源：Grzegorz W. Kolodko. Globalization and Its Impact on Economic Development [C/OL]. (2006-01) [2013-05-22]. TIGER Working Paper Series No.81, (2006-01) [2013-05-22]. www.tiger.edu.pl.

为削减财政赤字，政府冻结了部分官员的收入，缩减了很多预算支出，具体包括削减妇女带薪产假时间、降低失业津贴和疾病津贴、提高能源价格、增加建筑物的增值税、取消学生廉价旅游权利、取消提前退休的福利等。财政部部长贝尔卡（Belka）在宣布这些政策后说："现任政府不会对当前糟糕的经济和财政负责。然而，政府应该对国家负责。提高财政收入不是目标，但是为了避免灾难这是必需的。"②但民主左翼联盟政府实施刺激国内需求和

---

① Grzegorz W. Kolodko. Globalization and Its Impact on Economic Development[C/OL]. (2006-01) [2013-05-22]. www.tiger.edu.pl.

② Gavin Rae. Poland's Return to Capitalism: from the Socialist Bloc to the European Union[M]. London: I.B.Tauris & Co Ltd, 2008: 189.

中小企业发展的计划受阻，失业率也居高不下，2001－2005 年失业率分别是 17.4%、18%、18%、19.1%、17.6%。①这些紧缩政策引发了民众的不满，是导致 2005 年大选民主左翼联盟失利的重要原因之一。

执政后，民主左翼联盟对内部人事进行了重大调整。2002 年 2 月，民主左翼联盟召开全国代表会议，选举马莱克·迪杜赫为总书记，原民主左翼联盟总书记克日什托夫·雅尼克增选为民主左翼联盟全国委员会副主席。由于腐败丑闻，民主左翼联盟内矛盾加剧。2003 年 3 月 6 日，米莱尔辞去民主左翼联盟主席职务，由前内务部部长克日什托夫·雅尼克继任。2003 年 6 月，民主左翼联盟召开第二次全国代表大会，米莱尔再次当选主席，大会选举马莱克·迪杜赫为总书记。2004 年 3 月 26 日，因不满民主左翼联盟的主张，时任众议院议长博罗夫斯基等一批民主左翼联盟成员宣布成立新的左翼政党即波兰社会民主党，民主左翼联盟发生分裂，议会中出现了三个中左翼政党：民主左翼联盟、劳动联盟和波兰社会民主党。2004 年 6 月，民主左翼联盟召开会议希望从内部弥合冲突，但以失败告终。2004 年 12 月 18－19 日，民主左翼联盟召开第三次代表大会，选举约瑟夫·奥莱克西（Jozef Oleksy）为新主席。2005 年 5 月 2 日，波兰加入欧盟的第二天，因腐败问题、居高不下的失业问题、忽视社会政策领域的改革问题等，民主左翼联盟政府总理米莱尔辞职，②同时辞去民主左翼联盟主席一职。

为迎接即将到来的 2005 年大选，2005 年 5 月，民主左翼联盟再次调整领导层，只有 30 多岁的沃伊切赫·奥莱依尼查克（Wojciech Olejniczak）当选主席，格日格什·纳皮耶拉尔斯基（Grzegorz Napieralski）当选为总书记。作为新生代领导人，奥莱依尼查克与前执政党波兰统一工人党没有任何联系，与民主左翼联盟第二次执政时期的腐败丑闻也没有瓜葛，曾经担任过农业部部长，具有良好的声誉，被克瓦希涅夫斯基提名为最好的党的领导人的后备人选。

但 2005 年议会大选，民主左翼联盟没能延续 2001 年大选的气势，民主左翼联盟与劳动联盟组成的竞选联盟失去 3/4 的选民，得票率从 2001 年的 41.04%锐降到 11.31%，只获得 55 个下院席位，相比 2001 年减少了 161 席，不仅失去执政地位，而且从第一大党跌落到第四大党。部分劳动联盟成员与

---

① Gavin Rae. Poland's Return to Capitalism: from the Socialist Bloc to the European Union[M]. London: I.B.Tauris & Co Ltd, 2008: 64.

② Krzysztof Jasiewicz. The (not always sweet) uses of opportunism: Post-communist political parties in Poland[J]. Communist and Post-Communist Studies, 2008(41).

绿色2004（Greens 2004）在波兰社会民主党领导下结成竞选联盟参加了2005年大选，但只获得3.89%的选票，未达到竞选联盟进入议会需要的8%的门槛，因而未能进入议会。[①]右翼法律与公正党以26.99%的得票率赢得大选执政（见表1.7）。

表1.7 2005年波兰议会大选结果

| 党派 | 得票率（%） | 议会下院席位数（个） |
| --- | --- | --- |
| 法律与公正党 | 26.99 | 155 |
| 公民纲领党 | 24.14 | 133 |
| 自卫党 | 11.41 | 56 |
| 民主左翼联盟-劳动联盟 | 11.31 | 55 |
| 波兰家庭同盟 | 7.97 | 34 |
| 波兰人民党 | 6.96 | 25 |
| 德意志少数族群党派 | — | 2 |
| 共计 | 88.78 | 460 |

注：本次大选投票率40.6%，有7个政党或竞选联盟进入议会。
资料来源：笔者根据相关资料整理。参见欧洲选举数据库——波兰2005年大选结果整理[DB/OL]. [2013-05-28]. http://www.nsd.uib.no/european_election_database/country/poland/。

2005年10月，波兰举行第五次总统选举，民主左翼联盟提名只有30多岁的民主左翼联盟新任主席沃伊切赫·奥莱依尼查克为总统候选人，但最终不敌右翼法律与公正党候选人莱赫·卡钦斯基。

导致2005年民主左翼联盟大选失败的主要原因是，在布莱尔"第三条道路"思想指导下，民主左翼联盟政府实行的新自由主义政策造成的失误使其失去民心。居高不下的失业率，严重地损害了支持民主左翼联盟的选民的利益。严重的腐败问题，执政联盟内部矛盾重重甚至发生了分裂，则大大削弱了民主左翼联盟自身的力量。

赢得2000年总统大选、2001年议会大选再次执政的民主左翼联盟，在波兰政坛的发展达到了顶峰，但在2005年的议会大选和总统大选中却双双失利，民主左翼联盟在波兰政坛经历了第二次起落。

---

① 欧洲选举数据库波兰2005年大选结果[DB/OL]. [2013-05-28]. http://www.nsd.uib.no/european_election_database/country/poland/.

## 六、波兰民主左翼联盟2005年之后的调整与发展（2005年－）

2005年大选失败后，民主左翼联盟新任主席沃伊切赫·奥莱依尼查克宣称，在国际上，民主左翼联盟学习的榜样是布莱尔。作为天主教徒，他宣称会把民主左翼联盟的位置放在政治的中心。新领导层继续了前领导人克瓦希涅夫斯基提出的与自由派结盟组成新的中左翼联盟、反对法律与公正党组成的右翼政府的战略。

民主左翼联盟的新战略把目前波兰的形势与20世纪30年代波兰转向专制后的形势进行了对比，认为政府试图通过控制文化和教育机构，在公共领域用排除可选择的观点的方式来建立一个保守主义-民族主义的垄断。为反对这种垄断，民主左翼联盟敦促在波兰建立另一种选择，即在公民权、国家中立、性别平等、欧洲融合等问题上与自由主义中间派结成战略联盟。民主左翼联盟领导人和波兰社会民主党领导人进行了这方面的尝试，即接受"第三条道路"式的社会民主模式。这种模式假设左翼把自己放在中间，能够吸引包括持自由、民主价值观的社会大多数选民的支持。

以前左翼与自由派结成政治联盟的提议曾遭到自由派政党的反对，但面对右翼政党咄咄逼人之势，自由主义政党——民主党在2006年地方选举中同意与左翼结盟。2006－2007年，波兰政坛三个中左翼政党（民主左翼联盟、劳动联盟、波兰社会民主党）与民主党结成新的竞选联盟——左翼与民主者联盟，在2006年地方选举中左翼与民主者联盟获得14%的支持率。民主左翼联盟领导人希望这个竞选联盟保持到下届议会大选，与自由主义中间派形成永久性的政治联盟。但2007年议会大选，左翼与民主者联盟只得到13.15%的得票率，在议会中位列第三，共获得53个席位，其中波兰社会民主党10席，民主左翼联盟43席，劳动联盟没有代表进入议会。右翼公民纲领党以41.51%的得票率赢得大选（见表1.8），与波兰人民党联合组阁执政。

2005年大选失败后，许多民主左翼联盟资深党员不再担任议员，也不再担任领导职务。新领导层的一部分如耶日·斯马伊津斯基（Jerzy Szmajdzinski）、理夏德·卡利什（Ryszard Kalisz）和老的领导层人员如莱舍克·米莱尔、约瑟夫·奥莱克西、马莱克·迪杜赫、克日什托夫·雅尼克等与前总统克瓦希涅夫斯基关系密切。

表 1.8　2007 年波兰议会大选结果

| 党派 | 得票率（%） | 议会下院席位数（个） |
| --- | --- | --- |
| 公民纲领党 | 41.51 | 209 |
| 法律与公正党 | 32.11 | 166 |
| 左翼与民主者联盟 | 13.15 | 53 |
| 波兰人民党 | 8.91 | 32 |
| 共计 | 95.68 | 460 |

注：本次大选投票率 53.88%，共有 4 个政党或竞选联盟进入议会。
资料来源：笔者根据相关资料整理。参见欧洲选举数据库——波兰 2007 年大选结果整理[DB/OL]. [2013-05-30]. http://www.nsd.uib.no/ european_election_database/country/poland/。

为整合左翼力量，2007 年，前总统克瓦希涅夫斯基重回波兰政治舞台，积极参与推动左翼与自由主义中间派的结盟活动，左翼与民主者联盟把克瓦希涅夫斯基推选为下届议会大选左翼总理候选人，让他领导左翼与民主者联盟纲领委员会。克瓦希涅夫斯基为民主左翼联盟制定的战略是扩大中左翼联盟，把所有希望捍卫第三共和国的力量（与公民纲领党部分合作）团结起来反对保守主义-民族主义。为应对右翼保守派的挑战，左翼必须得到转轨中受损最严重的社会阶层的支持，但接受"第三条道路"战略的左翼使自己远离了社会中的大多数。民主左翼联盟被视为捍卫第三共和国特权的政党，而不是代表劳动者和社会大多数利益的政党，结果把政治优先权给了保守主义-民族主义的右翼。

2008 年 3 月 29 日，民主左翼联盟主席沃伊切赫·奥莱依尼查克发表声明，表示民主左翼联盟与民主党在左翼与民主者联盟中的合作已经耗尽。①2008 年 4 月，左翼与民主者联盟发生分裂，民主党和波兰社会民主党离开左翼与民主者联盟，劳动联盟和民主左翼联盟继续结盟。2009 年，绿色 2004 加入民主左翼联盟和劳动联盟组成的竞选联盟，并一起参加了 2009 年欧洲议会竞选，获得 12.34%的选票共 7 个欧洲议会席位。②2014 年，民主左

---

① Krzysztof Jasiewicz. The (not always sweet) uses of opportunism: Post-communist political parties in Poland[J]. Communist and Post-Communist Studies, 2008(41).
② 欧洲选举数据库——欧洲议会大选[DB/OL]. [2013-05-30]. http://eed.nsd.uib.no/webview/index.jsp?study=http%3A%2F%2F129.177.90.166%3A80%2Fobj%2FfStudy%2FPLEP2004_SUM_Display&mode=cube&v=2&cube=http%3A%2F%2F129.177.90.166%3A80%2Fobj%2FfCube%2FPLEP2004_SUM_Display_C1&top=yes.

翼联盟独自参加欧洲议会大选，获得 9.44%的得票率共 5 个欧洲议会席位。①

2007 年 9 月，民主左翼联盟继 2004 年分裂后再次发生分裂，前总理米莱尔与一部分民主左翼联盟成员组建了一个新的左翼政党——波兰左翼党。2008 年春天，议会中的左翼与民主者联盟议会党团被左翼党议员团（42 个议员主要来自民主左翼联盟）、波兰社会民主党——新左翼党议员团（8 个议员）、民主党议员团（3 个议员来自民主党）三个新的左翼议会党团取代。

2008 年 5 月 31 日，民主左翼联盟召开代表大会，34 岁的格日格什·纳皮耶拉尔斯基当选新主席，他承诺会让民主左翼联盟在波兰政治舞台上发挥更大作用，反对执政的右翼公民纲领党和右翼保守反对党——法律与公正党，承诺限制天主教在政治生活中的作用。②他呼吁关注工会和一些社会问题，在这些问题上赞同在欧洲社会党框架下的左翼倾向，特别是要以西班牙工人社会党领袖萨帕特罗为学习榜样。然而，纳皮耶拉尔斯基在党内就如何应对政府提出的大幅度削减社会福利开支和提前退休问题上遭遇了失败。③针对 2009 年欧洲议会选举，民主左翼联盟领导人主张提交一个包含其他社会民主派在内的统一的社会民主派候选名单，最终赢得 7 个欧洲议会席位。

此后，民主左翼联盟采取了很多政策以期能够摆脱困境，包括激烈的复兴进程、形成一个广泛的中左翼联盟以赢得新选民的支持，尤其是吸引城市居民和青年人的支持，但成效并不显著。2009 年，民主左翼联盟的民意支持率只有 10%，④远远落后于右翼自由派和民族保守派。民主左翼联盟作为一个社会民主派在青年人中已经没有 20 世纪 90 年代末期的超高人气了。⑤在动员年轻的、受过良好教育的选民反对民族保守派的卡钦斯基兄弟上，最大的受益者是公民纲领党，而民主左翼联盟则彻底败北，失去了自认为在波兰最能代表亲欧洲立场的地位。民主左翼联盟在 20 世纪 90 年代的立场已经耗

---

① 劳动联盟和民主左翼联盟结盟，在 2004 年欧洲议会选举中获得 9.35%的得票率共 5 个议席。数据来源：欧洲议会 [DB/OL]. [2014-11-06]. http://www.europarl.europa.eu/elections2014-results/en/country-results-pl-2014.html.

② New Leader of the Left [N/OL]. (2008-06-11) [2013-05-20]. http://www.warsawvoice.pl/WVpage/pages/article.php/18073/article.

③ Holger Politt. Left-Wing Parties in Poland[M]. //Birgit Daiber, Cornelia Hildebrandt, Anna Striethorst. From Revolution to Coalition-Radical Left Parties in Europe. Rosa-Luxemburg-Foundation, 2012: 179.

④ Cornelia Hildebrandt, Birgit Daiber. Political Parties and Party Alliances between Norway and Turkey [R]. Rosa Luxemburg Foundation Brussels Office 2009: 143.

⑤ Cornelia Hildebrandt, Birgit Daiber. Political Parties and Party Alliances between Norway and Turkey [R]. Rosa Luxemburg Foundation Brussels Office 2009: 143.

尽了它的潜力，这个立场就是"我们选择未来，而不拘泥于过去。我们的目标是加入欧盟并与跨大西洋结构融为一体，我们旗帜鲜明地支持'现代社会'的发展"①。

2010年6月，因总统莱赫·卡钦斯基在斯摩棱斯克遇难，波兰提前举行总统大选，民主左翼联盟支持格日格升·纳皮耶拉尔斯基出任总统候选人，着力打造其青春帅气、朝气蓬勃的形象，为纳皮耶拉尔斯基精心制定了"共同建设波兰"的竞选口号，以青年人喜爱的语言做竞选演说，并以青年人十分喜爱的摇滚乐录制宣传光碟——《就是他》，以期引起青年选民的共鸣。由于策略得当，纳皮耶拉尔斯基在第一轮投票中获得13.68%的支持率②，一举成为波兰政坛的第三号人物，重新确立了民主左翼联盟在波兰政坛的中坚形象，即"波兰左派是政坛中不可或缺的政治力量"③，但遗憾他没能进入第二轮投票，最终右翼公民纲领党候选人布罗尼斯瓦夫·科莫罗夫斯基当选总统。

2011年议会大选，民主左翼联盟领导人纳皮耶拉尔斯基希望利用自己年轻的优势争取关键选民，尤其是获取支持公民纲领党的选民的支持，而不只是那些生活在人民波兰时期、现在已经退休了的人们的支持。为此，纳皮耶拉尔斯基制定了争取与执政的公民纲领党建立执政联盟的竞选策略。但最终民主左翼联盟只获得8.24%的支持率，在议会中仅位列第五，获得27个议会下院席位。右翼公民纲领党以39.18%的得票率蝉联第一大党地位（见表1.9），继续与波兰人民党联合执政。

纳皮耶拉尔斯基制定的竞选策略被认为是导致民主左翼联盟此次大选失败的关键原因。④2011年12月，米莱尔取代纳皮耶拉尔斯基再次当选民主左翼联盟主席。尽管2011年大选民主左翼联盟得票率创下了自参加大选以来的最低点，但民主左翼联盟依然是波兰政坛最大的左翼政党，依然活跃在波兰的政治舞台上。

---

① Cornelia Hildebrandt, Birgit Daiber. Political Parties and Party Alliances between Norway and Turkey [R]. Rosa Luxemburg Foundation Brussels Office 2009: 143.
② 欧洲选举数据库——波兰 2005 年大选结果[DB/OL]. [2013-05-30]. http://www.nsd.uib.no/european_election_database/country/poland/.
③ 魏伟. 外国政党塑造自身公众形象的动因及做法[J]. 当代世界，2010（12）.
④ Holger Politt. Left-Wing Parties in Poland[M]. //Birgit Daiber, Cornelia Hildebrandt, Anna Striethorst. From Revolution to Coalition-Radical Left Parties in Europe. Rosa-Luxemburg-Foundation, 2012: 183.

表 1.9　2011 年波兰议会大选结果

| 党派 | 得票率（%） | 议会下院席位数（个） |
|---|---|---|
| 公民纲领党 | 39.18 | 207 |
| 法律与公正党 | 29.89 | 157 |
| 帕里克特运动 | 10.02 | 40 |
| 波兰人民党 | 8.36 | 28 |
| 民主左翼联盟 | 8.24 | 27 |
| 德意志少数族群党派 | 0.20 | 1 |
| 共计 | 95.89 | 460 |

注：本次大选投票率48.92%，有6个政党进入议会。

资料来源：2011年波兰议会选举［OL］.［2013-05-30］.http://zh.wikipedia.org/wiki/2011年波兰议会选举。

## 第三节　波兰民主左翼联盟迅速发展及步入低谷的主要原因

从1991年刚成立时无人愿意与之合作，到1993年、2001年两次通过大选走上执政舞台，又在1997年和2005年两次大选败北，波兰民主左翼联盟成功与失败的原因值得深思和探究。

### 一、波兰民主左翼联盟迅速发展的原因

以波兰共和国社会民主党为核心和领导力量的民主左翼联盟在1991年大选中获得11.99%的选票，成为议会最大反对派；1993年大选获得20.41%的选票，一举成为第一大党并与波兰人民党联合执政；1997年大选虽然得票率低于团结竞选联盟，是最大反对派，但其支持率较之1993年大选稳步提升7个百分点；2001年大选民主左翼联盟与劳动联盟结盟参选，其支持率达到了创纪录的41.04%（见表1.10），并再度与波兰人民党联合执政至2005年，至此民主左翼联盟在波兰的发展达到了顶峰。

民主左翼联盟在波兰政坛迅速发展的原因主要有以下几点。

第一，民主左翼联盟具有其他政党所不具备的资源优势。研究中东欧后共产主义政党的学者约翰·石山（J. Ishimaya）认为，东欧的后共产主义政党在组织上适应了剧变后的多党竞争环境，过去制度的性质影响了他们的能

力，使得他们能够适应变化了的环境。制度的延续性使他们继承了前执政党的成员、组织网络、物质资源及一部分选民的认同。①

表1.10 1991－2001年民主左翼联盟在波兰大选中的表现

| 年份 | 1991年 | 1993年 | 1997年 | 2001年 |
| --- | --- | --- | --- | --- |
| 民左翼联盟得票率（%） | 11.99 | 20.41 | 27.13 | 41.04 |
| 民左翼联盟占议会下院席位（个） | 60 | 171 | 164 | 216 |
| 民左翼联盟在议会排名 | 第二 | 第一 | 第二 | 第一 |
| 进入议会的政党数量（个） | 29 | 6 | 5 | 6 |
| 执政党或反对党 | 反对党 | 执政党 | 反对党 | 执政党 |
| 最大的两个政党占有的得票率（%） | 24.31 | 35.81 | 60.96 | 53.72 |
| 最大的两个政党占有的议会席位比例（%） | 26.52 | 65.87 | 79.35 | 61.09 |

注：进入议会的政党数量都未包括德意志少数族群党派，该派别不受波兰选举法最低得票率限制（政党5%，竞选联盟8%）。

资料来源：作者根据相关资料整理。参见选举数据库——波兰历次大选结果[DB/OL].[2013-05-30]. http://www.nsd.uib.no/ european_election_database/country/poland/; Susanne Jungerstam-Mulders. Post-Communist EU Member States: Parties and Party Systems[M]. Ashgate Publishing Limited, 2006：105。

作为社会主义时期执政的波兰统一工人党的合法继承者，民主左翼联盟被认为是"共产主义后继党"。作为民主左翼联盟核心成员的波兰共和国社会民主党一方面从前任波兰统一工人党那里继承了大量的组织成员，在波兰共和国社会民主党成立时，拥有210万党员的波兰统一工人党有3万人直接宣布加入波兰共和国社会民主党，②鼎盛时期民左翼联盟拥有11.5万正式成员③。从成员规模上来说是波兰第二大党，仅次于拥有20万成员的波兰人民党。而且，波兰统一工人党严明的组织纪律和优良的组织原则也被民主左翼联盟继承下来。④

---

① Erhan Buyiikakinci. The Neo-Communist Parties and Power in Central and Eastern Europe: Change in Political Discourses and Foreign Policy Positions[J]. East European Quarterly, 2005(3).

② Aleks Szczerbiak. The new Polish political parties as membership organizations[J]. Contemporary Politics, 2001, 7(1).

③ Hieronim Kubiak. Poland's Democratic Left Alliance:Beyond Postcommunist Succession[M]. //Kay Lawson, Peter H. Merkl. When parties prosper: the uses of electoral success. London: Lynne Riemmer Publishers, Inc., 2007: 74.

④ Voytek Zubek. The Reassertion of the Left in Post-Communist Poland[J]. Europe-Asia Studies, 1994, 46(5).

波兰共和国社会民主党从前任政党那里合法继承了大量财产，转轨初期的混乱使得团结工会政府无力去追究统一工人党的财产及半秘密的海外账户的归属，这些资金后来就成为以前特权阶层为基础的各种商业投资的原始资本，进入波兰共和国社会民主党的金融体系和竞选机构——民主左翼联盟。①波兰统一工人党留下了大量房产，波兰共和国社会民主党不仅因此节省了租用办公用房的费用，而且还把其中处于黄金地段、具有商业价值的大部分资产出租，确保了后续有稳定和可预期的收益。而其他不是源于波兰统一工人党的政党由于没能从前政府那里继承财产，缺乏经验，在组织机构地点建设和招募领导人方面缺乏经验，一些党派虽然有议会席位和国家的竞选基金支持，但负担不起租赁办公场所等最基本的组织需要的费用。②

第二，转轨造成的痛苦使人们出现了怀旧情绪，民主左翼联盟成为很多人怀念社会主义的寄托。③转轨初期，很多人希望能够直接进入资本主义，一夜之间就可以达到资本主义国家的生活水平，这也是"休克疗法"的目的之一，是普通波兰人对转轨的最大期望。但残酷的现实给很多人造成的痛苦是人们始料不及的，其程度远远超出了人们所能想象和承受的极限。急剧的政治经济转轨导致经济急速下滑，1989至1991年经济增长率分别为-0.6%、-17%和-7%，1992年经济开始回升也只有2.6%；1989至1992年失业率分别是1.5%、6.5%、12.2%、14.3%；通货膨胀率1989至1992年分别是251.1%、658.8%、70.3%和43%；④贫困人口大幅度上升，从1981年的300万、1989年的560万急剧上升到1990年的1190万人⑤。尤其是国有工农业企业改革导致的大量失业使人们的生活水平急剧下降。原来在社会主义时期享受的免费医疗、免费教育等都走向了市场化。面对政治经济快速转变带来的不确定和市场化改革失败带来的挫折和生活水平的下降，选民的怀旧情绪与日俱增，

---

① Voytek Zubek. The Phoenix Out of the Ashes:The Rise To Power of Poland's Post-Communist SdRP[J]. Communisf and Post-Communist Studies, 1995, 28(3).

② Jane Leftwich Curry. Poland's ex-communists: from pariahs to establishment players[M]. //Jane Leftwich Curry, Joan Barth Urban. The left transformed in post-communist societies: the cases of East-Central Europe, Russia, and Ukraine. Lanham: Rowman & Littlefield Publishers, 2003: 37.

③ Erhan Buyiikakinci. The Neo-Communist Parties and Power in Central and Eastern Europe: Change in Political Discourses and Foreign Policy Positions[J]. East European Quarterly, 2005(3).

④ Gavin Rae. Poland's Return to Capitalism: from the Socialist Bloc to the European Union[M]. London: I.B.Tauris & Co Ltd, 2008: 64.

⑤ Gavin Rae. Poland's Return to Capitalism: from the Socialist Bloc to the European Union[M]. London: I.B.Tauris & Co Ltd, 2008: 70.

他们怀念社会主义时期平稳、安定的生活，希望回到过去相对安全的环境中，这种怀旧情绪的出现使他们把选票投给了被认为是前执政党波兰统一工人党继承者的民主左翼联盟。

此外，有两类人对民主左翼联盟的支持至关重要，一类是人民波兰时期在专业上取得巨大成就而如今退休的人们。他们认为，波兰剧变后人民波兰的成就被抹杀了，政府所采取的政策削减了他们的退休福利，并意识到在后社会主义的主流现实中他们没有多少空间，因而选择支持波兰统一工人党的继承者——民主左翼联盟。另一类是前特权阶层及与前特权阶层密切相关的新资本家阶层。对于许多前特权阶层出身的资本家来说，民主左翼联盟的存在尤其是其在议会的存在是他们新收益合法化和继续这个过程的隐性保障。在转轨初期，社会主义的银行体系还掌握在前特权阶层手中，通过银行体系他们把这些资金转移到由前特权阶层演变而来的新资本家手中，这些资产在银行的利息进入合资企业中。他们还通过各种秘密安排把资金转移到刚刚成立的波兰共和国社会民主党手中。因为新资本家阶层对自己在新社会经济体系中的作用存有疑虑，所以他们把波兰共和国社会民主党看作是自己利益的政治保护者，愿意给波兰共和国社会民主党提供政治和经济支持。[①]凭借这种新的身份，以波兰共和国社会民主党为核心的民主左翼联盟一开始就吸引了许多新的、独立的企业家的支持，他们的支持促进和保障了民主左翼联盟物质和组织资源的发展。国外有学者认为，对民主左翼联盟最大和最稳定的支持正是来自商界。[②]

第三，实用主义的纲领迎合了选民的需求[③]。在吸引有怀旧情绪选民支持的同时，民主左翼联盟也避免使自己成为一个怀旧的政党，在竞选策略上他们强调自己的经验和稳健的作风。民主左翼联盟在竞选中提出的战略是支持波兰的经济重建和民主改革，在纲领中民主左翼联盟强调其是用专业的干部、成熟的行政管理经验和经历，以最小的社会代价进行经济改革。

1991年，民主左翼联盟打出的竞选口号是"不能再这样下去了"。他们

---

① Voytek Zubek. The Phoenix Out of the Ashes:The Rise To Power of Poland's Post-Communist SdRP[J]. Communist and Post-Communist Studies, 1995, 28(3).

② Voytek Zubek，The Phoenix Out of the Ashes:The Rise To Power of Poland's Post-Communist SdRP[J]. Communist and Post-Communist Studies, 1995, 28(3).

③ L. Skiba. The people, the programme and the governments of the Democratic Left Alliance (SLD) [M]. // L. Kopecek. Trajectories of the Left, Social Democratic and (Ex-)Communist Parties in Contemporary Europe: Between Past and Future. Brno:Democracy and culture studies centre, 2005: 126.

不支持特别保护国企，而是呼吁平等对待国有、私有和合作制企业。1993年竞选时，民主左翼联盟向选民表现出他们三年来一贯在政治上是负责任的形象。通过做出最广泛的社会经济承诺（如减少失业、提高退休金和福利、减轻经济负担等）这种竞选策略，吸引包括那些在转轨过程中承担了最大代价的选民的支持，如：承诺如果执政将继续进行经济改革，同时保留"人民波兰的历史社会经济成果"[①]，包括充分就业、免费医疗、免费教育、扩展福利国家体系等；承诺在短期内恢复被削减的预算和储蓄，同时保证不会导致通货膨胀，不会危害正在进行的经济改革。在竞选纲领中他们避免关于社会主义的争论，用团结工会反对派的言辞来保护自己，如在宗教问题上，不是批评天主教会而是强调需要"宗教自由"。这种实用主义的纲领迎合了选民的需求，获得了选民支持，民主左翼联盟在1993年大选中一举获得20.41%的选票共171个下院席位和100个上院席位中的37个，赢得大选执政；2001年大选，民主左翼联盟同样采用实用主义的纲领迎合选民的需求，创纪录地赢得41.04%的支持率，时隔4年重返执政地位。

第四，在选民中树立新形象，尽可能扩大自己的选民基础，赢得更多支持。对于失去执政地位的前执政党的"后继党"来说，只有竞选胜利或者加入执政联盟才能达到其最终目的——执政。[②]与1990－1992年新执政的右翼表现出来的没有经验和政府不稳定[③]、立法失效、渗透着天主教倾向的形象相比，民主左翼联盟在选民中树立的形象是有技术经验、负责任、专业、世俗化。他们向选民承诺会用更有效和更适合的方式继续改革，纠正右翼实施的错误政策。

1993年大选，民主左翼联盟向选民展示出他们是"'专业的政治家'，互相不争吵，是服务于社区并提供起草法律文件的专家……是一个代表'所有波兰人'的'兼容性政党'（没有以前的历史）。事实上，他们的纲领和形象就是非共产主义的。他们拥护西欧的政治经济模式及与西方的联系。从风格和结构上来说，更像是传统共产党的反对派。他完全不说自己是工人和'受

---

① Voytek Zubek. The Reassertion of the Left in Post-Communist Poland[J]. Europe-Asia Studies, 1994, 46(5).

② Anna M.Grzymala-Busse. Redeeming the Communist Past: the Regeneration of Communist Parties in East Central Europe[M]. Cambridge: Cambridge Univetsity Press, 2002: 175.

③ 波兰政府在1989年8月至1993年10月共组建了五届政府，即：马佐维耶茨基政府（1989年8月－1990年12月）、别莱茨基政府（1991年1月－1991年12月）、奥尔谢夫斯基政府（1992年1月－1992年6月）、帕夫拉克政府（1992年6月－1992年7月）、苏霍茨卡政府（1992年7月－1993年10月）。

害者'的代表或保护人,而是试图转变为获得转轨'受益人'支持的政党"①。民主左翼联盟向选民们承诺只有他们才能带来政治稳定和民主,他们是能干的管理者,而不是像右翼那样实施简单的再分配政策或者只提供大量的社会福利。他们的形象是值得信赖的改革的选择。②2001年大选,民主左翼联盟能够获胜的重要原因之一是多数波兰人将其视为一个组织稳定的、职业化的政党,拥有高素质的领导集体,保持了左翼政党的属性,而且其执政能力已得到检验。③民主左翼联盟向选民表示他们能更好地实施经济改革而不是改变经济改革方向,向选民保证转轨会继续带来新的收益,他们能够"把事情做得更专业",因为他们有行政管理经验及高质量的技术专家,因而他们更稳定。

民主左翼联盟的支持者不只是怀念社会主义制度的那些人或是对现有政策不满的人。民主左翼联盟通过一种跨阶级吸引全民支持的竞选战略赢得了尽可能广泛的选民的支持,这种竞选策略的成功使其支持率在1991—1993年从11.99%增长到20.41%。1993年赢得大选后,民主左翼联盟与最不支持私有企业和不支持加速私有化的波兰人民党组成执政联盟,进一步巩固了自己温和、稳健的形象。

在右翼内部激烈斗争的时候,民主左翼联盟在选民面前塑造了和平、务实和专业的形象,并承诺会继续进行平稳的社会-经济转轨。正是这种行政管理能力使民主左翼联盟赢得了市场转轨改革受益者和受害者共同的认同和支持,扩大了其选民基础。1991年大选其主要支持者是工会、退休人员、前权贵阶层和对现状不满意的人(不包括工人)。1993年支持民主左翼联盟的选民则是"现代""波兰",跨越社会阶层赢得更广泛社会群体的支持,其中包括了白领、工人、管理者、退休人员等,比例分别由1991年12%、6%、8%、11%上升为1993年的24%、19%、17%、22%。④支持民主左翼联盟的选民中

---

① Jane Leftwich Curry. Poland's ex-communists: from pariahs to establishment players[M]. // Jane Leftwich Curry, Joan Barth Urban. The left transformed in post-communist societies: the cases of East-Central Europe, Russia, and Ukraine. Lanham: Rowman & Littlefield Publishers, 2003: 37.

② Anna M.Grzymala-Busse. Redeeming the Communist Past: the Regeneration of Communist Parties in East Central Europe[M]. Cambridge: Cambridge Univetsity Press, 2002: 182.

③ F.Millard. Elections in Poland 2001: Electoral Manipulation and Party Upheava[J]. Communist and Post-Communist Studies, 2003(36).

④ Anna M.Grzymala-Busse. Redeeming the Communist Past: the Regeneration of Communist Parties in East Central Europe[M]. Cambridge: Cambridge Univetsity Press, 2002: 210.

有22%是第一次投票给民主左翼联盟的新选民。①受过高等教育和高收入的人群、私有企业主和专业人员对民主左翼联盟的支持率也在上升。

第五，充分利用右翼执政的失误来为自己加分。在强化自己有经验、负责任、专业等优势的同时，民主左翼联盟也一针见血地指出其他政党尤其是执政的右翼政党的缺点，②充分利用右翼执政的失误来为自己加分。右翼执政后，对改革的热情并不是专业地治国理政的必要条件，刚刚执政的右翼大多是社会主义时期的反对派，他们没有执政经验，因此执政之后出现了分裂和不稳定，1989—1993年，波兰出现了五届政府。对于1991年大选民主左翼联盟获得12%的支持率并成为议会第二大党派的成绩，波兰共和国社会民主党领导人克瓦希涅夫斯基认为这是因为右翼政府"没有能力和没有效率"，他们"吵吵嚷嚷、偏执……越来越多的人希望务实、严肃，不喜欢放任冒险"。③

右翼政府实施的改革没能使大多数人避免改革所带来的痛苦，也不能使公众确信他们是有能力的改革者；相反，民众认为是他们导致了经济形势的恶化和日益严重的腐败。在后团结工会政府执政的1989—1993年，GDP下降了24%；工业部门生产急剧下降，其中机器制造业下降了37.8%，轻工业下降了40.7%；1990年通货膨胀率高达650%，失业率从1989年的1.5%一路飙升到1993年的16.4%。④天主教会在1990—1992年又乘机扩大影响，试图使议会限制堕胎，把宗教引入学校教育。这使得公众开始担忧政府的稳定、行政能力和司法独立。民主左翼联盟对右翼进行批评的同时，也利用他们训练有素的政治素养抓住机会上台执政。

第六，新的竞选规则对民主左翼联盟这样的大党更有利。1993年通过的新选举法规定，政党必须获得5%的选票，竞选联盟必须获得8%的选票才能进入议会。尽管1993年议会选举右翼各方共获得超过20%的选票，但因为其四分五裂的状态，在新的选举制度下，没有一个右翼政党达到进入议会的最低门槛，因此右翼政党没能获得一个议会席位。而民主左翼联盟和波兰人

---

① Anna M.Grzymala-Busse. Redeeming the Communist Past: the Regeneration of Communist Parties in East Central Europe[M]. Cambridge: Cambridge Univetsity Press, 2002: 210.

② Anna M.Grzymala-Busse. Redeeming the Communist Past: the Regeneration of Communist Parties in East Central Europe[M]. Cambridge: Cambridge Univetsity Press, 2002: 182.

③ Anna M.Grzymala-Busse. Redeeming the Communist Past: the Regeneration of Communist Parties in East Central Europe[M]. Cambridge: Cambridge Univetsity Press, 2002: 210.

④ Gavin Rae. Poland's Return to Capitalism: from the Socialist Bloc to the European Union[M]. London: I.B.Tauris & Co Ltd, 2008: 60-61.

民党共获得近36%的选票，控制了议会下院460个席位中的303席。1993年、1997年和2001年波兰又相继通过或者修订了宪法、新选举法和政党法，其中关于国家对政党资助的规定也有利于民主左翼联盟这样的大党，这些资助为民主左翼联盟党改善自己的形象、发动选民提供了强大的物质基础。①

综上所述，正因为民主左翼联盟在波兰剧变之后迅速适应了波兰新的政治经济形势，对自己的形象、纲领进行了重新定位和改革，同时抓住右翼的执政失误，所以得以在1993年和2001年两次赢得大选执政。

## 二、波兰民主左翼联盟步入低谷的原因

1997年大选，尽管民主左翼联盟得票率超过了1993年的20.41%，达到27.13%，但是因为不敌右翼团结竞选联盟而失去执政地位。虽然2001年重新赢得大选执政，但2005年大选后其支持率持续走低（见表1.11）。

**表1.11　1991—2011年波兰大选民主左翼联盟得票率及在议会中的排名**

| 类别 | 1991年 | 1993年 | 1997年 | 2001年 | 2005年 | 2007年 | 2011年 |
|---|---|---|---|---|---|---|---|
| 得票率（%） | 11.99 | 20.41 | 27.13 | 41.04 | 11.31 | 13.15 | 8.24 |
| 议会排名 | 第二 | 第一 | 第二 | 第一 | 第四 | 第三 | 第五 |
| 议会政党数量（个） | 29 | 6 | 5 | 6 | 6 | 4 | 5 |

注：2001年民主左翼联盟与劳动联盟组成竞选联盟参选，2007年民主左翼联盟与几个中左翼政党组成左翼与民主者联盟参选，议会政党数量未包括德意志少数民族群党派。

资料来源：笔者根据相关资料整理。参见欧洲选举数据库——波兰历次大选结果整理[DB/OL].[2013-06-06]. http://www.nsd.uib.no/european_election_database/country/poland/。

民主左翼联盟从执政到在野的主要原因包括以下几个方面。

第一，民主左翼联盟执政后没能兑现其竞选承诺，使发展在波兰成为常态，②参与或容忍腐败，大搞裙带关系，党内派系斗争导致民主左翼联盟分

---

① Aleks Szczerbiak. Cartelisation in post-communist politics: State party funding in post-1989 Poland[J]. European Politics and Society, 2001, 2(3); Aleks Szczerbiak. Party Structure and Organizational Development in Post-Communist Poland[J]. Journal of Communist Studies and Transition Politics, 2001, 17(2); Hieronim Kubiak. Poland's Democratic Left Alliance: Beyond Postcommunist Succession[M]. //Kay Lawson, Peter H. Merkl. When parties prosper: the uses of electoral success. London: Lynne Riemmer Publishers, Inc., 2007; P.G. Lewis. Party Funding in post-communist east central Europe[M]. //Burnell, Ware. Funding Democratization. Manchester: Manchester University Press; Aleks Szczerbiak. State party funding and patronage in post-1989[M]. //Petr Kopecky. New Political Parties and the State in Post-communist Europe. London: Taylor & Francis Ltd, 2008: 62.

② Social Democratic Party of Poland after one year (brief outline) [R/OL]. [2013-06-06]. http://www.sdpl.pl/index.php/ida/27/.

裂，最终失去选民支持。2004年3月，民主左翼联盟发生分裂，一部分成员离开民主左翼联盟成立了波兰社会民主党，民主左翼联盟的支持率由2001年最高时的41.04%下降到2005年的11.31%，失去400万选民的支持。①民主左翼联盟于2003年6月和2004年6月分别召开了两次大会，希望从内部弥合冲突，但都以失败告终。

对于民主左翼联盟的分裂和2005年大选失利，波兰社会民主党认为，这是由于民主左翼联盟犯了很多错误。民主左翼联盟只是把权力作为目的而不是把权力作为实施其纲领的手段，其对国家的影响和掠夺比团结竞选联盟更大；民主左翼联盟通过大搞裙带关系为丑闻、腐败和秘密协议创造条件，甚至主席米莱尔也卷入了"雷温索贿丑闻案"②。民主左翼联盟最高领导人对这些危险信号不仅视而不见反而容忍其存在，自负且无能，即使这样依然身居高位，苛责别人。③波兰社会民主党认为正是由于民主左翼联盟议员的缺席和任性导致了本可以避免的失败。在来自执政联盟内部及外部的巨大压力之下，2004年3月，民主左翼联盟主席米莱尔辞职，5月2日米莱尔又辞去政府总理职务，贝尔卡被任命为新总理并组成"专家"政府，直至2005年大选后成立新政府。

第二，自由化的经济社会政策导致的失误引发民众反感和不满。2001年民主左翼联盟执政后，加入欧盟成为民主左翼联盟政府的首要任务。为尽早加入欧盟，民主左翼联盟政府实施自由化的经济政策，削减社会福利开支，结果虽然经济增长了（2001—2005年GDP增长率分别为1.0%、1.4%、3.8%、5.3%和3.4%），但失业率依然居高不下（2001—2005年分别是17.4%、18%、18%、19.1%和17.6%），④波兰成为欧洲失业率最高的国家之一。此外，波兰财政赤字也居高不下，2001—2005年分别为4.25%、5.04%、4.55%、4.49%、

---

① Social Democratic Party of Poland after one year (brief outline) [R/OL]. [2013-06-07]. http://www.sdpl.pl/ index.php/ida/27/.

② 电影生产商雷温被控受民主左翼联盟政府总理米莱尔等人委托向出版《选举报》的阿戈拉公司索贿1750万美元，作为回报以换取政府对新媒体法做出有利于该公司的修改——投票反对一项有关媒体的反垄断议案。

③ Social Democratic Party of Poland after one year (brief outline) [R/OL]. [2013-06-07]. http://www.sdpl.pl/ index.php/ida/27/.

④ Gavin Rae. Poland's Return to Capitalism: from the Socialist Bloc to the European Union[M]. London: I.B.Tauris & Co Ltd, 2008: 64.

2.89%①，除 2005 年外，其他时间远远超过欧盟 3%的要求。

地区发展不平衡和社会贫富分化加剧，引起众多民众不满。例如，靠近欧盟发达国家的西部地区的经济、居民生活水平及受教育程度都比东部地区高，西部发达地区支持右翼提出的市场经济改革计划，而东部地区民众则不满民主左翼联盟政府激进的经济改革计划和大幅度削减社会福利开支的政策，以及其他一些不得人心的制度，如允许把居民（包括孕妇）从私有化的房子中驱逐出来，这使得民主左翼联盟不能得到任何一个地区选民的普遍支持。

民主左翼联盟在 2005 年大选中失利的原因主要有以下几方面。首先，自由化的经济政策触动和损害了中下层民众的利益，违背了民主左翼联盟作为左翼政党坚持的发展经济兼顾社会公正的理念，导致民主左翼联盟在民众中的形象受损；其次，2004 年波兰加入欧盟后，实施自由化政策的共识不再；最后，2005 年 4 月，被视为民族统一力量源泉的教皇保罗二世②去世。

第三，与执政联盟伙伴波兰人民党矛盾不断，导致执政联盟内部凝聚力下降。从一开始两党在经济和政治目标上就不同，在宗教问题、农业政策、地方行政改革和私有化等问题上两党分歧不断，波兰人民党优先考虑的是确保支持波兰人民党的农民的利益，因而面对市场和国际竞争主张对农民进行保护。为巩固其权力，波兰人民党试图阻止行政机构改革和进一步私有化，因为这会影响波兰人民党在银行、烟草和地方政府中的份额。由于两党的冲突，在第一次执政联盟时期，只有 25%的大企业被私有化，其他企业在经济上受到了保护，农业改革停滞，地方政府碎片化、没有实权。波兰前财政部部长曾评价说："波兰人民党只考虑为农民得到更多利益，是改革的刹车片。"③波兰人民党还不断地批评执政伙伴，把执政联盟作为本党掘取更多权力的工具。例如，1993 年组阁时，在 30 个职位中波兰人民党提名本党成员占据了 22 个职位，而民主左翼联盟在每 8 个职位中只能提名 1 个本组织成员，但波兰人民党却拒绝为政府的集体行为负责。波兰人民党这样做的原因是他

---

① Gavin Rae. Poland's Return to Capitalism: from the Socialist Bloc to the European Union[M]. London: I.B.Tauris & Co Ltd, 2008: 68.

② 转轨初期，教皇在波兰很多问题的妥协上发挥了重要作用，尽管在生育等问题上持保守观点，但教皇与后共产主义寻求和解，反对贫困和失业，支持波兰加入欧盟，使得波兰入盟公投顺利通过。

③ Anna M.Grzymala-Busse. Redeeming the Communist Past: the Regeneration of Communist Parties in East Central Europe[M]. Cambridge: Cambridge Univetsity Press, 2002: 254.

们认为民主左翼联盟除了与自己合作别无选择。①执政联盟内部的矛盾阻止了民主左翼联盟推行自己主张的政策,使其不能实践对选民的承诺,最终失去了民心。

第四,腐败和丑闻指控。1993—1997年民主左翼联盟第一次执政时,腐败问题并不明显。作为"共产主义后继党",民主左翼联盟能把社会民主的思想和国家的社会经济条件的实际能力联系起来,并取得不菲的成绩,使其赢得了选民的支持和信任。尽管这一时期也发生了一些丑闻,如1995年秋民主左翼联盟政府总理约瑟夫·奥莱克西被指控为苏联间谍,1996年1月被迫辞职。

但1997年团结竞选联盟执政后,加速私有化的政策使波兰腐败成风,这一时期国家、商业和政治社会之间的联系日益密切。团结工会政府的倒台使民主左翼联盟成为唯一一个能够稳定组建政府的政治力量。在此情况下,一大批人加入民主左翼联盟,但其中一部分人只是为了赢得权力和利用手中的权力为自己谋利才加入民主左翼联盟。②由于政府的权力资源比政党丰厚,民主左翼联盟的中高级领导迅速向各级政府部门集中,出现政党"官僚化"和"行政化"趋势,由于缺少有效的监督制约机制,腐败现象不断发生。因此,2001—2005年民主左翼联盟第二次执政时,腐败问题也日益严重。一系列的腐败丑闻迫使很多民主左翼联盟政府部长和成员辞职,如雷温索贿丑闻牵涉到民主左翼联盟政府总理米莱尔,此外还有金融犯罪指控等。据透明国际(Transparency International)统计,2002—2004年波兰腐败指数逐年下降,分别为4.0、3.6、3.5③;2003年波兰腐败指数在全世界排名第六十四位,在欧盟国家中排名第二十四位④。民主左翼联盟对此也采取过很多措施,如著

---

① Anna M.Grzymala-Busse. Redeeming the Communist Past: the Regeneration of Communist Parties in East Central Europe[M]. Cambridge: Cambridge Univetsity Press, 2002: 255.

② 这部分新入党的人由两部分组成:一部分以前没有加入过任何政党,对民主左翼联盟的思想和纲领不感兴趣;另一部分人是前统一工人党党员,但不是当时党内的改革派,对在20世纪90年代初期建立一个社会民主党不感兴趣。这两部分人加入只是因为民主左翼联盟是执政党,他们把加入民主左翼联盟看作进一步获得个人商业利益的工具。

③ Transparency International Corruption Perception Index, 2002, 2003, 2004[R/OL]. [2013-06-15]. http:III www.transparency.org.

④ Hieronim Kubiak. Poland's Democratic Left Alliance: Beyond Postcommunist Succession[M]. //Kay Lawson, Peter H. Merkl. When parties prosper: the uses of electoral success[M]. London: Lynne Riemmer Publishers, Inc., 2007: 63.

名的2002"反腐败战略"(The Anticorruption Strategy),但都没取得积极的社会效果。选民们认为社会主义时期的一些因素如秘密服务在波兰还有权力基础,商业和政治精英在社会上还享有特权。这些丑闻和腐败问题严重败坏了民主左翼联盟在选民心目中的形象,成为右翼势力攻击民主左翼联盟的主要武器之一,是民主左翼联盟失去民心的重要原因。

第五,为了整肃党纪,重树形象,民主左翼联盟实施了整党,但整党过程中出现了扩大化的偏差,迫使大批党员退党并导致党的分裂。为整肃党纪,民主左翼联盟成立了四个担负不同职能的纪检机构:检察委员会负责对党的财务状况进行审计;监察委员会负责解释党章并审查撤销省委的仲裁机构的裁决;仲裁委员会负责审查和处理领导成员违反党章和领导机构超越权限等问题;道德标准委员会负责处理党员腐化堕落问题。[①]为应对党内出现的腐败丑闻,民主左翼联盟要求所有党员重新申请入党,希望以此清除党内腐败这一小部分成员,但这一行动使民主左翼联盟损失了35%的成员,如在民主左翼联盟的一个传统据点,成员从269人下降到145人。民主左翼联盟地方领导人说,大部分人离开是因为不满意削减社会支出的豪斯纳计划。一部分民主左翼联盟成员如豪斯纳则另组新党如波兰社会民主党,削弱了民主左翼联盟的力量。

民主左翼联盟执政后,其与执政联盟伙伴波兰人民党的矛盾、不能兑现竞选时对选民的承诺、执政后的政策失误及腐败等问题导致选民对民主左翼联盟支持率下降。2005年大选失利后,民主左翼联盟在波兰政坛的影响一路下滑,2011年大选其支持率下降到1991年民主左翼联盟参加大选以来的最低点8.24%。[②]

---

① 林建华,张有军,李华锋. 冷战后欧盟诸国社会民主党政坛浮沉研究[M]. 北京:人民出版社,2010:257.

② 欧洲选举数据库——波兰历次大选结果[DB/OL]. [2013-06-15]. http://www.nsd.uib.no/european_election_database/country/poland/.

# 第二章　波兰民主左翼联盟的基本理论

波兰民主左翼联盟的基本理论主要包括关于社会主义的基本观点和关于党的建设的基本观点。对1945—1989年波兰社会主义历史的反思和对"第三条道路"的理解体现了波兰民主左翼联盟对社会主义的历史和未来的基本主张；关于党的建设的基本观点包括波兰民主左翼联盟的指导思想、奋斗目标及任务、性质、社会基础等。这些基本理论充分显示了波兰民主左翼联盟的社会民主主义性质。

## 第一节　波兰民主左翼联盟关于社会主义的基本观点

波兰民主左翼联盟关于社会主义的基本观点包含了他们对波兰过去40余年社会主义历史的反思和对波兰未来走向社会主义的理解，在对历史的反思和对未来的展望中表明了波兰民主左翼联盟与过去决裂、主张民主社会主义的基本立场。

### 一、对社会主义历史（1945—1989年）的反思

对波兰40多年社会主义历史的反思是以波兰共和国社会民主党为核心的民主左翼联盟必须要面对的一道难题。在剧变初期恶劣的政治环境下，以后团结工会为代表的各派右翼势力把社会主义制度妖魔化，把原来执政的波兰统一工人党所犯的错误作为抨击其"后继党"——波兰共和国社会民主党及民主左翼联盟的口实，左翼力量要实现重振必须正确评价历史。波兰共和

国社会民主党及民主左翼联盟对历史采取了"粗线条"①（thick line）的政策，认为人民波兰不能只用一把尺子衡量②，要共享对"人民波兰公正、平衡的评价"③。对社会主义历史的反思主要反映在波兰共和国社会民主党1997年纲领及民主左翼联盟1999年纲领之中，其对社会主义历史的反思主要体现在以下几方面。

第一，与历史决裂，解散波兰统一工人党，成立波兰共和国社会民主党，组建民主左翼联盟，在精英内部形成新的团结。为与过去划清界限，在波兰统一工人党基础上成立的波兰共和国社会民主党很快更换了党的标志，在特别代表大会上移除了统一工人党的党旗，之后不久，用社会民主党的红色玫瑰代替了原来里面写着统一工人党波兰文缩写"PZPR"的红旗图案，以此强调他们主张民主社会主义。

早在1989年7月，波兰统一工人党各派领导人就认为，尽管不知道未来的党会是一个群众组织还是一个议会组织，但是必须更改党的名称和纲领。1989年夏，波兰统一工人党在特别代表大会之前举行了党员公投，结果显示72.1%的党员支持将其改造成一个有新党纲、新党章和新名称的政党，在名称上波兰社会党是首选。④但是把党的名称改为波兰社会党被否决，因为核心领导层有他们自己的想法，最后在代表大会上确定新成立的政党名称为波兰共和国社会民主党，同时以1106票赞成、66票反对、82票弃权的结果通过了新党纲，⑤并制定和通过了新党章。由上而下在原波兰统一工人党的基础上成立了一个新政党——波兰共和国社会民主党。为参加1991年波兰议会大选，30多个中左翼政党和社会团体以波兰共和国社会民主党为核心组建了民主左翼联盟，1999年民主左翼联盟注册为政党。

波兰共和国社会民主党认为，尽管过去他们属于波兰统一工人党，但是他们加入波兰统一工人党的动机是纯粹的理想主义，与中央集权制的过激没

---

① Gavin Rae. Poland's Return to Capitalism: from the Socialist Bloc to the European Union[M]. London: I.B.Tauris & Co Ltd, 2008: 117.

② Program of The Social Democracy of The Republic of Poland[R/OL].[2013-07-02]. http://library.fes.de.

③ Aleks Szczerbiak. Interests and Values: Polish Parties and their Electorates[J]. Europe-Asia Studies, 1999, 51(8).

④ Anna M.Grzymala-Busse. Redeeming the Communist Past: the Regeneration of Communist Parties in East Central Europe[M]. Cambridge: Cambridge Univetsity Press, 2002: 106.

⑤ Anna M.Grzymala-Busse. Redeeming the Communist Past: the Regeneration of Communist Parties in East Central Europe[M]. Cambridge: Cambridge Univetsity Press, 2002: 106.

有任何联系。①他们认为左翼是波兰进步文化和传统的承载者,这是波兰左翼意识形态的基石,他们是西欧社会民主政治文化的前哨,捍卫民主政治的价值观是他们的责任。②

第二,肯定人民波兰时期社会主义建设的成就,向为建设人民波兰作出贡献的人们致敬。波兰共和国社会民主党及民主左翼联盟承认"人民波兰的历史社会经济成果",这些成果包括充分就业、免费医疗、免费教育、扩展福利国家体系等,并希望把这些都继承下来。③反对"我们,社会"和"他们,共产党"之间历史关系的提法④,反对把波兰人分成好人和坏人、真波兰人和假波兰人;尊重二战后为重建波兰作出贡献的人们,认为他们是勤劳、正派、爱国的波兰人,他们在困难的环境下积极参加了社会主义建设,尽自己最大努力去建设国家,为此付出了辛勤的劳动。他们在减少不幸的同时尽力保护了国家主权和自由民主的传统。如果不是他们的努力,很可能苏联就直接占领了波兰或者给波兰强加了一种不同的制度。⑤

波兰共和国社会民主党及民主左翼联盟认为,应当赞扬所有战争后为国家重建、恢复地区发展、实施农业改革、在人口过密的农村创造上百万工作、扫除文盲、引进真正的教育革命作出贡献的人们;⑥向在人民波兰处于困难时期以自己的诚实劳动为国家和他人服务的人们致敬,对那些敢于反对雅尔塔后形成的制度并促成今天自由波兰民主秩序的人们表示赞赏和感激之情;⑦认为这是为了"捍卫千百万人的声誉,保留他们今天的尊严和未来好声誉的权利"⑧。

---

① Voytek Zubek. The Reassertion of the Left in Post-Communist Poland[J]. Europe-Asia Studies, 1994, 46(5).
② Voytek Zubek. The Reassertion of the Left in Post-Communist Poland[J]. Europe-Asia Studies, 1994, 46(5).
③ Voytek Zubek. The Reassertion of the Left in Post-Communist Poland[J]. Europe-Asia Studies, 1994, 46(5).
④ Anna M.Grzymala-Busse. Redeeming the Communist Past: the Regeneration of Communist Parties in East Central Europe[M]. Cambridge: Cambridge Univetsity Press, 2002: 212.
⑤ Voytek Zubek. The Reassertion of the Left in Post-Communist Poland[J]. Europe-Asia Studies, 1994, 46(5).
⑥ Program of The Social Democracy of The Republic of Poland[R/OL]. [2013-07-02]. http://library.fes.de.
⑦ 高德平. 列国志·波兰[M]. 北京:社会科学文献出版社,2005:124.
⑧ Program of The Social Democracy of The Republic of Poland[R/OL]. [2013-07-02]. http://library.fes.de.

民主左翼联盟反对"把我们与千百万波兰人取得的成就割裂开,这些人光荣地生活在人民波兰并把他们一生中最好的时光贡献给了人民波兰"。因此,民主左翼联盟反对试图"迫使我们谴责不好的制度中的所有事物,包括好的事物,他们是创造性的、有利于这个国家和他的公民"①。

第三,谴责极权主义罪行,向受害者致意,保证永不再犯过去的错误。波兰共和国社会民主党及民主左翼联盟谴责前任的错误做法和一些罪行,意在向现在的支持者和潜在的支持者表明他们意识到了为什么不受信任,他们会为历史负责,他们要改变政治方法并重塑在选民中的形象。

波兰共和国社会民主党及民主左翼联盟认为,第二次世界大战后,雅尔塔体制导致了欧洲的分裂,波兰失去了一部分主权,波兰人民受制于一个没有民主的、在初期是斯大林模式的社会主义。这种制度尽管也实现了社会主义的某些思想,但它扭曲了波兰和欧洲社会主义的传统。虽然波兰没有达到盛行于东欧其他国家的极端形式,但它却导致了邪恶和非法。"我们坚决谴责过去对人权的侵犯,包括斯大林时期的罪行。这些违法犯罪人员不能避免公正的惩罚"。②"我们谴责与左派思想格格不入的共产主义极权主义罪行和1944年以后针对人和社会的一切行动,并向这些罪行的受害者致意"。③他们认为应该给极权主义的受害者平反,为他们"追溯正义"④,包括通过法律途径;向受害者致敬,并保证新左派不会掩盖过去的罪孽和错误,永不再犯。⑤

第四,认定社会主义时期一些问题的责任。面对右翼的某些偏执、夸张的攻击,波兰共和国社会民主党及民主左翼联盟对于一些不太好回答的问题,例如谁应该为斯大林时期和后斯大林时期的问题、为20世纪80年代发生的事件如军事管制⑥负责,谁应该为拉科夫斯基"私有化"的公平性问题、为

---

① Aleks Szczerbiak. Interests and Values: Polish Parties and their Electorates[J]. Europe-Asia Studies, 1999, 51(8).
② Program of The Social Democracy of The Republic of Poland[R/OL].[2013-07-05]. http://library.fes.de.
③ 高德平. 列国志·波兰[M]. 北京:社会科学文献出版社,2005:124.
④ Natalia Letki. Lustration and Democratisation in East-Central Europe[J]. Europe-Asia Studies, Vol. 54, No. 4, 2002; Kieran Williams, Brigid Fowler, Aleks Szczerbiak. Explaining Lustration in Central Europe: A "Post-communist Politics" Approach[J]. Democratization, 2005, 12(1).
⑤ 高德平. 列国志·波兰[M]. 北京:社会科学文献出版社,2005:125.
⑥ 1980年7月,波兰政府决定提高肉类及其他食品价格,引发工人不满导致大罢工,这次大规模的工人罢工导致波兰统一工人党第一书记盖莱克下台;1981年团结工会组织全国大罢工,波兰政府决定1981年12月开始进入战时状态,实行军事管制,宣布团结工会为非法组织,直至1983年7月解除战时状态和军事管制。

社会主义时期日益增多的腐败负责等，在右翼没有形成统一、协调立场的情况下，采取了暂时回避的策略；同时，他们用新的问题来代替，如谁应该为波兰40多年社会主义实验的失败负责等。

波兰共和国社会民主党及民主左翼联盟认为，苏联不仅应该为波兰40多年社会主义实验的失败负全权责任，而且应该对20世纪80年代的事件负责。①同时，他们认为波兰统一工人党一小部分最高领导人也应对波兰40多年社会主义实验的失败和20世纪80年代的事件负责。

他们认为波兰统一工人党恰当地处理了1956年6月、1968年3月、1970年12月和1976年6月发生的戏剧性的事件。②民主社会主义的知识分子和工人的梦想在与现实制度的冲突中破灭了，没有转变为现实。他们认为，"1981年成为一个完全主权国家的努力面临世界在政治上被分为两大敌对阵营的现实。理解了这些条件，记住那些牺牲和遭受痛苦的人们，历史证明那些公开地，而且纯洁地争取波兰成为拥有完全主权和民主的人们是对的"③。

波兰共和国社会民主党及民主左翼联盟认为波兰统一工人党内部出现的改革洪流有不同的强度和成效，这有助于改变低效经济和国家的不民主，就像1956年10月那样，最后确实导致与波兰改革时期就开始的民主反对派的妥协，圆桌会议成为这种妥协的一个标志。他们认为，这些年经历的批评性评价使他们看到应如何看待波兰的转轨。从一开始他们就坚持民主国家的法律原则。通过他们的言语和行动，证明他们已经从人民波兰的历史中得出了正确的结论。经验让他们知道否认民主和公众期望的代价是巨大的，认为1989年做出的选择是有用并且不能变更的正确选择。④

但波兰共和国社会民主党及民主左翼联盟并没有对20世纪七八十年代

---

① Voytek Zubek. The Reassertion of the Left in Post-Communist Poland[J]. Europe-Asia Studies, 1994, 46(5).

② 1956年6月事件即波兹南事件，1956年6月28日-6月30日，波兹南采盖尔斯基机车车辆制造厂工人因增加工资和减税问题举行罢工引发流血冲突，是波兰人民共和国历史上第一次针对波兰统一工人党的大规模罢工事件，该事件成为波兰逐渐摆脱苏联政治控制的里程碑事件之一；1968年3月，数千名华沙学生因抗议政府禁演反俄诗剧《先人祭》举行罢课、示威，打出"自由、民主"的旗号，后蔓延到克拉科夫、波兹南等地；1970年12月，格但斯克列宁造船厂工人因抗议政府提高食品等基本商品价格举行罢工活动引发流血冲突，导致了哥穆尔卡下台的"十二月事件"；1976年6月，政府再次宣布食品提价，导致拉多姆和乌尔苏斯发生示威游行，后政府做出让步取消食品提价决定。

③ Program of The Social Democracy of The Republic of Poland[R/OL]. [2013-07-10]. http://library.fes.de.

④ Program of The Social Democracy of The Republic of Poland[R/OL]. [2013-07-10]. http://library.fes.de.

发生的事情道歉①，部分原因是这期间最重要的事情伴随着团结工会的兴起和统一工人党对反对派的镇压。他们不愿意谴责前任对1976年和1981年工人抗议的镇压，因为很多波兰共和国社会民主党及民主左翼联盟的中层领导牵涉其中。尽管有些改革派领导人因为波兰共和国社会民主党及民主左翼联盟没有谴责军事管制和历史而辞职，但是在党的代表大会上没有一次完全谴责过去的所作所为。

第五，反对对社会主义时期与安全机构合作过的个人追溯处罚的洁净法。民主左翼联盟支持"公正审判和惩罚罪犯，然而，我们反对惩罚和歧视人民波兰时期在政治上活跃的那些无辜的人们……波兰必须是所有公民的家园"②。对于右翼势力坚持要通过"去共产主义"和清算过去的"洁净法"，民主左翼联盟认为这是违反宪法的行为，是一个包含了集体罪责的狭隘概念。

民主左翼联盟领导人奥莱克西认为，"洁净"就是"布尔什维主义和独裁主义的一种直接法律实践"，并警告这会把波兰带到"新的极权主义的边缘"。③1995年12月，民主左翼联盟政府总理奥莱克西被指控是苏联间谍而被迫辞职，有评论指出，"社会上对波兰共产党与俄罗斯安全部门联系的怀疑的不断增长是民主左翼联盟不得不为反对洁净付出的代价"④。这一事件使波兰在1997年4月通过了《洁净法》。⑤尽管波兰通过《洁净法》的主要目的不是为了寻求历史的公正和清除社会主义的过去，而是为了实现向公民开放公共生活的愿望、保护国家安全和反对野蛮洁净。⑥但民主左翼联盟依然认为，《洁净法》破坏了民主包容的原则，反对追溯处罚和自证其罪。⑦在民

---

① Anna M.Grzymala-Busse. Redeeming the Communist Past: the Regeneration of Communist Parties in East Central Europe[M]. Cambridge: Cambridge Univetsity Press, 2002: 82.

② Aleks Szczerbiak. Interests and Values: Polish Parties and their Electorates[J]. Europe-Asia Studies, 1999, 51(8).

③ Noel Calhoun. The Ideological Dilemma of Lustration in Poland[J]. East European Politics and Societies, 2002, 16(2).

④ Aleks Szczerbiak. Dealing with the Communist Past or the Politics of the Present? Lustration in Post-Communist Poland[J]. Europe-Asia Studies, 2002, 54(2).

⑤ 214票赞成，162票反对（SLD代表几乎都反对）、16票弃权。Aleks Szczerbiak. Dealing with the Communist Past or the Politics of the Present? Lustration in Post-Communist Poland[J]. Europe-Asia Studies, 2002, 54(4).

⑥ Aleks Szczerbiak. Dealing with the Communist Past or the Politics of the Present? Lustration in Post-Communist Poland[J]. Europe-Asia Studies, 2002, 54(4).

⑦ Noel Calhoun. The Ideological Dilemma of Lustration in Poland[J]. East European Politics and Societies, 2002, 16(2).

主左翼联盟等中左翼政党的阻止下,波兰的洁净没有像 1990 年捷克那样使前共产党政府官员丢掉饭碗,而是采用了较为"文明"的方式。此外,民主左翼联盟主张情报和反情报部门应该被排除在审查之外,否则会威胁国家安全,并把与安全机构的合作定义为"有意识地参与反教会、独立的工会、国家或者公民自由和给他人财产造成威胁"①。

1999 年波兰正式实施《洁净法》,共有 23000 名各级政府官员、法官和议员需要自我声明过去是否与安全部门合作,如果提供虚假声明,将 10 年不得担任公职,其中 130 人承认与安全部门有过合作,最后由选民来决定是否支持他们继续担任公职。②相对来说,波兰是一个对社会主义历史比较宽容的国家,没有采取捷克式的野蛮洁净和"去共产主义"的严厉措施,没有主动制裁为安全机构工作或者与安全机构合作的个人。

波兰共和国社会民主党承认自己脱胎于波兰统一工人党,是由那些尊重真正社会主义的人们在完全重新评估自己的立场后建立的。波兰共和国社会民主党及民主左翼联盟领导人克瓦希涅夫斯基认为,"我们完全是(共产主义的)波兰人民共和国的一部分"③。他们认为自己最接近波兰的社会主义传统,"我们感觉自己特别接近波兰社会主义运动的政治传统和实践,它把爱国主义、为独立而斗争、为政治和社会民主而斗争、为所有公民的自由而斗争与在人道主义基础上建立的人和人之间的关系结合起来。我们正在取得国际社会主义运动的成果,它把公正的原则与公民自由和自治结合起来"④。他们理解那些谬误并试图改变它们,有勇气完成向开放、民主、市场经济的彻底转变,在波兰建成一个面向欧洲的开放的社会。

波兰共和国社会民主党及民主左翼联盟认为,波兰要走向新的时代就不能再与过去纠缠不清,必须实行面向未来的政策,"必须面对文明与文化的挑战、对话、妥协、理解不同的观点"⑤。因此,在对待社会主义历史问题上,

---

① Aleks Szczerbiak. Dealing with the Communist Past or the Politics of the Present? Lustration in Post-Communist Poland[J]. Europe-Asia Studies, 2002, 54(4).

② Aleks Szczerbiak. Dealing with the Communist Past or the Politics of the Present? Lustration in Post-Communist Poland[J]. Europe-Asia Studies, 2002, 54(4).

③ Anna M.Grzymala-Busse. Redeeming the Communist Past: the Regeneration of Communist Parties in East Central Europe[M]. Cambridge: Cambridge Univetsity Press, 2002: 105.

④ Program of The Social Democracy of The Republic of Poland[R/OL]. [2013-07-18]. http://library.fes.de.

⑤ Program of The Social Democracy of The Republic of Poland[R/OL]. [2013-07-18]. http://library.fes.de.

他们采用了"粗线条"的政策,进行了一定程度的反思,与历史划清界限,承认人民波兰的成就,谴责集权主义的罪行,反对《洁净法》,同时又不与右翼势力过分纠缠于过去的历史,而是更关注当下波兰社会面临的问题,以此赢得民心。

## 二、对未来社会主义——"第三条道路"的理解

波兰民主左翼联盟对波兰当下社会发展和未来社会主义的理解就是"第三条道路"。对 1993 年议会大选的结果,波兰前总理扬·克日什托夫·别莱茨基(Jan Krzysztof Bielecki)[①]说:"这次大选的获胜者是'第三条道路'的拥护者。他们既摈弃社会主义道路,又反对走资本主义道路……是既非社会主义道路,又非资本主义道路的中间道路……是吸收了两者某些长处的道路。"[②]

"第三条道路"思想在波兰有着深厚的历史和思想渊源。早在第二次世界大战后民主政权的建设过程中,波兰就提出过既非资本主义又非苏联模式道路的过渡尝试主张。哥穆尔卡[③]1946 年曾明确提出波兰政权不同于苏维埃制度,具有自己的特点,强调波兰应走"通向社会主义的波兰道路"。哥穆尔卡认为,"波兰的民主,是通过多党议会制来行使政权的……我们的民主既具有许多社会主义民主的因素,也具有许多自由民主的因素。就如同我们的经济制度具有许多社会主义和资本主义经济特点一样"[④]。这种政治上实行多党议会民主、经济上实行混合所有制的人民民主制度就是一种既非资本主义又非苏维埃道路的"第三条道路"。这种"第三条道路"是波兰对向社会主义过渡形式的一种探索,具有进步的性质。只是由于当时的国际环境,波兰党的领导人避免提及"第三条道路"这个词,而波兰"第三条道路"的自主探索则因冷战的爆发而被迫中断。

在社会主义建设时期,波兰建立了苏联模式的社会主义,苏联模式的社会主义在波兰取得巨大成就的同时也出现了严重的问题。在这种情况下,波兰统一工人党内的改革派也在不断探索适合本国国情的社会主义道路即哥穆

---

① 扬·克日什托夫·别莱茨基是自由民主国民大会成员,1991 年 1 月 4 日至 1991 年 12 月 6 日担任波兰总理。
② 曾天. 什么是波兰的"第三条道路"?[J]. 当代世界社会主义问题,1997(1).
③ 瓦迪斯瓦夫·哥穆尔卡(Wadyslaw Gomwlka,1905—1982),波兰工人运动活动家,原波兰统一工人党总书记和第一书记。
④ 刘邦义. 哥穆尔卡评传[M]. 北京:中共中央党校出版社,1995:98.

尔卡的"波兰道路"。对这种探索的出发点，哥穆尔卡认为，"社会主义的不变原则归结为废除人对人的剥削，而达到这一目的的道路可以是不同的……社会主义的模式也可以是多种多样的"①。哥穆尔卡提出的"波兰道路"既不是资本主义道路也不是苏联模式的社会主义道路，因此可以把它看作社会主义道路的"第三条道路"，但是这时的"第三条道路"是站在马克思主义立场上对不同于苏联模式社会主义道路的一种有益探索，目的是避免苏联模式的弊端，与民主社会主义主张的"第三条道路"不同。由此可见，"第三条道路"的探索在波兰有深厚的历史和思想渊源。

民主左翼联盟的"第三条道路"思想深受20世纪90年代欧洲社会民主党尤其是英国工党和德国社会民主党思想的影响②，其纲领借鉴了德国社会民主党的纲领③。他们认为资本主义已进入后物质主义时代，传统工人阶级衰落，中产阶级兴起，中派力量上升。1999年"第三条道路"思想在世界上的影响达到高峰，对波兰民主左翼联盟产生了巨大影响。民主左翼联盟领导人杰吉·杰斯克尼（Jerzy Jaskernia）在受访时曾说："我们正试着如英国工党那样。布莱尔经常受到工党成员的批评，但是他认为他们正在走向执政，只有一个核心的政党能赢得大多数，不管是左翼还是右翼。"④

作为波兰统一工人党"后继党"的波兰共和国社会民主党及后来的民主左翼联盟，继承了波兰统一工人党的思想；作为社会民主主义性质的政党，民主左翼联盟赞同社会党国际为代表的社会民主党提出的"第三条道路"主张，把"第三条道路"看作波兰当下和未来社会主义的发展方向。

波兰剧变后，巴尔采罗维奇政府实施的"休克疗法"导致波兰经济急剧下滑，普通民众承受了巨大的改革代价和痛苦。因此，波兰共和国社会民主党在1990年召开的第一次代表大会上就提出应摈弃现实社会主义的一整套做法，同时他们也反对在本国建立19世纪"掠夺式资本主义"，承认并主张走"第三条道路"，⑤把"第三条道路"作为解决波兰危机的途径。具体地说，

---

① 塔德·舒尔茨."布拉格之春"前后[M]. 北京：新华出版社，1983：58.
② Thomas Meyer. The Third Way at the Crossroads[R/OL]. [2013-07-20]. http://www.fes.de.
③ Dan Hough. Third Way or New Ways? The Post-Communist Left in Central Europe[J]. The Political Quarterly, 2005, 76(2).
④ Gavin Rae. Poland's Return to Capitalism: from the Socialist Bloc to the European Union[M]. London: I.B.Tauris & Co Ltd, 2008: 124-125.
⑤ Anna M.Grzymala-Busse. Redeeming the Communist Past: the Regeneration of Communist Parties in East Central Europe[M]. Cambridge: Cambridge Univetsity Press, 2002: 164.

就是要摈弃无产阶级专政，实行多党制、议会民主，以市场经济取代计划经济。但波兰共和国社会民主党认为，"市场机制不能代替国家执行经济政策"①，有必要保留国家对经济的适当干预，不反对私有化，主张根据本国实际建立混合经济；"主张市场经济同国家的干预因素和国家承担的社会福利责任相结合。主张多种成分的经济，并且主张使那些能最合理地利用生产资料的各种形式的社会所有制在一定程度上取代国家所有制，国家所有制应当限制在合理的、从经济上考虑是必要的范围内"②；主张实行"带人道面孔的资本主义"，认为国家的社会政策必须保护社会保障事业，"反对剥夺人们享受社会福利的权利，反对剥夺人们生活安定的保障"③；认为国家必须保证人们"享受各种文明成果的待遇，特别是组织良好的教育、医疗、文化和休息"④。此外，他们还认为民主社会主义把资本主义的效率与社会主义的社会公正、团结有机结合了起来。

1993年民主左翼联盟大选获胜后，波兰著名政治家米·拉科夫斯基说："波兰左派在大选中胜利说明超速建设资本主义设想的失败，人们不需要这种设想。"他认为在东欧不可能建立"纯粹的资本主义"，"在东欧，比较可行的是，通过艰苦斗争和各种冲突之后，将形成某种中间制度"。⑤这种中间制度就是"社会市场经济"，也就是"市场经济+国家干预+社会保障"，即所谓的"德国模式"。

1993年，民主左翼联盟与联合执政的波兰人民党依据经济纲领继续对波兰经济进行改造，目标是在波兰建立强有力的社会市场经济。他们相信公共权力机构对公正地分担因社会政策和经济改革所造成的重担负有特殊责任。⑥政府将限制由政府控制的商品价格的上涨，修改家庭补助制度，把补助集中在低收入家庭，恢复给低收入家庭的住房补贴，提高最低退休金和抚恤金，逐步提高退休金和抚恤金的保值指数，增加对教育、卫生和科学的实

---

① 波兰共和国社会民主党宣言[R/OL].（1990-01-28）[2013-07-20]. http://baike.so.com/doc/5772959.html#5772959-5985732-2.
② 波兰共和国社会民主党宣言[R/OL].（1990-01-28）[2013-07-20]. http://baike.so.com/doc/5772959.html#5772959-5985732-2.
③ 波兰共和国社会民主党宣言[R/OL].（1990-01-28）[2013-07-20]. http://baike.so.com/doc/5772959.html#5772959-5985732-2.
④ 波兰共和国社会民主党宣言[R/OL].（1990-01-28）[2013-07-20]. http://baike.so.com/doc/5772959.html#5772959-5985732-2.
⑤ 东欧一些国家的政党和学者主张建立"社会市场经济"[J]. 社科信息文荟，1994（6）.
⑥ 王志连，姬文刚. 波兰左翼政党发展演变探析[J]. 当代世界与社会主义，2006（6）.

际支出，政府要积极参与稳定农产品市场等。①

民主左翼联盟执政时通过的1997波兰新宪法规定："建立在经济活动自由、私有制和社会成员团结、对话和合作基础上的社会市场经济，是波兰共和国经济体系的基础。"②新宪法以最高法律形式确认了波兰实行的是社会市场经济即"市场经济+混合所有制+国家干预+社会保障"。1997年波兰共和国社会民主党通过的新纲领提出："反对以社会大多数人的贫穷为代价使财富在少数人一边聚集……我们认为国家有经济调节功能，这有利于社会平衡。考虑到未来的趋向，波兰共和国社会民主党最接近生态——社会市场经济，尊重平衡增长的原则，我们打算建立这样的经济。"③在社会经济政策方面，其提出，"限制国家在经济中的作用，但是反对完全不要国家在经济发展中作用的思想，我们主张混合经济"④，即主张经济尽可能自由地发展，发挥市场的决定性作用，"市场应该服务于人民，而不是人民服务于市场"⑤！只有当国家比市场能更好地解决问题时国家才进行干预，同时建立社会保障，使每个人都有过体面生活的权利。1999年民主左翼联盟注册成为政党后，其通过的新纲领认为，经过10年努力波兰已经从计划经济转变成一个充满活力和开放的市场经济国家，民主左翼联盟的目标是通过发挥市场机制和国家的宏观调控作用，在波兰建立高效、可持续的经济增长模式，建立社会保障体制，使人人享有体面生活的权利。⑥

民主左翼联盟的活跃成员赞同和支持自由市场经济和"第三条道路"的概念，比如英才管理；政府应该实施干预降低社会不公平，减轻改革所带来的社会负担，如提高工人工资、增加对退休金的补贴；将公共服务保留在国家手中，通过增加国家财政预算赤字实施免费教育和医疗，通过累进税来资助建立福利国家；反对进一步私有化，认为保留国有企业对经济有利，向国有企业和农民提供低息贷款；对本国产品实行保护；主张政教分离，支持堕胎合法化；在国际问题上主张波兰加入北约和欧盟，认为加入欧盟是提高波

---

① 刘悌和，陈凤英. 波兰左翼力量政府及其内外政策[J]. 国际研究参考，1993（12）.
② 孙谦，韩大元. 世界各国宪法·欧洲卷[M]. 北京：中国检察出版社，2012：145.
③ Program of The Social Democracy of The Republic of Poland[R/OL]. [2013-07-22]. http://library.fes.de.
④ Program of The Social Democracy of The Republic of Poland[R/OL]. [2013-07-22]. http://library.fes.de.
⑤ JUTRO BEZ OBAW Program dla Polski[R/OL]. [2013-07-22]. www.sld.org.pl.
⑥ Manifest programowy: Nowy wiek-nowy Sojusz Lewicy Demokratycznej, Socjaldemokratyczny program dla polski[R/OL]. [2013-07-25]. http://library.fes.de.

兰生活水平和社会权利的手段；等等。

但是，民主左翼联盟主张的"第三条道路"与西欧社会民主党的"第三条道路"思想并不完全相同，如经济上实施自由主义政策并进一步去除社会主义制度的遗产等。①民主左翼联盟对吉登斯提出的"第三条道路"思想也提出了一些质疑，认为它不适合波兰。民主左翼联盟主席米莱尔赞同社会党国际主席皮埃尔·莫鲁瓦（Pierre Mauroy）关于"第三条道路的概念两极化"的观点。他认为："今天我们不应该问第三条道路而应该问我们赞同什么样的资本主义，我们能接受多大程度的国家干预，我们想要什么样的和什么规模的社会保障。"②负责民主左翼联盟纲领起草工作的安德烈·采林斯基（Andrzej Celiński）认为，波兰政治经济的发展有其特殊性，我们面临无比困难的情形，"社会阶层的形成及与经济转型相联系的特殊问题"，"在面临如此巨大重组负担的国家……预算的作用就一定大于那些不需要做这些努力的国家"。③民主左翼联盟赞同"大预算"理念以满足巨大的社会需要和支持基础设施投资，因此，他们认为减税和削减社会开支在波兰是不可想象的。

实际上，在民主左翼联盟的纲领中并没有提到"第三条道路"这个术语，尽管其纲领起草人采林斯基说"他很想这么做"④。曾任民主左翼联盟政府总理和外长的齐莫谢维奇（Włodzimierz Cimoszewicz）也赞同采林斯基的观点，认为"国家在经济生活中的积极作用是不可或缺的，社会政策必须考虑贫困水平及需要改善社会不平等的需要"⑤。他认为由于波兰的特殊经历和国家的财政状况限制了波兰的政策自由，因此吉登斯提出的政策不适合波兰。但他们的批评只限于这个概念本身引起的误解，而对吉登斯和布莱尔提出的具体政策并不完全反对，如"社会包容"作为"第三条道路"思想的核心概念，被采林斯基引入民主左翼联盟1999年的纲领中。民主左翼联盟认为国家应通过教育使尽可能少的人被社会排斥，并警告波兰"正在成为一个继承贫

---

① Dan Hough. Third Way or New Ways? The Post-Communist Left in Central Europe[J]. The Political Quarterly, 2005, 76(2).

② Piotr Buras. Polish social democracy, policy transfer and programmatic change[J]. Journal of Communist Studies and Transition Politics, 2005, 21(1).

③ Piotr Buras. Polish social democracy, policy transfer and programmatic change[J]. Journal of Communist Studies and Transition Politics, 2005, 21(1).

④ Piotr Buras. Polish social democracy, policy transfer and programmatic change[J]. Journal of Communist Studies and Transition Politics, 2005, 21(1).

⑤ Piotr Buras. Polish social democracy, policy transfer and programmatic change[J]. Journal of Communist Studies and Transition Politics, 2005, 21(1).

困的社会……越来越多的人被增长和社会进步排斥"①。

民主左翼联盟在波兰进行的"第三条道路"式的改革在实践中也遇到了很多阻碍。首先，大量从前任政党手中接管的工业企业阻碍了民主左翼联盟政府继续实施所有制转型。由于社会压力，民主左翼联盟政府在第二任期被迫把部分已经私有化的船厂再国有化以阻止它们破产，但民主左翼联盟政府已经不能通过放缓改革步伐重复第一任期在社会-经济上的成功。因此，民主左翼联盟领导人采取了深化自由主义的政策，在中东欧国家实行了最极端的改革，②如改革劳动法、降低额外的社会开支等。在第二任期尽管波兰经济实现了增长，但民主左翼联盟政府没能降低失业率或者减少社会不公平，也没有能力在基础设施或公共服务上进行更大的投资。其次，民主左翼联盟是波兰统一工人党的"后继党"，很多成员和支持者对社会主义还有留恋，因而阻止民主左翼联盟远离过去的历史。很多人进入领导层是因为他们与前统一工人党的联系，包括在思想上没有靠近组织但与社会主义时期有商业联系的人，民主左翼联盟还需要依赖传统选民和老成员的支持。1993年民主左翼联盟第一次执政时，通过放缓改革步伐，利用遗留的社会主义经济结构和国家的保护因素降低了转轨的负面影响。2001年再次执政后，社会主义经济因素不存在了，不能像过去那样被利用了，波兰资本主义的依赖性质已经形成。在第二任期民主左翼联盟政府试图把布莱尔的"第三条道路"——新自由主义的经济与社会安抚结合起来，但结果却使民主左翼联盟失去大量传统选民的支持，保守主义右翼法律与公正党赢得2005年大选，民主左翼联盟黯然下台。

尽管民主左翼联盟主张的"第三条道路"并不完全等同于西欧社会民主党的"第三条道路"，而是改良主义的民主社会主义，但其实质依然是资本主义。

综上所述，通过对波兰过去40余年社会主义历史的反思与评价，民主左翼联盟找到了自己的历史根源，并在对波兰当下社会和未来社会主义发展的实践和展望——"第三条道路"中体现了自己所代表的波兰左翼力量的基本主张。

---

① Manifest programowy: Nowy wiek-nowy Sojusz Lewicy Demokratycznej, Socjaldemokratyczny program dla polski[R/OL]. [2013-07-27]. http://library.fes.de.

② Dan Hough. Third Way or New Ways? The Post-Communist Left in Central Europe[J]. The Political Quarterly, 2005, 76(2).

## 第二节　波兰民主左翼联盟关于党的建设的基本观点

波兰民主左翼联盟关于党的建设的基本观点包括指导思想、奋斗目标与任务、性质及其社会基础等，体现了波兰民主左翼联盟是社会民主主义性质的政党。

### 一、波兰民主左翼联盟的指导思想、奋斗目标与任务

1990年1月28日，波兰共和国社会民主党在成立大会上通过了《波兰共和国社会民主党宣言》和党章；1997年12月6日，波兰共和国社会民主党召开第三次全国代表大会通过新的党纲；1999年6月16日，波兰共和国社会民主党召开第四次全国代表大会，也是最后一次全国代表大会，大会宣布解散波兰共和国社会民主党，同时宣布波兰共和国社会民主党加入改组为政党的波兰民主左翼联盟并成为新政党的领导者。1999年12月，波兰民主左翼联盟召开改组为政党后的第一次全国代表大会，通过了新纲领《我们的传统和价值》。2005年，波兰民主左翼联盟召开第五次全国代表大会，修改了党章。

波兰共和国社会民主党及以其为核心组建的波兰民主左翼联盟在他们的纲领中都强调倾向西欧社会民主的传统，以民主社会主义作为其意识形态指导思想。具体体现在以下几方面。

首先，以人道主义为指导思想，认为人是最高价值。波兰共和国社会民主党及以其为核心组建的民主左翼联盟在其纲领中宣称以人道主义思想为永久价值[①]，主张建设公民社会，把人的尊严和自由发展的权利作为其基本价值观，认为人权和公民自由是不可侵犯的，确保创造性地发挥个体能力；倡导开放、包容、理性、无私、自由、平等和团结的理念，"尊重工作、真理、谦虚、诚实是我们推崇的价值观"[②]；主张对话、妥协、理解不同的观点，共同创造公共协议的秩序，通过谈判和妥协解决争端。

---

① Program of The Social Democracy of The Republic of Poland[R/OL]. [2013-08-05]. http://library.fes.de.

② Program of The Social Democracy of The Republic of Poland[R/OL]. [2013-08-05]. http://library.fes.de.

其次，以民主社会主义为指导思想，坚持国家利益至上，主张服务波兰，把波兰的发展、进步、开放和参与创造世界文明联系起来。其目标是把波兰建成"自由、民主、平等、公正、团结"的国家，在波兰实现民主社会主义是民主左翼联盟的最高理想。

最后，政治上主张"权力的唯一来源是人民在竞选时表达的愿望"①，议会民主和选举是掌握政权的唯一合法途径；主张保证公民在公共生活中的主体性，发展自治，实现平等的公民权；主张把波兰建成强大的法治国家，实行议会民主、三权分立、多党竞争和地方自治。经济上主张社会公正，主张多种经济成分共同发挥作用，让那些能最合理地利用生产资料的各种形式的社会所有制在一定程度上取代公有制，将"市场经济同国家的干预因素和国家承担社会福利责任相结合"②；认为经济发展不能以损害自然环境为代价，主张可持续发展的经济。社会建设上主张权利平等、机会平等，在波兰实行福利国家制度，"反对剥夺人们享受社会福利的权利，反对剥夺人们生活安定的保障"③；反对以社会大多数人的贫穷为代价使财富在少数人一边聚集④；任何人不会因种族、对生活的态度、政治信仰、财产状况、年龄、性倾向而受到歧视；保障少数人在政治、文化等方面的权利，妇女有怀孕和堕胎自由；反对受教育机会的不平等现象，主张所有人普遍有权接受各级和各类学校教育。思想文化上主张社会生活不可剥夺的价值是包容，主张言论自由、宗教信仰自由，坚定地主张政教分离，国家对公民信仰何种宗教持中立态度；科学和艺术创作享有充分的自由；国家的职责是使公民享用世界文化各流派成果并为扶植和发展民族文化创造条件。在国际问题上，支持波兰加入国际一体化进程，反对新自由主义的全球化，维护欧洲社会模式，⑤主张建设一个有尊严的、社会安全的、和平的欧洲，反对欧盟宪法中新自由主义

---

① Program of The Social Democracy of The Republic of Poland[R/OL]．[2013-08-05]．http://library.fes.de．

② 波兰共和国社会民主党宣言[R/OL]．(1990-01-28)[2013-08-05]．http://baike.so.com/doc/5772959.html# 5772959-5985732-2．

③ 波兰共和国社会民主党宣言[R/OL]．(1990-01-28)[2013-08-05]．http://baike.so.com/doc/ 5772959.html# 5772959-5985732-2．

④ Program of The Social Democracy of The Republic of Poland[R/OL]．[2013-08-05]．http:// library.fes.de．

⑤ JUTRO BEZ OBAW Program dla Polski [R/OL]．[2013-08-09]．www.sld.org.pl．

的观点①；赞同社会党国际提出的在国际关系中实现和平、公正、公平和文明进步，建立东西南北关系新秩序的主张。

由此可见，民主左翼联盟的指导思想是民主社会主义，提倡人道主义，其核心理念是尊重人权、自由、平等、开放和包容。以此为指导思想，民主左翼联盟的奋斗目标是要在波兰实现民主社会主义，其主要任务包括以下几方面。政治上，建立一个强大的法治国家，创造和加强民主社会的秩序，消除对民主社会秩序的威胁，加强对公民权利和自由的保障；实行议会民主、三权分立、多党竞争，实行地方分权和社会自治。经济上，实行混合经济，主张建立社会市场经济，即市场发挥决定性作用，必要时国家发挥宏观调控职能。确保波兰经济稳定、平衡地增长，加强波兰经济的国际竞争力是经济发展的优先目标。采取积极主动措施促进工农业的可持续发展，经济发展要与保护自然环境相协调。社会政策上，以社会公正和平等为指导建立福利国家，确保每一个波兰人的安全，使每个波兰人都能过上体面的生活。提高对劳动者权利和工作条件的保护；消除失业促进就业；优先投资教育；实行适当的住房政策，特别是给收入不太高的家庭提供便宜的出租房和社会福利房，使每个家庭都能拥有一套自己的住房；国家支持文化事业发展，保护文化创作自由，确保公民能够进入公共文化中心，保护波兰的民族文化传统和少数族裔文化，阻止文化商业化的负面影响；改革退休和养老保险制度，确保退休和养老金不降低的同时使老年人享受国民生产增长的益处；全体社会成员都有基于平等原则的、普遍的和强制的医疗保险，在需要时能得到医疗救助。外交上，认为保护个人安全和国家安全是政府的优先事项。外交政策服务于保障波兰的领土完整和主权独立，利用国际合作为波兰经济发展服务。加快文化和文明的民族一体化进程，积极参与解决全球问题。

民主左翼联盟认为，波兰左翼的目标代表了波兰的公众利益和国家的福祉②，为实现这些目标，作为左翼大家庭一员的民主左翼联盟支持有左翼倾向的人们、政党和团体以各种方式组织起来，把波兰建设成为民主、公正和繁荣的国家。

---

① Cornelia Hildebrandt, Birgit Daiber. Political Parties and Party Alliances between Norway and Turkey[R]. Rosa Luxemburg Foundation Brussels Office 2009.
② Program of The Social Democracy of The Republic of Poland[R/OL]. [2013-08-12]. http://library.fes.de.

## 二、波兰民主左翼联盟的性质

波兰共和国社会民主党及以其为核心组建的民主左翼联盟是社会民主主义性质的政党。作为波兰统一工人党的"后继党",在成立之初就把自己的名称确定为波兰共和国社会民主党并用社会民主党的红色玫瑰作为党徽。波兰统一工人党的前领导人拉科夫斯基也认为自己是社会民主派,他说:"我们当中的大多数人,即使不是公开地,而且即使我们没有这么称呼。"①具体来说,以下三点可以说明民主左翼联盟(波兰共和国社会民主党)是社会民主主义性质的政党。

首先,波兰共和国社会民主党和民主左翼联盟的奋斗目标是社会民主党主张的民主社会主义。1990年,在波兰共和国社会民主党成立大会上通过的纲领中就提出把波兰的未来"同民主社会主义联系在一起"②,在党章中强调要在波兰实现民主社会主义③,他们倾向西欧社会民主的传统。2011年纲领强调民主左翼联盟在波兰取得的成就属于伟大的世界社会民主党。④

其次,波兰共和国社会民主党和民主左翼联盟的基本主张与社会民主党的意识形态——民主社会主义相吻合。民主左翼联盟(波兰共和国社会民主党)把人道主义作为永久价值,认为人权和公民自由是不可侵犯的,⑤主张关注人的尊严、人们自由发展的权利、确保创造性地发挥个体能力和集体技能的条件⑥。民主左翼联盟在1993年的竞选纲领中强调:"民主左翼联盟作为一个融合了政党、工会、社会组织和没有被组织起来但主张社会民主及社会公正观点的人们的政治结构,正在有效地结束波兰的堕落并发展条件满足工

---

① Anna M.Grzymala-Busse. Redeeming the Communist Past: the Regeneration of Communist Parties in East Central Europe [M]. Cambridge: Cambridge University Press, 2002: 161.

② 波兰共和国社会民主党宣言[R/OL].(1990-01-28)[2013-08-17]. http://baike.so.com/doc/5772959.html# 5772959-5985732-2.

③ Statute of the The Social Democracy of The Republic of Poland[R/OL]. (1990-01-28)[2013-08-20]. http://library.fes. de.

④ JUTRO BEZ OBAW Program dla Polski[R/OL]. [2013-08-21]. www.sld.org.pl.

⑤ 波兰共和国社会民主党宣言[R/OL].(1990-01-28)[2013-08-21]. http://baike.so.com/doc/ 5772959.html# 5772959-5985732-2; What does our statutes say? [EB/OL]. [2013-08-20]. http://www.sld.org.pl/strony/40- english.html.

⑥ Program of The Social Democracy of The Republic of Poland[R/OL]. [2013-08-21]. http://library.fes.de.

作着的人们的需要。"①为保证公民的繁荣和安全，为实现人人过上体面生活与获得自由的感觉，波兰共和国社会民主党和民主左翼联盟主张团结、开放、包容的立场。在政治上，主张在波兰实行议会民主、多党制和三权分立，支持地方自治和职工自治，赞同社会自由地自我组织起来；赞同在合作和愿意提供互助的基础上建立人与人之间的关系，主张共同创造公共协议的秩序，通过谈判和妥协解决争端。在经济上，坚持社会市场经济，追求可持续发展；主张实行混合经济，把市场调节和国家干预结合起来。在社会政策上，主张推进社会福利与社会公平，建设福利国家。在国际问题上，主张国与国关系摈弃控制和武力，主张南北对话、裁军和扩大信任，建立一种新的东西南北关系秩序，把波兰建成自由、平等、人民团结、社会公正的国家。②波兰共和国社会民主党和民主左翼联盟的基本主张与社会民主党的意识形态——民主社会主义相吻合，由此可以判断，波兰共和国社会民主党和民主左翼联盟是社会民主主义性质的政党。

最后，波兰共和国社会民主党和民主左翼联盟是社会民主党最大的国际组织——社会党国际和欧洲社会民主党的国际组织——欧洲社会党的成员。为了协调全世界的民主社会主义运动而成立的社会党国际，其成员追求的共同目标是民主社会主义。社会党国际认为，"民主社会主义是实现自由、社会公正和团结一致的社会运动"③，欧洲社会党"汇集了欧盟的社会党、社会民主党和劳动党"④，欧洲社会党的目标是"加强欧盟及整个欧洲社会主义及社会民主运动"⑤。尽管波兰共和国社会民主党在刚成立时并不是社会党国际成员，但波兰共和国社会民主党在成立宣言中宣称"我们把理想……同社会党国际的成就联系在一起"，强调"我们特别珍惜同社会党国际的联系"⑥。1997年通过的新党纲指出，"波兰共和国社会民主党实践着社会党国

---

① Jane Leftwich Curry. Poland's ex-communists: from pariahs to establishment players[M]. // Jane Leftwich Curry, Joan Barth Urban. The left transformed in post-communist societies: the cases of East-Central Europe, Russia, and Ukraine. Lanham: Rowman & Littlefield Publishers, 2003: 39.

② Program of The Social Democracy of The Republic of Poland[R/OL]. [2013-08-21]. http://library.fes.de.

③ Declaration of principles[R/OL]. Adopted by the XVIII Congress, Stockholm, June 1989. [2013-08-22]. http://www.socialistinternational.org/viewArticle.cfm?ArticleID=31.

④ About the PES[EB/OL]. [2013-08-22]. http://www.pes.eu/about_us.

⑤ About the PES[EB/OL]. [2013-08-22]. http://www.pes.eu/about_us.

⑥ 波兰共和国社会民主党宣言[R/OL]. (1990-01-28) [2013-08-25]. http://baike.so.com/doc/5772959.html# 5772959-5985732-2.

际成员的要求"，赞同欧洲社会党提出的"社会欧洲"的理念。①波兰共和国社会民主党 1994 年应邀成为社会党国际观察员，1996 年正式成为社会党国际成员，1999 年成为欧洲社会党成员。1999 年之后，民主左翼联盟取代波兰共和国社会民主党成为社会党国际和欧洲社会党成员。只有社会民主主义性质的政党才可以加入社会党国际和欧洲社会党。因此，作为社会民主党国际组织——社会党国际和欧洲社会党的成员可以证明波兰共和国社会民主党和民主左翼联盟是社会民主主义性质的政党。

综上所述，从波兰共和国社会民主党和民主左翼联盟的名称、奋斗目标、意识形态主张及其作为社会党国际和欧洲社会党的成员来看，波兰共和国社会民主党及以其为核心组建的民主左翼联盟是社会民主主义性质的政党。

### 三、波兰民主左翼联盟的社会基础

波兰共和国社会民主党成立之初就认为自己是一个典型的竞选政党，认为选民优先于政党成员。其领导人曾这样解释说："我们不需要大量党员，但需要投票支持我们竞选纲领的同情者。"②因此，波兰共和国社会民主党在成立大会上通过的党纲中强调，"党尊重依靠自己的双手和智力劳动为生的人们的愿望和要求。党将团结一切赞成党纲的人们，不管其世界观如何"，"我们希望同所有左派团结合作"。③其目的就是扩大选民基础，以便通过赢得大选执政，这种做法符合全民党的特征。为参加竞选，1991 年，以波兰共和国社会民主党为核心组建的民主左翼联盟，目的就是整合波兰的左翼力量，扩大波兰共和国社会民主党的选民基础。

民主左翼联盟在 1993 年的竞选纲领中宣称"我们不是某一阶级或者阶层的政党"④。民主左翼联盟领导人杰吉·杰斯克尼在受访时曾说："大多数工人支持民主左翼联盟，这不是事实，因为它是一个全民政党，支持者来自工人、企业家、知识分子和退休人员……民主左翼联盟胸怀非常宽广，我不

---

① Program of The Social Democracy of The Republic of Poland[R/OL]. [2013-08-25]. http://library.fes.de.

② Anna M.Grzymala-Busse. Redeeming the Communist Past: the Regeneration of Communist Parties in East Central Europe[M]. Cambridge: Cambridge University Press, 2002: 161.

③ 波兰共和国社会民主党宣言[R/OL]. （1990-01-28）[2013-08-26]. http://baike.so.com/doc/5772959.html# 5772959-5985732-2.

④ Aleks Szczerbiak. Interests and Values: Polish Parties and their Electorates[J]. Europe-Asia Studies, 1999, 51(8).

知道谁不能成为民主左翼联盟的一员。"①民主左翼联盟在 1997 年的竞选纲领中更直接宣称其目标是吸引"所有的公民、雇员和雇主、家族企业和农业企业所有者、退休人员和领取养老金的人们，以及像我们一样想实现更高标准的、更舒适的公共生活的人们"②。由此可见，民主左翼联盟把自己定位为全民党，具体来说，民主左翼联盟争取的社会支持来自以下群体。

第一，传统上支持左翼政党的工会、从受保护的政策和再分配经济政策中受益的群体选择支持民主左翼联盟，如在人民波兰时期（1989 年之前）有体面工作而转轨后可能面临失去工作的警察、士兵等穿制服的群体。

在波兰，工会是除了教会之外唯一有广泛分支机构的全国性组织，在竞选活动中，工会在传达政党信息和动员工人阶级的支持上有巨大作用。民主左翼联盟在建立之初就与波兰工会全国协议会结盟，得到工会支持。据统计，1992－1995 年，民主左翼联盟获得来自工会的支持率分别是 15%、25%、14%和 12%。③1991 年和 1993 年议会大选，按职业划分对左翼政党的支持比例，1991 年大选，蓝领和农业工人对左翼政党的支持率不是很高，分别是 28.3%和 29.2%，但 1993 年大选包括农业工人在内的工人成为左翼政党的主要支持者，工人对民主左翼联盟的支持率超过 40%，为民主左翼联盟赢得大选作出了贡献（见表 2.1）。1993 年大选，民主左翼联盟在议会下院获得的 171 个席位中工会占了 61 个。④

社会主义时期在安全部门工作的人员在转轨之后面临失去特权的威胁，他们为了自己的经济利益选择支持民主左翼联盟。这一点正如波兰学者潘科夫斯基（Pankowski）所言，在波兰"左翼首先是与从共产主义制度中显露出来的政治力量相联系……波兰人认为左翼是那些把自己定义为人民波兰的那些人，在第三共和国直接通过他们的继承人来发挥作用"⑤。

---

① Gavin Rae. Poland's Return to Capitalism: from the Socialist Bloc to the European Union[M]. London: I.B.Tauris & Co Ltd, 2008: 124-125.
② Aleks Szczerbiak,. Interests and Values: Polish Parties and their Electorates[J]. Europe-Asia Studies, 1999, 51(8).
③ Anna M.Grzymala-Busse. Redeeming the Communist Past: the Regeneration of Communist Parties in East Central Europe[M]. Cambridge: Cambridge University Press, 2002: 185.
④ Anna M.Grzymala-Busse. Redeeming the Communist Past: the Regeneration of Communist Parties in East Central Europe[M]. Cambridge: Cambridge University Press, 2002: 207.
⑤ Aleks Szczerbiak. Interests and Values: Polish Parties and their Electorates[J]. Europe-Asia Studies, 1999, 51(8).

表 2.1　1991 年、1993 年波兰议会大选按职业划分的左翼政党的支持率

单位：%

| 职　　业 | 1991 年 | 1993 年 |
|---|---|---|
| 管理者 | 26.3 | 41.0 |
| 专业人员 | 19.0 | 28.8 |
| 白领工人 | 33.0 | 46.6 |
| 蓝领工人 | 28.3 | 51.1 |
| 农业工人 | 29.2 | 51.6 |
| 退休人员 | 29.2 | 41.8 |
| 全部 | 31.1 | 44.8 |

注：左翼政党指包括民主左翼联盟在内的所有左翼政治力量。

资料来源：Linda J.Cook, Mitchell A.Orenstein. The Return of the Left and Its Impact on the Welfare State in Poland, Hungary and Russia [M]. //Linda J.Cook, Mitchell A.Orenstein, Marilyn Rueschemeyer. Left Parties and Social Policy in Postcommunist Europe. Oxford:Westview Press,1999：84.

1994 年 6 月调查显示，49%的士兵和警察支持民主左翼联盟，而当时民主左翼联盟在全国的平均支持率只有 22%；1995 年民主左翼联盟推举的总统候选人克瓦希涅夫斯基在第一轮投票中获得穿制服部门 64.8%的支持率，而全国平均支持率只有 35.11%。[1]这些人把他们对民主左翼联盟的支持与人民波兰及他们个人的成就联系起来。从政治派别来看，持左翼观点的选民对民主左翼联盟的支持最大。2001 年大选结果显示，71%持左翼观点的选民支持民主左翼联盟，29%的中派选民支持民主左翼联盟，只有 9%持右翼观点的选民支持民主左翼联盟（见表 2.2）。

表 2.2　2001 年波兰议会大选按选民的左右翼自我政治倾向选择对各政党的支持

单位：%

| 政治倾向 | 民主左翼联盟-劳动联盟 | 公民纲领党 | 自卫党 | 法律与公正党 | 波兰人民党 | 波兰家庭同盟 |
|---|---|---|---|---|---|---|
| 左翼 | 71 | 3 | 10 | 1 | 9 | 1 |
| 中派 | 29 | 19 | 19 | 9 | 8 | 5 |
| 右翼 | 9 | 23 | 8 | 21 | 5 | 20 |
| 未知 | 28 | 19 | 15 | 5 | 13 | 4 |

资料来源：Aleks Szczerbiak. Old and New Divisions in Polish Politics:Polish Party' Electoral Strategies and Bases of Support [J]. Europe-Asia Studies, 2003, 55(5).

[1] Aleks Szczerbiak. Interests and Values: Polish Parties and their Electorates [J]. Europe-Asia Studies, 1999, 51(8).

第二，领养老金的退休人员、没有受过教育的人、失业者等弱势群体支持民主左翼联盟，而民主左翼联盟也把自己视为弱势群体的代言人。民主左翼联盟的核心成员和领导者——波兰共和国社会民主党在"我们代表谁的利益"问题上，认为"我们想表达这样一些社会群体或公民的愿望，即他们由于种种原因在个人发展中没有从经济增长中得到获益的公平机会"①。1993年议会大选时，民主左翼联盟竞选委员会主席齐莫谢维奇说，他们的团队将"在很大程度上，表达我们每一个人对退休和养老金的诉求，'预算上'——特别是那些被剥夺了享受福利权利的人们，或者是那些付不起房租的人们，而不是比较满意的群体"②。1997年大选，民主左翼联盟表态："我们特别能感受到那些在经济增长中受益较少的人们以及比别人承受了更大转轨代价的人们遇到的问题。指导我们保护最弱势群体的行动原则是社会公正和团结。"③

但把最弱势群体作为其支持者的定位，使民主左翼联盟在大选中失去新兴选民，如转轨受益者的支持；而一部分传统选民如工人和退休人员因其没能兑现承诺转而支持团结竞选联盟，如1997年议会大选各社会阶层对民主左翼联盟和团结竞选联盟的支持率分别是：管理者33.8%和26.9%、商人22%和34.2%、办公室工人31%和32.7%、失业者25.4%和33.8%、体力劳动者26%和40.3%、退休人员32.2%和34.2%。④1997年大选结果显示，由于民主左翼联盟执政时出现的政策失误，尤其是没能兑现保护弱势群体的诺言，相对不太富裕、经济状况不太安全的社会弱势群体认为团结竞选联盟更能代表他们的利益，转而支持团结竞选联盟，这是导致民主左翼联盟在1997年大选中不敌团结竞选联盟的重要原因。

第三，民主左翼联盟特别强调不仅要寻求获得社会民主党传统选民群体的支持，而且要积极寻求波兰新出现的"中产阶级"的支持。民主左翼联盟议会党团新闻发言人兹比格纽·塞米科维（Zbigniew Siemigkowsk）说："我们不否认波兰正在形成的中产阶级对我们的支持。我们意识到这种出身正是

---

① Program of The Social Democracy of The Republic of Poland[R/OL]. [2013-08-27]. http://library.fes.de.

② Aleks Szczerbiak. Interests and Values: Polish Parties and their Electorates[J]. Europe-Asia Studies, 1999, 51(8).

③ Linda J.Cook, Mitchell A.Orenstein. The Return of the Left and Its Impact on the Welfare State in Poland, Hungary and Russia[M]. //Linda J.Cook, Mitchell A.Orenstein, Marilyn Rueschemeyer. Left Parties and Social Policy in Postcommunist Europe. Oxford:Westview Press, 1999: 73.

④ Gavin Rae. Poland's Return to Capitalism: from the Socialist Bloc to the European Union[M]. London: I.B.Tauris & Co Ltd, 2008: 185.

我们社会民主党选民的一部分。左翼不能建立在一无所有、受苦受难和永久失败者的基础之上。"①民主左翼联盟竞选战略专家马雷克·博罗夫斯基也说，尽管"作为一个中左翼团体，我们的基本价值观是关心那些为变革比别人承担更大成本的人们"，但民主左翼联盟不是"一个阶级政党，我们也理解企业的利益"。换句话说，民主左翼联盟将寻求新兴中产阶级的支持，希望"把持续的经济改革和欧洲经济一体化的必要性与社会意识、战胜贫困和失业、旨在确保尽可能广泛的社会群体参与系统的转型带来的益处协调起来"②。

2001年议会大选，根据民主左翼联盟与劳动联盟结盟制定的竞选纲领，其争取的目标群体是"国内和国外所有的波兰人"，竞选口号是"让我们回到常态，赢得未来"③。民主左翼联盟与劳动联盟希望以他们的实用主义、执政能力和稳定（相比团结竞选联盟政府的业余、意识形态驱使的动荡）为基础来吸引选民，并在其竞选纲领中指出，"我们需要高效、诚实和正常的政府，政府将不会在内部争论和分裂上浪费时间，而是会高效地解决社会和经济问题"④。竞选结果表明，民主左翼联盟与劳动联盟受到选民欢迎正是因为他们是一个稳定、团结的队伍，他们的领导人有能力、经受了考验，因此获得了新兴中产阶级的支持。

2001年大选统计结果显示，在此次大选中民主左翼联盟得到了退休人员、手工业和非手工业工人、失业者、管理者和商人等社会各阶层的支持。从年龄上来说，35岁以上选民对民主左翼联盟支持率超过40%；从居住地上来说，50%的城市选民支持民主左翼联盟，35.4%的农村选民支持民主左翼联盟；从受教育程度上来说，受过16年教育的群体对民主左翼联盟的支持率最高；从职业上说，民主左翼联盟在经理、商人及行政人员这些中产阶级中获得40%以上的支持率。中产阶级成为民主左翼联盟2001年大选获胜的中坚支持力量（见表2.3）。

2001年大选前，民主左翼联盟成员一度突破15万，其中2万人是在大

---

① Aleks Szczerbiak. Interests and Values: Polish Parties and their Electorates[J]. Europe-Asia Studies, 1999, 51(8).
② Aleks Szczerbiak. Interests and Values: Polish Parties and their Electorates[J]. Europe-Asia Studies, 1999, 51(8).
③ Aleks Szczerbiak. Old and New Divisions in Polish Politics: Polish Party' Electoral Strategies and Bases of Support[J]. Europe-Asia Studies, 2003, 55(5).
④ Aleks Szczerbiak. Old and New Divisions in Polish Politics: Polish Party' Electoral Strategies and Bases of Support[J]. Europe-Asia Studies, 2003, 55(5).

选前新加入的,这些人大多数没有加入过任何政党,[1]选择加入民主左翼联盟是因为他们认为有机会去改变社会[2]。

表2.3 2001年9月波兰议会大选投票结构

单位:%

| 投票模式 | | 民主左翼联盟-劳动联盟 | 公民纲领党 | 自卫党 | 法律与公正党 | 波兰人民党 | 波兰家庭同盟 |
|---|---|---|---|---|---|---|---|
| 按年龄投票 | 18—24岁 | 39.9 | 19.7 | 9.0 | 8.7 | 8.1 | 5.2 |
| | 25—34岁 | 38.3 | 17.9 | 10.4 | 8.8 | 9.7 | 5.5 |
| | 35—44岁 | 40.0 | 12.8 | 11.5 | 8.9 | 11.0 | 6.2 |
| | 45—54岁 | 47.6 | 10.05 | 9.9 | 9.1 | 9.3 | 5.3 |
| | 55—64岁 | 50.2 | 8.2 | 8.5 | 9.7 | 7.6 | 7.5 |
| | 65岁及以上 | 49.1 | 8.1 | 7.5 | 9.6 | 7.1 | 9.2 |
| 按居住地投票 | 乡村 | 35.4 | 8.4 | 16.3 | 6.2 | 18.8 | 7.1 |
| | 小城镇 | 51.1 | 12.8 | 7.6 | 8.1 | 5.5 | 5.9 |
| | 大城镇 | 48.5 | 15.0 | 5.9 | 11.6 | 3.3 | 5.8 |
| | 城市 | 40.9 | 19.8 | 3.5 | 16.5 | 1.7 | 6.4 |
| 按受教育程度投票 | 初等教育 | 41.4 | 6.5 | 15.5 | 6.3 | 14.1 | 8.5 |
| | 职业教育 | 43.2 | 7.9 | 16.1 | 7.0 | 12.1 | 6.3 |
| | 16年教育 | 46.4 | 13.6 | 8.4 | 9.6 | 8.1 | 6.0 |
| | 高等教育 | 42.3 | 19.0 | 3.3 | 11.4 | 5.3 | 5.3 |
| 按职业投票 | 经理 | 40.2 | 18.9 | 3.9 | 11.8 | 6.2 | 5.7 |
| | 商人 | 41.0 | 19.1 | 9.4 | 10.6 | 6.2 | 4.6 |
| | 行政人员 | 46.7 | 14.5 | 6.9 | 10.4 | 7.4 | 5.8 |
| | 工人 | 47.8 | 9.2 | 13.4 | 8.2 | 8.2 | 5.4 |
| | 农民 | 21.8 | 2.9 | 28.3 | 3.0 | 33.3 | 5.9 |
| | 家庭妇女 | 37.3 | 13.3 | 12.6 | 8.9 | 9.1 | 8.6 |
| | 领退休金的人员 | 51.8 | 8.2 | 8.0 | 8.8 | 6.5 | 8.1 |
| | 学生 | 39.6 | 22.6 | 6.6 | 9.9 | 6.5 | 5.0 |
| | 失业者 | 46.4 | 9.9 | 13.6 | 7.0 | 8.7 | 7.0 |

资料来源:Aleks Szczerbiak. Old and New Divisions in Polish Politics:Polish Party' Electoral Strategies and Bases of Support [J]. Europe-Asia Studies, 2003, 55(5).

第四,争取信仰宗教的选民的支持。94%的波兰公民信仰天主教,宗教

---

[1] Gavin Rae. Poland's Return to Capitalism: from the Socialist Bloc to the European Union[M]. London: I.B.Tauris & Co Ltd, 2008: 128.

[2] Anna Pacześniak. How much Left is there on the Left? The views of SLD party members[C]. This paper has been prepared in the context of the conference "The Left in East-Central Europe" organised by The Ferdinand Lassalle Centre for Social Tought in April 2011 in Warsaw, Poland.

在波兰人的政治和社会生活中扮演着重要角色。民主左翼联盟一方面坚持自己世俗化的态度，坚持"教会与国家分离是一个民主国家法律的基本原则"，认为"国家应该确保非信徒的权利"，主张"国家公正对待各种世界观取向、教会和教派工会，没有任何偏好，平等对待他们，国家与任何一种倾向都无关"。①同时，民主左翼联盟认为，"社会民主的价值观可能而且应该团结信教和不信教的人们"②。民主左翼联盟认为自己"不是一个反对宗教和教会的政党"，认可天主教会和宗教在公共生活中的作用，"支持国家与教会在解决重要社会问题上的合作"。③ 2001年竞选结果显示，尽管从不去教堂的选民是民主左翼联盟的铁杆支持者，但民主左翼联盟成功跨越了宗教分野，赢得了部分曾是右翼核心选民的虔诚教民的支持（见表2.4）。

表2.4 2001年波兰议会大选从宗教态度看对各政党的支持

单位：次

| 去教会频率 | 民主左翼联盟-劳动联盟 | 公民纲领党 | 自卫党 | 法律与公正党 | 波兰人民党 | 波兰家庭同盟 |
| --- | --- | --- | --- | --- | --- | --- |
| 每周多次 | 22 | 7 | 10 | 12 | 3 | 26 |
| 每周一次 | 31 | 15 | 13 | 10 | 11 | 10 |
| 每月一次或多次 | 49 | 10 | 18 | 5 | 8 | 4 |
| 每年一次或多次 | 52 | 21 | 8 | 7 | 5 | 1 |
| 从不去教堂 | 57 | 12 | 11 | 2 | 1 | 0 |
| 平均 | 39 | 14 | 12 | 9 | 8 | 8 |

资料来源：Aleks Szczerbiak. Old and New Divisions in Polish Politics:Polish Party' Electoral Strategies and Bases of Support [J]. Europe-Asia Studies, 2003, 55(5).

第五，民主左翼联盟吸收了西方后物质主义新"左派"的观点，如主张性别平等和生育权，拉拢女性选民的支持。在1993年的竞选纲领中，民主左翼联盟宣称反对在社会、职业、习俗和政治上任何形式的对女性的歧视，支

---

① Aleks Szczerbiak. Interests and Values: Polish Parties and their Electorates[J]. Europe-Asia Studies, 1999, 51(8).
② Program of The Social Democracy of The Republic of Poland[R/OL]. [2013-08-28]. http://library.fes.de.
③ Aleks Szczerbiak. Interests and Values: Polish Parties and their Electorates[J]. Europe-Asia Studies, 1999, 51(8).

持扩大托儿设施，坚决反对"否认女性有决定自己成为母亲的权利的立法"。1997 年的竞选纲领呼吁教育系统和媒体"显示出更大的决心消除已经建立的女性和男性角色的刻板形象"，并支持促进"在职业和社会领域平等的现代标准"。①民主左翼联盟竞选战略专家马雷克·博罗夫斯基支持"妇女独立决定自己命运的愿望"，包括她们"母亲意识"的权利。②1997 年大选，女性选民对民主左翼联盟的支持率是 25.6%，其中家庭妇女对民主左翼联盟的支持率是 21%，③仅次于赢得大选的团结竞选联盟；2001 年大选，家庭妇女对民主左翼联盟的支持率上升到 37.3%④。

民主左翼联盟作为社会民主主义性质的政党，除了把传统上支持社会民主党的工会、弱势群体等作为自己的社会基础外，还根据波兰社会的特殊性，寻求获得社会主义时期有体面工作的选民、新兴中产阶级、信教的选民及女性选民的支持，力图将自己打造成一个全民党，目的是尽可能扩大其选民基础，获得更广泛支持，以便赢得大选执政。正如他们自己所说："我们代表社会各群体的利益"⑤，"我们的纲领是针对所有人的：雇员、雇主、以家庭为基础的企业主和农民、退休和领养老金的人"⑥。为了赢得大选而扩大自己的选民基础，从阶级政党转向全民党，民主左翼联盟面临如何保持自己左翼特色的问题，这也是未来民主左翼联盟面临的一大难题。

民主左翼联盟关于社会主义的基本观点，关于党的建设的指导思想、其奋斗目标和任务、性质和社会基础等体现了民主左翼联盟作为社会民主主义性质的政党所主张的民主社会主义的意识形态属性，但残酷的竞选和执政后面临的严峻的经济现实，使得政治实践的功利性远大于理论的原则性。因此，在执政实践中，民主左翼联盟甚至会采取比右翼政府更自由主义的政策，冲

---

① Aleks Szczerbiak. Interests and Values: Polish Parties and their Electorates[J]. Europe-Asia Studies, 1999, 51(8).

② Aleks Szczerbiak. Interests and Values: Polish Parties and their Electorates[J]. Europe-Asia Studies, 1999, 51(8).

③ Aleks Szczerbiak. Interests and Values: Polish Parties and their Electorates[J]. Europe-Asia Studies, 1999, 51(8).

④ Aleks Szczerbiak. Old and New Divisions in Polish Politics:Polish Party 'Electoral Strategies and Bases of Support[J]. Europe-Asia Studies, 2003, 55(5).

⑤ Linda J.Cook, Mitchell A.Orenstein. The Return of the Left and Its Impact on the Welfare State in Poland,Hungary and Russia[M]. //Linda J.Cook, Mitchell A.Orenstein, Marilyn Rueschemeyer. Left Parties and Social Policy in Postcommunist Europe. Oxford:Westview Press, 1999: 73.

⑥ Program of The Social Democracy of The Republic of Poland[R/OL]. [2013-08-28]. http://library.fes.de.

淡了其民主社会主义的意识形态属性。这是因为民主左翼联盟首先是作为一个寻求执政的议会政党，其次才是显示其意识形态属性。[①]所以，面对经济转轨带来的严峻经济形势和窘迫的财政状况，民主左翼联盟不能实施体现自己民主社会主义意识形态的构想也就不足为奇了。

---

① 马屹. 简评民主社会主义在东欧演进的几个阶段[J]. 今日东欧中亚, 1999（2）.

# 第三章 波兰民主左翼联盟的对内政策主张

在对内政策上，波兰民主左翼联盟主张社会公正，赞同在波兰进行所有权改革，让那些能最合理地利用生产资料的各种形式的社会所有制在一定程度上取代公有制，多种经济成分共同发挥作用；主张在波兰建立社会市场经济，发挥市场决定性作用的同时发挥国家的宏观调控职能；以人道主义为指导思想，认为人是最高价值，重视保障人权；主张在波兰实行福利国家制度。波兰民主左翼联盟在私有化、工农业发展、文化发展、社会保障、妇女在社会生活中的地位、国家与教会关系等问题上的主张充分彰显了其社会民主主义的性质。

## 第一节 关于波兰经济发展的政策主张

源于波兰统一工人党改革派的波兰共和国社会民主党是民主左翼联盟的核心成员和领导力量，他们坚定地支持在波兰进行经济改革。1993年赢得大选执政后，民主左翼联盟采取了温和地"纠正"巴尔采罗维奇计划的政策，而不是从根本上改变"改革"。[①]

在经济发展上，民主左翼联盟主张将波兰建成一个高效、快速发展、规范的社会市场经济国家，认为国家有经济调节功能，这有利于社会平衡。认为经济发展要发挥市场的决定性作用，但当国家比市场能更好地解决问题时必须发挥国家的干预职能，国家只有在绝对必要时才进行干预。[②]民主左翼

---

① Anna M.Grzymala-Busse. Redeeming the Communist Past: the Regeneration of Communist Parties in East Central Europe[M]. Cambridge: Cambridge Univetsity Press, 2002: 166.

② Program of The Social Democracy of The Republic of Poland[R/OL]. [2013-09-05]. http://library.fes.de.

联盟认为，只有强大、高效的政府机构才能建设成熟的市场经济①，民主左翼联盟副主席、政府总理约瑟夫·奥莱克西认为，"左翼只有在它的选民支持经济发展的时候才能代表他们……我们坚定地支持市场经济"②。在民主左翼联盟的努力下，1997年通过的波兰新宪法确认"建立在经济活动自由、私有制和社会成员团结、对话和合作基础上的社会市场经济，是波兰共和国经济体系的基础"③。

1993－1997年、2001－2005年两度执政的民主左翼联盟为波兰制定了积极的经济发展政策，制定和实施了"波兰战略"（1994年）、"2000年经济总规划"（1996年）、"恢复特定区域发展活力的地方发展规划"（2002年）、"复兴经济发展战略"（2003年）、"公共财政恢复计划"（2003年）等，取得了显著的经济和社会发展成就。1996年，波兰经济在中东欧国家中率先恢复到转轨前的水平。1993－1997年平均经济增长率是6%，失业率由16.4%下降到10.3%。④国际债务从占GDP的63%下降到21%，公共债务从占GDP的86%下降到43.1%，利率水平从1992年的32%降到1996年的23%。⑤1994－1997年，波兰发展曾连续几年遵循"黄金序列"⑥。由于这一时期的迅猛发展，

---

① 未来取决于政府自我改革——专访波兰前副总理科勒德克[J/OL]. 财经.（2011-11-23）[2013-09-05]. http://comments.caijing.com.cn/20111123/1189569_2.shtml.

② Linda J.Cook, Mitchell A.Orenstein. The Return of the Left and Its Impact on the Welfare State in Poland, Hungary and Russia[M]. //Linda J.Cook, Mitchell A.Orenstein, Marilyn Rueschemeyer. Left Parties and Social Policy in Postcommunist Europe. Oxford: Westview Press, 1999: 75.

③ 孙谦，韩大元. 世界各国宪法·欧洲卷[M]. 北京：中国检察出版社，2012：145.

④ Gavin Rae. Poland's Return to Capitalism: from the Socialist Bloc to the European Union[M]. London: I.B.Tauris & Co Ltd, 2008: 62.

⑤ Gavin Rae. Poland's Return to Capitalism: from the Socialist Bloc to the European Union[M]. London: I.B.Tauris & Co Ltd, 2008: 64-65.

⑥ 格泽高滋·W. 科勒德克认为："在理论上有一套由制度方案和宏观政策参数构成的最优化体系，我称它为'黄金序列'（golden sequence）。它取决于基本宏观经济范畴中各种增长率的特殊组合，它在创造出未来经济增长所需条件的同时使社会满意度有较大提升。有八个这样的彼此相关的基本范畴：（1）投资；（2）出口；（3）国内生产总值；（4）个人收入消费（也称个人消费）；（5）劳动生产率；（6）国家预算收入；（7）社会消费中的金融消费（也称集体消费）；（8）预算支出。"这八个指标按它们在宏观经济中所占比重从大到小的顺序排列。"黄金序列"预示着经济效果的改进。"黄金序列"的出现很短暂，它只会出现在经济繁荣、社会凝聚力强、政治文化高度发达的国家，比如北欧和一些试图实施社会主义市场经济的国家。他认为波兰在1994－1997年由于实施"波兰战略"而出现"黄金序列"是个特例。见格泽高滋·W. 科勒德克. 真相、谬误与谎言——多变世界中的政治与经济[M]. 张淑芳，译. 北京：外文出版社，2012：297-298.

波兰被称为"欧洲之虎"。①2001—2005年第二次执政，民主左翼联盟成功阻止了右翼执政期间波兰经济的下滑趋势，GDP从2001年第四季度的0.2%增长到最高时2004年第一季度的7%，②同时保持了较低的通货膨胀率和利率水平（1989—2005年主要经济发展指标见表3.1）。

表3.1　1989—2005年波兰主要经济指标

单位：%

| 年份 | GDP增长率 | 失业率 | 通货膨胀率 | 利率 |
| --- | --- | --- | --- | --- |
| 1989年 | -0.6 | 1.5 | 251.1 | 26.0 |
| 1990年 | -17.0 | 6.5 | 658.8 | 49.0 |
| 1991年 | -7.0 | 12.2 | 70.3 | 60.0 |
| 1992年 | 2.6 | 14.3 | 43.0 | 32.0 |
| 1993年 | 3.8 | 16.4 | 35.0 | 29.0 |
| 1994年 | 5.2 | 16.0 | 32.2 | 28.0 |
| 1995年 | 7.0 | 14.9 | 27.8 | 31.0 |
| 1996年 | 6.0 | 13.2 | 19.9 | 23.0 |
| 1997年 | 6.8 | 10.3 | 14.8 | 26.1 |
| 1998年 | 4.8 | 10.4 | 11.5 | 25.0 |
| 1999年 | 4.1 | 13.1 | 7.4 | 16.1 |
| 2000年 | 4.0 | 15.0 | 10.4 | 20.0 |
| 2001年 | 1.0 | 17.4 | 5.5 | 20.5 |
| 2002年 | 1.4 | 18.0 | 1.8 | 12.0 |
| 2003年 | 3.8 | 18.0 | 1.1 | 7.25 |
| 2004年 | 5.3 | 19.1 | 4.3 | 6.25 |
| 2005年 | 3.4 | 17.6 | 2.4 | — |

资料来源：Gavin Rae. Poland's Return to Capitalism:from the Socialist Bloc to the European Union [M]. London: I.B.Tauris & Co Ltd, 2008：64.

1994—1997年、2002—2003年两度出任民主左翼联盟政府主管经济的副

---

① 科勒德克. 波兰转型的思考：公私合伙鼓励中小企业发展[J/OL]. 财经国家周刊，（2011-07-27）[2013-05-16]. http://focus.news.163.com/11/0727/12/79VGOSOR00011SM9.html.

② Grzegorz W. Kołodko. Globalization and Its Impact on Economic Development[C/OL]. TIGER Working Paper Series No. 81, (2006-01) [2013-09-06]. www.tiger.edu.pl.

总理兼财政部部长、被称为波兰"改革设计师"的格泽高滋·W. 科勒德克（Grzegori W. kolodko）认为，他在为波兰寻找最适合后社会主义波兰现实的经济发展战略时，"很自然地借鉴了新古典主义和新凯恩斯主义经济学的一些普遍适用观点。同时，我也深受一些遥远国家的实践经验的启发，从时间角度而言这些经验离我们非常近。一方面，拉丁美洲国家按照'华盛顿'共识实施结构改革的失败教训值得我们思考；另一方面，我们也可以从迅速发展的东南亚经济体中学习经验，尤其是政府在建立市场经济体制以及形成工业、贸易政策方面的作用"①。他称之为"新实用主义"②，主张把市场和政府的作用结合起来。他认为，在经济发展中只关注宏观经济平衡、预算平衡、低通货膨胀率和货币稳定、社会资本以及包括自然环境在内的基础设施已经不够，政府必须参与到微观经济实体的冲突中，制定能阻止冲突发生的体制性框架。此外，他还认为政府的作用是一种"新干预主义"③。

但科勒德克认为，"波兰的成功是相对的。和另外一部分经济体相比，我们确实成功地将经济转变成了市场体系，也少犯了不少错误"。他客观地指出波兰的成功并不是一帆风顺的，"波兰的情况是下降，上升，再下降，再上升"④。

## 一、关于私有化的政策主张

民主左翼联盟赞同在波兰进行所有权改革，认为所有权改革是建立市场经济主体的必备环节，可以为国家增加预算收入，提高企业效率。⑤民主左翼联盟认为，国家的私有化政策就是要鼓励新的国内外企业进入市场，即新建私有化企业；公共部门私有化政策的目标是逐步限制经济中的国有成分，通过国有企业所有权改革，改善国有企业管理方式和水平，对诸如采矿、冶

---

① 格泽高滋·W. 科勒德克. 真相、谬误与谎言——多变世界中的政治与经济[M]. 张淑芳, 译. 北京: 外文出版社, 2012: 294.
② 格泽高滋·W. 科勒德克. 真相、谬误与谎言——多变世界中的政治与经济[M]. 张淑芳, 译. 北京: 外文出版社, 2012: 294. 科勒德克认为这种新实用主义意识形态的因素越少越好，"它将全球化背景下出现的新的、变化的经济条件综合起来进行考虑。发展的偶然性理论与解决实际发展问题的途径结合起来，就能在实践中为具体问题的解决创造出一个平衡点"，"它是发展战略和经济政策的一种根本途径"。
③ 格泽高滋·W. 科勒德克. 真相、谬误与谎言——多变世界中的政治与经济[M]. 张淑芳, 译. 北京: 外文出版社, 2012: 294-295.
④ 科勒德克. 波兰转型的思考: 公私合伙鼓励中小企业发展[J/OL]. 财经国家周刊, (2011-07-27) [2013-05-16]. http://focus.news.163.com/11/0727/12/79VGOSOR00011SM9.html.
⑤ Grzegorz W. Kolodko. Strategy for Poland[C/OL]. [2013-09-15]. www.tiger.edu.pl.

金、重化工、能源和国防工业等战略工业，主张私有化和重组而不是清算。民主左翼联盟还认为，考虑周全、持续的公共部门私有化是波兰经济长期稳定发展的前提①，但同时指出部分国有企业应被排除在私有化之外，被设定为长期存在的国有企业，这些企业的劳动力和稳定的管理将使这些实体达到期望的管理标准。②

民主左翼联盟认为所有权转轨应该服从经济效率和满足公用目标的要求，即应当打开增长、现代化和投资的机会，提高人们的工作、生活水平；所有权转轨在形式上要适应具体的条件和可能性，即提供各种私有化路径；在公共控制下进行所有权转轨，用社会可以接受的方式来进行，确保雇员和农民得到益处，使他们能影响转型企业的管理；通过私有化企业的股权，满足在违反法律的情况下被剥夺了财产的人们的要求；这种转轨应服务于解决重要的社会问题，特别是考虑到改革社会保障体系的优先性。③

民主左翼联盟支持私人企业的发展，赞同激励和资助小企业，在与大企业的竞争中保护他们的利益；通过中央银行适当的利率政策的帮助和信用担保制度刺激中小企业的发展。④民主左翼联盟认为公共部门私有化加速了私有企业的发展，不断增长的私人部门必然带来税收的增长。⑤

民主左翼联盟主张大多数国有储备土地的逐步私有化，支持土地所有权集中，建立构成波兰农业骨架的、更强大的家庭经营农场，但反对对农业部门的总清算。

民主左翼联盟认为，应平等对待各种产权形式（私有、国有、合作、混合、外资、合资）⑥，建立促进他们发展的环境。民主左翼联盟支持1993年制定的私有化法律，这部法律为确保国家预算不被额外的支出阻塞、加速投资包括外国资本的到来准备了土壤。⑦其主张由财政部承担国有企业所有者的功能，负责管理和私有化国有资产，支持实施《国家投资基金法》（*the Act*

---

① Grzegorz W. Kolodko. Strategy for Poland Package 2000[C/OL]. [2013-09-15]. www.tiger.edu.pl.
② Manifest programowy: Nowy wiek-nowy Sojusz Lewicy Demokratycznej, Socjaldemokratyczny program dla polski[R/OL]. [2013-09-15]. http://library.fes.de.
③ Program of The Social Democracy of The Republic of Poland[R/OL]. [2013-09-17]. http://library.fes.de.
④ Grzegorz W. Kolodko. Strategy for Poland Package 2000[C/OL]. [2013-09-17]. www.tiger.edu.pl.
⑤ Grzegorz W. Kolodko. Strategy for Poland Package 2000[C/OL]. [2013-09-17]. www.tiger.edu.pl.
⑥ Grzegorz W. Kolodko. Strategy for Poland[C/OL]. [2013-09-17]. www. tiger.edu.pl.
⑦ Grzegorz W. Kolodko. Strategy for Poland[C/OL]. [2013-09-17]. www.tiger.edu.pl.

*on National Investment Funds*）。①

民主左翼联盟执政期间进行私有化改革的相关法律依据包括以下几种。

1990年7月，波兰通过《国有企业私有化法》（简称《私有化法》），这部法律提供了两种私有化方法：一种是资本私有化或间接私有化（capital or indirect privatization），适用于大型企业；另一种是清算或直接私有化（liquidation or direct privatization），这是对1981年9月通过的《国有企业私有化法》的补充，主要是针对财政状况不佳、破产、有各种债务与债权人安排的企业，可以选择出售、租赁等方式，租赁一般针对小企业的管理者和雇员。但是这部法律没有解决社会主义时期被国有化的财产归还原所有者或者对他们进行补偿的问题。②

1993年4月，经过长时间讨论，波兰通过了《国家投资基金法》，这部法律为大私有化建立了基础。根据这部法律，每个成年波兰公民都可以正常价格取得国有资产的一部分。1993年还通过了另外两部对私有化来说至关重要的法律：一个是有关企业和国有银行财务重组的法律（Financial Restructuring of Enterprises and Banks），规定允许银行把债务转成股权来降低债务；另一个是《特别重要企业所有权转变法》，规定一部分被认为对国家具有战略意义的企业可免于私有化。

1996年8月，为进一步加速私有化，经过几番争论，波兰又通过一部新的私有化法——《国有企业商业化和私有化法》（简称《商业化法》）。这部法律规定在收购企业股份时雇员享有特别权利，并为负债企业和战略上重要的企业建立了特殊的私有化程序。

1996年10月1日，波兰开始实施中央政府机构改革，建立了新的财政部（Ministry of Treasury），负责前私有化部（Ministry of Privatization）的私有化职责。财政部负责监督国有企业，其功能之一就是私有化。小企业的私有化则由地方政府负责，使用直接私有化方法。这种私有化管理机构的分权改革有助于加速私有化。

农业国有企业私有化依据不同原则、适用不同的法律，这就是1991年10月19日通过的《财政部农业物业管理法》（*Management of Agriculture Property of the State Treasury*）。

---

① Grzegorz W. Kolodko. Strategy for Poland[C/OL]. [2013-09-17]. www.tiger.edu.pl.
② 后来规定波兰私有化收入的5%划归国有化归还基金，用于对原被国有化的私人企业业主的补偿。

此外，为了加速私有化企业的发展和投资，波兰还制定或修改了《外商投资法》《波兰合资企业经济活动法》《国有企业法》《劳动法》《外汇法》《银行法》和《克服不正当竞争行为法》等。1997年波兰新宪法第21条、第64条规定保护公民的所有权、财产权和继承权，这是对私有产权的最高法律规定。这些法律法规的出台为私有化和私有化企业的发展创造了条件。

民主左翼联盟执政后其私有化目标主要有四个：社会、政治和意识形态目标，包括减少对市场主体——企业的政治干预、弱化工会的作用、增加股东数量、吸引外国资本；增加国家预算收入；短期的微观经济目标（提高企业效率）和宏观经济目标（宏观经济稳定和平衡）；长期的经济目标包括改革经济体制及其作用、改革经济发展目标等。①这是民主左翼联盟主张加速私有化的动力和原因。

但是，波兰在转轨开始时设定的私有化目标相互之间的冲突及在公众中引起的争议，导致了公众不信任私有化。1994年，波兰民众认为私有化对波兰经济有益的比例为33%，②这阻碍了私有化的进展，私有化步伐较慢。但是前期私有化的经验告诉人们，私有化对企业、雇员和整个经济都有益，而且很多企业的管理者也意识到私有化是企业未来发展的必由之路。另外，为了应对国内外的竞争，公众也逐渐明白有必要对企业和整个经济进行重组。这使得公众对私有化的态度比改革刚开始时更积极，这对民主左翼联盟执政后实施加速私有化计划创造了有利条件。而民主左翼联盟一再强调的需要降低改革的社会代价，加大社会保障制度建设，则需要通过私有化增加国家预算收入才能实现。因此，1993－1997年，民主左翼联盟执政后实行了加速私有化的政策，支持各种形式的私有化。但2001－2005年再次执政时，民主左翼联盟在继续私有化过程中遇到了困难，很难完成竞选时做出的"到2005年完成波兰经济所有权改革"③的承诺。民主左翼联盟政府把责任归咎于前政府没能为出售波兰的资产创造有利条件，并迅速宣布不会出售波兰三个最大的国有银行；同时，决定撤回进一步出售国有保险公司PZU 21%的股份给

---

① Bruno Dallago. Privatization:The Teaching of Western Experiences[M]. //Ivan Major. Privatization and Economic Performance in Central and Eastern Europe:Lessons to be Learnt from Western Europe. Cheltenham: Edward Elgar Publishing Limited, 1999: 4.

② Gavin Rae. Poland's Return to Capitalism: from the Socialist Bloc to the European Union[M]. London: I.B.Tauris & Co Ltd, 2008: 92.

③ Gavin Rae. Poland's Return to Capitalism: from the Socialist Bloc to the European Union[M]. London: I.B.Tauris & Co Ltd, 2008: 129.

荷兰的 Eureko（该公司已经拥有这家波兰保险公司 30%的股份），再加上需要私有化的企业减少，因此，民主左翼联盟第二任期私有化速度明显减慢。由此可见，民主左翼联盟政府的私有化主要集中在 1993—1997 年第一次执政期间。

据统计，截至 1990 年末，波兰共有 8441 家国有企业，到 1996 年末，实施了所有权转变的企业共 5592 家（占 66.2%），其中完全私有化的有 1898 家（占 22.4%）（见表 3.2）。[1]

表 3.2 按私有化方法分类进行的波兰国有企业产权变革（1990—1996）

| | 国企数量<br>（占 1990 年 12 月 31 日国企比例，单位：%） | 已完成数量<br>（占本部分计划的比例，单位：%） |
| --- | --- | --- |
| 1990 年 12 月 31 日企业数 | 8441（100） | |
| 完全转为财政部所有企业 | 1227（14.5） | 183 个私有化（14.9）；512 实施 NIF 计划（41.7） |
| 财政部所属企业中依据特别重要企业所有权转变法转为公司的 | 160（1.9） | 暂时不实施私有化 |
| 清算（依据国有企业私有化法——直接私有化） | 1247（14.7） | 完成了 1221 个（97.9） |
| 清算（依据国有企业法） | 1464（17.3） | 完成 494 个（33.7）；<br>441 个进入破产程序（30.1） |
| 财政部农业物业局接管 | 1654（19.5） | 租赁或者出售 |
| 依据破产法破产或清算 | 662（7.8） | 304 正在进行破产过程 |
| 转给地方政府的企业 | 263（3.1） | |
| 实施所有权转换的企业总数 | 5592（66.2） | |
| 其中全部完成私有化的企业 | 1898（22.4） | |

资料来源：Barbara Blaszczyk, Grazyna Gierszewska, Michal Gorzynski. Privatization and Company Restructuring in Poland [M]. //Ivan Major. Privatization and Economic Performance in Central and Eastern Europe: Lessons to be Learnt from Western Europe. Cheltenham: Edward Elgar Publishing Limited, 1999: 307.

在所有国企中，完全归财政部所有的共计 1227 家（占全部国企的 14.5%），

---

[1] Barbara Blaszczyk, Grazyna Gierszewska, Michal Gorzynski. Privatization and Company Restructuring in Poland[M]. //Ivan Major. Privatization and Economic Performance in Central and Eastern Europe: Lessons to be Learnt from Western Europe. Cheltenham: Edward Elgar Publishing Limited, 1999: 307.

其中 160 家依据《特别重要企业所有权转变法》暂不实施私有化，183 家大企业（占 14.9%）通过间接私有化即资本私有化方式完成了私有化，这些企业大部分是食品和饮料、烟草、化学、电力设备、机械、服装工业和一些大银行。尽管数量有限，但从企业规模、市场地位、雇员数量及"其在波兰经济发展中的重要性"来说，其私有化对波兰经济发展很重要。

1995 年末，波兰开始实行国家投资基金计划，1997 年国家投资基金计划进入快速发展阶段。民主左翼联盟共选择了 512 家企业（占财政部所有国企的 41.7%），有 15 家投资基金参与该计划并进入华沙证券交易所。[①]1995 年 11 月到 1996 年 11 月，国家投资基金的股份证明被分配给公众，根据官方统计，绝大部分合格波兰公民（2570 万）以市场价格的 1/7～1/8 购买了国家投资基金的股份证明。1997 年 6 月，1500 万份股份证明进入华沙证券交易所计算机系统，并可以在场外柜台交易市场和证券交易所免费交易。到 1997 年 6 月底，500 万份股份证明已经转变成国家投资基金的股份。[②]国家投资基金计划处理的公司是中型企业（有 200～1000 名雇员），主要集中在制造业或建筑部门，制造业主要包括机械设备、食品饮料、化学、建筑材料、冶金和服装等。

依据《国有企业私有化法》，以直接私有化方式进行私有化的企业有 1247 家（占 14.7%），到 1996 年 12 月完成私有化的企业是 1221 家（占 97.9%）。由于潜在的国内投资者的资源限制，大约 50%的直接私有化项目有外国投资者参与。依据《国有企业法》，有 1464 家企业被清算，完成清算的 494 家占全部被清算企业的 33.7%，30.1%的被清算企业共 441 家进入破产程序。

财政部农业物业局接管了 1654 家国有农业企业（占 19.5%），用租赁或出售的方式实现改制。到 1997 年，波兰 90%的土地已私有化。[③]

依据《破产法》，破产或清算的企业有 662 家（占 7.8%），到 1996 年 12 月，有 304 家正在破产处理中。转给地方政府的企业有 263 家（占 3.1%）。

---

① Ivan Major. Company Restructuring after Privatization in a Comparative Perspective: Lessons from Four Central and East European Countries[M]. //Ivan Major. Privatization and Economic Performance in Central and Eastern Europe: Lessons to be Learnt from Western Europe. Cheltenham: Edward Elgar Publishing Limited, 1999: 375.

② Barbara Blaszczyk, Grazyna Gierszewska, Michal Gorzynski. Privatization and Company Restructuring in Poland[M]. //Ivan Major. Privatization and Economic Performance in Central and Eastern Europe: Lessons to be Learnt from Western Europe. Cheltenham: Edward Elgar Publishing Limited, 1999: 310.

③ 苏永乐. 波兰经济转轨概观（1989-2000）[J]. 陕西经贸学院学报，2001（6）.

1990年12月—1996年6月，重要所有权的转变发生在制造业，在制造业又主要集中在加工部门，而采矿、电力、天然气和供水等部门则比较缓慢。到1996年底，大部分电力、天然气、供水、交通和通信部门的大企业还没有进行私有化。

截至2005年9月30日，波兰已私有化国企共4854家；还剩778家国有企业；新成立的国有控股企业1448家，其中439家为国库部独资企业；截至2004年12月30日，波兰剩余国有资产共计1190亿兹罗提，大多数为短期内不打算私有化的国有资产。①

除了国有企业的私有化，1989—1996年，新建私有企业的发展也很迅速，波兰私人企业数量大幅增加，从81.3万家增长到1950万家②，其中主要是新建的私人企业，涉及零售业、餐饮业和服务业的小私有化。这些新建私有企业的发展不仅表现为数量的快速增长还表现在生产率、销售和投资的增长上，这些方面的发展都快于其他所有制形式。新建私有企业的扩张已经成为波兰整个市场经济转轨中最有活力的现象。③ 1990—1992年，大约97%的零售业、小服务网点、饭店被私有化。1990—1995年，私有商店数量翻了近一倍（从223113家增加到419313家），销售额增长了近10倍（从1692.6亿兹罗提到15702.55亿兹罗提），批发交易的销售额增长了17倍（从1991年的1047.7亿兹罗提增长到1995年的17655.5亿兹罗提）。④

经过私有化，波兰的所有权结构发生了巨大变化。国有经济占GDP的比重从1990年的69.1%下降到2002年的26%左右。⑤到1996年末，私有部门产出在工业、建筑业、国内贸易、交通和通信部门分别占51.7%、87.9%、92.9%、

---

① 中国驻波兰大使馆经济商务参赞处. 波兰私有化概况及部分经验教训[R/OL]. (2006-01-13) [2013-09-20]. http://euroasia.cass.cn/news/107221.htm.

② Barbara Blaszczyk, Grazyna Gierszewska, Michal Gorzynski. Privatization and Company Restructuring in Poland[M]. //Ivan Major. Privatization and Economic Performance in Central and Eastern Europe: Lessons to be Learnt from Western Europe. Cheltenham:Edward Elgar Publishing Limited, 1999: 313.

③ Ivan Major. Company Restructuring after Privatization in a Comparative Perspective: Lessons from Four Central and East European Countries[M]. //Ivan Major. Privatization and Economic Performance in Central and Eastern Europe:Lessons to be Learnt from Western Europe. Cheltenham:Edward Elgar Publishing Limited, 1999: 378.

④ Barbara Blaszczyk, Grazyna Gierszewska, Michal Gorzynski. Privatization and Company Restructuring in Poland[M]. //Ivan Major. Privatization and Economic Performance in Central and Eastern Europe:Lessons to be Learnt from Western Europe. Cheltenham:Edward Elgar Publishing Limited, 1999: 313.

⑤ 国家转型系列之——波兰[OL]. (2012-08-26) [2013-09-20]. http://blog.ifeng.com/article/19598039.html.

39.5%，在对外贸易进口和出口中分别占 75.6%、62.8%。①到 1995 年底，私人部门占国家资产账面价值的 40.3%。到 1997 年，包括农业在内的私有部门雇用了 65%的劳动力。②到 1996 年底，超过 40 万人在已完成私有化的国有企业工作，占私有部门就业的 8%，在整个就业中占 2.6%。③ 1989—2003 年，国有部门就业岗位从 930 万下降到 380 万，私有部门就业岗位则从 810 万增加到 840 万。④作为小私有化的结果，1995 年末，94%在国内贸易部门就业的劳动力分布在私有企业（见表 3.3）。⑤

表 3.3　1989—1996 波兰不同行业私有企业占产出和就业的比例

单位：%

| 行业 | 类别 | 1989年12月 | 1991年12月 | 1992年12月 | 1994年12月 | 1995年12月 | 1996年12月 |
|---|---|---|---|---|---|---|---|
| 工业 | A | 16.2 | 24.6 | 31.0 | 38.3 | 44.0 | 51.7 |
|  | B | 29.1 | 35.8 | 41.4 | 44.8 | 50.5 | 55.2 |
| 建筑业 | A | 25.5 | 62.6 | 77.7 | 85.0 | 87.0 | 87.9 |
|  | B | 37.4 | 59.5 | 71.8 | 79.3 | 80.9 | 85.0 |
| 交通 | A | 11.5 | 25.2 | 39.3 | 45.1 | 45.0 | 39.5 |
|  | B | 14.3 | 26.0 | 23.1 | 28.1 | 26.6 | 28.8 |
| 国内贸易 | A | 59.5 | NA | 86.1 | 91.5 | 92.0 | 92.9 |
|  | B | 72.7 | 88.3 | 90.5 | 92.0 | 94.1 | 94.8 |

注：A 代表私有部门占产出比例；B 代表私有部门占就业人口比例。

资料来源：Barbara Blaszczyk, Grazyna Gierszewska, Michal Gorzynski. Privatization and Company Restructuring in Poland [M]. //Ivan Major. Privatization and Economic Performance in Central and Eastern Europe: Lessons to be Learnt from Western Europe. Cheltenham:Edward Elgar Publishing Limited ,1999：316.

---

① Central Statistical Office. Small Statistical Yearbook 1997[R]. 1997: 351-356.

② Ivan Major. Company Restructuring after Privatization in a Comparative Perspective: Lessons from Four Central and East European Countries[M]. //Ivan Major. Privatization and Economic Performance in Central and Eastern Europe:Lessons to be Learnt from Western Europe. Cheltenham:Edward Elgar Publishing Limited, 1999: 376.

③ Ivan Major. Company Restructuring after Privatization in a Comparative Perspective: Lessons from Four Central and East European Countries[M]. //Ivan Major. Privatization and Economic Performance in Central and Eastern Europe:Lessons to be Learnt from Western Europe. Cheltenham:Edward Elgar Publishing Limited, 1999: 377.

④ Gavin Rae. Poland's Return to Capitalism: from the Socialist Bloc to the European Union[M]. London: I.B.Tauris & Co Ltd, 2008: 182.

⑤ Barbara Blaszczyk, Grazyna Gierszewska, Michal Gorzynski. Privatization and Company Restructuring in Poland[M]. //Ivan Major. Privatization and Economic Performance in Central and Eastern Europe:Lessons to be Learnt from Western Europe. Cheltenham:Edward Elgar Publishing Limited, 1999: 313.

由于大量私有企业的建立（包括国企私有化和新建私有企业）为波兰市场经济的发展带来了活力，国有企业和私有企业经济效益都得到大幅度提高，私有企业盈利能力大大高于国有企业（见表3.4），私有经济已经成为波兰经济增长的主要推动力。[1] 1993－1997年，波兰人均 GDP 平均每年增长6.4%，累计幅度高达28%，收入差距扩大的趋势得到了抑制。1996－1997年，波兰基尼系数稳定在0.33左右，[2]这一时期被称为"波兰奇迹"，可以说私有经济的发展功不可没。

表3.4（a） 1992－2003年波兰国有企业盈利

单位：百万兹罗提

| 1992 | 1993 | 1994 | 1995 | 1996 | 1997 | 1998 | 1999 | 2000 | 2001 | 2002 | 2003 |
|---|---|---|---|---|---|---|---|---|---|---|---|
| -3252.4 | -1889.9 | 3057.1 | 3972.9 | 2309.0 | 4002.4 | -3700.0 | 5518.9 | -738.6 | -5813.6 | -6940.4 | 7063.7 |

资料来源：Gavin Rae. Poland's Return to Capitalism:from the Socialist Bloc to the European Union [M]. London:I.B.Tauris & Co Ltd,2008：63.

表3.4（b） 1992－2003年波兰私有企业盈利

单位：百万兹罗提

| 1992 | 1993 | 1994 | 1995 | 1996 | 1997 | 1998 | 1999 | 2000 | 2001 | 2002 | 2003 |
|---|---|---|---|---|---|---|---|---|---|---|---|
| -367.3 | 323.5 | 1839.5 | 4578.3 | 7577.9 | 9909.4 | 9375.9 | 6726.0 | 7282.2 | 3284.4 | 2810.3 | 19157.5 |

资料来源：Gavin Rae. Poland's Return to Capitalism:from the Socialist Bloc to the European Union [M]. London:I.B.Tauris & Co Ltd,2008：63.

私有化增加了国家预算收入，1993－1997年，私有化收入分别为43.36亿美元、72.49亿美元、110.07亿美元和144.22亿美元[3]，占 GDP 的比重分别是 0.2%、0.4%、0.5%、0.8%、0.9%、1.0%、1.5%[4]。2001－2005年，私有化收入分别为166.6亿美元、70.26亿美元、106.52亿美元、280.62亿美元和78.08亿美元，占 GDP 的比例平均为1%。[5]

---

[1] 伊象. 波兰的经济发展之路[J]. 今日东欧中亚. 1999（2）.
[2] 格热戈日·W. 科勒德克. 新兴市场应从波兰大变革中汲取的经验教训[C/OL]. [2013-09-27]. www.tiger.edu.pl.
[3] 中国驻波兰大使馆经济商务参赞处. 波兰私有化概况及部分经验教训[R/OL]. （2006-01-13）[2013-09-27]. http://euroasia.cass.cn/news/107221.htm.
[4] 何起东,诸廷助. 波兰私有化进程及其评价[OL]. [2013-09-28]. http://www.doc88.com/p- 99830325714.html.
[5] 中国驻波兰大使馆经济商务参赞处. 波兰私有化概况及部分经验教训[R/OL]. （2006-01-13）[2013-09-28]. http://euroasia.cass.cn/news/107221.htm.

由于波兰国内缺乏足够的资源参与国企私有化，而欠西方国家的债务也需要通过把国企财产卖给外国投资者来偿还，因此，波兰的私有化吸引了大量的外国投资。到1996年底，大约有28000家有外资参与的公司，[①]1990－2005年，波兰私有化收入的50.3%来自外国投资[②]，从行业来说，外资参与私有化最多的是制造业，1995年制造业外国投资占整个外国投资的63.3%，[③]然后是金融、建筑、服务和电力部门。1993－1997年，外国投资占私有化收入的比例分别是43.86%、14.76%、49.12%、27.41%和24.75%；2001－2005年，外国投资占私有化收入的比重分别是77.32%、70.99%、40.59%、9.33%、2.6%（见表3.5）。[④]从国别来说，美国、德国、法国和意大利跨国公司的投资最多。从单个投资者来说，这一时期菲亚特、欧洲复兴开发银行（EBRD）及波兰－美国企业基金的投资最多。

表3.5　1991－2005年波兰私有化总收入、波兰私有化中的外国投资及外资占波兰私有化收入的比重

| 年　份 | 私有化总收入<br>（百万美元） | 私有化中的外国投资<br>（百万美元） | 外国投资占私有化收入的比重 |
| --- | --- | --- | --- |
| 1991 | 170.9 | 95.4 | 55.80% |
| 1992 | 372.7 | 214.7 | 57.61% |
| 1993 | 433.6 | 190.2 | 43.86% |
| 1994 | 724.9 | 107.0 | 14.76% |
| 1995 | 1100.7 | 540.7 | 49.12% |
| 1996 | 1442.2 | 395.3 | 27.41% |
| 1997 | 2043.0 | 505.6 | 24.75% |
| 1998 | 2079.0 | 322.0 | 15.49% |
| 1999 | 3422.4 | 2648.9 | 77.40% |
| 2000 | 6263.1 | 5114.1 | 81.65% |

---

① Barbara Blaszczyk, Grazyna Gierszewska, Michal Gorzynski. Privatization and Company Restructuring in Poland[M]. //Ivan Major. Privatization and Economic Performance in Central and Eastern Europe:Lessons to be Learnt from Western Europe. Cheltenham:Edward Elgar Publishing Limited, 1999: 314.

② 中国驻波兰大使馆经济商务参赞处. 波兰私有化概况及部分经验教训[R/OL].（2006-01-13）[2013-09-28]. http://euroasia.cass.cn/news/107221.htm.

③ Barbara Blaszczyk, Grazyna Gierszewska, Michal Gorzynski. Privatization and Company Restructuring in Poland[M]. //Ivan Major. Privatization and Economic Performance in Central and Eastern Europe:Lessons to be Learnt from Western Europe. Cheltenham:Edward Elgar Publishing Limited, 1999: 314-315.

④ 中国驻波兰大使馆经济商务参赞处. 波兰私有化概况及部分经验教训[R/OL].（2006-01-13）[2013-09-28]. http://euroasia.cass.cn/news/107221.htm.

续表

| 年　份 | 私有化总收入<br>（百万美元） | 私有化中的外国投资<br>（百万美元） | 外国投资占私有化收入的比重 |
| --- | --- | --- | --- |
| 2001 | 1666.0 | 1288.1 | 77.32% |
| 2002 | 702.6 | 498.8 | 70.99% |
| 2003 | 1065.2 | 432.4 | 40.59% |
| 2004 | 2806.2 | 261.8 | 9.33% |
| 2005 | 780.8 | 20.6 | 2.6% |

资料来源：中国驻波兰大使馆经济商务参赞处. 波兰私有化概况及部分经验教训［R/OL］.（2006-01-13）［2013-09-28］. http://euroasia.cass.cn/news/107221.htm.

通过私有化，波兰建立了市场经济的主体，彻底改变了国家对所有权的垄断和对经济的控制体制，活跃了市场，提高了企业效率。但由于民主左翼联盟执政时期执政联盟内部在私有化问题上的不同观点，阻碍了私有化的快速发展，如大众私有化计划由于总理帕夫拉克（属于波兰人民党）的异议而放缓；另外，波兰人民党希望限制甚至排除某些行业的外国投资，因而影响了银行、保险、烟草、糖和烈酒等行业的私有化。

尽管民主左翼联盟政府希望通过私有化增加预算收入，但私有化在增加政府预算收入上仍然低于预期。①而且，波兰的国有企业私有化还导致了国有资产的流失和腐败。国有企业的相当大一部分股份在私有化过程中消失了，其中一部分资产被清算，还有相当一部分以非正常价格被执政党的忠实支持者占有。透明国际研究认为，波兰是新入盟的欧盟八国中腐败最严重的国家，1996 年，波兰在世界上的腐败指数排名第 26 位，2005 年下滑到第 70 位。1997 年民调显示，55%的民众认为民主左翼联盟政府官员利用手中的权力为自己谋取非法利益，2001 这个比例上升到 70%。②另外，私有化过程中外资的大量参与，使得波兰很多行业被外资控制（如银行和保险业），这也是民众反对私有化的重要原因之一。

---

① Ivan Major. Company Restructuring after Privatization in a Comparative Perspective: Lessons from Four Central and East European Countries[M]. //Ivan Major. Privatization and Economic Performance in Central and Eastern Europe:Lessons to be Learnt from Western Europe. Cheltenham:Edward Elgar Publishing Limited, 1999：376.

② Gavin Rae. Poland's Return to Capitalism: from the Socialist Bloc to the European Union[M]. London: I.B.Tauris & Co Ltd, 2008: 99.

## 二、关于工业发展的政策主张

民主左翼联盟认为，团结工会政府实施的是消极的工业政策。1991 年，时任波兰工业部部长塔德乌什·瑟雷伊奇克（Tadeusz Syryjczyk）说"最好的政策是没有工业政策"，意思是最少的工业政策是最好的，恰如"休克疗法"的设计师杰弗里·萨克斯（Jeffrey Sachs）所说，管得最少的政府是最好的政府。[①]而民主左翼联盟认为，波兰转轨的首要目标是构建一个高效、快速发展、规范的市场经济国家，工业是国民经济的基础，因此，民主左翼联盟主张在波兰实施富有活力的、积极的工业发展政策。[②]

民主左翼联盟认为，经济和工业结构的现代化是波兰的优先任务之一，国家在工业发展上应发挥积极作用，促进投资特别是面向出口或劳动生产率增长迅速部门的投资，使用诸如税收政策[③]、促进出口、鼓励创新、吸引外国投资、政府订单、确保出口的新的出口信贷担保机制等工具，这些措施是波兰经济结构现代化和技术改造现代化的必要条件。实施这些政策时应该把市场机制与制造能力的现代化要求结合起来，同时考虑出口的需要和环境保护的要求。

民主左翼联盟认为，工业政策的主要任务是使波兰经济适应国际竞争的需要，特别是这些政策应创造有利于加工业发展的条件。在工业文明向信息社会转变的时代，信息和知识起主要作用，而不是土地、资本或原材料，因此，必须用现代技术，尤其是互联网技术加快波兰工业结构的改造和技术的变革，实现波兰工业现代化。民主左翼联盟认为，必须建立使互联网工业发挥领导作用的现代工业，应优先发展电子技术、现代信息技术、计算机网络和信息高速公路、现代工业加工技术和生物技术，包括现代交通、专业的商

---

① Grzegorz W. Kolodko, D. Mario Nuti. The Polish Alternative: Old myths, Hard Facts and New Strategies in the Successful Transformation of the Polish Economy[C/OL]. [2013-10-09]. http://www.tiger.edu.pl/english/kolodko/ publikacje.htm.

② Program of The Social Democracy of The Republic of Poland [R/OL]. [2013-10-09]. www.library.fes.de; Manifest programowy: Nowy wiek-nowy Sojusz Lewicy Demokratycznej, Socjaldemokratyczny program dla polski [R/OL]. 1999. [2013-10-09]. www.library.fes.de.

③ 波兰的企业法人所得税不断降低，从 1996 年的 40%、1997 年的 58%、1998 年的 56%、1999 年的 54%下降到 2000 年的 52%。自 2004 年 1 月 1 日起，波兰企业法人所得税从 27%下调到 19%，成为欧洲企业法人所得税率最低的国家之一。

业服务、发达的现代银行和金融机构网络等。①

民主左翼联盟主张保护健康的竞争，反对垄断，指出必须提高波兰工业的国际竞争力来面对国际市场竞争，鼓励面向出口的工业发展，确保促进国内制造业的发展，同时保护最敏感的部门，尤其是一些对经济发展至关重要的工业，但这些保护应该是暂时的，这有助于提高它们的效率，满足日趋激烈的竞争需要。加强经济安全，特别是与能源和原材料有关的资源的利用。

民主左翼联盟主张适应市场经济和国际竞争需要进行的行业重组，如采矿、冶金、重化工、能源、装备制造、轨道交通和国防等，这些行业中的企业的低效率可能会威胁国家的战略利益。因此，必须通过私有化等重组措施提高企业效率。

民主左翼联盟主张提高能够创造更多就业机会的加工业和服务业的发展比重。在波兰，有1500万家庭没有独立公寓②，很多公寓有装修的需求，还有许多年轻人成家后没有解决住房问题。因此，民主左翼联盟认为，建筑业的发展是维持波兰经济繁荣的重要行业，应建立和大力发展大型建筑业等基建企业。

民主左翼联盟支持私人企业的发展，主张在与大企业竞争中保护中小企业的利益，激励和资助中小企业发展，逐步消除阻碍中小企业发展和运作的障碍，如市场准入等，扩大机会使它们能获得信贷和新技术特别是信息技术。民主左翼联盟主张改善国有资产管理方式，通过所有权改革（如重组和兼并、加强预算约束、拓宽与市场联系的途径、提高员工质量、提高管理水平及所有者的监管质量等）提高国有企业效率。

民主左翼联盟认为，大型基础设施建设是国家的责任，是工业发展的组成部分和必要条件，如高速公路、与其他国家相连接的具有国际意义的国家道路、铁路现代化计划、港口和机场的建设等。它们有助于提高波兰经济的竞争力、降低物流成本、吸引外资、减少因运输及交通意外故障造成的社会损失。

民主左翼联盟主张工业发展政策要在保护环境的基础上实现可持续发展。工业发展要与保护自然环境相协调，逐步减少对环境有害的物质的生产，

---

① Program of The Social Democracy of The Republic of Poland[R/OL]. [2013-10-11]. http://library.fes.de.

② Manifest programowy: Nowy wiek-nowy Sojusz Lewicy Demokratycznej, Socjaldemokratyczny program dla polski[R/OL]. 1999. [2013-10-11]. http://library.fes.de.

发展节能环保材料和新技术。

民主左翼联盟认为,加入欧盟是加速波兰经济增长和社会进步的工具;然而,必须调整波兰的工业结构以适应欧盟的经济和法律体系。这对波兰来说是一个极大的困难,但必须克服这个困难。

民主左翼联盟执政期间,在"波兰战略"(1994年)、"2000年经济总规划"(1996年)、"复兴经济发展战略"(2003年)、"公共财政恢复计划"(2003年)等指导下实施了积极的工业发展政策,使波兰工业得到了进一步发展,工业产品在国际市场上也越来越具有竞争力。

1989年后,波兰工业产值曾出现大幅下降,1990、1991年分别下降24%、11.9%[①],1990年工业销售下降25.1%,轻工业生产下降37%,[②]许多面向苏联和东欧地区出口的工厂处于瘫痪状态。1992年,波兰经济开始触底回升,工业产值增长了2.8%;1993—1997年,工业产值分别增长6.4%、12.1%、9.7%、8.3%、11.5%。[③]2001—2002年,工业销售产值出现下降,但2002年后半年开始出现增长,2003年7月,工业产值比2002年同期增长10.3%,[④] 2004年1—9月,工业销售额增长了14.6%。[⑤]制造业成为经济增长的最大"功臣",1993—1997年,制造业分别增长了11.9%、11.2%、13.7%、8.8%、14.4%[⑥],快于同期GDP增速;2004年8月,制造业产值比2003年同期增长13.5%,29个工业部门中的24个销售量增加,最突出的是汽车工业,增长额为50%。2004年前8个月的建筑业总产值已达2003年全年的95%。[⑦]高科技如电子、电信设备、精密仪器及机械是波兰发展最具活力的行业。[⑧]由此可见,民主左翼联盟执政时采取的促进工业发展的政策很见成效,波兰的工业结构也实现了彻底改变。

首先,私有化使国有企业数量大幅减少,私有经济比重增加,国家减少

---

① 高德平. 列国志·波兰[M]. 北京:社会科学文献出版社,2005:150.
② 余泽清. 波兰政府经济纲领及其实施后的效应[J]. 俄罗斯中亚东欧研究.1991(06).
③ 高德平. 列国志·波兰[M]. 北京:社会科学文献出版社,2005:150.
④ 高德平. 列国志·波兰[M]. 北京:社会科学文献出版社,2005:151.
⑤ 周伟.2004年波兰经济形势回顾[J]. 俄罗斯中亚东欧市场,2005(7).
⑥ Bolesław Domański. Industrial change and foreign direct investment in the postsocialist economy: The Case of Poland[J]. European Urban and Regional Studies, 2003, 10(2).
⑦ 波兰成东欧经济发展的领头羊,GDP增长率将达6%[N/OL]. 中国日报网站环球资讯,(2004-10-19)[2013-10-15]. http://www.chinadaily.com.cn/gb/doc/2004-10/19/content_383645.htm.
⑧ Grzegorz W. Kolodko, D. Mario Nuti. The Polish Alternative: Old myths, Hard Facts and New Strategies in the Successful Transformation of the Polish Economy [C/OL]. [2013-10-16]. http://www.tiger.edu.pl/english/kolodko/publikacje.htm.

对国有企业补贴的同时在税收政策上给予私有企业优惠，促进了私有经济的发展。国有企业从 1990 年的 8453 家减至 2003 年的 1736 家，国有经济占 GDP 的比重从 1990 年的 69.1% 降至 2002 年的 26% 左右[①]。1989－1993 年，小型私营企业从 80 万家增加到 150 万家，1997 年达到 230 万家，私营企业占全国企业总数的 77.6%[②]。整个国有企业雇员从 20 世纪 80 年代中期的 520 万减少到 2002 年的 280 万[③]。国有部门就业比例由 1992 年的 49.8% 下降到 1998 年的 30%，2004 年进一步下降到 29.7%，同期私有部门就业比例从 50.2% 上升到 70%、70.3%[④]。1996 年，私有部门对 GDP 的贡献达到 65%[⑤]，1998 年工业产值私营部门占 66.7%[⑥]。此外，波兰还有大量既不在工商部门注册也不缴纳税款的地下"灰色经济"，实际属于私有经济。据估计，"灰色经济"创造的产值约占波兰国内生产总值的 18%－25%，有超过 100 万人就业[⑦]。私有经济已成为波兰经济增长的主要推动力。

其次，中小企业成为波兰经济发展的生力军。民主左翼联盟政府副总理兼财政部部长科勒德克认为，"我们的相对经济成功主要源于中小企业，而不是享受高津贴的大集团的扩张，或者富有的跨国公司"。他指出，"波兰的经济得益于这些中小企业，他们拥有企业家精神，一点点从下面成长起来"[⑧]。截至 2011 年，波兰有 200 多万家雇员在 250 人以下的中小企业，占企业总数的 99%，创造了超过 60% 的就业机会和 48% 的 GDP[⑨]。波兰经济已由国有经济占主导地位转变为中小企业占主导地位。

再次，波兰实现产业结构调整。1990－1995 年，工业占波兰 GDP 比重从 48% 下降到 39%，同期服务业比重从 44% 上升到 54%[⑩]。反映在就业人数

---

[①] 周伟. 2004 年波兰经济形势回顾[J]. 俄罗斯中亚东欧市场，2005（7）.

[②] 伊象. 波兰的经济发展之路[J]. 今日东欧中亚，1999（2）.

[③] Gavin Rae. Poland's Return to Capitalism: from the Socialist Bloc to the European Union[M]. London: I.B.Tauris & Co Ltd, 2008: 61.

[④] 胡德巧，王小卓，叶英，孙震中. 波兰促进就业的做法及启示[J]. 宏观经济管理，2006（4）.

[⑤] Grzegorz W. Kolodko, D. Mario Nuti. The Polish Alternative: Old myths, Hard Facts and New Strategies in the Successful Transformation of the Polish Economy[C/OL]. [2013-10-18]. http://www.tiger.edu.pl/english/kolodko/publikacje.htm.

[⑥] 伊象. 波兰的经济发展之路[J]. 今日东欧中亚. 1999（2）.

[⑦] 伊象. 波兰的经济发展之路[J]. 今日东欧中亚. 1999（2）.

[⑧] 科勒德克. 兰转型的思考：公私合伙鼓励中小企业发展[J/OL].财经国家周刊,（2011-07-28）[2013-10-20]. http://focus.news.163.com/11/0727/12/79VGOSOR00011SM9.html.

[⑨] 科勒德克. 波兰转型的思考：公私合伙鼓励中小企业发展[J/OL].财经国家周刊,（2011-07-28）[2013-10-20]. http://focus.news.163.com/11/0727/12/79VGOSOR00011SM9.html.

[⑩] 朱晓中. 十年巨变·中东欧卷[M]. 北京：中共党史出版社，2004：367.

上，钢铁业工人从 1991 年的 126000 人减少到 2002 年的 32000 人，煤矿工人从 1990 年的 388000 人减少到 2002 年的 147000 人。①1997—2004 年，第一产业就业比例从 19.9% 下降到 18.2%，同期第二产业就业比例从 32.1% 下降到 28.8%，而第三产业就业比例从 48% 上升到 53%。②政府逐步减少对企业的补贴，但对一些特殊行业如铁路、煤矿等，政府每年还继续补贴。

最后，企业生产现代化水平和产品质量的提高促进了波兰产品的出口。1995 年，波兰 3 个最大造船厂出口接近 10 亿美元，接了 100 个新订单，成为世界第四大造船订单国。③1996 年，波兰冶金产品对外贸易顺差为 1.99 亿美元④，2003 年上半年，波兰钢铁产量同比增长 7%，实现了 2000 年以来的首次增长；⑤经过重组的煤炭行业尽管产量减少，人员裁减，但经济效益提高了，煤炭出口也逐年增加，2001 年波兰煤炭出口增加 8%（160 万吨），接近 2200 万吨，达到 1995 年以来的高峰；⑥经过重组的波兰汽车业已完全实现私有化，20 世纪 90 年代中期，汽车引擎对外贸易顺差为 1.406 亿美元，2001 年，汽车发动机和配件出口额为 25.62 亿美元，比 2000 年增长 16%。⑦

尽管民主左翼联盟积极的工业发展政策取得了不小的成就，但波兰工业发展依然存在很多不足。首先，公路、铁路等基础设施投资不足阻碍了工业的进一步发展。波兰铁路债务达 100 亿兹罗提，只能通过出售资产和关闭许多地方线路来偿还债务。1990—2004 年，铁路客流减少了 70%，与此同时，公路客流增加 170%。但由于公路建设缺乏投资，1990—2004 年，波兰只建设了 340 公里高速公路，欧盟平均水平是波兰的 10 倍，2004 年波兰公路建设只有 1% 达到欧盟标准。⑧其次，由于有效需求不足导致现有产能利用率不

---

① Gavin Rae. Poland's Return to Capitalism: from the Socialist Bloc to the European Union[M]. London: I.B.Tauris & Co Ltd, 2008：61.

② 胡德巧，王小卓，叶英，等. 波兰促进就业的做法及启示[J]. 宏观经济管理. 2006（4）.

③ Grzegorz W. Kolodko, D. Mario Nuti. The Polish Alternative: Old myths, Hard Facts and New Strategies in the Successful Transformation of the Polish Economy[C/OL]. [2013-10-21]. http://www.tiger.edu.pl/english/kolodko/ publikacje.htm.

④ 高德平. 列国志·波兰[M]. 北京：社会科学文献出版社，2005：156.

⑤ 高德平. 列国志·波兰[M]. 北京：社会科学文献出版社，2005：158.

⑥ 高德平. 列国志·波兰[M]. 北京：社会科学文献出版社，2005：154.

⑦ 高德平. 列国志·波兰[M]. 北京：社会科学文献出版社，2005：158-159.

⑧ Gavin Rae. Poland's Return to Capitalism: from the Socialist Bloc to the European Union[M]. London: I.B.Tauris & Co Ltd, 2008：66.

足,虽然固定资产投资很大,但产能利用率只有四分之三左右。①最后,经历宏观经济重构的波兰,一些老工业如采煤、造船、机械制造业、国防军工等基本都在国际竞争中败下阵来,等待破产重组。

### 三、关于农业发展的政策主张

民主左翼联盟特别注重农村发展和农村居民的文明进步②,主张加快农业技术改造,使波兰农业实现现代化,从而实现波兰经济稳定、平衡的增长。民主左翼联盟关于农业问题的基本主张包括以下几个方面。

第一,民主左翼联盟认为,波兰农业必须进行结构调整,实现现代化,科学知识的传播和技术进步将会在农业重组和现代化过程中发挥重要作用。通过现代技术提高波兰农产品的国际竞争力,农业经济结构改革和新技术应该以此为基础,加强基于农业技术和生物技术的粮食生产,而不是化学农业。没有高品质的农业学校和农业咨询系统,波兰农业的发展是不可能的,国家的作用是支持这些机构的发展。波兰农业发展要与保护自然环境相协调,波兰农业发展的机遇之一是生物燃料,应扩大沼气等生物资源的利用,减免使用生物燃料的消费税,建立促进生物能源利用的基金。③

第二,民主左翼联盟主张大力发展农村基础设施,如交通网络、通信、供水、文化中心、农村图书馆、卫生保健中心,加强农村社会保障。大力发展已有法律依据的各种形式的农村自治。强调发展农村地区的教育,为农村儿童和青年创造一个公平的竞争环境,让他们接受幼儿园、小学、中学和大学教育,建立针对农村学生的奖学金计划,在每所学校建立医疗保健所,在农村学校发展高科技的非农业职业教育。这些将有助于农村地区的振兴,使波兰农村成为有吸引力的、适宜生活和工作的地方。

第三,民主左翼联盟支持土地所有权集中,主张大多数国有储备土地逐步私有化,建立构成波兰农业骨架的、更强大的、家庭经营的农场。这些农场与市场直接联系,采用生物技术和先进的组织方式,能够创造高效率,能确保农民家庭的体面生活。④1997年波兰《宪法》第23条规定,波兰农业制

---

① 波兰前副总理兼财长:新自由主义败下阵来[N/OL].(2011-11-14)[2013-10-26]. http://international.caixin.com/2011-11-14/100326167_all.html.

② NOWOCZESNA WIEŚ-KONKURENCYJNE ROLNICTWO[R/OL]. [2013-11-06]. www.sld.pl.

③ NOWOCZESNA WIEŚ-KONKURENCYJNE ROLNICTWO[R/OL]. [2013-11-06]. www.sld.pl.

④ Program of The Social Democracy of The Republic of Poland[R/OL]. [2013-11-06]. http://library.fes.de.

度的基础是家庭农场。①民主左翼联盟认为,家庭农场是波兰农业的基本支柱,是波兰农业的未来。但民主左翼联盟反对在农业部门进行总清算,认为小农场在波兰依然会在很长一段时间内继续存在下去,因此必须保留他们的生产能力。在很多地区,组织良好的国有企业和国有股份参与的企业会刺激业务的增长,促进农业技术和生物技术的进步。国有农场租赁给公司或者个人都应当保证生产条件和雇员的稳定。所有农场不论规模和所有制形式都应享受平等待遇。

第四,民主左翼联盟认为,农村地区不应只是种地,要通过农业结构调整和农业现代化,在农村地区实施多功能发展政策;要通过加工业、服务业和贸易等与农业领域相关部门的发展创造新的就业机会。在加快市场结构调整和农业现代化过程中,改善农村人口的生活条件,波兰经济发展必须伴随农民收入的增长。

第五,民主左翼联盟认为,为了波兰农业的发展,波兰应无条件加入欧盟。在成为欧盟成员国的过程中,波兰农业要适应变化的社会和经济条件;成为欧盟成员国后,应为共同农业政策在波兰的实行创造条件,必须努力使波兰农民得到作为欧盟成员国农民一样的权利和义务。

第六,民主左翼联盟认为,波兰农业正在经历一场严重的危机,国家必须实施积极的农业政策,改善农业生产和农业经济的盈利能力,促进波兰农业发展,提高农民收入,改善农民生活条件。为此,民主左翼联盟认为应该按以下顺序采取措施支持农业、农村和农民的发展。②

(1) 提高农村地区生活质量,提高农民生活水平。采取措施消除城乡之间、不同农村地区之间的差距,增加用于农村地区基础设施和社会保障费用的支出。将宽带网接入农村居民家中;国家预算应给农村教育补贴,为农村学前教育划拨经费,使农村儿童都能进幼儿园;在每个农村社区建立文化和信息中心(如昼夜网吧、图书馆等);从国家卫生基金筹措资金照顾农村的老年人;特别强调发展食品加工业以创造更多就业机会,鼓励农民从事非农业劳动以稳定收入来源。

(2) 提高农业盈利能力和农业竞争力。波兰农村家庭收入主要来源依次是退休金及津贴、农业以外的劳动收入和来自农业的收入。民主左翼联盟主

---

① 1997年波兰共和国宪法英文版[OL].(1997-04-02)[2013-11-08]. http://www.sejm.gov.pl/prawo/konst/angielski/kon1.htm.
② NOWOCZESNA WIEŚ-KONKURENCYJNE ROLNICTWO[R/OL].[2013-11-10]. www.sld.pl.

张加大支持农民的国家预算（更多的资金用于补贴、优惠贷款、作物保险、燃料、促进新作物的研发推广等）；实施有利于农民的结构性养老金改革，结构性养老金应为想开发农场的青年农民提供支持；支持有利于家庭与低经济潜力生产者群体的整合，如在农业服务、产品供给和销售方面重建和支持生产合作社、供销合作社的发展，减少中介机构的数量和利润；支持农民和他们的家庭成员获得来自非农业活动的额外收入；支持农业市场的国家干预，防范进口食品补贴竞争；保护和利用农村自然风景和文化，支持乡村旅游。

（3）欧盟共同农业政策应平等对待波兰农民。民主左翼联盟认为，在2013年过渡期结束后，欧盟对农民支持的金额和条款，所有成员国都应相同，新的共同农业政策应按每公顷耕地面积给予补贴。民主左翼联盟反对欧盟削减2014—2020年用于共同农业政策的预算资金。

（4）支持农业技术和生物技术的进步。民主左翼联盟认为，如果能够确认转基因作物对人类健康和环境没有负面影响并能确保作物的纯度，转基因作物可以在波兰免费推广，但对含转基因成分的产品必须仔细标注，使消费者能做出明智的、自由的选择。民主左翼联盟认为，应积极推动来自有机农场的有机食品的发展，使其成为波兰在国外的知名品牌，这是波兰农业最重要的优势之一。

（5）改革农民社会保险和农民自愿所得税，建立农作物保险。农民社会保险基金只能用于农民，农民社会保险基金新参保的登记条件是家庭农场收入。民主左翼联盟认为，现行的土地税收制度不公平，应以农民或农业工人支付自愿所得税代替农业税。民主左翼联盟主张扩大补贴与农产品有关的建筑物的保险，从欧盟引进应对农作物遭遇洪涝、干旱、冰雹、霜冻等气候异常和动植物疾病暴发导致的负面影响的强制保险，以减少农民的损失，保障农民利益。

（6）改进服务于农民的机构和政府部门的运作方式。设法确保所有农民、农业合作社和与农业有关的企业能获得贴息贷款，尤其是针对农场、农业和食品加工业重组的廉价信贷，把它们作为由国家提供贷款担保的一部分；提高农业商会在农业区域政策和市场营销中的作用和权力；国家预算支持各种形式的农业咨询服务组织的发展，对农技站进行适当清理，将其职责移交给农业咨询中心；根据农业结构调整和农业现代化需要，对农业市场局的任务和角色进行改革；国家食品卫生监察和商务部负责的食品安全检查应简化，减少职位数量，减少官僚主义，减少食品生产企业的行政负担；支持"白色星期天"等非政府组织在农村开展医疗保健服务。

1990年,国家逐步减少对国营农场的补贴,开放波兰农业市场,导致大量波兰国有农场倒闭,波兰农业结构开始发生变化。国有农场占农场比例由20世纪90年代前的18.7%(平均占地3140公顷)减至1995年的7.3%,农业合作社占农场的比例由20世纪90年代前的4%降至1995年的2.9%,而私人农场占比由20世纪90年代前的76.3%增至1995年的81.7%。①

1995年,在200万个波兰农场中,55%的农场规模小于5公顷,商业化农场只占全部农场的15%。② 2007年,波兰国家统计局(GUS)农业普查显示,土地面积至少1公顷的私人农场从1990年的214万个下降到2007年的181万个,相当于平均每年减少1%;面积小于1公顷的农场有76.5万个。③ 通过土地私有化,私人产权占据了波兰90.4%的土地面积,私人农场种植面积从平均0.35公顷增加到7.93公顷,北部较大省份达到15公顷,在什切青(Szczecin)和奥尔什丁(Olsztyn)达到平均20公顷,但依然低于国际标准,波兰大部分农场只有2公顷土地。④

1989年后,伴随着波兰经济的衰退,波兰农业发展陷入长期衰退。农业在国民经济中的比例逐步下降,1988—1989年农业占GDP比例分别是12.1%、8.2%,1990—1995年分别是7.1%、6.2%、6.8%、7.1%、6.9%和6.9%,1999年下降到4%,⑤到2001年进一步下降到2.9%⑥(见表3.6)。1989—1993年农业生产下降了15%。⑦截至2001年,波兰农村人口占全国人口比例为38.3%,农业就业人数占总就业比例为28.3%。⑧

---

① 陈吉元,张兴华,孟秀云. 波兰农业考察报告[J]. 经济学动态,1998(10).

② Gavin Rae. Poland's Return to Capitalism: from the Socialist Bloc to the European Union[M]. London: I.B.Tauris & Co Ltd, 2008: 61.

③ Arne Henningsen. Why is the Polish farm sector still so underdeveloped?[J]. Post-Communist Economies, 2009, 21(1).

④ Grzegorz W. Kolodko, D. Mario Nuti. The Polish Alternative:Old myths, Hard Facts and New Strategies in the Successful Transformation of the Polish Economy [C/OL]. [2013-11-20]. http://www.tiger.edu.pl/english/kolodko/ publikacje.htm.

⑤ Silvia Borzutzky, Emmanuel Kranidis. A Struggle for Survival:The Polish Agricultural Sector from Communism to EU Accession[J]. East European Politics and Societies, 2005 (19).

⑥ 高德平. 列国志·波兰[M]. 北京:社会科学文献出版社,2005:164.

⑦ Gavin Rae. Poland's Return to Capitalism: from the Socialist Bloc to the European Union[M]. London: I.B.Tauris & Co Ltd, 2008: 61.

⑧ 波兰概况[R/OL]. (2003-08-14)[2013-11-20]. http://www.china.com.cn/chinese/zhuanti/oyx/580303.htm.

表 3.6　1988－2000 年波兰农业占 GDP 的比例

| 1988 | 1989 | 1990 | 1991 | 1992 | 1993 | 1994 | 1995 | 1996 | 1997 | 1998 | 1999 | 2000 |
|---|---|---|---|---|---|---|---|---|---|---|---|---|
| 12.1% | 8.2% | 7.1% | 6.2% | 6.8% | 7.1% | 6.9% | 6.9% | 6.4% | 5.5% | 4.8% | 4.0% | 3.3% |

资料来源：Silvia Borzutzky, Emmanuel Kranidis. A Struggle for Survival:The Polish Agricultural Sector from Communism to EU Accession [J]. East European Politics and Societies 2005: 19.

1993－1997 年、2001－2005 年民主左翼联盟两度与主要代表农民利益的波兰人民党联合执政，实施了一系列有利于波兰农业、农村、农民发展的政策措施。在 1994 年实施的波兰战略中，关于农业发展的重点是重组和合理化农业，增加农村地区非农业就业机会，加大对农业的投资，强调多渠道使农村地区多功能发展。1995 年波兰通过《农业土地和林业土地保护法》，2003 年通过《完善农村制度法》，为农业用地和农村不动产提供了法律保护。

民主左翼联盟政府成立专门机构加大对农业扶持力度，除原有的农业与食品经济部、农业市场署外，1993 年 12 月，民主左翼联盟政府又成立了农业复兴与现代化署，负责协调各部门有关农业发展的政策；1994 年又成立了农业现代化和结构调整委员会（Agency for Restructuring and Modernization of Agriculture），其主要职责是制定各种农业信贷配额政策帮助农业部门、农村和农民获得生产资金。1994 年开始增加对农业的优惠补贴贷款，1995－1996 年以 60%的速度递增，优惠贷款占所有农业信贷量比例从 1994 年的 53.7%增加到 1997 年的 85.9%。[①]

波兰农业受自然因素影响较大，由于严重干旱，1994 年农业生产下降 15.1%，1995 年农业生产增长 10.4%，波兰首次出现粮食自给有余，并且达到了 1991－2001 年农业生产增长的峰值。但 1996 年的恶劣气候再次导致农业歉收，1996、1997、1998 年农业生产分别增长 2.4%、1.1%和 5.9%。[②] 2001 年农业生产增长 5.7%[③]，但丰产和农产品价格干预机制即对农民的补贴（卖 1 吨小麦可得到政府 120 兹罗提的直接补贴）导致了粮食过剩。为解决粮食过剩问题，2002 年 6 月，民主左翼联盟政府一方面决定减少或暂缓粮食进口，但遭到欧盟反对，另一方面决定降低小麦干预价格，但遭到执政联盟伙伴波

---

① 万伦来，黄咏梅，朱骏锋. 波兰农业信贷政策及启示：基于信贷配给的视角分析[J]. 乡镇经济，2008（3）.
② 黄朝禧. 波兰的农产品生产与市场供给状况考察[J]. 华中农业大学学报：社会科学版，2001（4）.
③ 成长的波兰农业[N]. 国际经贸消息报，2002-11-19.

兰人民党和农民的反对，民主左翼联盟政府不得不在2003年继续加大对农产品的价格干预，以维护农民的利益。

2004—2005年间，波兰政府先后利用17.84亿欧元资助（其中大约有1.93亿欧元来自欧盟）和世界银行1.19亿欧元贷款，分别实施了"部门行动计划"和"农村地区激活计划"，大大提高了农村地区经济发展的活力。

民主左翼联盟积极主张波兰加入欧盟，入盟后700万波兰农民的收入将会增加35%，是入盟最大的受益者，加入欧盟也为波兰农产品的出口带来了新的机遇，同时波兰也可以得到大笔的农业补贴以改造传统、落后的农业。2004年即入盟第一年，波兰农业就得到15亿欧元的欧盟援助，即平均每公顷土地得到106欧元补贴。[1]波兰农产品出口占波兰总出口的8.4%，其农业出口的最大贸易伙伴是欧盟。2001年，波兰出口的农产品中，约48%出口到欧盟成员国，20%出口到独联体国家，12%出口到中欧国家。[2]

波兰农民有自己的社会保障体系（KRUS）。在波兰，每个农业劳动力每月需缴纳200兹罗提（相当于人民币440元左右）的社会保障基金，农民可以享受养老保障和医疗保障。退休时（男65岁，女60岁）每人每月可领取500兹罗提（相当于人民币1100元）的养老金，并可继续享受医疗保障。[3]2001年，农民社会保障共支出158亿兹罗提[4]，占政府农业开支的一半，大约相当于GDP的2%[5]。但是，用于农民社会保障资金的90%需要由中央政府补贴，对此，民主左翼联盟政府副总理兼财政部部长科勒德克认为"即使在经济上升期，也还是花费太多了"[6]。

由于农业发展滞后，波兰农村失业问题比较严重，农村失业者占总失业人口的比例在1997年曾高达46.2%，2004年继续维持在42.1%的高位，[7]波兰农民和农业工人的收入在剧变之后仍低于全国平均水平（见表3.7），这也是导致波兰农村地区贫困较为严重的原因之一。此外，农村地区的一些基础

---

[1] 金钊. 波兰：时间将证明一切[N/OL].（2004-5-14）[2013-11-20]. http://www.people.com.cn/GB/guoji/1031/2496983.html.
[2] 成长的波兰农业[N]. 国际经贸消息报，2002-11-19.
[3] 国家计委宏观经济研究院赴波兰考察团. 波兰农业发展政策印象[J]. 经济研究参考，2003（58）.
[4] 捷克、波兰变革后的财政支农政策[J]. 农村财政与财务，2001（4）.
[5] Hilary Ingham, Mike Ingham. How Big is the Problem of Polish Agriculture?[J]. Europe-Asia Studies, 2004, 56(2).
[6] 波兰前副总理兼财长：新自由主义败下阵来[N/OL].（2011-11-14）[2013-11-22]. http://international.caixin.com/2011-11-14/100326167_all.html.
[7] 胡德巧，王小卓，叶英，孙震中. 波兰促进就业的做法及启示[J]. 宏观经济管理，2006（4）.

设施还比较落后，如 94%的城市小学有医疗保健室，而只有 38%的农村小学有医疗保健室等。①

## 四、关于吸引外资的政策主张

1989 年波兰开始经济转轨，实行全面的对外开放，波兰的体制转型（自由化和经济开放）是与波兰融入世界体系同步进行的。②民主左翼联盟主张"波兰是经济发达、文明进步、安全、享有主权和向世界开放的国家"③。这种开放的表现之一就是大量吸收外资。在世界范围内，波兰是在极度困难的时期外资大量涌入的少数国家之一，是中东欧吸引外资最多的国家，这与民主左翼联盟的外资政策有密切关系。

表 3.7　1990－2003 年波兰农民和农业工人收入与全国平均收入

单位：%

| 年份 | 拿工资的人 | 农业工人 | 农民 | 个体户 | 领取退休金人群 |
| --- | --- | --- | --- | --- | --- |
| 1990 | 100.00 | 105.66 | 102.49 | — | 87.57 |
| 1991 | 100.00 | 94.99 | 84.17 | — | 95.61 |
| 1992 | — | — | — | — | — |
| 1993 | 101.72 | 83.73 | 90.84 | 126.05 | 106.96 |
| 1994 | 101.63 | 84.25 | 88.85 | 128.91 | 106.47 |
| 1995 | 100.23 | 86.77 | 93.94 | 128.47 | 106.37 |
| 1996 | 103.08 | 83.92 | 89.50 | 127.22 | 106.94 |
| 1997 | 102.66 | 83.95 | 92.72 | 130.52 | 104.40 |
| 1998 | 104.48 | 80.19 | 77.79 | 125.28 | 105.47 |
| 1999 | 105.69 | 78.22 | 73.40 | 127.76 | 106.43 |
| 2000 | 107.66 | 79.12 | 74.69 | 130.16 | 101.11 |
| 2001 | 105.99 | 79.09 | 77.20 | 125.41 | 104.56 |
| 2002 | 105.10 | 76.95 | 86.09 | 126.95 | 105.24 |
| 2003 | 107.25 | 76.60 | 69.70 | 126.41 | 105.80 |

资料来源：Gavin Rae. Poland's Return to Capitalism:from the Socialist Bloc to the European Union [M]. London: I.B.Tauris & Co Ltd, 2008: 73.

---

① NOWOCZESNA WIEŚ-KONKURENCYJNE ROLNICTWO[R/OL]. [2013-11-21]. www.sld.pl.
② 格热戈日·W. 科勒德克. 新兴市场应从波兰大变革中汲取的经验教训[C/OL]. [2013-12-01]. www.tiger. edu.pl.
③ Program of The Social Democracy of The Republic of Poland[R/OL]. [2013-12-01]. http://library.fes. de.

民主左翼联盟认为，外资是波兰实现经济结构现代化和技术改造现代化的必要条件，因而主张大力吸引外国投资。民主左翼联盟认为，波兰要加速发展步伐，国内储蓄有限，因此外资在波兰经济发展的融资方面能起到重要作用，如为波兰的出口、基础设施建设等的加速发展进行融资。民主左翼联盟认为，外资的进入能为波兰创造新的就业机会，促进外国先进技术转让，加速波兰经济技术现代化，提高管理质量和水平，增强波兰企业的营销能力，促进出口型经济的发展。民主左翼联盟认为，出口和投资是波兰经济发展的两大动力，认为投资增速应该保持在年均 11% 左右；①投资增长应高于国民收入增长；私人投资增长应高于国家投资；外国投资增长应高于国内投资；出口导向部门投资增长应高于总投资。②民主左翼联盟认为，外国投资将加强波兰产品的国际竞争力并为波兰经济的进一步发展打下坚实的基础。

民主左翼联盟认为，在波兰经济转轨和现代化过程中，尽管外国投资很重要，但还是要建立强大的民族资本基础，外国资本在金融和工业中的份额不应超过 30%。③因为外国投资在波兰首先是为自己的利益而不是从波兰的利益出发，所以民主左翼联盟认为在对外资开放的同时，也要确保促进国内制造业的发展，保护最敏感的部门，尤其是农业和一些对经济发展至关重要的工业，但这些保护应该是暂时的，这有助于提高效率，满足日趋激烈的竞争需要。④

1993 年、2001 年两次赢得大选后，民主左翼联盟与波兰人民党组成了联合政府，其主张的新经济政策的基本特点之一是实施了有利于提高波兰经济竞争力的投资政策。⑤该政策在吸引外资方面的政策措施主要包括以下几方面。

（1）为外资进入波兰提供法律保障，平等对待包括外资在内的各种产权形式。1989 年之前，波兰已经有了一部《外国直接投资法》和《反托拉斯法》，为适应波兰进一步对外开放的需要，波兰对涉及外国直接投资的相关法律进行立法或者修改。民主左翼联盟认为，国家应该实施更加积极的政策，发挥

---

① Grzegorz W. Kolodko. Strategy for Poland Package 2000[C/OL]. [2013-12-03]. www.tiger.edu.pl.
② Grzegorz W. Kolodko. Strategy for Poland[C/OL]. [2013-12-03]. www.tiger.edu.pl.
③ Gavin Rae. Poland's Return to Capitalism: from the Socialist Bloc to the European Union[M]. London: I.B.Tauris & Co Ltd, 2008: 62.
④ Program of The Social Democracy of The Republic of Poland[R/OL]. [2013-12-05]. http://library.fes.de.
⑤ Grzegorz W. Kolodko. Strategy for Poland[C/OL]. [2013-12-03]. www.tiger.edu.pl.

积极作用，如给国有和私有企业提供法律支持——建立商业交易双方国家担保保险制度及以货易货和自我清算交易的跨国体系，加强目前还不太有效率的货币结算体系等。

1991年7月，波兰实施新的《外资企业法》，解除外商投资企业利润汇出和最低投资额限制；除赌博业和台球业禁止外资进入外，取消其他行业外资进入限制，但部分行业如海港和飞机场的经营、不动产经纪业等仍需审批。民主左翼联盟修改或制定了《版权法》、《商标法》、《发明活动法》、《国有企业私有化法》、《反不正当竞争法》、《经济特区法》（2004年又按欧盟标准进行了修订）、《商法》、《外国人购买不动产法》（1996）、《外汇法》、《国家资助程序法》（2004）和《投资资助法》（2004）等。民主左翼联盟主张尽快采取允许外国投资者取得不动产包括非农业生产土地的措施，并为其提供相关法律保证。此外，民主左翼联盟还主张必须及时地（已经在1993年制定）贯彻《再私有化法律》，加速外国资本在内的投资的到来。波兰同几乎所有西方国家及中国签订了保护外资的双边协定，如避免双重征税协定和相互支持投资协定等。

（2）建立自由贸易区和经济特区。特区内实施国内外投资者平等竞争，一视同仁的政策。沿东部边境建立经济特区以吸引西欧资本通过波兰进入独联体和东欧市场。截至2005年，波兰有14个经济特区，占地约6325公顷。①

（3）为外资提供税收优惠。民主左翼联盟认为，税收制度应该包含很强的刺激作用，这种刺激基于税收减免政策，能起到鼓励投资和创造新的就业机会的作用。主张首先实施使中等收入水平的纳税人获益的税收优惠政策，对高收入群体的消费征收高额税收，用于投资的则少缴税以鼓励投资。鼓励投资经济欠发达地区和国家重点支持的领域，如对国家发展最具战略意义的企业和部门（关系到未来技术更新和全球竞争的产业）、出口生产部门、经济欠发达地区和科研基础部门等，以确保未来的增长和稳定，②在某些领域维持投资免税政策使投资者有盈利的条件。波兰法律规定在波兰投资超过200万欧洲货币单位，可免征所得税；对能保证在国民经济中开发新工艺、新技术，有助于促进就业和出口商品比例高于销售总额20%的投资可免征所得税；购买国库拥有的股份和股票，可享受免税等。1997－2000年，波兰逐步降低企

---

① 王波，杨广. 波兰吸引外资的举措[J]. 全球科技经济瞭望，2005（5）.
② Manifest programowy: Nowy wiek-nowy Sojusz Lewicy Demokratycznej, Socjaldemokratyczny program dla polski[R/OL].[2013-12-07]. http://library.fes.de.

业所得税的同时限制现存的整个免税范围，企业所得税从1997年的58%、1998年的56%、1999年的54%下降到2000年的52%，到2000年底，波兰企业所得税规则与欧盟标准一致；从1998年开始，把总利润而不是收入作为征税基础。用0%－7%不等的增值税取代一般营业税。

（4）与伦敦和巴黎俱乐部就偿还外债达成协议，通过积极偿还外债提高波兰在国际市场的信誉。民主左翼联盟认为这会促进外资的流入，外资流入反过来又会进一步刺激波兰经济的发展。

（5）加大基础设施投资力度，为外资创造良好的投资环境。积极发展电信业、交通运输业，推动各种社会化信息中介服务，提高劳动者素质，以减少投资者在经营过程中可能遇到的各种困难。2004年，民主左翼联盟政府提出在未来20年内建造2300公里高速公路的计划，通过进一步完善交通等基础设施，吸引更多的外资。①

由于民主左翼联盟政府成功实施了波兰战略，1994－1995年，波兰成为世界上最具活力的经济体之一：经济增长率和出口创出新高，通胀和失业率显著下降，居民收入和消费增加，外债逐步减少（见表3.8）。②这些成就提高了波兰的信用等级，使进入波兰的国际投资逐年增加，大量外资的进入又进一步刺激了波兰经济的发展。③

表3.8 1990－1999年波兰吸引外资及债务余额

单位：百万美元

| 年份 | 1990 | 1991 | 1992 | 1993 | 1994 | 1995 | 1996 | 1997 | 1998 | 1999 |
| --- | --- | --- | --- | --- | --- | --- | --- | --- | --- | --- |
| 吸收外资 | 89 | 291 | 678 | 1715 | 1875 | 3659 | 4498 | 4908 | 6365 | 7270 |
| 债务余额 | 49000 | 48000 | 46900 | 48690 | 45310 | 40620 | 40895 | 38500 | 42700 | 60500 |

资料来源：朱晓中．十年巨变·中东欧卷[M]．北京：中共党史出版社，2004：368；Gavin Rae. Poland's Return to Capitalism:from the Socialist Bloc to the European Union[M]. London: I.B.Tauris & Co Ltd, 2008: 59。

1993－1997年，波兰吸引外资分别为17.15亿美元、18.75亿美元、36.59

---

① 波兰成东欧经济发展的领头羊，GDP增长率将达6%[N/OL]．(2004-10-19)[2013-12-11]．http://www.chinadaily.com.cn/gb/doc/2004-10/19/content_383645.htm.
② 由于波兰政治环境的特殊性，波兰有一半的债务因一些困难而被免除了，世界上其他国家很少出现这样的情况。
③ Grzegorz W. Kolodko. Strategy for Poland Package 2000[C/OL]. [2013-12-15]. www.tiger.edu.pl.

亿美元、44.98 亿美元、49.08 亿美元。①转轨初期，外国直接投资急剧增长，2000 年达到了顶峰 93.41 亿美元，之后 2001 年下降到 57.13 亿美元，2002 年、2003 年进一步下降到 40 亿美元左右，2004 年又开始上升到 60 亿美元左右（见表 3.9）。②波兰外资下降的部分原因是受到世纪之交世界经济增长趋缓而导致总体投资水平下降的影响，但由于进入中东欧的外资并未受到影响，所以进入波兰的外资减少主要原因是波兰国内私有化步伐减慢的缘故。

表 3.9（a） 1989－2004 年波兰的外国直接投资（FDI）

单位：百万美元

| 1989 | 1990 | 1991 | 1992 | 1993 | 1994 | 1995 | 1996 | 1997 | 1998 | 1999 | 2000 | 2001 | 2002 | 2003 | 2004 |
| --- | --- | --- | --- | --- | --- | --- | --- | --- | --- | --- | --- | --- | --- | --- | --- |
| 11 | 89 | 291 | 678 | 1715 | 1875 | 3659 | 4498 | 4908 | 6365 | 7270 | 9341 | 5713 | 4131 | 4225 | 6159 |

资料来源：Gavin Rae. Poland's Return to Capitalism: from the Socialist Bloc to the European Union [M]. London:I.B.Tauris & Co Ltd, 2008: 59.

表 3.9（b） 1989－2004 年波兰的私有化收入

单位：百万兹罗提

| 1989 | 1990 | 1991 | 1992 | 1993 | 1994 | 1995 | 1996 | 1997 | 1998 | 1999 | 2000 | 2001 | 2002 | 2003 | 2004 |
| --- | --- | --- | --- | --- | --- | --- | --- | --- | --- | --- | --- | --- | --- | --- | --- |
| — | — | 170.9 | 484.5 | 780.4 | 1594.8 | 2641.6 | 3749.8 | 6537.7 | 7068.9 | 13347.5 | 27181.8 | 6813.8 | 2859.7 | 4143.5 | 10254.0 |

资料来源：Gavin Rae. Poland's Return to Capitalism: from the Socialist Bloc to the European Union [M]. London:I.B.Tauris & Co Ltd, 2008: 59.

尽管波兰吸引了进入中东欧外资的 14%③，是中东欧吸引外资最多的国家，但波兰人均吸引外资额低于匈牙利、捷克和斯洛伐克。进入波兰的外资 74%来自欧盟国家，法国是波兰最大的投资国（20.1%），紧随其后的是美国（18.2%）、德国（15%）。④大部分进入波兰的外资是国家投资，只有 16.6%是严格意义上的跨国公司投资。

大规模外资的流入促进了波兰正在进行的宏观经济结构的调整，并提高了波兰企业的国际竞争力，对波兰市场转型的成功起到了至关重要的作用；

---

① 朱晓中. 十年巨变·中东欧卷[M]. 北京：中共党史出版社，2004：368.

② Gavin Rae. Poland's Return to Capitalism: from the Socialist Bloc to the European Union[M]. London: I.B.Tauris & Co Ltd, 2008: 59.

③ Gavin Rae. Poland's Return to Capitalism: from the Socialist Bloc to the European Union[M]. London: I.B.Tauris & Co Ltd, 2008: 57.

④ Gavin Rae. Poland's Return to Capitalism: from the Socialist Bloc to the European Union[M]. London: I.B.Tauris & Co Ltd, 2008: 57.

外资在使波兰与欧盟融为一体上也起到了重要作用——这些就是波兰巧妙利用外资的最大好处。① 大量外资的进入为波兰经济带来了发展急需的资金,加速了国有企业的技术改造,提高了波兰的现代经济管理水平,直接推动了制造业尤其是机械制造业产品质量和生产效率的大幅提高。剧变前,许多波兰企业运用的还是 20 世纪中期的设备和技术。通过吸引外资,1994 年波兰 60.4% 的合资企业已运用了西方比较先进的技术与设备,电子工业和印刷业的合资企业则运用了西方最先进的技术与设备。② 特别值得一提的是,在私有化过程中,由于国内储蓄有限,无法尽快把国有企业卖出去,因此外资起到了极为重要的作用,尤其是波兰的银行业因金融资本的流动性及其高利润受到外资的特别青睐。2003 年,外资占波兰银行股份的比例从 1993 年的 12% 上升到 78%(见表 3.10)。③

表 3.10 1990—2003 年波兰银行业股权结构

| 股权结构 | 1993 | 1995 | 1997 | 1999 | 2001 | 2003 |
| --- | --- | --- | --- | --- | --- | --- |
| 外资控制大部分股权 | 12% | 22% | 35% | 51% | 67% | 78% |
| 财政部直接所有 | 18% | 16% | 7% | 4% | 4% | 5% |
| 国家控制大部分股权 | 15% | 12% | 11% | 5% | 6% | 7% |
| 波兰私人资本控制大部分股权 | 55% | 45% | 47% | 40% | 23% | 10% |

资料来源:Gavin Rae. Poland's Return to Capitalism:from the Socialist Bloc to the European Union [M]. London: I.B.Tauris & Co Ltd, 2008: 60.

波兰对外资具有吸引力的原因主要包括四方面。第一,波兰不仅用很低的价格把银行和企业出售给外国人(据估计有些只有实际价值的 10%④),还给外资提供了优惠的税率。第二,波兰拥有高素质低成本的劳动力。波兰工人劳动时间在欧盟是最长的,原欧盟 15 国劳动成本是波兰的 4 倍。波兰最低工资水平一降再降,1993—1998 年最低工资是平均工资的 40.2%,1999 年下降到 38.5%,2004 年下降到 35.9%;而同期欧盟最低工资水平相当于平均工

---

① 格热戈日·W. 科勒德克. 新兴市场应从波兰大变革中汲取的经验教训[C/OL]. [2013-12-15]. www.tiger.edu.pl.

② 高空. 中东欧国家吸引外资与外资立法[J]. 俄罗斯中亚东欧研究,2009(3).

③ Gavin Rae. Poland's Return to Capitalism: from the Socialist Bloc to the European Union[M]. London: I.B.Tauris & Co Ltd, 2008: 59.

④ Gavin Rae. Poland's Return to Capitalism: from the Socialist Bloc to the European Union[M]. London: I.B.Tauris & Co Ltd, 2008: 58.

资的50%。①第三，为吸引外资，民主左翼联盟主张去除贸易壁垒。波兰的市场准则与欧盟国家大体一致，在中东欧国家中，波兰的市场相对规范，投资环境较完善。第四，波兰是中东欧最大的国家，有3800万人口，消费市场巨大。此外，波兰连接东西欧的优越地理位置使其倍受外资青睐，成为中东欧吸引外资最多的国家。美国科尔尼咨询公司的调查表明，波兰是继中国、美国和墨西哥之后第四大外资吸收国。②

外资已经成为波兰经济发展的发动机，加快了波兰经济现代化的步伐。但外资的大量进入尤其是与私有化相联系的外资的引进也给波兰经济发展带来了一些负面影响，很多行业被外资控制，如1997年波兰修改法律允许外资自由进入波兰银行业，加快了外资对波兰银行业的收购，到2003年底，波兰70%以上的银行业资产和2/3的信贷市场被外资控制。外资对波兰工业部门的控制从1997年的15%上升到2000年的35%。③2003年底，外资在波兰保险公司资本总额中所占比重为71.9%，高达31.6亿兹罗提（1999年同比分别为50.12%、12.2亿兹罗提）；合资保险公司有58家，其中外资占多数股份的有52家。④由于波兰缺乏稳定的国内资本市场进行基础设施和商业投资，因而不得不过度依赖外资，其不仅控制了波兰的银行业和工业，还掌控了波兰的媒体。据统计，到2003年，波兰80%的媒体、50%的彩色期刊市场被外资控制，许多全国和地方报纸控制在德国媒体巨头阿克塞尔-斯普林格集团（Axel Springer）、帕绍新报业集团（Passauer Neue Presse）、鲍尔传媒集团（Bauer）和格鲁纳-雅尔出版集团（Gruner & Jahurkongzhi）手中。⑤此外，外资还控制了波兰的有线电视和卫星电视市场。与此同时，一些被外资收购的企业的生产不升反降，引发了失业。许多被外资收购的企业主要面向波兰国内市场，不仅如此，这些企业还将外国商品在波兰国内市场进行销售。据估

---

① Gavin Rae. Poland's Return to Capitalism: from the Socialist Bloc to the European Union[M]. London: I.B.Tauris & Co Ltd, 2008: 73-74.
② 波兰成东欧经济发展的领头羊，GDP增长率将达6%[N/OL].（2004-10-19）[2013-12-18]. http://www.chinadaily.com.cn/gb/doc/2004-10/19/content_383645.htm.
③ Gavin Rae. Poland's Return to Capitalism: from the Socialist Bloc to the European Union[M]. London: I.B.Tauris & Co Ltd, 2008: 58.
④ 王波，杨广. 波兰吸引外资的举措[J]. 全球科技经济瞭望，2005（5）.
⑤ Gavin Rae. Poland's Return to Capitalism: from the Socialist Bloc to the European Union[M]. London: I.B.Tauris & Co Ltd, 2008: 99.

计，外资控制的波兰企业致力于出口的只有 13%。①外资的这些负面影响导致波兰民众对外资的看法发生变化，1994 年、1997 年、2004 年认为外资比例太大的民众分别占 59%、44%和 61%。②

曾两次出任民主左翼联盟政府副总理兼财政部部长的科勒德克认为，不应该过度依赖外资作为本国经济发展融资的主要来源，"发展融资的主要来源过去和现在都是国内资本的积累，因此，这种资本构成应当在宏观经济政策和宏观经济激励体系中作为重中之重"③，但这并不是反对吸引更多的外资。吸引外资是要付出代价的，只是科勒德克认为在波兰这个代价太大了，由于波兰没有采取适当的政策措施，如中央银行没有把握好国内利率，造成国际利率差异，使"外国投资资本"在波兰酿成大祸，波兰遭受了数十亿美元的损失。因此，科勒德克认为，"外国资本的流入如果不适当加以控制，就有可能导致对这类资本的过度依赖（尤其是在金融服务领域），这对长期的发展并不总是有利的，人们常把这种依赖性称之为依赖性资本主义"④。

## 第二节　关于波兰文化和社会发展的政策主张

波兰民主左翼联盟重视波兰的文化建设、社会建设，主张包容是社会生活不可剥夺的价值，主张言论自由、宗教信仰自由，主张政教分离；国家有责任使公民享用世界文化各流派成果并为扶植和发展民族文化创造条件；支持将波兰建为福利国家，使人人过上体面的生活。在文化建设、社会建设上，波兰民主左翼联盟站在左翼立场，提出和实施了有利于波兰发展的政策主张，其关于波兰文化和社会发展的政策主张主要包括文化发展问题、教育问题、社会保障问题、妇女儿童和家庭问题、青年问题、宗教问题等方面的内容。

---

① Gavin Rae. Poland's Return to Capitalism: from the Socialist Bloc to the European Union[M]. London: I.B.Tauris & Co Ltd,200：58.

② Gavin Rae. Poland's Return to Capitalism: from the Socialist Bloc to the European Union[M]. London: I.B.Tauris & Co Ltd, 2008: 92.

③ 格热戈日·W. 科勒德克. 新兴市场应从波兰大变革中汲取的经验教训[C/OL]. [2013-12-21]. www.tiger.edu.pl.

④ 格热戈日·W. 科勒德克. 新兴市场应从波兰大变革中汲取的经验教训[C/OL]. [2013-12-21]. www.tiger.edu.pl.

## 一、关于文化发展问题的政策主张

地处欧洲中部的波兰有着深厚的历史文化底蕴,是一个多民族、多宗教、多元文化并存的国家。在多元文化并存的欧洲大陆,追求民主、自由、开放的波兰形成了具有自己独特精神气质的文化——包容内敛、百折不挠、坚韧不拔。尽管受到东方文化的影响,但波兰文化的主流仍然是西方文化。波兰文化已经渗透进每个波兰人的血脉中,既体现在波兰人的衣食住行、言谈举止里,又体现在波兰人创作的电影、音乐、诗歌、小说中。波兰这块沃土孕育出了天文学家哥白尼、科学巨匠居里夫人、享誉世界的天才作曲家兼钢琴家肖邦及4位诺贝尔文学奖获得者(显克维奇、莱蒙特、米沃什、希姆博尔斯卡)。

1989年剧变后,波兰的文化经济也经历了萧条和衰退。1990年,波兰的观影人次比1989年下降了50%,只有3760万人,国产电影只有17部,其余90%是美国电影;159家各类剧院观看演出的观众比1989年减少了200万人次,各种音乐会的观众比1989年减少了1100万人次;参观博物馆的人数比1989年减少了400万人次;与1989年相比,全国减少了44个图书馆和4500个图书站(农村地区减少了4000个),读者也大幅度减少。[①]调查显示,20世纪90年代,80%的波兰人减少了文化开支。造成此种状况的原因是转轨初期经济衰退,国家财政困难从而大幅削减文化事业发展经费。文化管理体制的变革,再加上居民收入下降而文化设施门票价格上涨,使得居民文化消费支出锐减。

作为波兰政坛左翼力量的代表,民主左翼联盟非常重视波兰文化事业的发展,其文化政策制定的依据是《宪法》第6条和第73条。波兰《宪法》第6条规定:国家提供条件让公民平等享有作为民族身份、民族延续性和民族发展象征的文化产品;国家帮助居住在国外的波兰人保持与本民族文化遗产的联系。第73条规定:波兰公民享有艺术创作、传播和享受文化产品的自由。[②]

依据《宪法》,民主左翼联盟提出了发展波兰文化的主张。民主左翼联盟在其纲领中特别指出,历史上波兰文化取得的巨大成就丰富了波兰人民的精

---

[①] 苑质辰. 波兰文化教育现状[J]. 国际论坛,1992(3).
[②] 1997年波兰共和国宪法英文版[OL].(1997-04-02)[2014-01-05]. http://www.sejm.gov.pl/prawo/konst/angielski/kon1.htm.

神生活。文化艺术是历史的一面镜子，是了解波兰过去并保障波兰社会和经济发展的重要因素。艺术文化是个人和社会发展的内在因素，是文明进步的工具。开放的艺术与其他文化，是波兰参与世界文明对话的一个重要组成部分。①

民主左翼联盟认为，发展和繁荣文化事业是政府和公民的责任。政府有关部门应与文化界和知识精英经常接触磋商，充分考虑波兰文化协会委任的咨询机构提出的建议，与各文化艺术协会、工会合作制定关于文化艺术创作的政策。国家文化政策的首要目标是确保每个波兰公民能够公平地获得文化、不受限制地参与文化生活。②

民主左翼联盟认为，文化是国家的软实力，国家应支持文化事业的发展。国家文化政策的基本任务是：确保每一个波兰公民接受全面的文化价值观、能进入文化中心和公共图书馆、能得到便宜的书籍；保护民族文化的基本价值观，包括少数族裔和少数民族；支持有价值的艺术创作，支持有艺术才华的年轻人，对青年艺术人才的职业发展给予支持，建立促进和支持青年人才的发展机构；支持社会文化运动，阻止文化商业化的负面影响；保护文物，尊重文化遗产，重视文化传承，保护国内建筑、艺术、摄影和喜剧资源等。③

民主左翼联盟认为，作为言论自由之一的创作自由是一项不可剥夺的权利，在一个民主开放的社会，创作自由能反映和推动社会变革。民主左翼联盟主张公民应有创作自由，国家应保护公民在文化领域的创作自由，给艺术创作者普遍和平等的机会，让创作者自己做出选择；认为艺术和文化创作需要自由、尊重和关爱的气氛，只有在这样的条件下，文化和艺术才能满足波兰人民在日益一体化的世界中与不同文化对话的要求。因此，民主左翼联盟反对一切形式的审查制度，无论该审查制度出于何种动机。民主左翼联盟主张文化和艺术运作应适应市场规则，允许公民自己创建文化组织。④

民主左翼联盟主张国家应通过教育普及文化艺术，认为学校的文化教育

---

① Program of The Social Democracy of The Republic of Poland[R/OL].[2014-01-06]. http://library.fes.de.

② Manifest programowy: Nowy wiek-nowy Sojusz Lewicy Demokratycznej, Socjaldemokratyczny program dla polski[R/OL].[2014-01-06]. http://library.fes.de.

③ Manifest programowy: Nowy wiek-nowy Sojusz Lewicy Demokratycznej, Socjaldemokratyczny program dla polski[R/OL].[2014-01-08]. http://library.fes.de.

④ Manifest programowy: Nowy wiek-nowy Sojusz Lewicy Demokratycznej, Socjaldemokratyczny program dla polski[R/OL].[2014-01-08]. http://library.fes.de.

和艺术培养在传承波兰文化、培养公民文化素养方面有不可替代的作用。学校要开设音乐知识、视觉艺术、戏剧、电影、现代文学等课程，国家应培养这方面的师资力量。学校艺术教育必须与生活艺术直接接触，让学生观看戏剧表演、听歌剧和交响音乐会，参观各类文化艺术展览。各类艺术机构也必须制定针对儿童和青少年的艺术教育计划。文化部应协调政府相关部门及地方政府进行跨部门合作，并充分发挥非政府组织的积极作用，与他们建立伙伴关系。①

民主左翼联盟主张对私人支持的文化给予经济优惠政策，以补充州和地方政府的文化支出；主要文化机构引入新的融资通道，并为它们提供稳定发展的条件。

1993—1997年、2001—2005年执政期间，民主左翼联盟政府采取措施实践自己的文化主张，促进文化发展的主要措施有如下几个方面。

第一，改革文化管理模式，下放文化管理职责，文化筹资模式多元化。1993年制定的《国家文化政策原则》提出把国家的文化管理职能从中央下放到地方，波兰主要的文化管理机构是波兰文化部（现文化和民族遗产部）、隶属波兰外交部的波兰文化中心等中央机构及隶属各级地方政府的文化管理机构。民主左翼联盟主张中央政府与地方政府应该明确各自在文化管理上的职责，取消审查，引入市场机制，全面放开文化管理。

文化部主要负责制定有关文化发展的法律和政策，但不介入文化的直接管理，主要的文化管理职责下放到各级地方政府的文化管理机构。各级地方和各类非政府组织在文化政策中享有高度自治权和独立性。过去由政府文化部门负责的大量工作现在由各种社团、公司和个人发起办理。文化部以及地方自治政府每年公布优先资助的范围，然后根据民间申请的项目划拨经费。

文化公共投入来自中央政府、地方政府，同时国家鼓励私人机构投资文化事业。随着文化管理权的下放，地方政府拨款在文化拨款中所占比例逐步提高。波兰每年用于文化产业发展的费用约占GDP的0.78%，约合6000万欧元，其中3/4来自地方政府。②另外，根据波兰《博彩法》规定，从2002年开始，彩票提价的收入应当拨给文化部管理的文化发展基金，用于波兰文化事业发展。1989年剧变前，波兰文化支出占国家预算支出的比例从1982

---

① otwarta kultura Kultura i dziedzictwo narodowe w programie SLD [R/OL]. [2014-01-15]. www.sld.org.pl.
② 李庆本，吴慧勇. 欧盟各国文化产业咨询报告[M]. 郑州：大象出版社，2008：80.

年的 1.25%增长到 1989 年的 1.81%；①1989 年剧变之后，文化支出大幅下降，2005 年人均公共文化支出 117.11 兹罗提，约占 2005 年人均 GDP 的 0.44%，2005 年文化支出约占家庭总开支的 3.3%。民主左翼联盟主张国家在文化上的预算支出最终应上升到占预算支出的 1%②，用以满足公民的基本文化需求，保障波兰文化的发展。

第二，对国有文化产业进行私有化改革。民主左翼联盟主张包括公共广播和电视在内的波兰媒体自由化和多元化发展，认为媒体不应受制于任何政治和宗教审查，而且它们的管理也不应受政治倾向统治。③1990 年 10 月，波兰众议院通过关于允许开办私营电台和电视台的法令，根据 1992 年 12 月波兰议会通过的《波兰广播电视法》，私人创办的广播电台和电视台只需在省级法院办理登记注册即可，新闻媒体允许创办自己的经营实体。随着国有经济的私有化，波兰广播电台、电视台、报纸、艺术团体等也实行了股份化或私有化。截至 2006 年，波兰有大约 180 家广播电台和 26 家电视台是私营的④，约占广播电台和电视台总数的 90%以上；波兰最大的通讯社——波兰通讯社和波兰国际新闻社也进行了股份制改革。1989 年后，大多数国有出版公司或实行私有化或走上了合资经营的道路，主要的外国出版投资者来自德国、荷兰及英国等；截至 2012 年底，全国出版发行的报刊有 7827 种，⑤大部分实行了私有化，主要报刊有《选举报》、《共和国报》、《新闻周刊》、《直言》周刊、《政治》周刊、《论坛报》等。截至 2002 年底，波兰有 633 家电影院，经营者大部分为外国人。⑥

第三，注重文物保护、尊重文化遗产和重视文化传承以保护波兰文化传统。波兰出台的九大发展战略包括文化战略，而文化战略的重点之一是通过对历史文物的保护传承波兰的传统文化。1995 年，民主左翼联盟政府把文物保护确定为文化政策的三个重点之一。为保护文物，波兰成立了古迹保护局，2000 年又在波兰文化部下设立了国家文物委员会（2002 年并入国家文化中

---

① 李庆本，吴慧勇. 欧盟各国文化产业咨询报告[M]. 郑州：大象出版社，2008：80.

② otwarta kultura Kultura i dziedzictwo narodowe w programie SLD[R/OL]. [2014-01-15]. www.sld.org.pl.

③ Program of The Social Democracy of The Republic of Poland[R/OL]. [2014-01-16]. http://library.fes.de.

④ 波兰概况[R/OL].（2006-11-16）[2014-01-18]. http://news.qq.com/a/20100410/001660_2.htm.

⑤ 波兰国家概况[EB/OL].（2015-03）[2015-03-01]. http://www.fmprc.gov.cn/mfa_chn/gjhdq_603914/gj_603916/oz_606480/1206_606722/.

⑥ 高德平. 列国志·波兰[M]. 北京：社会科学文献出版社，2005：319.

心），国家科学研究委员会、国家古迹研究和文件中心则负责以现代手段保护波兰文物古迹。2003 年，波兰通过了《文化遗产保护法》，就公共和私人文物的保护做了明确规定。

民主左翼联盟主张通过国家预算和各级地方政府财政预算资金拨款等公共资金拯救文物。此外，波兰还积极与联合国、欧盟等国际机构合作保护文物。波兰 1976 年加入《保护世界文化和自然遗产公约》。民主左翼联盟执政时期，波兰新增马扎科夫公园等 5 处世界遗产（截至 2012 年波兰的世界遗产共有 13 处）。①2001 年波兰加入欧盟《文化 2000》方案，通过与欧盟其他成员国的文化合作，推动本国文化发展，2001 年波兰参加了 14 个项目，2005 年增加到 46 个。加入欧盟后，每年欧盟结构基金会定向拨款给波兰进行文物保护。

第四，重视图书出版和版权保护。波兰人有爱读书的传统，但 1989 年剧变之后，由于图书出版量的减少和价格较贵等原因，民众的读书量大幅下降。调查显示，1990－2002 年，从不读书的人的比例从 29%上升到 44%，而每年读书超过 7 本的人的比例则下降了 19%。②1995 年，民主左翼联盟政府把图书出版和文化教育作为文化政策三个重点之一；2003 年，波兰文化部与非政府组织合作制定和实施了一项为期三年的"读书方案"，该方案主要针对波兰青少年。为此，波兰建立了国家出版研究所，制定并实施了一系列波兰和世界文学名著编辑计划，提高作者和译者的待遇，改善图书馆的工作条件，增加藏书，通过读书增加波兰人对当代文学和文化的了解。

为支持国内图书出版，波兰在税收上免除出版和印刷、国内图书销售、正规期刊以及盲文出版物的增值税，而其他进口图书、期刊等印刷品则需缴纳 7%的增值税。

1994 年波兰通过《版权法》，把版权保护范围从著作权扩展到相关知识产权等，其中计算机软件的保护类似欧盟，工业产权保护期为 50 年。通过版权保护更好地保护创作者的权益，激发创作者的创作积极性。

第五，向海外推广波兰文化，扩大波兰的国际影响力。波兰文化部、外交部、教育部和经济部等多部门参与波兰海外文化的推广。2001 年，波兰文化部和外交部共同制定了《波兰文化外交政策：2001－2003 年度工作重点》，

---

① Culture in 2012[R/OL]. [2014-01-22]. http://stat.gov.pl/en/topics/culture-tourism-sport/.
② Gavin Rae. Poland's Return to Capitalism: from the Socialist Bloc to the European Union[M]. London: I.B. Tauris & Co Ltd, 2008: 71.

2002年，外交部又制定了《关于波兰和海外波兰人合作的政府方案》等作为波兰国际文化合作的指导文件。

2001年，波兰文化部成立了直属文化部的、以波兰革命家兼著名诗人密茨凯维奇命名的、全权负责波兰文化海外推广的密茨凯维奇学院，作为波兰文化海外推广的策划和总协调机构。2001—2003年，密茨凯维奇学院在英国、俄罗斯、中国等26个国家举办了包含艺术节、展览、研讨会等形式在内的4000余场文化活动，吸引观众4000万人次。[①]密茨凯维奇学院通过网络平台（www.culture.pl）对外全面介绍波兰文化并宣传学院在世界各国举办的文化活动，该网络平台已经成为波兰官方最权威的海外文化推广网站。此外，密茨凯维奇学院还直接参与文化宣传资料的编辑、制作和出版工作，面向世界各国的文化机构和对波兰文化感兴趣的人们，免费提供多种语言文字的文学、电影、音乐、美术等门类的出版物。该学院还邀请世界各国的收藏家、评论家、艺术家等访问波兰，为民间文化交流搭建平台。

2001年，波兰文化部成立了专门从事肖邦音乐研究和推广的肖邦学院，发行肖邦作品，组织音乐会、研讨会，负责主办世界著名的肖邦国际钢琴比赛，希望借助肖邦音乐提高波兰在世界上的知名度。

2004年，波兰文化部成立了直属波兰文化部、致力于波兰文学海外推广的波兰图书协会。该协会定期参加国内外书展，推广波兰文学，通过"波兰文学翻译项目""翻译家培训项目"等资助外国译者和出版商翻译出版波兰文学作品，为国外从事波兰文学翻译工作的学者提供访问基金。图书协会还定期组织出版商系列研讨会，促进波兰出版商与其他国家从事外国文学翻译出版的出版商建立联系。

隶属波兰文化部的波兰国家文物研究和登记中心（2011年改名为民族遗产中心）主要负责与联合国教科文组织、英国古迹署等国际文物保护机构在历史遗迹保护方面开展合作，负责"欧洲遗产日"和"国际文物保护日"在波兰的组织协调工作。

波兰外交部还在美国、德国、法国、比利时、俄罗斯、印度和中国等设立文化中心，负责向驻在国宣传波兰文化，帮助波兰文化机构与国外相关机构建立联系及合作，与当地文化机构合作组织各种文化活动等。波兰外交部网站还建了一个"波波、兰兰游记"的链接，由两个动漫人物带领网友"游

---

① 李怡楠. 波兰：打好海外文化推广"阵地战"[N]. 中国文化报，2014-09-04.

览"波兰的文化遗产和名胜古迹。

第六,注重对少数民族和少数族裔民族文化的保护。波兰人口中有大约4%是少数族群,包括德意志人、乌克兰人、白俄罗斯人、拉脱维亚人、立陶宛人和犹太人等。地处东西方交界地带和包容、自由、开放的文化特质使波兰形成了多民族、多宗教、多元文化并存的文化格局。民主左翼联盟认为"包容是社会生活不可剥夺的价值",主张波兰文化部应该承担起保护和发展少数民族文化的责任。①

根据波兰《宪法》第35条规定,波兰共和国保证少数民族或者少数族裔的波兰公民享有保持和发展其自身语言、保持风俗和传统以及发展其自身文化的自由。少数民族或者少数族裔有权建立教育机构、文化机构和旨在保护宗教认同的机构,并有权参与关系其文化认同的事务。②根据波兰相关法律规定波兰的德意志少数族裔在议会下院拥有两个席位,其他少数族裔则在地方议会拥有自己的席位。另外,在一些农村地区,公共信息以波兰语、德语和拉脱维亚语向公众提供。

2003年,民主左翼联盟政府决定由内务部、教育部、地方政府、非政府组织及罗姆人组织一起成立一个针对罗姆人的跨机构政府方案,在教育、就业、健康、生活条件等领域支持罗姆人全面参与波兰社会的公共生活,消除罗姆人与其他族群的差距并支持和保护罗姆人文化。波兰文化部在《2004—2007年度国家文化发展战略》及《2004—2020年国家文化发展战略补编》中提出,要促进文化发展的地区平衡,建立一个社会支持体系,确保地方对遭受排斥的少数族裔提供必要的帮助。2005年1月,波兰通过了第一部为少数族裔权利进行严格定义的文件——《少数族裔和地区语言法》(The National and Ethnic Minorities and Regional Languages Act),为保护少数族裔文化提供了法律支持。

此外,民主左翼联盟还非常注重利用新技术助推文化事业的发展。1993年,波兰图书馆引入一套统一不同图书馆编目标准的分类系统,促进不同图书馆之间的数据交流。在波兰1200个科学和学术图书馆中,有100个可以通过互联网提供目录。2003年11月,科学研究与信息技术部联合政府其他部

---

① otwarta kultura Kultura i dziedzictwo narodowe w programie SLD[R/OL]. [2014-01-25]. www.sld.org.pl.
② 1997年波兰共和国宪法英文版[OL].(1997-04-02)[2014-01-25]. http://www.sejm.gov.pl/prawo/konst/angielski/kon1.htm.

门制定了被称为"电子波兰方案"的《2004—2006 波兰共和国信息技术推广战略规划》,提出多项措施确保公民能够接触到文化领域的新信息和通信技术。

民主左翼联盟非常重视波兰文化事业的发展,但由于公共服务匮乏、投入不足和财政贫困使波兰的文化发展受到影响,艺术教育特别是针对儿童和青年人的高雅文化教育、图书馆等文化设施都受到影响。1990 年,波兰有 10200 个图书馆和 17500 个图书服务店,而 2003 年则分别下降到 9500 个和 4400 个。这种情况在农村更严重,2003 年农村只有 1100 个图书馆。[①]市场化刺激了商业文化贸易的发展,但对促进高雅文化产品的发展则产生了一些负面影响。

## 二、关于教育问题的政策主张

波兰宪法第 70 条规定,波兰公民享有受教育的权利,政府应确保公民享有普遍、平等的受教育权利,国家应建立和支持使学生得到个人支持和机构帮助的制度。义务教育到 18 周岁。公立学校免费,公立高等教育的某些服务可以收费。父母而不是公共机构有权为自己的孩子选择非公立学校,公民和机构有建立各级教育机构的权利。[②]

民主左翼联盟认为,教育是文化价值的载体,有助于促进民族认同和社会归属感的养成。在全球化的知识经济时代,科学研究在决定一国国际竞争力以及在世界民族之林中地位的作用越来越重要。为立于世界民族之林,波兰必须改变现有的国民收入分配,拿出更多的资金用于教育和科学研究。民主左翼联盟认为,教育是国家的财富而不是负担,人力资本投资、知识和技术上的投资是推动波兰经济和社会发展最有效的方法,是促进经济增长的条件之一。投资教育是国家的优先事项,国家应大力普及教育,每个人应依据自己的才华获得不同等级的教育,独立地实现从小学到大学的教育,这是平等生活的前提条件。

民主左翼联盟认为,教育应该使公民获得在职业、公共和个人生活中必需的技术和知识;学校应该是一个非营利性组织,专注于满足学生的发展需

---

① Gavin Rae. Poland's Return to Capitalism: from the Socialist Bloc to the European Union[M]. London: I.B. Tauris & Co Ltd, 2008: 71.

② 1997 年波兰共和国宪法英文版[OL].(1997-04-02)[2014-03-05]. http://www.sejm.gov.pl/prawo/konst/angielski/kon1.htm.

求。在全球化日益发展的形势下，学习外语和提高计算机科学水平是教育的固定组成部分，学校应该加强外语教学，取消俄语的必修课地位，英语、法语、德语、俄语等外语一起进入初等学校课程并具有同等地位。通过教育，年轻一代在经济和社会条件多变的情况下能够独立思考并为成年生活做好准备。教育思想应该中立。

民主左翼联盟认为，国家应承担起教育公民的责任，而不是公民自己或市场。每个想学习的孩子和青年人都应该有平等的机会接受教育，学校应该是让孩子们体验到友好的地方，各级各类学校应该尊重和包容各种世界观和多样性。通过学校教育，孩子们应当知道自己将来应当担负的责任，学校教育的重点应该是使学生学会社会技能，学会合作、自治、自立、包容和开放，保证学生获得现代性教育。公立学校应开设多种多样的课外活动以供学生选择。学校教育是减少未成年人犯罪的途径之一。民主左翼联盟主张尽可能延长义务教育期，保证学生在教育体制内有尽可能长的学习时间，从而减轻劳动力市场中低龄化和高失业率的风险。

民主左翼联盟支持波兰教育制度的改革，认为教育体系的改革会为波兰社会发展带来一系列好处。但同时认为教育系统在重大改变之前，首先应进行透彻的分析、讨论和试点，只有在有了明确结论的情况下才能进行改革。建立适应市场经济需要的教育体系是教育改革的目标。在体系的框架内创造不同的教育途径，使学生和成人都能获得适当的专业资格。波兰教育模式应向欧盟教育模式倾斜，以便学生未来在欧盟市场就业。

民主左翼联盟认为，学前教育是未来教育的基础，应全面普及学前教育，国家财政应支持托儿所和幼儿园的建立，鼓励在小城镇建立幼儿园，使每个幼儿都能就近接受学前教育，学前教育对象应包含失业人员的子女。通过减税鼓励企业在托儿所和幼儿园的发展方面发挥重要作用。国家教育补助也应该覆盖学前教育，包括学前教育教师的薪酬。① 民主左翼联盟主张扩大中小学招生人数，让更多的青少年能进入中小学学习，确保学生能获得信息和奖学金。

民主左翼联盟认为，职业教育直接关系到劳动力市场，职业教育必须要适应劳动力市场变革的要求。研究显示，波兰受教育程度与失业率成正相关，

---

① Rowne Szanse Program SLD dla edukacji Sojusz Lewicy Demokratycznej[R/OL]. [2014-03-06]. http://www.sld.org.pl/.

受教育年限越长，学历越高，失业的概率越小，失业率最低的是受过大学教育的人。1995 年大学生失业率是 1.5%，而同期普通中学、职业中学、基本职业教育、小学或文盲的失业率比例分别是 7.2%、20.2%、39%和 32.1%；2003 年这个比例分别是 2.4%、6.5%、21.2%、35.5%和 32.4%（见表 3.11）。因此，民主左翼联盟主张以满足市场需求为目标，突出职业教育的特殊地位，大力加强职业教育；把职业学校的理论学习与实践紧密结合起来；学校和教育体系应该与公共生活相联系，使学校与工作环境相联系，为学生提供更多实习和培训的机会；采取措施建立终身学习制度；①给非在校学生进修支付教育费及减免税收。

为让更多的人在短时间内接受高等教育，民主左翼联盟主张大力发展高等教育，增加高等教育支出。为降低教育开支并且使地方政府也积极参与投资教育，民主左翼联盟主张在接近学生住宿的地方也就是小区域中心开设大学。对于几乎接触不到优质教育特别是高等教育的农村，主张加强农村地区的教育，实现城乡教育平等。扩大高等教育招生人数，实现高等教育大众化。

表 3.11  波兰不同教育程度的失业率

单位：%

| 不同教育程度 | 1995 年 | 1998 年 | 2003 年 |
| --- | --- | --- | --- |
| 大学 | 1.5 | 1.6 | 2.4 |
| 普通中学 | 7.2 | 6.1 | 6.5 |
| 职业中学 | 20.2 | 20.2 | 21.2 |
| 基本职业教育 | 39.0 | 38.1 | 35.5 |
| 小学或者文盲 | 32.1 | 34.0 | 32.4 |

资料来源：Agnieszka Paczynska. Inequality, Political Participation, and Democratic Deepening in Poland [J]. East European Politics and Societies 2005, 19.

民主左翼联盟认为，应该逐步增加国民教育支出，改善各级各类学校的基础设施和教育辅助设施，如无线网络接入、购买交互式白板和投影仪、为中学配备计算机实验室等；提高教职工的收入，确保教职工有更好的生活，使教师成为一个有吸引力的职业，激励他们提高工作质量。民主左翼联盟认为有必要加强奖学金制度、恢复国家奖学金基金，建立专门针对贫困家庭学

---

① Rowne Szanse Program SLD dla edukacji Sojusz Lewicy Demokratycznej[R/OL]. [2014-03-06]. http://www.sld.org.pl/.

生的贷款制度。

民主左翼联盟认为,非公立学校是波兰教育体系的重要补充,国家应大力支持非公立学校的发展,国家预算对学费不高的非公立学校应给予支持。

此外,民主左翼联盟还主张控制班级人数,为有需要的学生提供餐食,支持学生培养个人兴趣,支持学生的个性化发展,为学生提供心理咨询帮助,通过体育、旅游和课外活动提高学生的体质,增加国家预算让更多的儿童和青少年参加休闲活动,降低教科书价格,等等。

在执政期间,民主左翼联盟对教育进行了如下改革。

首先,对教育行政管理进行了分权改革,把教育管理权下放到地方政府。1990—1993 年,3—6 岁儿童的学前教育主要由地方社区负责;从 1994 年开始,由地方社区负责本地区的初等教育。

其次,改革学制。根据波兰《宪法》和《教育法》规定,波兰义务教育到 18 岁,小学入学年龄是 6 岁。波兰的教育分为基础教育、中等教育和高等教育三个层次,小学和初中属于基础教育,为义务教育阶段,中等教育分为普通中学和职业中学。《教育法》规定,小学学制 8 年,普通中学学制 4 年,中等职业学校学制 3 年,大学 4—6 年。1999 年波兰新《教育法》规定,小学学制 6 年,初中 3 年,小学和初中 9 年为基础教育和义务教育阶段,学龄在 13—16 岁;高中分为全日制普通高中、职业高中和技术学校三种,全日制普通高中 3 年,职业高中 2—3 年,技术学校 4 年,另外针对职业高中的学生还设置 2 年的补充教育;高等教育 4—5 年。2002 年,民主左翼联盟政府对波兰的中学教育进行了改革,普通高中 3 年,职业高中 4 年,或者在技术学校学习 2—3 年,再进入特殊职业高中 2—3 年,完成高中或职业教育,这一阶段学龄在 16—22 岁左右。中小学教育时长 12—15 年。2002—2004 年为双轨过渡期,2004 年举行最后一次全国性高中标准学习成就测验和职校联合会考。

经过调整,1990—1991 年,波兰有 18283 所小学,在校学生 527.64 万人;普通中学 1177 所,在校学生 49.36 万人;中等职业学校 4888 所,在校学生 175.13 万人。[①]2002—2003 年,波兰有 15593 所小学,在校学生 298.3 万人;普通中学增加到 2322 所,在校学生 48.7 万人;职业和技术学校 2833

---

① 高德平. 列国志·波兰[M]. 北京:社会科学文献出版社,2005:282.

所，在校学生 59.1 万人。①

最后，大力发展高等教育，尤其是私立高等教育。在高等教育支出占 GDP 比例未大幅度增加的情况下，波兰的高等教育获得了长足发展。1995－2002 年，波兰高等教育经费支出从 27.15 亿兹罗提增长到 68.5 亿兹罗提，占财政预算比例从 2.4%增长到 3.7%，②同期高等教育支出占 GDP 的比例分别达到 0.71%、0.88%，每名波兰大学生的高等教育支出达 3900 美元。③

1990－1991 年，波兰有各类高等院校 89 所，2003－2004 年，包括高等军事院校在内的波兰高等院校达到 400 所。④高校学生数量从 1990 年的 404000 人增长到 2002 年的 1800000 人，增长了近 5 倍。⑤1990－2000 年，每 10 万波兰居民中大学生数量翻了三番之多。1990－2005 年，波兰高校招生规模增长了 4.6 倍，1992－2004 年，波兰高等教育毛入学率从 12.9%增长到 47%，⑥ 实现了高等教育大众化的目标。

得益于较为宽松的发展环境和政府的大力支持，1989 年之后，私立高等教育在波兰获得较大发展，波兰成为中东欧私立高等教育占比最高的国家之一。2004 年，私立高等学校学生人数占高等学校学生总数比重达 29.4%，私立高等教育机构占到波兰高等教育机构全部份额的 68.5%（见表 3.12）。⑦为支持私立高等教育发展，民主左翼联盟 2001 年执政后，修改了《高等教育法》，把私立高等教育机构也纳入国家资助范围，加大资助力度。2001 年开始，在私立高等教育机构就学的全日制学生也可申请奖学金，但不能申请绩优奖学金。2004 年波兰《高等教育法草案》规定，满足一定标准的私立高等教育机构可以获得国家的教学和科研资助，私立机构学生可以享受和公立机构一样的奖学金系统，符合条件的私立学校国家负担每个学生 50%的教育费。⑧

---

① 波兰教育制度[OL].（2013-03-19）[2014-03-09]. http://www.liuxue86.com/a/1017937.html.
② 高德平. 列国志·波兰[M]. 北京：社会科学文献出版社，2005：283. 波兰教育制度[OL].（2013-03-19）[2014-03-09]. http://www.liuxue86.com/a/1017937.html.
③ 何雪莲. 波兰、匈牙利和捷克私立高等教育财政政策述评[J]. 民办教育研究，2007（2）.
④ 何雪莲. 波兰、匈牙利和捷克私立高等教育财政政策述评[J]. 民办教育研究，2007（2）.
⑤ Gavin Rae. Poland's Return to Capitalism: from the Socialist Bloc to the European Union[M]. London: I.B.Tauris & Co Ltd, 2008: 182.
⑥ 何雪莲. 波兰、匈牙利和捷克私立高等教育财政政策述评[J]. 民办教育研究，2007（2）.
⑦ 何雪莲. 波兰、匈牙利和捷克私立高等教育财政政策述评[J]. 民办教育研究，2007（2）.
⑧ 高德平. 列国志·波兰[M]. 北京：社会科学文献出版社，2005：282.

表 3.12　2003－2004 波兰公立和私立高等教育机构学生数和机构数

| 教育机构类型 | 学生数（人） | 占比（%） | 机构数（家） | 占比（%） |
|---|---|---|---|---|
| 公立机构 | 1306225 | 70.6 | 126 | 31.5 |
| 私立机构 | 544349 | 29.4 | 274 | 68.5 |

资料来源：何雪莲. 波兰、匈牙利、捷克私立高等教育财政政策述评[J]. 民办教育研究，2007（2）.

为监督促进高等教育机构提高教学质量，2002 年，波兰教育部成立了国家高等教育质量评估委员会，2002 年《高等教育法》修正案明确规定国家高等教育质量评估委员会是全国唯一的合法评估组织。2002－2004 年，国家高等教育质量评估委员会共评估了 59 个学科、867 个教学单位，对 2049 个申请建立的新学校或教学机构进行了资格评审，获得批准的仅有 1032 个，淘汰了一批不合格的私立高校，大大净化了波兰的高等教育市场。①

波兰教育面临的最大问题是教育投入难以满足教育发展的要求，尤其是学前教育还较为落后。2009－2010 年，波兰接受学前教育的 3－6 岁儿童是 100 万，大约占同龄儿童的 67.3%，而欧盟是 90%；只有 2.6%的幼儿能上托儿所，欧盟平均水平是 30%。②此外，由于教学内容设置等原因，波兰学生的基础写作水平较低。根据"国际学生评估"项目的观点，波兰大学生在阅读、数学和科学知识方面低于欧盟大学生的平均水平，2000 年欧盟学生平均分是 503，捷克学生平均分是 492，匈牙利学生平均分是 490，而波兰学生平均分只有 479。③

### 三、关于社会保障问题的政策主张

建设福利国家、保障公民福利是社会民主党的核心主张。作为社会民主主义性质的左翼政党，在社会保障问题上，民主左翼联盟秉持传统社会民主党的立场和主张，继承了很多社会主义的因素，如保护工人权利、保护弱势群体、尊重社会权利、主张平等的社会服务、消除贫困等。可以说，福利国家始终是民主左翼联盟最关心的议题及国家干预经济的核心，民主左翼联盟

---

① 杨昌锐. 政治转型后波兰高等教育改革述评[J]. 外国教育研究，2009（2）.
② Rowne Szanse Program SLD dla edukacji Sojusz Lewicy Demokratycznej[R/OL]. [2014-03-16]. http://www.sld.org.pl/.
③ 豪尔斯·加尔塞斯等. 匈牙利、波兰和捷克的福利国家建设[J]. 王新颖，译. 当代世界与社会主义，2004（5）.

的竞选纲领和施政纲领明确提出支持福利国家建设、减小改革的社会代价的主张。

1993年波兰议会大选，民主左翼联盟提出的竞选纲领的主要内容是继续经济改革、增加社会保障、减少失业、提高人民生活水平，并在竞选中打出了"经济是为了人，而不是人为了经济""改革的代价不是贫困"等口号。①民主左翼联盟领导人克瓦希涅夫斯基说："波兰经济需要理性增长，同时要把工人阶级的利益放在心上。"②民主左翼联盟主张社会市场经济，支持继续改革，同时强调要减小改革的社会代价。③这些主张迎合了选民的需求，获得了选民支持，帮助民主左翼联盟赢得了大选并成功走上执政舞台。

民主左翼联盟认为，消除失业、贫穷、无家可归、收入的两极化，确保青少年能够接受公共教育、参与文化建设，保证退伍军人有良好的工作生活条件，实现男女平等，这些是他们的奋斗目标。民主左翼联盟认为，以社会团结为主导的国家在保护弱势群体利益的同时要遵守民主法律秩序。每个人都有过体面生活的权利，社会保障是每个人都应该享有的最低保障权利。④

可以说国内社会政治经济条件、原有福利国家遗产及国际环境直接影响了民主左翼联盟的社会保障政策主张。作为反对派时，民主左翼联盟在竞选纲领和行动中旗帜鲜明地表达了自己作为左翼在社会政策上的态度。但民主左翼联盟执政后，受国内经济形势、国际压力等影响，其主张的社会保障政策表现出实用主义和灵活的特色，部分社会政策甚至比较接近新自由主义，如把暂时就业作为战胜失业的手段、实行激进的养老金改革等。但民主左翼联盟并不认为自己属于新自由主义，他们认为自己是社会民主党，尤其是其年轻成员更倾向接受典型左翼在社会政策上的观点。⑤民主左翼联盟试图在弥合自由主义、社会民主主义和天主教保守主义这些不同观点的同时，保留自己传统左翼的立场。

社会保障政策实施受到的国内政治限制主要来自执政联盟伙伴——波兰

---

① 王志连，姬文刚. 波兰左翼政党发展演变探析[J]. 当代世界与社会主义，2006（6）.

② Linda J.Cook, Mitchell A.Orenstein. The Return of the Left and Its Impact on the Welfare State in Poland, Hungary and Russia[M]. //Linda J. Cook, Mitchell A. Orenstein, Marilyn Rueschemeyer. Left Parties and Social Policy in Postcommunist Europe. Oxford: Westview Press, 1999: 75.

③ Grzegorz W. Kolodko. Strategy for Poland[C/OL]. [2014-04-02]. www.tiger.edu.pl.

④ Program of The Social Democracy of The Republic of Poland[R/OL]. [2014-04-02]. http://library.fes.de.

⑤ Anna Pacześniak. How much Left is there on the Left? The views of SLD party members[C]. 2011.

人民党。1993年大选获得组阁权后，民主左翼联盟首先提出与议会第三大党、自由主义的自由联盟联合组阁，认为这能更好地树立自己"亲改革"的形象，而不是被当作前共产党的"后继党"被孤立，但自由联盟拒绝了民主左翼联盟的合作要求。民主左翼联盟不得不与议会第二大党波兰人民党组成联合政府执政，两党占据议会下院2/3的席位，可以左右主要的立法倡议。但实践证明波兰人民党不是一个容易合作的伙伴，尤其是在经济改革方面，波兰人民党对结构改革持怀疑态度。波兰人民党希望大幅度增加对农村的补贴，热衷于争权夺利，期望占据更多的中央和地方领导岗位。民主左翼联盟提出的所有改革倡议要想在波兰人民党那里获得支持都必须付出代价，这迫使民主左翼联盟在诸多改革问题上不得不寻求其他政党的支持。

经济条件方面，国家的财政能力及国际援助是民主左翼联盟实施福利国家政策的经济基础。转轨初期经济下滑导致税收减少，国家财政状况持续恶化；中右翼政府毫无计划地大规模扩张社会开支导致社会保障方面的高成本和低效率。世界银行在一份对波兰的评估报告中说："转轨时期，波兰在养老金支出上的增长掩盖了社会福利预算的重点，那就是在面临风险时，社会安全网保护最脆弱的人群。"[①]这种新自由主义的政策导致1989—1993年波兰成为一个畸形的福利国家，限制了民主左翼联盟政府的政策空间。

要加入欧盟，波兰的很多社会指标必须满足欧盟标准，如欧盟要求政府预算赤字占GDP比例最高是3%、中欧国家不能使社会开支低于欧盟标准以防移民潮。所以，民主左翼联盟执政后必须削减社会开支，降低预算赤字占GDP的比例，以满足加入欧盟的条件。

尽管受到这些因素的限制，民主左翼联盟还是努力制定和实行了左翼倾向的社会政策，在波兰重建福利国家制度。其设想是有效、合理地使用社会服务和社会福利开支，通过市场提高社会服务质量，有效使用物质资源，限制国家官僚的权利，把社会福利分配给最需要的人。[②]

1993、2001年民主左翼联盟赢得大选执政后，根据波兰面临的国内外条件，在社会保障方面主要实施了如下政策。

---

① Linda J.Cook, Mitchell A.Orenstein. The Return of the Left and Its Impact on the Welfare State in Poland, Hungary and Russia[M]. //Linda J.Cook, Mitchell A.Orenstein, Marilyn Rueschemeyer. Left Parties and Social Policy in Postcommunist Europe. Oxford: Westview Press, 1999: 81.

② Jozefina Hrynkiewicz. From Socialist to Liberal Utopia:Changed in Poland's Social Policy since 1989[M]. //Anna Kwak, Robert Dingwall. Social Change, Social Policy and Social Work in the New Europe. Brookfield: Ashgated Publishing Ltd, 1998: 17.

第一，为了提高人民的生活水平，取消限制工资增长的政策。转轨之初由于通货膨胀居高不下，中右翼政府采取了限制工资增长的政策。1992年波兰经济开始复苏，GDP首次出现正增长，经济增长率达到2.6%。1993年民主左翼联盟执政之后，波兰经济持续增长。得益于经济持续增长，民主左翼联盟政府抛弃中右翼政府限制工资增长的政策，提高了最低工资水平，1993年12月底又提高了最低养老金和养老金指数。[①]尽管幅度有限，但这项改革减小了改革的社会代价，使社会中最弱势群体成为最大受益者。1994年，波兰的实际工资停止下降，1995、1996年实际工资分别增长5.5%、6%。[②]

第二，调整社会保障的享受标准，使最需要者得到保障。1995年开始，民主左翼联盟政府重新修订了享有家庭津贴、住房津贴等福利的标准，目的是在保证真正有需要的人获得社会保障的同时降低社会开支占GDP的比例。1995年3月，民主左翼联盟政府出台规定，家庭人均总收入不超过上一年平均工资收入的50%，农民家庭人均不超过2公顷土地才可获得家庭津贴，[③]由此削减了100多万家庭的家庭津贴[④]，降低了家庭津贴占GDP的比例（见表3.13）。

降低育儿福利。原法律规定只有母亲可以享受子女津贴，民主左翼联盟政府出台规定父亲也可以享受子女津贴，并把育儿津贴与物价联系起来。民主左翼联盟主张家庭应承担育儿责任，但认为只有最困难的家庭或多子女家庭才能得到公共财政的资助。此项政策的实施进一步降低了育儿津贴占GDP的比例（见表3.13）。

1996年，波兰议会修改《社会保障法》，严格享受社会救助的资格，目的是使真正有需要的人得到社会救助。在新规定下，社会救助总人数下降了50%，社会救助占GDP的比例开始下降（见表3.13）。1995年实施住房津贴与家庭收入联系的新规定，国家通过税收减免鼓励私人建房。

---

① Michael J. G. Cain, Aleksander Surdej. Transitional Politics or Public Choice?Evaluating Stalled Pension Reforms in Poland[M]. //Linda J.Cook, Mitchell A.Orenstein, Marilyn Rueschemeyer. Left Parties and Social Policy in Postcommunist EuropeOxford: Westview Press, 1999: 164-165.

② Gavin Rae. Poland's Return to Capitalism: from the Socialist Bloc to the European Union[M]. London: I.B.Tauris & Co Ltd, 2008: 64.

③ Anna Kwak. Family Policy and Family Life in Poland[M]. //Anna Kwak, Robert Dingwall. Social Change, Social Policy and Social Work in the New Europe. Brookfield: Ashgated Publishing Ltd, 1998: 66.

④ Linda J.Cook, Mitchell A.Orenstein. The Return of the Left and Its Impact on the Welfare State in Poland, Hungary and Russia[M]. //Linda J.Cook, Mitchell A.Orenstein, Marilyn Rueschemeyer. Left Parties and Social Policy in Postcommunist Europe. Oxford: Westview Press, 1999: 86.

表 3.13（a） 1987—1996 年波兰部分社会支出

单位：十亿兹罗提

| 部分社会支出 | 1987 | 1988 | 1989 | 1990 | 1991 | 1992 | 1993 | 1994 | 1995 | 1996 |
|---|---|---|---|---|---|---|---|---|---|---|
| 家庭津贴 | 187 | 294 | 415 | 223 | 231 | 257 | 185 | 169 | 131 | 145 |
| 子女津贴 | 13 | 15 | 6 | 16 | 28 | 25 | 22 | 19 | 17 | 17 |
| 社会救助金 | — | — | — | 32 | 52 | 66 | 69 | 71 | 55 | 55 |
| 总实物支出 | 16.7 | 16.4 | 16.3 | 19.9 | 26.3 | 28.9 | 27.6 | 28.8 | 27.9 | 25.5 |

注：以 1987 年为基数计算。

资料来源：Linda J.Cook, Mitchell A.Orenstein. The Return of the Left and Its Impact on the Welfare State in Poland,Hungary and Russia［M］.//Linda J.Cook, Mitchell A.Orenstein, Marilyn Rueschemeyer. Left Parties and Social Policy in Postcommunist Europe. Oxford:Westview Press, 1999: 77.

表 3.13（b） 1987—1996 年波兰部分社会支出占 GDP 比例

单位：%

| 部分社会支出占 GDP 比例 | 1987 | 1988 | 1989 | 1990 | 1991 | 1992 | 1993 | 1994 | 1995 | 1996 |
|---|---|---|---|---|---|---|---|---|---|---|
| 家庭津贴占 GDP 比例 | 1.1 | 1.6 | 2.0 | 1.4 | 1.8 | 2.1 | 1.5 | 1.4 | 1.0 | 1.0 |
| 子女津贴占 GDP 比例 | 0.1 | 0.1 | 0.03 | 0.1 | 0.2 | 0.2 | 0.2 | 0.2 | 0.1 | 0.1 |
| 社会救助金占 GDP 比例 | — | — | — | 0.2 | 0.4 | 0.5 | 0.6 | 0.6 | 0.4 | 0.4 |
| 总实物支出占 GDP 比例 | 16.7 | 16.4 | 16.3 | 19.9 | 26.3 | 28.9 | 27.6 | 28.8 | 27.9 | 25.5 |

注：以 1987 年为基数计算。

资料来源：Linda J.Cook, Mitchell A.Orenstein. The Return of the Left and Its Impact on the Welfare State in Poland,Hungary and Russia［M］.//Linda J.Cook, Mitchell A.Orenstein, Marilyn Rueschemeyer. Left Parties and Social Policy in Postcommunist Europe. Oxford:Westview Press, 1999: 77.

通过改革，波兰一方面调整和控制各类社会支出，社会支出占 GDP 比例下降（见表 3.13），调整后节省下来的费用用于失业救济、养老金、医疗和教育；另一方面，尽管社会支出占 GDP 比例下降了，但得益于国家财政收入的增长，实际的社会开支有所增长，穷人和中产阶级成为最大的受益者。

第三，积极解决失业问题[1]。民主左翼联盟认为，"经济和社会政策的一

---

[1] 1997 波兰宪法第 67 条规定并非出于自愿而失业又无其他生活来源的公民有权获得社会保障。

个主要优先任务是与失业做斗争"①,解决失业问题是政府的重要责任。民主左翼联盟执政后修改《失业救济法》,实施积极主动的劳动力市场政策,改革的方向是不鼓励人们领取失业救济金,而是鼓励人们积极就业。

转轨初期因为经济持续下滑,波兰失业率居高不下,1994 失业率高达16.0%,政府为此支出的失业救济金及其占 GDP 的比例不断增加(见表3.14)。

1994 年,民主左翼联盟政府制定的"波兰战略"指出,失业救济金帮助了失业者,但也有破坏性影响。过高的失业救济金会使一些人只愿领取失业救济金而不愿再就业,反而不利于解决失业,因此主张降低失业救济金。民主左翼联盟政府采取措施把失业救济金从 1995 年相当于全国平均工资的36%降到2003 年的20%,减少领取失业救济金人数,使其占失业者的比例从1994 的 50.1%降到2004 年的14.2%,②这些措施的实施使失业救济金占 GDP 的比例和失业率明显下降(见表3.14)。

表3.14　1990-1997 年波兰主要指标及其占 GDP 比例

| 主要指标 | 1990 | 1991 | 1992 | 1993 | 1994 | 1995 | 1996 | 1997 |
| --- | --- | --- | --- | --- | --- | --- | --- | --- |
| GDP 增长率(%) | -11.6 | -7.0 | 2.6 | 3.8 | 5.2 | 7.0 | 6.1 | 6.7 |
| 通货膨胀率(%) | 585 | 70.3 | 44.3 | 37.2 | 29.5 | 21.6 | 18.5 | 13.5 |
| 失业率(%) | 6.3 | 11.8 | 13.6 | 15.7 | 16.0 | 14.9 | 13.6 | 10.8 |
| 工资税(%) | 43.0 | 43.0 | 45.0 | 37.0 | — | — | 45.0 | 45.0 |
| 失业救济金(十亿兹罗提) | 50 | 170 | 159 | 142 | 151 | 169 | 171 | — |
| 失业救济金占 GDP 的比例(%) | 0.3 | 1.4 | 1.3 | 1.2 | 1.2 | 1.3 | 1.2 | — |

资料来源：Linda J.Cook, Mitchell A.Orenstein. The Return of the Left and Its Impact on the Welfare State in Poland, Hungary and Russia [M]. //Linda J.Cook, Mitchell A.Orenstein, Marilyn Rueschemeyer. Left Parties and Social Policy in Postcommunist Europe. Oxford: Westview Press, 1999: 76.

针对波兰在转轨初期建立的失业救助金制度与社会救助计划不协调的问题,民主左翼联盟认为,解决失业问题既要为现在的失业者和刚进入劳动力市场的年轻人创造工作机会,也要给病人、残疾人、单独抚养孩子的母亲和独自维持家庭的人们以就业保护。

民主左翼联盟认为,失业问题的解决应伴随行业重组(提高加工业和服务业的比重)带来的经济增长,至少需要在五个领域实施一致的经济和社会

---

① Grzegorz W. Kolodko. Strategy for Poland[C/OL]. [2014-04-12]. www.tiger.edu.pl.
② 胡德巧,王小卓,叶英,孙震中. 波兰促进就业的做法及启示[J]. 宏观经济管理, 2006 (4).

政策：不同地区实施不同政策，包括税收和信贷政策、建立经济特区；通过调整农业结构和农业现代化，使农村地区多功能发展，在农村创造更多的新就业就会；建立大型基建企业，尤其是在传输网络和建筑行业的改造方面；引导人口向能提供就业的地区流动；实行灵活的教育政策，职业教育要能适应劳动力市场变革的要求；等等。

1994年8月，民主左翼联盟政府通过《就业和反失业行动法》，重新定义就业和失业，重新界定领取失业救济金的标准。该法确保年龄偏大的员工面临失业时能得到最大的安全保障，并保护抚养孩子的年轻人及妇女的相应权益。它规定：有20年以上工龄的员工如果失业可领取18个月的失业救济金；有一个以上不满15岁的孩子，且配偶已无权领取失业救济金的失业者，领取失业救济金的时间为18个月；如果妇女在领取失业救济金期间或在失去领取失业救济资格后一个月内生育，产假期间可以继续领取失业救济金。此外，不同地区实施不同的失业救济金政策，失业率居高不下的地区可以额外获得国家补贴用于发展基础设施和投资并可享受商业免税政策。如果失业者居住地的失业率低于全国平均水平，可领取6个月失业救济金；如果高于全国平均水平，可以领取12月失业救济金。

1995年11月，民主左翼联盟政府出台了通过提高劳动生产力减少失业的新计划，规定失业救济金与工作时间长短和通货膨胀挂钩。工龄不满5年的员工如果失业只能领取80%的失业救济金；工龄超过20年的员工失业则可领取120%的失业救济金。同时规定如果失业者两次拒绝政府提供的工作，即使工作不适合，也不能再领取失业救济金。

2001年，民主左翼联盟再次执政时失业率高达17.4%①，为降低失业率，民主左翼联盟政府制定和实施了更加积极和主动的劳动力市场政策来解决失业问题。2004年实施《就业促进法》，通过完善劳动力市场服务机构、促进在研究和技术上的更大投资、支持新的增长领域、加强现代教育培训和终身学习来创造更多的新的高质量的就业机会。进一步调整劳动机构的设置，形成覆盖全国所有地区的公共就业服务体系。②

---

① Gavin Rae. Poland's Return to Capitalism: from the Socialist Bloc to the European Union[M]. London: I.B.Tauris & Co Ltd, 2008: 64.

② 由劳工和社会政策部负责全国的就业计划和规划工作，各地成立对地方自治政府负责的劳工办公室；劳工和社会政策部同时配合欧洲社会基金和世界银行对波兰的就业援助，并成立了欧洲社会基金管理司、欧洲社会基金执行司等机构；此外，劳工和社会政策部还支持非政府就业服务机构的建设和发展。

2004 年，波兰加入欧盟后开始借助"欧洲就业战略"（European Employment Strategy）解决失业问题。为此，民主左翼联盟政府制定了"创业-发展-工作"经济战略、"社会政策战略：工作和社会保障"和"支持经济增长的计划：2003—2004 年的措施"，并制定了使用欧洲社会基金框架的"2004—2006 年人力资源部门发展计划"。这些计划的核心就是支持创业和增加就业，这也标志着波兰从被动的劳动力市场政策转向积极的劳动力市场政策。关键是用劳动力市场政策协调特定经济部门和大企业的重组以应对失业；把对被裁减冗员的保护与促使他们在当地劳动力市场积极就业的政策协调起来，在企业重组的环境中促进创业；把部门政策与区域、地方政策结合起来。政府还承诺国家各部门合作准备更广泛的创业计划。这些计划还包括了里斯本计划的优先事项，即：为男性和女性提供公平的就业机会、为毕业生和公民准备特殊职业教育等，欧盟的灯塔基金和结构基金将为实施这些计划提供资金支持。

第四，改革养老保险制度。民主左翼联盟认为，"确保老年人的生活是我们社会的责任，退休和养老金制度是实施这一政策的基础"，"改革现在的社会福利制度以减少社会保障支出是非常重要的，但改革不应该导致现在养老金和退休人员收入的下降，同时要确保他们享受国民生产增长的益处。"①

民主左翼联盟政府实施养老金改革的原因是：1989—1993 年，中右翼政府为解决失业而鼓励提前退休，结果导致波兰领取养老金的人数和养老金开支急剧增长，最高时全国 1/5 的人口在领取养老金；②养老金开支占社会支出的比重从 1990 年的 50%上升到 1994 年的 54%③，占 GDP 的比例也大幅度上升（见表 3.15），养老金成为最大的社会支出项目。与此同时，缴纳社会保险金的工人数量下降，1989 年有 1450 万波兰工人缴纳社会保险金，但到 1995 年只有 1260 万工人缴纳社会保险金。④再加上波兰实行的是现收现付制养老

---

① Program of The Social Democracy of The Republic of Poland[R/OL]. [2014-04-19]. http://library.fes.de.

② Michael J. G. Cain, Aleksander Surdej. Transitional Politics or Public Choice?Evaluating Stalled Pension Reforms in Poland[M]. //Linda J.Cook, Mitchell A.Orenstein, Marilyn Rueschemeyer. Left Parties and Social Policy in Postcommunist Europe. Oxford:Westview Press, 1999: 150.

③ Michael J. G. Cain, Aleksander Surdej. Transitional Politics or Public Choice?Evaluating Stalled Pension Reforms in Poland[M]. //Linda J.Cook, Mitchell A.Orenstein, Marilyn Rueschemeyer. Left Parties and Social Policy in Postcommunist Europe. Oxford:Westview Press, 1999: 149.

④ Michael J. G. Cain, Aleksander Surdej. Transitional Politics or Public Choice?Evaluating Stalled Pension Reforms in Poland[M]. //Linda J.Cook, Mitchell A.Orenstein, Marilyn Rueschemeyer. Left Parties and Social Policy in Postcommunist Europe. Oxford:Westview Press, 1999: 149-150.

保险制度①，使得波兰的养老保险金拖欠严重。而法律规定国家对退休人员承担养老义务②，养老金必须依赖国家预算补贴，养老金给国家财政造成的沉重负担迫使政府必须改革养老金制度。

表3.15　1989-1995年波兰人口及养老金情况

| 分类 | 1989 | 1990 | 1991 | 1992 | 1993 | 1994 | 1995 |
|---|---|---|---|---|---|---|---|
| 总人口（以千计） | 37963 | 38119 | 38245 | 38365 | 38459 | 38544 | 38590 |
| 就业人口（以千计） | 17002 | 16280 | 15326 | 14677 | 14330 | 14591 | 14740 |
| 退休人员（以千计） | 6827 | 7104 | 7944 | 8495 | 8730 | 8919 | — |
| 退休人员占总人口比例(%) | 17.9 | 18.6 | 20.0 | 22.1 | 22.7 | 23.1 | — |
| 就业人口与退休人员百分比（%） | 2.49 | 2.29 | 2.14 | 1.75 | 1.75 | 1.75 | |
| 养老金支出（百万兹罗提） | — | 4972 | 10183 | 16784 | 23194 | 33230 | 44746 |
| 养老金支出占GDP比例（%） | — | 8.6 | 12.6 | 14.6 | 14.9 | 15.8 | 15.6 |
| 养老金赤字占GDP比例（%） | — | 0.5 | 3.1 | 6.1 | 6.0 | 6.1 | 3.9 |

资料来源：Michael J. G. Cain, Aleksander Surdej. Transitional Politics or Public Choice?Evaluating Stalled Pension Reforms in Poland [M]. //Linda J.Cook, Mitchell A.Orenstein, Marilyn Rueschemeyer. Left Parties and Social Policy in Postcommunist Europe. Oxford: Westview Press, 1999: 150.

民主左翼联盟为波兰养老保险改革设计的理念是既有利于经济发展又不能以年轻一代作为代价。1995年，民主左翼联盟政府开始实施养老金改革。

首先，废除提前退休政策。因为很多人退休后还在原来的岗位上工作，退休金只是个人收入的补充。这种状况在养老金体系不健全的情况下，不仅没有降低失业率和使养老金惠及最需要的人，反而导致养老金支出的大幅度增长。因此，民主左翼联盟政府在执政后首先废除了提前退休政策。③

其次，提高最低养老金和养老金指数，回应老年选民对民主左翼联盟的

---

① 现收现付制养老保险制度是一种以横向平衡原则为依据，以同一时期正在工作的所有人的缴费来支付现在保险受益人开支的制度，即以同一个时期正在工作的一代人的缴费来支付已经退休的一代人的养老金的保险财务模式。它根据每年养老金的实际需要，从工资中提取相应比例的养老金，本期征收，本期使用，不为以后使用提供储备。

② 1997年波兰《宪法》第67条规定公民因疾病或伤残丧失工作能力或达到退休年龄时有权获得社会保障。

③ 规定男性65岁工作满25年，女性60岁工作满20年才能退休领取养老金，特殊行业另行规定，比如矿工在井下工作25年即可退休领取养老金。

支持。1993 年 12 月，民主左翼联盟政府将最低养老金从平均工资的 35%提高到 39%，①月平均养老金从 1989 年的 66 兹罗提增加到 1994 年的 387 兹罗提，养老金与工资的百分比从 1990 年的 55.8%提高到 1994 年的 63.0%，②同时提高农民的退休金水平。

最后，按照财政部长科勒德克制定的《波兰战略》彻底改革波兰的养老金制度。1996 年 10 月，波兰开始实施养老金指数与物价而不是工资挂钩的政策，根据居民消费价格指数（CPI）③变化而不是根据工资增长率的变化来调整养老金；多渠道提供养老保险，除了国家提供的公民必须强制参加的公共养老基金④之外，鼓励公民参加商业养老保险。⑤政策规定小于 30 岁的劳动者必须同时参加两种养老保险；30－50 岁的劳动者自愿选择是否参加商业保险；超过 50 岁的公民只需要参加公共养老保险。雇员和雇主各承担 50%的养老保险，其中雇员收入的 12%－22%进入国有养老基金，7.3%进入私人养老基金，另外 17.48%的收入进入国有残疾养老金和家庭津贴等。⑥1997 年 6 月，民主左翼联盟政府规定把国有企业私有化的部分收入充实国有养老保险基金。

民主左翼联盟实施的养老金制度一方面确保公民享有最低养老金的同时降低了养老金占 GDP 的比例（见表 3.16）；另一方面大型私人养老基金的建立刺激了波兰资本市场的发展，增加了投资，促进了经济发展，增加了税收，使养老基金增值。2003 年大部分私人养老基金开始盈利。

---

① Michael J. G. Cain, Aleksander Surdej. Transitional Politics or Public Choice?Evaluating Stalled Pension Reforms in Poland[M]. //Linda J.Cook, Mitchell A.Orenstein, Marilyn Rueschemeyer. Left Parties and Social Policy in Postcommunist Europe. Oxford:Westview Press, 1999: 164-165.

② Michael J. G. Cain, Aleksander Surdej. Transitional Politics or Public Choice?Evaluating Stalled Pension Reforms in Poland[M]. //Linda J.Cook, Mitchell A.Orenstein, Marilyn Rueschemeyer. Left Parties and Social Policy in Postcommunist Europe. Oxford:Westview Press, 1999: 149.

③ 居民消费价格指数（consumer price index，简称 CPI）是一个反映居民家庭一般所购买的消费商品和服务价格水平变动情况的宏观经济指标，其变动率在一定程度上反映了通货膨胀或紧缩的程度。

④ 在波兰有两个主要的公共养老保险基金：一个是针对普通职工的社会保险服务局（ZUS）；另一个是专门针对农民的社会保险基金会（KRUS）。退休人员、残废工人、抚养孩子的家庭、残疾人和长期患病的公民从社会保险服务局领取社会保险金。另外军警等穿制服的人员有专门的养老保险基金。

⑤ 商业保险也称为开放式保险，波兰共建立了 16 家大型开放式养老保险基金供公民选择。

⑥ Linda J.Cook, Mitchell A.Orenstein. The Return of the Left and Its Impact on the Welfare State in Poland,Hungary and Russia[M]. //Linda J.Cook, Mitchell A.Orenstein, Marilyn Rueschemeyer. Left Parties and Social Policy in Postcommunist Europe. Oxford:Westview Press, 1999: 89.

表 3.16　1998－2005 年波兰养老金和病退支出占 GDP 的比例

单位：%

| 类别 | 1998 | 1999 | 2000 | 2001 | 2002 | 2003 | 2004 |
|---|---|---|---|---|---|---|---|
| 养老金和病退支出占 GDP 比例 | 14.02 | 14.05 | 12.80 | 13.42 | 13.81 | 13.86 | 12.80 |

资料来源：Gavin Rae. Poland's Return to Capitalism:from the Socialist Bloc to the European Union [M]. London: I.B.Tauris & Co Ltd, 2008: 66.

民主左翼联盟政府提出的养老金改革计划不仅得到了执政伙伴波兰人民党的支持，而且也得到了非执政伙伴自由联盟及公众的广泛支持。1997年波兰新《宪法》确认了民主左翼联盟提出的养老金改革原则，由此可见，民主左翼联盟的养老金改革得到了社会的广泛认同。尽管1997年大选民主左翼联盟不敌右翼团结竞选联盟，但民主左翼联盟的支持率不降反升，比1993年大选提高了7个百分点，而且团结竞选联盟执政后继续了民主左翼联盟提出的养老金改革。

第五，改革医疗保险制度。波兰在社会主义时期实行免费医疗，但是由于医疗投入不足，实际并没有真正实现免费医疗，医疗服务不能满足《宪法》规定的"国家保障公民平等享有公共财政资助的健康保障服务"[1]。据统计，波兰现有医疗投入在经合组织国家中是最少的（见表 3.17），不仅低于发达国家，如德国（11%），而且还低于中东欧地区的很多国家，如捷克（6.7%）、匈牙利（5.46%）、斯洛伐克（5%）等。[2]波兰的医疗服务面临严峻形势，750家主要医院中有 600 家负债严重（大约达到 80 亿兹罗提）。[3]公民要求获得更好医疗服务的愿望和现实差距较大。

为建立一个有效的初级医疗保健体制，民主左翼联盟认为，必须对波兰的医疗体制进行改革。改革的基本指导思想是：全体社会成员都享有基于平等原则的、普遍的、强制的医疗保险，基本医疗服务覆盖所有被保险人，同时建立自愿参加的额外保险；在医疗机构之间引入竞争机制，使它们提高医疗服务质量，提供更好、更专业的基本医疗服务；建立定期体检制度；国家

---

[1] 1997年波兰共和国宪法（英文版）[OL].（1997-04-02）[2014-04-25]. http://www.sejm.gov.pl/prawo/konst/angielski/kon1.htm.

[2] Gavin Rae. Poland's Return to Capitalism: from the Socialist Bloc to the European Union[M]. London: I.B.Tauris & Co Ltd, 2008: 66.

[3] Gavin Rae. Poland's Return to Capitalism: from the Socialist Bloc to the European Union[M]. London: I.B.Tauris & Co Ltd, 2008: 66-67.

预算资金应首先被直接用于购买昂贵的诊断和治疗设备、医务人员的培训、实施国民健康计划等,尤其是癌症、循环系统疾病、艾滋病、预防和治疗职业病、传染性疾病等;关怀孕妇,创造有利于分娩的医疗条件,关心青少年、残疾人、老年人的健康。①

表 3.17　1989－2005 年波兰医疗开支占 GDP 比例

单位:%

| 类别 | 1989 | 1990 | 1991 | 1992 | 1993 | 1994 | 1995 | 1996 | 1997 |
|---|---|---|---|---|---|---|---|---|---|
| 医疗开支占 GDP 比例 | 3.39 | 5.83 | 4.80 | 4.94 | 4.78 | 4.63 | 3.98 | 4.30 | 4.00 |
| 类别 | 1998 | 1999 | 2000 | 2001 | 2002 | 2003 | 2004 | 2005 | — |
| 医疗开支占 GDP 比例 | — | 5.70 | 3.60 | 3.30 | 3.10 | 3.10 | 3.10 | 3.20 | — |

资料来源:Gavin Rae. Poland's Return to Capitalism:from the Socialist Bloc to the European Union [M]. London:I.B.Tauris & Co Ltd, 2008: 68.

在这一指导思想下,1994 年,民主左翼联盟政府开始制定实施公共健康制度和家庭医生服务制度。1996 年,波兰与世界银行合作,建立了新的地区医疗保险基金负责医疗保险。医疗保险改革引入内部市场概念,也就是通过市场化刺激提高医疗服务的效率和质量,通过市场化运作使医疗基金增值,给医疗卫生的提供者更多的独立决策权,鼓励医疗服务的提供者参与竞争。1997 年 2 月,波兰通过《一般医疗保险法》并于 1999 年开始实施。

1997 年团结竞选联盟执政后,把医疗保障权利从中央下放到地方,建立医疗基金,但因为地方政府资金匮乏,导致基本医疗服务功能不能满足民众需要,团结竞选联盟盲目的医疗保险改革引发民众不满,这是导致 2001 年团结竞选联盟竞选败北的重要原因之一。

2001 年民主左翼联盟再次执政后,启动新的医疗保险制度改革,把医疗保障管理权重新收归中央统一管理。2003 年 1 月,民主左翼联盟政府通过《成立国家医疗卫生基金及普遍医疗保险法》,经总统批准于 2003 年 4 月 1 日正式生效。根据新的医疗保险法,波兰彻底改革现行医疗保险制度,建立全国性的医疗保险体系。全国医疗保险费实行集中管理,在医疗开支占 GDP 比例

---

① Program of The Social Democracy of The Republic of Poland[R/OL]. [2014-04-25]. http://library.fes.de.

大致稳定的情况下，保障所有参保人员都得到平等的医疗保险待遇。

首先，建立国家医疗卫生基金取代过去的 17 家医疗保险管理机构，负责制定并监督实施国家医疗保险规划。国家医疗卫生基金是非营利机构，不从事开办医院、药店等经营活动。其次，实行覆盖所有波兰公民的普遍的医疗保险。参加职工社会保险和农民社会保险的人员及所有军警司法人员都必须参加义务保险，其他人员可自愿申请参加保险。①职工和农民按规定缴纳医疗保险后，其家庭成员也可以享受医疗保险待遇。个人就医只需缴纳30%-50%的购药费，其余由医疗保险支付。②

第六，与贫困做斗争。民主左翼联盟认为，经济增长并不会自动减少贫困，缩小收入差距；相反，贫困的加剧和不断增长的不平等会导致经济增长放缓，阻碍社会发展，所以必须消除贫困。③民主左翼联盟认为，与贫困做斗争的最有效手段是减少失业，提高教育水平；实施社会救助，包括非政府组织的救助；建立完善的社会保障体系，特别是养老保险制度；重新分配政府支出，包括在为消除贫困、实现社会公正和机会平等而采取的有效行动上的支出；维护累进的个人所得税；等等。

1993-1997年，在民主左翼联盟政府努力下，民众的生活水平确实提高了，但还没有达到民主左翼联盟承诺的水平。对此，民主左翼联盟自我评价说，"民主左翼联盟议会党团决定降低改革的社会代价和提高公民生活标准的目标逐渐产生了效果（尽管还没有达到预期的程度）"④，尽管贫困人口和失业率下降了，但仍然维持高位，"消除失业、贫穷和无家可归、收入的两极分化"⑤是我们的目标。

在波兰，受贫困影响最大的是失业者和依赖社会保障的群体。民主左翼联盟政府采取降低失业率和增加社会保障的举措，使贫困人口得以下降（见表3.18）。但1997年右翼团结竞选联盟执政后，由于经济形势恶化、失业率

---

① 2003年，个人缴纳比例占个人工资收入的占8%，以后逐年递增0.25%，2007年达到9%后保持不变。个人缴纳医疗保险的比例占40%，单位缴纳比例占60%。

② 高德平. 列国志·波兰[M]. 北京：社会科学文献出版社，2005：250.

③ Manifest programowy: Nowy wiek-nowy Sojusz Lewicy Demokratycznej, Socjaldemokratyczny program dla polski[R/OL]. 1999. [2014-04-27]. http://library.fes.de.

④ Linda J.Cook, Mitchell A.Orenstein. The Return of the Left and Its Impact on the Welfare State in Poland,Hungary and Russia[M]. //Linda J.Cook, Mitchell A.Orenstein, Marilyn Rueschemeyer. Left Parties and Social Policy in Postcommunist Europe. Oxford:Westview Press, 1999: 85.

⑤ Program of The Social Democracy of The Republic of Poland[R/OL]. [2014-04-28]. http://library.fes.de.

上升、社会保障权力下放到地方、地方缺乏资金保障等原因，波兰贫困人口再度增长（见表3.18）。

2001年民主左翼联盟再次执政后，积极采取措施消除贫困。首先，采用积极的劳动力市场政策降低失业率；其次，通过社会保障政策帮助陷入贫困的群体，保证他们的基本生活需要；最后，把欧盟包含反贫困内容的"欧洲融合战略"（European Social Integration Strategy）作为波兰政府永久性纲领的一部分。2003年，政府特别成立专门小组负责起草"社会融合的国家战略"（National Strategy of Social Integration），该战略设想到2010年优先实施20项措施降低贫困，在此基础上实施"社会融合国家行动计划：2005—2006年"，提出要战胜贫困和社会排斥，应优先关注儿童和青年。

表3.18 1989—2002年波兰贫困率和贫困人口总数（低于最低社会水平）

| 年份 | 贫困人口占总人口比例（%） | 贫困人口总数（百万） |
| --- | --- | --- |
| 1989 | 14.8 | 5.6 |
| 1990 | 31.2 | 11.9 |
| 1991 | — | — |
| 1992 | — | — |
| 1993 | — | — |
| 1994 | 57.3 | 22.1 |
| 1995 | — | — |
| 1996 | 47.7 | 18.4 |
| 1997 | 50.4 | 19.5 |
| 1998 | 49.8 | 19.3 |
| 1999 | 52.2 | 20.2 |
| 2000 | 53.8 | 20.8 |
| 2001 | 57.2 | 22.1 |
| 2002 | 58.7 | 22.7 |

资料来源：Gavin Rae. Poland's Return to Capitalism: from the Socialist Bloc to the European Union [M]. London: I.B.Tauris & Co Ltd, 2008: 71.

第七，社会服务的市场化。社会服务的市场化一方面可以弥补政府在社会服务供给上的不足，另一方面可以解决国家财政不能提供充足社会服务的问题。民主左翼联盟认为，市场不仅能弥补政府在社会服务供给上的不足，而且能更有效地利用资源，提高社会服务的质量。因此，民主左翼联盟主张在住房、教育、医疗等领域引入市场机制，由公民个人承担部分费用。

1997年《宪法》规定，允许对公立高等教育机构提供的一些服务收费，公民和机构有权建立各级教育机构，公立学校免费，法律规定父母有权为子女选择非公立学校。①民主左翼联盟政府出台税收减免政策鼓励富裕家庭送子女上私立、半私立学校。1990—1997年，波兰私立高等教育以年平均60%的速度发展②，成为中东欧国家中私立高等教育比例最高的国家之一。

尽管法律规定国家有义务为公民提供住房③，但因为财政资金紧张，波兰政府在住房建设上投资严重不足，远远不能满足人们对住房的需求。调查显示，波兰42%的城市居民和70%的农村居民不满自己的住房状况④，1500万家庭没有独立公寓⑤。截至2008年，波兰现有住房的28.7%是在1945—1970年建造的，1971—1988年建造的占30.2%，而1989—2006年建造的只占13%（620000套）。⑥相对于房价，居民收入过低及高通货膨胀等原因导致转轨后波兰住房严重短缺。1997年，普通人2—3个月的工资才能购买1平方米住房。⑦为减小政府在住房建设上的负担，政府鼓励私人投资住房建设。为此，民主左翼联盟政府出台税收减免政策。1997年，因私人投资住房建设共减免44亿兹罗提税收，自己投资建房者成为税收减免最大受益者。此外，政府还鼓励私人建立医院，同样给予税收减免。

第八，调整社会保障项目，削减社会保障支出。1993年，民主左翼联盟在前任中右翼团结工会政府快速、大规模、无计划地增加社会支出的情况下执政（见表3.19）。东欧剧变后，由于社会主义的历史遗产、转轨初期的社会政策及民主政治等原因，包括波兰在内的东欧国家实施了社会转移"货

---

① 1997年波兰共和国宪法（英文版）[OL]．(1997-04-02)[2014-05-05]．http://www.sejm.gov.pl/prawo/konst/angielski/kon1.htm.

② 何雪莲．波兰、匈牙利、捷克私立高等教育财政政策述评[J]．民办教育研究，2007（2）．

③ 1997年波兰《宪法》第75条规定，国家应实行有利于满足公民住房需求的政策，特别是致力于解决无家可归问题、推动低收入家庭的住房发展和支持个人为获得住房而实施的活动。

④ Jozefina Hrynkiewicz. From Socialist to Liberal Utopia:Changes in Poland's Social Policy since 1989[M]．//Anna Kwak, Robert Dingwall. Social Change, Social Policy and Social Work in the New Europe. Brookfield:Ashgated Publishing Ltd, 1998: 20-21.

⑤ Manifest programowy: Nowy wiek-nowy Sojusz Lewicy Demokratycznej, Socjaldemokratyczny program dla polski[R/OL]．[2014-05-09]. http://library.fes.de.

⑥ Gavin Rae. Poland's Return to Capitalism: from the Socialist Bloc to the European Union[M]. London: I.B.Tauris & Co Ltd, 2008: 66.

⑦ Jozefina Hrynkiewicz. From Socialist to Liberal Utopia:Changes in Poland's Social Policy since 1989[M]．// Anna Kwak, Robert Dingwall. Social Change, Social Policy and Social Work in the New Europe. Brookfield: Ashgated Publishing Ltd, 1998: 21.

币化"①。但转轨初期的社会政策是非正式的、临时的，这是因为在转轨初期，社会政策并不是政府优先考虑的事项。这也反映了此时政策的制定受到主张新自由主义"华盛顿共识"②国际咨询团队的影响。转轨初期，政府优先考虑的是稳定化、自由化和私有化，社会政策往往被忽略了，这也就解释了为什么转轨初期社会代价巨大。

表 3.19　1987－1996 年波兰社会支出占 GDP 的比例

单位：%

| 类别 | 1987 | 1988 | 1989 | 1990 | 1991 | 1992 | 1993 | 1994 | 1995 | 1996 |
|---|---|---|---|---|---|---|---|---|---|---|
| 社会支出占 GDP 比例 | 16.7 | 16.4 | 16.3 | 19.9 | 26.3 | 28.6 | 27.6 | 28.8 | 27.9 | 25.5 |

注：以 1987 年为基数计算。
资料来源：Linda J.Cook, Mitchell A.Orenstein. The Return of the Left and Its Impact on the Welfare State in Poland, Hungary and Russia [M]. //Linda J.Cook, Mitchell A.Orenstein, Marilyn Rueschemeyer. Left Parties and Social Policy in Postcommunist Europe. Oxford: Westview Press, 1999: 77.

1993 年大选，民主左翼联盟为争取选民支持提出在继续经济改革的同时建设福利国家、减小改革的社会代价的主张。民主左翼联盟认为，中右翼政府实行的某些政策超出了波兰经济的发展水平，对预算来说是一个沉重负担。民主左翼联盟执政后，通过私有化筹措了部分社会保障资金，但是随着有价值的资产被出售完毕，私有化步伐放慢，社会保障资金缺口越来越大，因而不得不削减社会保障资金，降低社会开支占 GDP 的比例，保证最需要的人能得到社会福利。

民主左翼联盟第一次执政期间，除 1994 年增长外社会支出占 GDP 的比例逐年下降（见表 3.19），扣除物价因素，由于财政收入增长，因此社会支出实际还是增加了。这反映了民主左翼联盟政府实施《波兰战略》的基本预算原则——扣除物价因素，在适度增加社会支出的同时缩减公共部门支出占

---

① 即在大幅度削减给予消费者的补贴、减少企业社会福利的同时大幅度增加个人和家庭的现金福利。
② 华盛顿共识（Washington Consensus），是指 20 世纪 80 年代以来位于华盛顿的三大机构——国际货币基金组织、世界银行和美国政府，根据 20 世纪 80 年代拉美国家减少政府干预，促进贸易和金融自由化的经验提出并形成的一整套针对拉美和东欧转轨国家的、新自由主义的政治经济理论和政策主张。该共识包括十个方面：①加强财政纪律，压缩财政赤字，降低通货膨胀率，稳定宏观经济形势；②把政府开支的重点转向经济效益高的领域和有利于改善收入分配的领域（如文教卫生和基础设施）；③开展税制改革，降低边际税率，扩大税基；④实施利率市场化；⑤采用一种具有竞争力的汇率制度；⑥实施贸易自由化，开放市场；⑦放松对外资的限制；⑧对国有企业实施私有化；⑨放松政府的管制；⑩保护私人财产权。

GDP 的比例。①

民主左翼联盟政府提高了前期紧缩预算政策下急剧降低的公共部门的工资水平（很多优秀的公务人员因工资太低辞职）。"少量但持续的预算增长使更多的人受益"是民主左翼联盟政府的预算战略。1993－1997 年，经济的持续增长有助于政府增加社会福利开支预算，同时降低社会福利预算支出占 GDP 的比例。

2003 年，民主左翼联盟第二次执政依然坚持降低公共支出的预算原则，通过了"公共支出改革和缩减计划"及其附件"公共支出合理化绿皮书"。但 2003 年开始，节约社会支出对民主左翼联盟政府是一个艰巨任务，因为此时的情形与 1993 年第一次执政时期已有很大不同，1993 年尚有很多开支可以削减，但经过几年的转型，社会福利项目已大大减少，其范围仅限于严格定义的穷人。

包括养老金、残疾津贴、疾病津贴在内的社会保险大约占 GDP 的 15%，这些项目对民主左翼联盟政府来说是潜在的可以节约的支出。此外，政府还打算把农民的社会保险也包括进来，政府给农民社会保险补贴的比例是 91%。从养老保险上节约开支主要是限制收益指数化，延长女性退休年龄，对农民社会保险制度进行改革等。波兰的残疾津贴约占 GDP 的 4%，是欧洲最高的国家之一。1997 年，波兰政府对在职职工社会保险中的残疾福利已经进行了改革，但是 2003 年政府为节约开支还需要对整个残疾福利体系（一般员工的社会保险、意外伤害保险、农民的保险等）进行改革。经过改革，政府的预算赤字得到了控制（见表 3.20）。

表 3.20　1990－2005 年波兰预算赤字占 GDP 比例

单位：%

| 类别 | 1990 | 1991 | 1992 | 1993 | 1994 | 1995 | 1996 | 1997 |
|---|---|---|---|---|---|---|---|---|
| 预算赤字占 GDP 比例 | 0.44 | -3.83 | -6.01 | -2.91 | -2.79 | -2.26 | -2.38 | -1.26 |
| 类别 | 1998 | 1999 | 2000 | 2001 | 2002 | 2003 | 2004 | 2005 |
| 预算赤字占 GDP 比例 | -2.38 | -2.03 | -2.13 | -4.25 | -5.04 | -4.55 | -4.49 | -2.89 |

资料来源：Gavin Rae. Poland's Return to Capitalism:from the Socialist Bloc to the European Union [M]. London: I.B.Tauris & Co Ltd, 2008: 68.

---

① Grzegorz W. Kolodko. Strategy for Poland[C/OL]. [2014-05-15]. www.tiger.edu.pl.

1993—1997 年、2001—2005 年，民主左翼联盟政府根据波兰面临的国内外环境实施的社会保障政策，实践了他们提出的"改革必须服务人民"的口号，减小了改革的社会代价；重新界定了穷人和受到威胁无法满足基本生存需要的人的范围；住房和家庭政策从普惠变为定向实施；许多社会群体的福利水平小幅上涨，使真正有需要的人得到了社会保障。

得益于波兰经济的持续快速增长，尽管社会保障支出占 GDP 的比例下降了，但由于做到把支出用在刀刃上，因此关键领域的社会保障支出不降反增。尽管民主左翼联盟政府不能在短期之内改变支出的优先方向，但解决了长期的支出问题，在养老金改革上取得了广泛的社会共识，得到大多数公众的支持。

1997 年，在民主左翼联盟第一次执政的最后时刻通过的新《宪法》确认了波兰公民享有的各项社会权利，为福利国家的建设提供了法律保障。民主左翼联盟实践了对选民的承诺——降低改革的社会代价，使波兰成为欧洲市场经济国家，其在很多领域推进了波兰的社会保障改革：①在福利领域，国家垄断消失、权力分散，部分社会福利管理权力下放到地方，如幼儿看护、小学教育等；②私人保健领域向市场开放；③国有部门引入竞争；④降低社会福利体系的慷慨程度，与收入水平相关的标准开始确立；⑤面向市场经济的要求改革教育，接受西方模式；⑥改革进程明显受国际组织所进行的系统评价和推荐的影响，如经合组织和欧盟为波兰制定了发展方针等。①

民主左翼联盟在社会支出上采取适度的左翼立场的政策，进行了一些结构改革，因而加强了波兰的福利国家体制。但与此同时，以自由主义为导向的社会福利政策改革过分强调市场作用，国家退出某些社会服务，一方面导致提供社会服务的市场主体的匮乏，社会服务供给不足，如幼儿看护等；另一方面社会服务的商业化使得很多收入不高的波兰人难以承受商业化的社会服务。此外，公共服务的商业化导向，使得公立社会服务机构也热衷于商业化，导致公共服务领域的腐败问题，如公立医疗机构的腐败等。这些问题引发民众不满，成为民主左翼联盟 1997、2005 年大选失败的原因之一。

---

① 经合组织从 1991 年开始为波兰在内的中东欧国家定期出版经济指标变化报告，从 1997 年开始，欧盟委员会为这些国家的政治、经济和社会指标出版年报。在就业政策上，遵循国际机构要求，民主左翼联盟政府制定、实施了积极的就业政策（如对私营公司雇佣工人和投资培训进行补贴）；遵循经合组织建议，在养老金成本控制措施（如提高退休年龄、改革养老金计算方法）上致力于从利益分配体系向资本化体系转型；在医疗卫生方面，经合组织建议限制医疗保健的国家垄断，下放权力，控制医疗保健支出，建立新型融资体系，创建崭新的、公共福利体系标准等。

## 四、关于妇女儿童和家庭问题的政策主张

波兰1997年《宪法》对保护妇女儿童权益及家庭政策作了明确规定。1997年宪法第18条规定婚姻和家庭、母亲身份和父母身份均受波兰共和国的保护和照顾；第33条规定女性在家庭、政治、社会和经济生活中享有与男性同等权利，在教育、就业和晋升上享有与男性同等权利，在社会保障、担任公职、接受公共荣誉和勋章上享有与男性同等权利，男女同工同酬；第65条规定禁止16岁以下国民从事固定工作；第68条规定国家保证儿童、孕妇享受特别的健康保障，国家特别支持在儿童和青少年中开展体育运动；第71条规定国家的社会和经济政策应当考虑家庭利益，对于物质和社会状况比较困难的家庭，特别是多子女家庭或单亲家庭国家应当给予特别援助，母亲在分娩前后有权获得国家的特别援助；第72条规定国家保护儿童权利，公民有权利要求政府保证儿童免受暴力、剥削及其他有损他们道德的行为，失去父母照顾的儿童有权得到公共机构的照顾和援助等。①

遵照波兰《宪法》，民主左翼联盟作为社会民主主义性质的政党，在妇女儿童和家庭政策上坚持左翼政党的立场，并提出以下几方面主张。

民主左翼联盟认为，男女平等是以公正为基础的社会关系的最重要要求之一。而要保障妇女权利，首先要保证社会公正，使女性在所有社会领域能体面地实现自我权利。社会公正对女性来说意味着能够被公平对待，男女机会平等、权利平等、方法平等。

民主左翼联盟认为，对社会民主党人来说，平等是最重要的价值观之一，没有平等就没有民主。其反对包括性别、性取向在内的任何形式的歧视②，"我们主张事实上的、而不是形式上的男女平等"③，提出要为男女平等而斗争。④

---

① 1997年波兰共和国宪法（英文版）[OL].（1997-04-02）[2014-06-02]. http://www.sejm.gov.pl/prawo/konst/angielski/kon1.htm.

② Growing stronger together: Five commitments for the next five years, Manifesto of the Party of European Socialists for the June 2004 European Parliament elections[R/OL]. Adopted by the PES Congress, Brussels, 24 April 2004. [2014-06-09]. http://www.pes.eu/.

③ 波兰共和国社会民主党宣言[R/OL].（1990-01-28）[2014-06-09]. http://baike.so.com/doc/5772959.html#5772959-5985732-2.

④ 调查显示，80%的民主左翼联盟成员认为女性不应该只是照顾孩子和待在家里，65%的人认为为了孩子父亲和母亲谁休育儿假都无所谓，57.7%的人认为应该修改包括增加妇女在选举名单上的比例在内的法律以使妇女更容易参与政治。Anna Pacześniak. How much Left is there on the Left? The views of SLD party members[C]. This paper has been prepared in the context of the conference "The Left in East-Central Europe" organised by The Ferdinand Lassalle Centre for Social Tought in April 2011 in Warsaw, Poland.

民主左翼联盟认为，社会主义时期波兰在女性权益保护方面取得了一些成就，现在有必要继续努力提高女性的职业地位、增加女性在劳动力市场的机会、扫除女性就业和晋升障碍、促进女性寻找独立的工作。民主左翼联盟认为，女性天生对压迫和目无法纪就很敏感，她们反对暴力和武力，随时准备提供帮助给别人，这是女性对社会做出的重要贡献。

民主左翼联盟支持女性的公益行动，支持移除阻碍女性进步的经济、社会和精神障碍，使女性能够进入公共生活，主张增加女性在投票名单中的比例。民主左翼联盟期待教育体系和公共媒体消除男女角色的不公平定位，以现代标准促进女性在社会和职业上的平等权利。此外，民主左翼联盟还认为，国家应该给单独抚养孩子的母亲以就业保护，分担女性平衡职业和照顾家庭的责任，女性有权决定自己的事情，如堕胎等。

民主左翼联盟主张鼓励和支持女性企业家、科学家和研究人员，促进女性生殖健康与性权利，努力制止家庭和性别暴力（包括对少数民族女性犯下的罪行）。司法机构和警察应共同努力铲除人口贩卖和性剥削。

民主左翼联盟认为，社会有义务去照顾那些没有父母、父母没有能力或不愿意抚养的孩子。国家应建立收养机制解决这些孩子的问题，不能让一个孩子在未成年之前得不到照顾。民主左翼联盟主张建立小型家庭为基础的儿童中心，发展不太昂贵的机构关心儿童成长。此外，民主左翼联盟赞成法院关于儿童权益裁决的约束性和有效性，认为这对于建立更好的机构保护儿童人权意义重大。

家庭政策是国家和其他机构关于家庭制定的法律、规范和行动的总和，目的是定义社会生活的适当条件，促进家庭的发展和发挥其功能。家庭政策的主要目标是为满足家庭物质和文化需要建立一般条件，促进孩子的社会化，并为他们未来参加社会生活和社会经济寻找机会。[1]

民主左翼联盟主张倾向家庭的社会政策，为家庭生活的形成和发展创造尽可能好的条件，发挥家庭的教育功能，在学校和父母之间建立密切的合作关系。民主左翼联盟认为，各种形式的家庭补贴是提供给家庭的重要物质资助，尤其是对多子女家庭、不健全家庭和低收入家庭来说更是如此。这些资助可以是夏令营、学校额外的食物、教育用品等，也可以是给孕妇特别的关

---

[1] Anna Kwak. Family Policy and Family Life in Poland[M]. //Anna Kwak, Robert Dingwall. Social Change, Social Policy and Social Work in the New Europe. Brookfield:Ashgated Publishing Ltd, 1998: 60.

怀如医疗保健、职业保护、创造有利于分娩的适当条件等,还可以是给予儿童和妈妈的医疗保健。民主左翼联盟认为,国家社会政策的基本职责就是不断创造条件使父母能更好地履行自己的职责,使其能在日常生活中承担他们的专业和家庭职责。

民主左翼联盟主张国家应通过适当的住房政策,特别是提供不太昂贵的出租房和社会福利房给有需要的家庭,给最贫困的家庭住房资助以分担他们的住房消费。

民主左翼联盟赞同《欧洲社会宪章》①关于保障妇女儿童权益的主张,并努力实现《欧洲社会宪章》包含的目标②;赞同欧洲社会党提出的建立一部《欧洲妇女权利宪章》(European Women's Rights Charter)的建议;为建立性别平等的欧盟委员会和性别平等的欧洲议会斗争,并呼吁建立欧盟性别平等委员会专员。③

1989年之前,根据波兰1952年《宪法》第78、79条规定,中央政府的某些机构是实施包括家庭政策在内的社会政策的主要机构,其他的社会政策参与者如工会、社会机构和地方政府与中央政府密切配合完善家庭政策。

1990年,波兰通过《社会福利法》,妇女和家庭事务由波兰"参议院家庭和社会政策委员会"(Senate Committee of Family and Social Policy)、"众议院家庭委员会"(Sejm Committee of Family)及1991年成立的"全权代表家庭和妇女事务国家办事处"(State Office of the Plenipotentiary for the Affair of Family and Women)负责处理,1997年负责家庭和妇女事务的这三个机构合并为"家庭事务全权代表办公室"(Plenipotentiary Office for Family Affairs)。

民主左翼联盟认为,在是否生育、生育几个孩子及终止妊娠上波兰女性被剥夺了自由选择的权利,波兰公民在性教育和避孕上获得的国家帮助非常有限。因此,民主左翼联盟1993年执政后就着手对1993年通过的《禁止堕胎法》进行修正。1996年10月24日,波兰议会以228赞同195票反对、16票弃权对1993年通过的《禁止堕胎法》进行了修正,允许面临经济或者其他个人困难的孕12周以内妇女堕胎(原来只有当孕妇面临生命、健康危险或者

---

① 《欧洲社会宪章》的目的是进一步保障欧洲公民的社会、经济权利,于1961年10月18日在都灵举行的欧洲理事会成员国会议上通过,1965年2月26日生效,截至1997年1月1日,缔约国为20个。该宪章由序言、五个部分以及一项解释性的附录组成,共38条。

② Program of The Social Democracy of The Republic of Poland[R/OL]. [2014-06-12]. http://library.fes.de.

③ PES manifesto. People First: A New Direction for Europe[R/OL]. [2014-06-19]. http://www.pes.eu/.

由于乱伦、强奸导致的怀孕或者胎儿异常时才可以堕胎)。这项法律修正案使堕胎合法化,但不允许非法堕胎,违者处 2 年刑期。政府给避孕药提供补贴,在学校开设性教育课程等。①

民主左翼联盟主张 3—6 岁儿童的看护责任主要由家庭来承担,主张母亲专职化;同时为保障女性权益,民主左翼联盟执政后修改法律,规定父亲可以带薪休 2 周产假,父亲在抚育儿童假期和请假照顾生病的孩子上与女性承担相同的责任,这些新规定使女性有更平等的机会进入就业市场。

2001 年,民主左翼联盟政府任命了负责性别平等的政府代表,负责实施性别平等政策;监督法律和社会领域的性别平等;在各政策领域引入性别平等原则。为此,民主左翼联盟政府实施了 2001—2004 年和 2004—2005 年有关促进性别平等的计划。

2004 年 1 月,民主左翼联盟政府出台政策禁止包括性别、性取向等在内的性别就业歧视,禁止工作场所性骚扰,受害者有要求赔偿的权利。针对妇女面临的家庭暴力,政府出台法律界定了家庭暴力的概念,设立了预防家庭暴力的政府机构,家庭暴力受害者可以要求施暴者离开共同居住的地方,并禁止施暴者接触受害者。实施全国妇女行动计划,从 2004 年开始连续监测性别平等数据,为非政府组织提供资金促进性别平等,协助政府为培训失业女性提供援助,同时对国家劳动监察部门官员、教师、记者、医生、检察官、法官及地方政府官员进行反歧视培训。组织召开促进性别平等的会议和研讨会(包括国际的),出版宣传性别平等的书籍、册子和教材等。性别平等问题也被列入跨国合作范围,波兰开始被视为按欧盟、联合国标准保护妇女权益的国家,也因此成功地从欧盟获得相关保护妇女权利基金的资助。

民主左翼联盟政府鼓励女性参与政治、社会等公共生活。在科勒德克出任副总理兼财政部部长期间,他任用了十几位女性进入他组建的政府经济工作团队,其中七位担任关键的副部长级职位,有两人后来进入政府内阁,一人成为欧盟委员会委员。科勒德克认为,"她们都是专业技能出众的职业女性,有博士学位或其他学历证书。不过任命她们的主要原因是……女性在某些非常有政治价值的事情上表现得比男人更出色。她们更加耐心、务实,很少耍阴谋、哗众取宠。在社会事务上她们比男性更敏感,不容易受到民粹主义的影响。也许是因为她们除了参与政治还要管理自己的家庭,对事物有用与否

---

① Reproductive freedom news from the Center for Reproductive Law & Policy. 1996, 5(19): 6-7.

判断得更准确"①。

但比较而言，波兰女性参政水平低于经合组织和北欧国家的平均水平。1996 年，女性在政府机构的职位中，部长和副部长级分别是 8.3%、10.1%，女性占全部政府职位的 9.8%；而经合组织平均水平分别是 16.8%、13.8% 和 14.6%；北欧国家（除冰岛）分别是 33.1%、19.0% 和 22.3%。②

民主左翼联盟积极推动女性接受教育，主张男女同工同酬。在波兰，女性受教育比例高于男性，呈不断上升趋势，接受高中以上教育的女性和男性比例分别是 63% 和 44%，③女性接受高等教育的比例是 10.4%，高于男性的 9.3%。④

民主左翼联盟政府关于家庭政策改革的方向是下放家庭福利管理权、严格享受家庭福利的门槛、家庭服务商业化等。原来由中央政府承担的责任下放到地方，让地方政府承担更多家庭福利管理责任，鼓励市场参与家庭服务功能，相应地削减雇主承担的部分家庭福利责任，而针对家庭的现金福利只做了轻微的修改。民主左翼联盟政府实施的有关妇女儿童和家庭的福利政策如下几方面。

家庭福利主要包括产妇和育儿津贴（maternal and child-care benefit）、儿童抚养补助金（child-maintenance benefit）等。民主左翼联盟执政后对家庭津贴和子女津贴的资格审查十分严格，以收入作为享受各种家庭津贴的必要条件。

产妇和育儿津贴（maternal and child-care benefit）包括分娩津贴（childbirth benefit）、产假（maternity benefit and leave）、儿童看护津贴（child-care benefit）、育儿补助（child-raising benefit）和孕妇津贴（benefit for pregnant women）等。

1974 年波兰开始实施分娩津贴，规定无论有无工作，女性分娩后都有权享受此项福利。1995 年规定分娩津贴相当于工业行业月平均工资的 15%。

1974 年关于产假的规定是生育第一个孩子的产假从 12 周延长到 16 周，

---

① 格泽高滋·W. 科勒德克. 真相、谬误与谎言——多变世界中的政治与经济[M]. 张淑芳，译. 北京：外文出版社，2012：261.

② Gillian Pascall, Nick Manning. Gender and social policy: comparing welfare states in Central and Eastern Europe and the former Soviet Union[J]. Journal of European Social Policy, 2000（10）.

③ RAPORT-CZY PRAWA KOBIET BĘDĄ OGRANICZONE?[R/OL]. [2014-06-23]. http://www.sld.org.pl/

④ Gavin Rae. Poland's Return to Capitalism: from the Socialist Bloc to the European Union[M]. London: I.B.Tauris & Co Ltd, 2008: 73.

生育第二个及更多孩子的妇女可以有 18 周产假，生育多胞胎的妇女可以有 26 周产假。在产假期间妇女有权获得 3 个月 100%的产假前工资并视为支付了社会保险。

妇女拥有抚育孩子的假期和福利，女性工作至少 6 个月就可以有抚育孩子的假期。1968 年，波兰政府规定允许有孩子的妇女无薪休假 1 年照顾孩子，1972 又将假期延长到 3 年，在孩子 4 岁之前必须用完。但如果因孩子的健康有问题（如残疾、慢性病或智障儿）需要母亲单独照顾还可以再延长 3 年（最长可以到孩子 18 岁）。

民主左翼联盟认为，政府应使父母尤其是母亲能协调好家庭和工作之间的关系，强调男女在劳动力市场上机会平等，反映在《劳动法》上就是 1996 年父亲和母亲都可以平等使用抚育儿童假期。1992 年，政府修改了抚育孩子的福利标准，双亲家庭为不超过上一年工业行业月平均工资的 25%；单亲家庭是工业行业月平均工资的 40%。这项福利支付 24 个月，但也有例外，如照顾患慢性病儿童、残疾儿童或者多胞胎儿童，可以延长到 36－72 个月。

儿童看护津贴使有工作的妈妈可以照顾 14 岁以下生病的孩子。从 1974 年开始，这项福利改为不论家庭孩子数量多少都支付 60 天。如果 8 岁以下儿童的日托机构、幼儿园或学校突然关闭，那么家长可以回家照顾孩子。1974 年这项福利支付的标准相当于全额工资，但 1995 年下降到工资的 80%。1995 年法律规定父亲和母亲在这项权利上平等，但是总天数还是 60 天。

1993 年，波兰开始实施孕妇津贴和养育孩子的母亲津贴。法律规定人均收入低于国家最低生活标准的家庭就可以享受此项福利。使用这项福利的妇女有以下权利：从怀孕 8 个月到孩子出生 2 个月，每月获得相当于平均工资 28%（没有收入的妇女享受全额补贴）的孕妇津贴；获得相当于平均工资 14% 的用于购买婴儿用品的奖金；在公共医疗机构就诊退还妊娠、分娩和产后治疗的医疗费用等。

政府每月向抚养 16 岁以下孩子的家庭提供资助，即儿童抚养补助金（child-maintenance benefit），包括：家庭津贴（family allowances）、护理津贴（nursing benefits）、家庭养老（family pensions）和赡养费基金（alimony funds）等。对于抚养患有慢性疾病和严重残障孩子的家庭，政府会支付更多的补贴。家里有上学的孩子或是残障孩子，补贴年龄上限会提高。政府根据家庭收入水平来确定是否有必要对其进行政府援助，对接受援助的家庭每年都要重新评估。严格家庭社会资助标准的目的是援助那些真正需要帮助的家庭。

实施家庭津贴的目的是补贴需要抚养孩子的家庭直到孩子 16 岁，如果孩子继续接受教育，可以延长到 20 岁。1995 年开始，家庭津贴从国家预算中支出，家庭人均收入不超过工业行业月平均工资 50% 的家庭可以享受家庭津贴。1996 年开始这项津贴每年都会重新评估，这使得 100 万个（大约 10%）家庭不能再享受家庭津贴，但低收入家庭却得到了帮助。同时，政府恢复给低收入家庭的住房补贴。

护理津贴是提供给 16 岁以下有残疾儿童家庭的社会福利，但如果被认定为严重残疾，那么就没有年龄限制，护理津贴相当于月平均工资的 10%。

家庭抚恤金是给 16 岁以下父母双亡儿童的社会福利。如他们继续接受教育，那么家庭抚恤金可以延长到 25 岁；如果在 16 岁之前或在 25 岁之前接受教育期间成了残疾人，那么此项福利就不再有年龄限制。

1974 年，波兰建立赡养费基金。1991 年，法律规定此项福利标准是不到工业行业月平均工资的 30%。1994 年，对父母双方都失业的家庭，民主左翼联盟又引进了一项新福利——直到一方找到工作为止。

有学者认为，20 世纪 90 年代波兰家庭政策的改革具有选择性的特点，其目的不是为了解决波兰家庭面临的新的、困难的社会经济状况，一些家庭福利项目实际是为了应对社会压力，因而更具有象征性而不具有可操作性。[①] 例如在《反堕胎法》签署后，政府没有足够的资金支付孕妇的福利，1994 年有 314219 人有权享受孕妇福利，但到 1994 年底还有 69442 人没能领到孕妇福利；[②] 家庭津贴也大打折扣，一方面政府把有权享受家庭津贴的范围扩大到失业者和学生儿童，但另外一方面政府又缩短了家庭津贴的支付年限，且不再过多照顾多子女的大家庭。1993 年家庭津贴实际价值只相当于 1989 年的 60%，1993 年与 1992 年相比家庭津贴下降了 20%。[③]

转轨之后波兰家庭政策部分管理权下放到地方，如日托、学前教育。1996 年起小学教育也由地方政府负责，但资金投入不足尤其是地方政府资金投入不足导致了社会服务水平下降。从 1992 年起，学前教育机构从地方政府得到的补贴与过去从中央政府得到的补贴相比下降了 50%。2003 年，波兰幼儿教

---

① Anna Kwak. Family Policy and Family Life in Poland[M]. //Anna Kwak, Robert Dingwall. Social Change, Social Policy and Social Work in the New Europe. Brookfield:Ashgated Publishing Ltd, 1998: 65.
② Anna Kwak. Family Policy and Family Life in Poland[M]. //Anna Kwak, Robert Dingwall. Social Change, Social Policy and Social Work in the New Europe. Brookfield:Ashgated Publishing Ltd, 1998: 65-66.
③ Anna Kwak. Family Policy and Family Life in Poland[M]. //Anna Kwak, Robert Dingwall. Social Change, Social Policy and Social Work in the New Europe. Brookfield:Ashgated Publishing Ltd, 1998: 66.

育投入中，国家占 85%，私人投入占 15%，①2003 年幼儿教育支出占 GDP 比重只有 0.6%②。中央和地方投入不足导致地方政府不得不关闭托幼机构，进入托幼机构的儿童比例下降。1990－1993 年，公立日托机构数量减少了 50%，公立幼儿园数量减少了 20%。③ 3－5 岁儿童进入托幼机构的比例从 1985 年的 34.6%下降到 1994 年的 24.4%。④这种情况在贫困的农村地区尤为严重，如波德拉谢（Podlaskie）地区、瓦尔米亚-马祖（Warminsko-Mazurskie）地区分别只有 4%、5%的孩子能进入幼儿园。⑤

尽管政府鼓励私人机构提供更多社会服务，但私立机构高昂的收费与波兰家庭的贫困状况，使 28%的波兰家庭因为费用太高而不能送孩子上私立托幼机构，⑥如此状况迫使有孩子的女性只能在家看护孩子而不能去工作。据统计，1990－1991 年，波兰 1/3 的家庭生活在贫困线以下，1992 年上升到 40%，1993 年超过 46%，1994 年接近 50%，1996 年有 49%的家庭生活在最低生活标准以下。⑦1995 年波兰家庭形势报告显示，登记失业人口中的 62.5% 是 18－34 岁的年轻人，⑧他们多是刚刚结婚或为人父母，而 54.8%的失业者是女性，70%父母一方失业的家庭有一个 14 岁以下需要抚养的子女。⑨

在波兰，尽管法律有尊重家庭的规定，但理论和实践之间往往有很大差距。如在生产前后、产假和抚育儿童假期及对孕产妇的保护方面，1996 年的调查研究显示，如果单位集体裁员，那么请病假照顾孩子的女性首先会被解

---

① 陈振. OECD 国家幼儿教育投入机制对我国的启示[J]. 当代学前教育，2009（6）.
② 陈振. OECD 国家幼儿教育投入机制对我国的启示[J]. 当代学前教育，2009（6）.
③ Anna Kwak. Family Policy and Family Life in Poland[M]. //Anna Kwak, Robert Dingwall. Social Change, Social Policy and Social Work in the New Europe. Brookfield:Ashgated Publishing Ltd, 1998: 67.
④ Jozefina Hrynkiewicz. From Socialist to Liberal Utopia:Changed in Poland's Social Policy since 1989[M]. //Anna Kwak, Robert Dingwall. Social Change, Social Policy and Social Work in the New Europe. Brookfield: Ashgated Publishing Ltd, 1998: 25.
⑤ Gavin Rae. Poland's Return to Capitalism: from the Socialist Bloc to the European Union[M]. London: I.B.Tauris & Co Ltd, 2008: 67.
⑥ Jozefina Hrynkiewicz. From Socialist to Liberal Utopia:Changed in Poland's Social Policy since 1989[M]. // Anna Kwak, Robert Dingwall. Social Change, Social Policy and Social Work in the New Europe. Brookfield:Ashgated Publishing Ltd, 1998: 25.
⑦ Anna Kwak. Family Policy and Family Life in Poland[M]. //Anna Kwak, Robert Dingwall. Social Change, Social Policy and Social Work in the New Europe. Brookfield: Ashgated Publishing Ltd, 1998: 67.
⑧ Anna Kwak. Family Policy and Family Life in Poland[M]. //Anna Kwak, Robert Dingwall. Social Change, Social Policy and Social Work in the New Europe. Brookfield:Ashgated Publishing Ltd, 1998: 67.
⑨ Anna Kwak. Family Policy and Family Life in Poland[M]. //Anna Kwak, Robert Dingwall. Social Change, Social Policy and Social Work in the New Europe. Brookfield:Ashgated Publishing Ltd, 1998: 67.

雇，如果雇主遇到经济困难，那么享受抚育儿童假期的女性会被解雇，孕妇也没有工作保护，甚至为了让孕妇主动离职会故意给她们安排危险工作。而较差的家庭经济状况及休完产假重回岗位遭遇到的困难使享受抚育儿童假期的女性人数下降，1994年只有60%的女性享受此项福利，而1988年是83%，1991年是72%。① 在波兰，抚育儿童假期的使用与女性生育前的工资水平和教育状况有关：工资低的女性更愿意享受这个假期，而女性受教育程度越高越不愿意使用这项福利。调查显示，受过中专以上教育、小学教育及职业教育的女性使用抚育儿童假期的比例分别是49%、69%和80%。② 对享受家庭和生育福利资格进行严格限制，本意是为了促进保障女性权益，但实际反而迫使女性离开劳动力市场并鼓励她们依赖配偶。

1989年之后，波兰家庭福利政策的发展趋势是逐步减少国家承担的福利责任，相对而言家庭承担更多的责任，波兰民众普遍接受了这一政策。1996年，一项有关波兰人对家庭福利政策态度的调查显示，12%的人满意现有的家庭福利政策，57%的人认为国家和家庭都应该承担福利责任，35%的人认为应该由家庭来承担福利责任，只有6%的人认为家庭福利责任应该完全由国家负责。③ 但被调查者也强调国家在家庭政策上的必要性，尤其是针对有残疾儿童的家庭（98%），贫困家庭、面临失业和有疾病的家庭（87%），要抚育孩子的家庭（44%）。尽管公众普遍认为家庭应该承担抚育孩子的责任，但人们认为在特殊情况下国家应该干预，如家庭有残疾儿童、非经济原因导致的经济困难（生病及单亲家庭尤其是单亲母亲家庭），国家应该给予支持。

民主左翼联盟亲家庭的主张在波兰并未建立一种更全面的倾向家庭的制度。国家提供的儿童看护、教育和医疗服务的减少和这些服务的商业化，限制了贫困家庭享受这些福利的可能性，导致了波兰的结婚率和出生率下降。1993—1995年，15岁以上人口每千人结婚率稳定在5.4%，是1946年以来最低的；而1975年最高峰时为9.7%。④ 1990—1999年，女性平均结婚年龄从

---

① Anna Kwak. Family Policy and Family Life in Poland[M]. //Anna Kwak, Robert Dingwall. Social Change, Social Policy and Social Work in the New Europe. Brookfield:Ashgated Publishing Ltd, 1998: 68.
② Anna Kwak. Family Policy and Family Life in Poland[M]. //Anna Kwak, Robert Dingwall. Social Change, Social Policy and Social Work in the New Europe. Brookfield:Ashgated Publishing Ltd, 1998: 69.
③ Anna Kwak. Family Policy and Family Life in Poland[M]. //Anna Kwak, Robert Dingwall. Social Change, Social Policy and Social Work in the New Europe. Brookfield:Ashgated Publishing Ltd, 1998: 69.
④ Anna Kwak. Family Policy and Family Life in Poland[M]. //Anna Kwak, Robert Dingwall. Social Change, Social Policy and Social Work in the New Europe. Brookfield:Ashgated Publishing Ltd, 1998: 59.

22.6 岁提高到 23.5 岁。①1984 年人口出生率开始下降，1990－1999 年，每千人人口出生率从 14.3% 降到 9.9%，②1995 年人口出生率是二战以来最低的，生育水平低于人口替代率，1995 年农村人口出生率首次低于替代率。③2006 年的调查显示，波兰女性生育意愿较低，因为不愿失去工作的占 68%、担心孩子的出生会导致生活水平下降的占 36%、因为糟糕的住房条件的占 52%、缺乏来自国家的支持的占 42%。④ 1992－1999 年，波兰家庭方面的社会开支占 GDP 比重从 2.0% 降低到 0.7%，⑤波兰人均家庭福利开支只有 46 欧元，是欧盟国家中最低的，⑥而在家庭政策开支上给予的支持是所有社会福利项目中最少的。

波兰《劳动法》规定男女就业权利平等，但女性在就业市场所处地位相对不利。1993 年，波兰男性和女性就业率分别是 78% 和 68%，2000 年分别是 66% 和 48%，⑦ 2004 年分别是 49.7% 和 37.6%。2004 年女性失业人口占总失业人口的 52.3%，中长期失业（24 个月）人群中女性占 67%。⑧收入上，波兰女性实际收入低于男性，1985、1992、1996 年女性月平均工资分别相当于男性的 73.7%、79.0%、79.0%。⑨女性高管或受过高等教育的女性收入比同等条件下的男性低 30%，从事手工劳动的女性收入比男性低 40%。⑩88.5% 的单亲家庭是单亲母亲家庭。在社会福利方面受益的女性只有 55%⑪，女性

---

① Eva Fodor, Christy Glass, Janette Kawachi, Livia Popescu. Family policies and gender in Hungary, Poland and Romania[J]. Communist and Post-Communist Studies, 2003(35).

② Eva Fodor, Christy Glass, Janette Kawachi, Livia Popescu. Family policies and gender in Hungary, Poland and Romania[J]. Communist and Post-Communist Studies, 2003(35).

③ Anna Kwak. Family Policy and Family Life in Poland[M]. //Anna Kwak, Robert Dingwall. Social Change, Social Policy and Social Work in the New Europe. Brookfield:Ashgated Publishing Ltd, 1998: 59.

④ Socjaldemokratyczny program dla młodego pokolenia[R/OL]. [2014-06-25]. http://www.sld.org.pl/.

⑤ Eva Fodor, Christy Glass, Janette Kawachi, Livia Popescu. Family policies and gender in Hungary, Poland and Romania[J]. Communist and Post-Communist Studies, 2003(35).

⑥ Socjaldemokratyczny program dla młodego pokolenia[R/OL]. [2014-06-25]. http://www.sld.org.pl/.

⑦ Eva Fodor,Christy Glass,Janette Kawachi,Livia Popescu. Family Policies and gender in Hungary,Poland and Romania[J]. Communist and Post-Communist Studies, 2002(35).

⑧ 胡德巧，王小卓，叶英，孙霞中. 波兰促进就业的做法及启示[J]. 宏观经济管理，2006（4）.

⑨ Gillian Pascall, Nick Manning. Gender and social policy: comparing welfare states in Central and Eastern Europe and the former Soviet Union[J]. Journal of European Social Policy, 2000（10）.

⑩ Gavin Rae. Poland's Return to Capitalism: from the Socialist Bloc to the European Union[M]. London: I.B.Tauris & Co Ltd, 2008: 73.

⑪ RAPORT-CZY PRAWA KOBIET BĘDĄ OGRANICZONE? [R/OL]. [2014-06-26]. http://www.sld.org.pl/.

领取的养老金低于男性。而且，波兰的贫困人口主要是妇女和儿童，2000 年波兰 16.2%的 14 岁以下儿童和少年难以温饱，31.7%的 14 岁以下儿童没有第二双鞋，7－16 岁的孩子 30%营养不良（大约 500 万），2002 年 26%的波兰在校学生没有供餐服务，①2004 年以来有 250 万儿童失去了本应享有的福利和家庭津贴②。

综上所述，民主左翼联盟作为社会民主主义性质的政党，主张保障妇女儿童权益，实施亲家庭的社会政策。但在具体实施政策时，面对波兰国内现实的政治经济条件，某些方面并没有达到民主左翼联盟提出的预想目标。因此，相对于男性，妇女儿童依然是波兰社会的弱势群体，波兰的妇女儿童权益保护水平及家庭福利水平有待进一步提高。

### 五、关于青年问题的政策主张

民主左翼联盟认为，波兰正在经历的系统性变革与全球性问题、与发生在世界各地的变化带来的挑战交错在一起，文明的冲突被许多国家和超国家机构带到了一个更高的层次，民主左翼联盟力求使公众接受经济平衡、社会和生态增长的新模式，反对一切形式的压迫、不包容、对其他种族和民族的偏见和敌视。在这样一个全球化时代，民主左翼联盟认为，他们的特殊任务是努力使青年人生活在一个面向未来、对外开放的国家，使青年人尊重自己和其他民族，使他们准备好生活在一个日益一体化的世界中。③

民主左翼联盟认为，21 世纪为青年人的发展带来了诸多挑战，认为青年人必须接受公共教育、参与文化，波兰的未来要依靠年轻一代，波兰青年要有为国家未来负责的担当。

民主左翼联盟关于青年人发展的社会目标是：提高受大学教育的比例；对其传播外语知识，使"每个波兰人都掌握一门外语"；建立使企业愿意雇用接受职业教育和大学教育毕业生的相关制度；通过改革教育制度使之适应市场需要，降低青年人的失业率；建立国际学校激励波兰青年人与其他国家青年人交流思想和知识；教育青年一代包容不同观点、尊重传统，防止欧洲统

---

① Gavin Rae. Poland's Return to Capitalism: from the Socialist Bloc to the European Union[M]. London: I.B.Tauris & Co Ltd, 2008: 70.

② Socjaldemokratyczny program dla młodego pokolenia[R/OL]. [2014-06-28]. http://www.sld.org.pl/.

③ Program of The Social Democracy of The Republic of Poland[R/OL]. [2014-07-03]. http://library.fes.de; Manifest programowy: Nowy wiek-nowy Sojusz Lewicy Demokratycznej, Socjaldemokratyczny program dla polski[R/OL].[2014-07-03]. http://library.fes.de.

一思想导致的偏见；实施税收优惠、信贷担保等优惠政策，创造条件让青年人拥有第一套住房；国家的医疗保健制度要关心青年人的健康；设立实习生计划，为青年人进入职场之前积累工作经验创造更好的条件，确保他们的职业生涯有一个良好的开端。

民主左翼联盟认为，在青年人成长过程中要预防青年人犯罪，政府有必要建立一个有助于减少病态和犯罪行为的长期计划并建立相关的教育体系，其中应包括：提供教育、体育和其他活动以开发在校青年和失业毕业生的兴趣；创造真正能够防止青年人犯罪的亚文化；抵制过度残暴的电子媒体对青年人的侵蚀；消除来自军队和娱乐业对青年人的残暴影响。

民主左翼联盟设有青年工作部，主要进行青年问题研究，制定有关青年问题的政策，有自己的青年组织——民主左翼联盟青年社会民主联盟（SLD Federation of Young Social Democrats），支持民主左翼联盟的青年组织有青年左翼联盟（Young Left Alliance，大约6000人）、青年民主左翼联合会（Young Democratic Left Association，大约6000人）、"青年波兰"公民运动（"Young for Poland" Civic Movement，大约800人）、波兰社会主义青年联盟（Union of Polish Socialist Youth，无具体数据）和波兰学生联合会（Polish Student' Association，大约8000人）等。[①]

民主左翼联盟注重扩大在青年人中的影响力，争取青年选民的支持。此外，民主左翼联盟非常重视与国内外各种青年组织的合作，积极参加社会党青年国际联盟、欧洲社会党的欧洲社会主义青年、欧盟及联合国青年事务方面的活动，主张政府应该为波兰青年参与国际事务创造更多条件。

1993、2001年执政后，民主左翼联盟采取措施帮助青年人发展，主要政策主张包括以下几方面。

民主左翼联盟认为，在转轨过程中，很多青年人被剥夺了平等接受教育的权利，[②]因此主张通过普及各级教育尤其是实施免费教育，为青少年提供平等发展的机会。

民主左翼联盟执政后大力普及教育，尤其是职业教育和大学教育，为青

---

① Hieronim Kubiak. Poland's Democratic Left Alliance:Beyond Postcommunist Succession[M]. //Kay Lawson, Peter II.Merkl. When parties prosper:the uses of electoral success. London: Lynne Riemmer Publishers, Inc., 2007: 75.

② Manifest programowy: Nowy wiek-nowy Sojusz Lewicy Demokratycznej, Socjaldemokratyczny program dla polski[R/OL].[2014-07-05]. http://www.sld.org.pl/.

年人提供更多受教育的机会。波兰《宪法》规定义务教育到18周岁,学生在公立学校免费接受教育,但公立高校可以收取部分费用。民主左翼联盟执政后扩大教育开支,1993—1996年教育开支占GDP比重分别是4.1%、4.4%、4.4%、4.6%。①欧盟统计局数据(按购买力标准PPS)显示,2001—2005年,波兰用于教育的公共开支别为19505.2百万PPS、20400.2百万PPS、20658.4百万PPS、22572.9百万PPS、24030.9百万PPS,呈逐年增长态势;②教育开支占GDP的比重保持在5%以上,2001—2005年分别是5.42%、5.41%、5.35%、5.41%、5.47%。③为鼓励更多青年人接受大学教育,民主左翼联盟主张为青年人提供奖学金,为困难家庭的青年人提供助学贷款。1994年,民主左翼联盟把奖学金占GDP的比重从1993年的0.1%提高到0.2%。④

1990—1991学年到2003—2004学年,波兰各类高等教育机构从89所增长到400所,其间波兰高等教育招生数量增长了4.6倍。2000年以来,接受高等教育的19—24岁的青年人越来越多,2000—2001学年,青年人接受高等教育的比例是30.6%,⑤高等教育毛入学率由1992年的12.9%上升到2004年的47%。⑥

鼓励私立教育机构发展,为波兰青年人接受教育提供更多渠道。2003—2004年,波兰私立高等教育机构已占波兰高等教育机构的68.5%,有29.4%的大学生接受的是私立高等教育。⑦2004年,《教育法修正案》规定私立机构的学生也可以享受和公立机构一样的奖学金系统,符合条件的私立学校与公立学校一样国家负担每个学生50%的教育费。⑧

民主左翼联盟认为,在波兰社会经济变革过程中年轻人被剥夺了职业生

---

① Linda J.Cook, Mitchell A.Orenstein. The Return of the Left and Its Impact on the Welfare State in Poland, Hungary and Russia[M]. //Linda J.Cook, Mitchell A.Orenstein, Marilyn Rueschemeyer. Left Parties and Social Policy in Postcommunist Europe. Oxford:Westview Press, 1999: 76.

② European Statistics. Total public expenditure on education[DB/OL]. [2014-07-06]. http://epp.eurostat.ec.europa.eu/tgm/table.do?tab=table&plugin=1&language=en&pcode=tps00158.

③ European Statistics. Public expenditure on education[DB/OL]. [2014-07-06]. http://epp.eurostat.ec.europa.eu/ tgm/table.do?tab=table&init=1&language=en&pcode=tsdsc510&plugin=1.

④ Linda J.Cook, Mitchell A.Orenstein. The Return of the Left and Its Impact on the Welfare State in Poland, Hungary and Russia[M]. //Linda J.Cook, Mitchell A.Orenstein, Marilyn Rueschemeyer. Left Parties and Social Policy in Postcommunist Europe. Oxford: Westview Press, 1999: 76.

⑤ Socjaldemokratyczny program dla młodego pokolenia[R/OL]. [2014-07-08]. http://www.sld.org.pl/.

⑥ 何雪莲. 波兰、匈牙利和捷克私立高等教育财政政策述评[J]. 民办教育研究, 2007(2).

⑦ 何雪莲. 波兰、匈牙利和捷克私立高等教育财政政策述评[J]. 民办教育研究, 2007(2).

⑧ 高德平. 列国志·波兰[M]. 北京: 社会科学文献出版社, 2005: 282.

活的权利。①欧盟各国都面临着青年人失业的问题，波兰则尤为严重。波兰 25 岁以下人群中每三人就有一人失业。欧盟统计局数据显示，波兰 15－24 岁青年人失业率是 23%（欧盟平均水平是 20.5%）。②波兰低于 25 岁的失业人口从 1998 年的 567000 人增加到 2002 年的 938000 人，25－35 岁失业人口从 1998 年的 496000 人增加到 2002 年的 892000 人。③2004 年，15－34 岁的青年失业人口占总失业人口的 52.5%，其中未完成 8 年学校教育人口的失业率高达 66.1%，占总失业人员的 76.4%。④完成高等教育、学徒训练或具有外语知识已不再是得到高于生存水平的工作和生活的保证⑤，在有些地区如小波兰省和大波兰省三分之一的失业者是 25 岁以下的大学毕业生⑥。受过高等教育的青年人的失业问题——"毕业就等于失业"已成为波兰社会面临的一大挑战。

造成青年人失业的原因之一是政府在劳动力市场政策上投入不足，只占 GDP 的 1%，⑦还有就是一些青年学生滥用"毕业找不到工作就可以领取失业救济金"这一政策。为改变这种状况，民主左翼联盟政府一方面提高失业救济金的领取门槛，另一方面实施促进青年人就业的计划。1995 年 12 月，政府启动青年创业计划，青年创业计划鼓励青年人继续接受教育，参加实习生计划而不是毕业就去领失业救济金；从 1996 年开始限制毕业生领取失业救济金，提出"奖学金而不是救济金"的口号，加强大学生就业指导工作力度，鼓励、引导青年人自主创业或接受职业教育。

2002 年，有 90 万高中毕业生进入劳动力市场。为缓解就业压力，2002 年，民主左翼联盟政府启动鼓励毕业生就业计划。根据该计划，雇用新毕业学生的雇主可以获得相当于支付给毕业生一年工资和社会保障费用的补助，计划自己创业的毕业生可以获得政府免费提供的培训和咨询服务。2004 年，

---

① Manifest programowy: Nowy wiek-nowy Sojusz Lewicy Demokratycznej, Socjaldemokratyczny program dla polski[R/OL].[2014-07-10]. http://www.sld.org.pl/.

② Socjaldemokratyczny program dla młodego pokolenia[R/OL]. [2014-07-10]. http://www.sld.org.pl/.

③ Gavin Rae. Poland's Return to Capitalism: from the Socialist Bloc to the European Union[M]. London: I.B.Tauris & Co Ltd, 2008: 69-70.

④ 胡德巧，王小卓，叶英，孙震中. 波兰促进就业的做法及启示[J]. 宏观经济管理，2006（4）.

⑤ Socjaldemokratyczny program dla młodego pokolenia[R/OL]. [2014-07-12]. http://www.sld.org.pl/.

⑥ Gavin Rae. Poland's Return to Capitalism: from the Socialist Bloc to the European Union[M]. London: I.B.Tauris & Co Ltd, 2008: 70.

⑦ Gavin Rae. Poland's Return to Capitalism: from the Socialist Bloc to the European Union[M]. London: I.B.Tauris & Co Ltd, 2008: 69.

政府又出台《就业促进法》，通过完善劳动力市场服务机构、加大研发投资、支持新的增长领域、加强现代教育、加强培训和终身学习为青年人创造更多的新的高质量的工作机会。为鼓励青年人创业，民主左翼联盟政府提出"创业-发展-工作"的经济战略和"社会政策战略：工作和社会保障"计划，这两个计划的核心是支持青年人创业和通过增加就业来减少青年人失业，政府各部门合作为青年人准备了广泛的创业计划，其中还包括了《里斯本计划》的优先事项：发展终身学习和为毕业生准备的特殊职业教育。

为增强毕业生的就业能力和竞争力，民主左翼联盟主张为即将毕业的学生提供更多实习机会，使他们在工作之前能获得必要的工作经验。但为了防止实习成为雇主获取廉价劳动力的一种方式，保障实习生的权益，民主左翼联盟主张对实习生应该实行最低工资制，实习期不能超过 6 个月，实习生要与雇主签订正式雇佣合同，雇主要为实习生购买健康保险等。①

民主左翼联盟大力支持通过欧盟基金来扶持青年人创业，如"欧盟灯塔基金"和"结构基金"。民主左翼联盟赞同欧洲社会党 2012 年提出的在 2020 年使青年人失业减半计划之外再制定一个解决青年人失业的欧洲计划：实施欧洲青年担保和欧洲青年就业计划，并为此配套至少 100 亿欧元资金。这些资金在确保男性和女性机会公平的前提下，用来为青年人创造新的工作机会、提高教育和职业培训体系、加强积极的劳动力市场政策。在 2014 年开始的欧洲多年度财政框架下，民主左翼联盟政府认为应该为青年人就业提供新的预算。②2014 年 3 月 1 日，欧洲社会党罗马会议通过《迈向一个新欧洲》的宣言，认为为青年人创造就业机会对欧洲社会党来说是一个巨大挑战，为了这一代和下一代，欧洲社会党长期的优先计划是为青年人创造就业机会，承诺充分就业。欧洲社会党工作战略的中心是全面实施青年担保计划，为成功实施青年担保计划将逐步增加预算，同时把对象扩大到包括 30 岁以下的青年人。③

## 六、关于宗教问题的政策主张

"宗教在历史上既表现为维系世界的力量，又表现为动摇世界的力量。"④

---

① Socjaldemokratyczny program dla młodego pokolenia[R/OL]. [2014-07-12]. http://www.sld.org.pl/.

② A Pact for growth and jobs in Europe[R/OL]. PES Declaration adopted by the PES leaders on 28 June 2012. [2014-07-19]. http://www.sld.org.pl/.

③ PES manifesto:Towards a new Europe[R/OL]. 1 March 2014. [2014-07-19]. http://www.sld.org.pl/.

④ 高歌. 东欧国家的政治转轨[M]. 北京：世界知识出版社，2003：201.

由于宗教在波兰历史和现实生活中占据的特殊地位，宗教在波兰政治社会发展中发挥着重要作用。94%的波兰人信仰天主教①，全国有12500多座教堂②。每一个波兰家庭都会在显眼位置悬挂一幅圣母玛利亚画像或教皇约翰·保罗二世肖像。1978年，波兰人卡洛尔·沃伊蒂瓦（Karol Cardinal Wojtyla）当选教皇即约翰·保罗二世（John Paul II）后，1979－1999年教皇曾七次到访波兰。

宗教在波兰政治社会生活中的重要作用源于宗教在波兰的历史传统。公元966年王公梅什科一世将基督教引入波兰，并把它作为国教在全国推行。③1054年基督教分裂为天主教和东正教，波兰选择了西罗马教会，信奉罗马天主教，并成立了波兰罗马天主教会，简称波兰天主教会或天主教。在第一次世界大战前，每当波兰王位空缺，天主教首席大主教便代行国王权力，并往往左右对新国王的遴选。天主教会在波兰历史上还以民族团结、自由、平等、博爱等为旗号，号召波兰人民为争取和捍卫民族独立进行英勇斗争，为维护波兰民族生存和保持波兰民族文化传统做出了积极贡献。如19世纪波兰在为争取民族独立与俄罗斯和普鲁士进行的斗争中，天主教会发挥了积极作用，二战期间天主教会与波兰人民一起反抗法西斯德国的占领和压制。因此，历史传统使天主教会在波兰人心目中享有很高声誉。

尽管战后初期波兰统一工人党采取的一些极端政策，如没收教会财产等，曾引发教会与执政的波兰统一工人党之间的矛盾，但在社会主义时期波兰政府基本上采取了宗教信仰自由和宗教宽容的政策，允许天主教在波兰拥有较大的活动自由，因此在这一时期宗教在波兰政治社会生活中也一直发挥着重要作用，教会也在采取各种手段干预政治。20世纪70年代的统计表明，波兰天主教会的神职人员和教堂数量均超过战前；在所有社会主义国家中，只有波兰人民军内一直保留着专职的随军神父；1973年，诺瓦胡塔市发生天主教徒抗议政府不修建教堂的全市性骚乱，事后教会发动全市80%以上居民义务参加修建教堂的劳动；1976年波兰修改宪法时，教会公然反对规定波兰统一工人党为国家的领导力量；1989年在波兰政局变动过程中，教会也是一个不容忽视的力量，天主教会是圆桌会议的主要参与者，在各派政治力量之间扮演调停者的角色。

---

① 高德平. 列国志·波兰[M]. 北京：社会科学文献出版社，2005：16.
② 波兰[M]. 刘杉杉，等译. 北京：中国水利水电出版社，2006：370.
③ 耶日·卢克瓦斯基，郝伯特·扎瓦德斯基. 波兰史[M]. 常程，译. 上海：东方出版中心，2011：6.

1989年波兰剧变后，波兰天主教会的地位得到了确认，法律规定教会每年可从国家得到财政补贴，帮助建立和维护大量的天主教机构如教会高等学校。1991年6月19日，罗马教皇约翰·保罗二世访问波兰；同年8月13－15日，罗马教皇约翰·保罗二世再次访问波兰，引发波兰人巨大的宗教热情。1991年10月11日，众议院通过《政教关系修正案》，通过了《归还教会财产法》，规定了国家归还二战后没收教会财产的具体办法，欧盟每年也会通过共同农业政策给波兰天主教会巨额补贴。①

剧变后，天主教会也试图通过宗教服务及其在波兰社会中的地位继续影响波兰的政治社会生活，力求在政治社会生活中全面实现天主教的伦理价值原则。波兰天主教会及其领导人在国家享有很高声望，教会领袖约瑟夫·格莱姆普首席主教（Cardinal Primate Jozef Glemp）是波兰最有声望的领导人之一；波兰天主教主教能够轻易地否决对教会收入征税的提议；1990年宗教教育重新回到波兰幼儿园和中小学；1992年波兰通过一项规定，公共媒体必须尊重"天主教价值观"，教会还建立了自己的电视台和广播电台；天主教会给团结工会施加压力，在1990－1991年阻止了堕胎法的通过，1992年在议会否决堕胎为非法的情况下，150万人签名要求就此问题进行全民公决，1993年在天主教会施加压力之下，议会最终认定堕胎非法；1998年，波兰议会批准与梵蒂冈签订的政教协定，该协定确认天主教是波兰最大的宗教，用文字正式确认学校的宗教教育，宗教婚礼与世俗婚礼享有同等地位，并要求进一步赔偿、归还二战后被没收的教会财产；神甫大量进入军警界，波兰战地大主教是世界上唯一授中将军衔的神职人员。

尽管天主教在波兰政治社会生活中占据重要地位（94%的波兰人信奉天主教），但在波兰，天主教特色的政党力量比较弱小。波兰剧变后组建的天主教竞选联盟在1991年大选中获得了8.73%的选票和49个下院议席，位列议会第三位。但是，在1993、1997年大选中，天主教竞选联盟因未达到进入议会的门槛而未能进入议会，直到2001年天主教会因支持的政党——波兰家庭同盟才再次进入议会，但2007年之后再无天主教特色的政党进入议会。

1993年大选、1995年总统选举，波兰民众投票支持主张政教分离、世俗化的民主左翼联盟，这表明波兰民众对天主教会的支持在下降。大多数选民

---

① Gavin Rae. Poland's Return to Capitalism: from the Socialist Bloc to the European Union[M]. London: I.B.Tauris & Co Ltd, 2008: 101.

认为教会的行为"干预"了正常的政治。1993 年大选前的民调显示，只有 38%的人赞同教会的作用；①2004 年民调显示，只有 11%的波兰人认为教会应该在政治事务上发表自己的观点。②

出现这种状况的根本原因是，剧变后天主教会希望获得更多的权力和利益，公开蔑视民主秩序和民主的支持者，认为自己应该凌驾于法律之上或者可以自由选择接受或拒绝法律。在新形势下，波兰天主教会不懂如何包容、如何建立共识、如何妥协，一贯坚持在社会主义时期使教会获益匪浅、行之有效的方法，因此必然出现教会与国家之间的冲突，而作为波兰政治社会生活重要参与者的民主左翼联盟也必然会面临与天主教会的冲突。

脱胎于波兰统一工人党的民主左翼联盟在宗教问题上比较谨慎。一方面，受其前身波兰统一工人党宗教信仰自由和宗教宽容政策的影响，民主左翼联盟成员可以有宗教信仰、可以参加宗教活动。根据一项对民主左翼联盟核心成员（进入地方议会的民主左翼联盟成员和党代会成员）的调查，64%的民主左翼联盟成员信教，14%的人每周日都去教堂，15%的人每月去一次，43.5%的人一年去若干次教堂，36%的人认为自己不信教，只有 27.5%的人不参加任何宗教活动，③这说明相当数量的民主左翼联盟成员会去教堂参加宗教活动。不信教的民主左翼联盟成员去教堂是因为教会的公共职能，即公众活动、社会服务、祈祷和官方葬礼、家庭庆祝活动（如洗礼、圣餐和婚礼）等。这也从一个侧面说明宗教在波兰人的日常公共生活中扮演着重要角色，很多民主左翼联盟成员去教堂参加活动并不是投机。而且，也正因为宗教在波兰政治社会生活中扮演的重要角色，所以民主左翼联盟在一些问题上也需要得到天主教会的支持，如在波兰加入欧盟问题上，2004 年波兰入盟公投获得顺利通过，重要原因是获得了罗马教皇保罗二世的支持，教皇保罗二世认为，"波兰永远是欧洲重要的组成部分，欧洲需要波兰，波兰也需要欧洲"。52%的受

---

① Anna M.Grzymala-Busse. Redeeming the Communist Past: the Regeneration of Communist Parties in East Central Europe[M]. Cambridge: Cambridge Univetsity Press, 2002: 168.

② Gavin Rae. Poland's Return to Capitalism: from the Socialist Bloc to the European Union[M]. London: I.B.Tauris & Co Ltd, 2008: 96.

③ Anna Pacześniak. How much Left is there on the Left? The views of SLD party members[C]. This paper has been prepared in the context of the conference "The Left in East-Central Europe" organised by The Ferdinand Lassalle Centre for Social Tought in April 2011 in Warsaw, Poland.

访者表示他们支持入盟是因为受到教皇的影响①，在教皇号召下波兰天主教会动员神职人员和民众支持波兰入盟，80%的神职人员支持波兰加入欧盟。②2004年6月7—8日，波兰58.85%的合格选民参加了入盟公投，其中77.45%（大约1350万人）投了赞同票，支持波兰加入欧盟。③

另一方面，在宗教问题上，民主左翼联盟认为自己是一个现代的世界主义政党，世俗化是其基本立场，因此在宗教问题上持世俗化和自由主义的立场。民主左翼联盟领导人也坚定地认为世俗化是他们的核心立场，即使因此失去一些选民的支持也不会在这个问题上妥协。民主左翼联盟领导人曾表示政治、经济立场可以改变，但世俗化的立场没有谈判余地。④他们认为改变其世俗化的立场只会疏远他们的支持者并且会导致组织成员的身份认同危机。民主左翼联盟总书记马莱克·迪杜赫明确表示："我们是一个天主教国家的事实并不意味着我们不应该有政教分离的民主标准。否则我们将会被要求越来越多并继续捍卫其特权的教会扼杀。"⑤早在参加1991年竞选时，世俗化就是民主左翼联盟的一个突出立场和特点，民主左翼联盟坚持认为波兰是一个世俗化的国家，主张中立的国家哲学，即教会和宗教组织与国家分离即政教分离，公共生活去教权，国家机构中立，平等对待所有宗教，国家不赞成某一单一取向，反对在宗教场所开展竞选宣传活动，如发放竞选传单和悬挂竞选标志、横幅等物品。⑥民主左翼联盟主张信仰自由，"不是教条地反对宗教和教会，在解决重要的公共问题时赞成国家与教会的合作。社会民主的价值观可能而且应该团结信教和不信教的人们。我们认为信仰和道德自由是公民自由最重要的组成部分。我们反对在公共生活中的不宽容"⑦，主张完

---

① Gavin Rae. Poland's Return to Capitalism: from the Socialist Bloc to the European Union[M]. London: I.B.Tauris & Co Ltd, 2008: 185.

② Andrzej Korbonski. Poland ten years after: the church[J]. Communist and Post-Communist Studies, 2000(33): 141.

③ Ryszard Zieba. Transformation of Polish Foreign Policy[J]. The Polish foreign affairs digest, 2004, 4(4): 13.

④ Anna M.Grzymala-Busse. Redeeming the Communist Past: the Regeneration of Communist Parties in East Central Europe[M]. Cambridge: Cambridge Univetsity Press, 2002: 169.

⑤ Trouble at the Top[N/OL].（2003-04-03）[2014-08-01]. http://www.warsawvoice.pl/WVpage/pages/article.php/1879/article.

⑥ Left against political campaigning in churches[N/OL].（2013-09-09）[2014-08-06]. http://www.warsawvoice.pl/WVpage/pages/article.php/25781/news.

⑦ Program of The Social Democracy of The Republic of Poland[R/OL]. [2014-08-12]. http://library.fes.de.

全世俗化的教育，取消教会特权，妇女有堕胎的权利。民主左翼联盟认为，教会与国家分离有助于良知和信仰自由，有助于国家与教会及宗教团体的合作。

在有关学校的宗教教育和一些社会道德问题上，民主左翼联盟显示了自己与教会不同的立场和主张。

第一，关于宗教教育和宗教标志的使用。尽管民主左翼联盟不限制其组织成员的宗教信仰，其成员信仰天主教和参加天主教活动的比例较高，但民主左翼联盟始终坚持世俗化的立场，主张国家与宗教分离，国家在宗教上保持中立，反对在公共机构（学校、国家机关等）悬挂十字架。一项在民主左翼联盟成员中进行的有关宗教的调查显示，94%的被调查者不希望宗教标志出现在学校，92%的被调查者认为教会对政府影响太大，80%的人强烈反对十字架出现在国家机关和公共机构。①

波兰天主教会要求公立学校开设宗教课程并要求把宗教课程计入学生成绩单，反对在学校开设性教育课程。民主左翼联盟则反对教会干涉学校教育，不允许学校开设宗教课程，主张在学校高年级开设性教育课程，赞同高中生使用避孕药。但迫于竞选压力，1997年大选前，民主左翼联盟被迫同意了天主教教会关于在学校开设宗教课程的主张。

第二，关于堕胎。1989年剧变之前，波兰和其他东欧国家的法律都规定女性有自由堕胎权。1989年剧变之后，教会发起活动，要求议会通过法律禁止堕胎，最终波兰天主教主教及其支持者——天主教全国联盟（Christian-National Union）争取到了足够的支持者。1993年1月4日，波兰议会下院通过《反堕胎法》，只允许极其个别的情况可以堕胎但不包括不利的社会条件，并且规定如果医生介绍堕胎会面临高额罚款甚至坐牢。但1993年议会大选时，对这项法律的态度成为竞选的一个重要话题，民主左翼联盟明确反对该法案，最终在民主左翼联盟执政后，1994年6月议会对该法案进行了修正，允许因为社会原因堕胎，但遭到瓦文萨总统的反对；1997年，右翼团结竞选联盟执政后对该法案再次进行修订使其重回1993年的状态，但2001年，民主左翼联盟执政后再次主张修改《反堕胎法》，放宽堕胎限制。

民主左翼联盟一贯坚持赞同堕胎合法化，其支持者也强烈支持堕胎合法化。波兰1994年、1998年、2005年的民调显示，59%、53%、55%的人赞同

---

① Anna Pacześniak. How much Left is there on the Left? The views of SLD party members[C]. 2011.

堕胎合法化，而完全反对堕胎合法化的人不到 10%。①可以说，民主左翼联盟的这一立场顺应了民意。

第三，关于教会收入是否应该征税。在波兰，教会的财政收入可以说既黑暗又棘手。②两次世界大战期间，基于 1925 年的协议，国家根据教职支付工资给神职人员，1945 年协议被暂停。1950 年教会土地被没收，教会必须寻找其他收入来源，其中之一就是教会基金——从战后被没收的土地中收取的税金。1989 年之后，教会收入主要来自教会基金、忠实教徒的自愿捐助、举办婚礼和葬礼的收入、海外捐赠、罗马教廷的拨款，还有教会创办的经济活动的收入。

由于社会主义时期政府对教会收入征税，所以当时教会的财政收入严格保密。1989 年之后教会声称海外捐助减少、教民贫困导致自愿捐助减少，政府尽管归还了 1950 年没收的教会财产，但他们的实际花费不菲，而且声称没有从政府那里获得资助，因此教会声称其财政状况持续恶化。然而实际情况是，尽管给天主教会的自愿捐助减少了，但教会提供的服务使其收入上升了；国家每年还补贴教会大学 15 亿兹罗提；③教会还有税收豁免权，神职人员不用提交所得税申报，其收入税是根据神职人员服务的教区的大小来确定，大部分神职人员生活水平高于一般人。

1993 年民主左翼联盟执政后，主张对教会收入提高征税额以增加政府的财政收入，但遭到教会及其支持者的强烈反对，教会拒绝民主左翼联盟要求教会公布账目的要求，最后教会只同意教会经营的工商业收入交税，而其他收入依然免税。民主左翼联盟主张应该取消教会基金，限制罗马天主教对神职人员的直接补助。根据法律面前人人平等的原则，神职人员应该完全自己缴纳社会保险费和健康教育等费用，高收入的神职人员（即主教）应该为履行农牧职能上交一笔收入所得税，但目前只有教区神父和教区牧师缴纳这种类型的所得税。

第四，关于与罗马教廷的协约。波兰与罗马教廷的协约可以追溯到 16 世纪，1925 年双方签订的协约确定了二者之间的现代关系，但该协约在 1945

---

① Gavin Rae. Poland's Return to Capitalism: from the Socialist Bloc to the European Union[M]. London: I.B.Tauris & Co Ltd, 2008: 96.

② Andrzej Korbonski. Poland ten years after: the church[J]. Communist and Post-Communist Studies, 2000(33).

③ Trouble at the Top[N/OL].（2003-04-03）[2014-08-15]. http://www.warsawvoice.pl/WVpage/pages/article.php/1879/article.

年9月被废止。之后，波兰与罗马教廷之间的关系持续紧张，1978年波兰人卡洛尔·沃伊蒂瓦被选为教皇及1989年波兰剧变也未能打破二者之间关系的僵局。1989年波兰剧变前夕通过的《波兰与天主教会关系法》，保证教会独立于国家之外，包括独立掌握教会的人事任免权及享有税收和海关豁免权等。1989年波兰剧变之后，波兰与罗马教廷建立外交关系。1993年，苏霍茨卡（Suchocka）政府与罗马教廷签订新的关系协约，准备用来代替人民波兰时期签订的《波兰与天主教会关系法》。1997年波兰通过新宪法，波兰《宪法》第25条第4款规定"波兰共和国与罗马天主教会之间的关系由与罗马教廷缔结的国际公约和法律规定"[1]。1998年1月，波兰国会通过新的与罗马教廷关系法案。

协约的签署在波兰引发巨大争议，争议的一方是天主教会，其支持者是签署协约的政治家和大批天主教学者；另一方是宪法和教会法方面的专家以及包括民主左翼联盟在内的左翼政党领导人。民主左翼联盟与教会在以下问题上存在严重分歧：教堂和教会布道地点是否应当一律免于征税；国家与教会是否应当相互独立与自治；是否应当放宽对堕胎的限制；学校、幼儿园是否应当开设宗教课程；等等。此外，民主左翼联盟政府认为上一届政府匆忙、秘密地与罗马教廷签署协约违反了波兰《宪法》关于签署协约的规定。1995年4月，民主左翼联盟等中左翼力量控制的议会决定推迟批准与罗马教廷签署的协约，而中右翼的团结竞选联盟执政后于1998年4月24日批准了该协约，但民主左翼联盟依然强烈批评与梵蒂冈签署的协约。

第五，关于反犹太主义。第二次世界大战前，波兰反犹太主义的最重要来源是天主教会的教旨。波兰的反犹太主义有其固有的保守主义和本位主义，其领导人大部分出身于农民（114个波兰教区的主教有一半来自具有激烈民族主义倾向的农民家庭，20%－25%有蓝领工人家庭背景[2]），有强烈的民族主义意识，这使得波兰天主教会对波兰的儿子——保罗二世试图弥合两种信仰的努力视而不见。而民主左翼联盟主张各种宗教地位平等、民族平等及倡导民族和解政策，反对宗教歧视、民族歧视和民族仇恨。

第六，关于宪法的争议。在新宪法制定过程中，由前民主左翼联盟领导

---

[1] 1997年波兰共和国宪法（英文版）（1997-04-02）[2017-12-6]. http://www.sejm.gov.pl/prawo/konst/angielski/kon1.htm.

[2] Andrzej Korbonski. Poland ten years after: the church[J]. Communist and Post-Communist Studies, 2000(33).

人、波兰总统克瓦希涅夫斯基领导的宪法起草委员会采取了亲教会的立场，《宪法草案修正案》指出国家与教会的关系由波兰与罗马教廷签署的国际协约决定；同意教会的要求，在宪法中去除了"国家与教会分离"的条款并代之以"尊重自治和各自在其领域内相互独立的原则"。但波兰天主教主教对民主左翼联盟的此种让步并不满意，教会依然尖锐地批评宪法起草委员会和民主左翼联盟政府。作为回应，宪法起草委员会以微弱多数同意在《草案》第 18 条中将国家在宗教事务上的态度由"中立"改为"公正"，目的是为防止在宪法公投时教会鼓动教民不支持新宪法。1997 年宪法公投以微弱多数获得通过，宪法公投的低投票率和四个月后波兰议会大选结果证明，天主教会及其支持者右翼势力的强大。①1997 年宪法公投的反对派和 1997 年团结竞选联盟赢得大选的支持者包括虔诚的天主教大众媒体的 500 万听众。②

第七，关于天主教价值观。1991 年 9 月 15 日，波兰大主教发表声明"大众媒体的星期天"，批评波兰现有媒体，声称波兰天主教将创办代表自己利益的日报。1993 年初，波兰大主教接管了社会主义时期天主教会支持的派克斯（PAX）出版了 46 年的服从共产主义路线但面临倒闭的报纸——《通用报》（Slowo Powszechne），将其命名为《天主教日记报》（Slowo-Dziennik Katolicki）（日发行量一万份，后来因为财政问题关闭），主要用来宣传天主教价值观。1992 年 12 月 29 日，在天主教会支持下，波兰议会通过一项法律，要求电台和电视台播出节目要尊重有信仰尤其是持天主教价值观的民众的感情。民主左翼联盟议员要求宪法法院做出裁决此项议案是否违宪，最终宪法法院在 1994 年 6 月做出此项法律不违宪的裁决，但民主左翼联盟在此问题上依然持反对立场。此外，在安乐死、人工授精等问题上民主左翼联盟与教会的观点相左。

综上所述，民主左翼联盟继承了波兰统一工人党宗教宽容的政策遗产，主张信仰自由，在关键的社会政治问题上争取波兰天主教会的支持，如加入欧盟等；同时，民主左翼联盟坚持自己是一个现代的世界主义政党，坚定地持世俗化立场，主张政教分离，在一些社会道德问题上与天主教会观点相左，体现了作为社会民主主义性质的左翼政党的特色。

---

① Andrzej Korbonski. Poland ten years after: the church[J]. Communist and Post-Communist Studies, 2000(33).

② Andrzej Korbonski. Poland ten years after: the church[J]. Communist and Post-Communist Studies, 2000(33).

作为社会民主党，民主左翼联盟的对内政策主张遵循了社会民主主义政党的基本价值观，即主张社会市场经济，发挥国家的宏观调控作用，赞同私有化，尊重和保障人权，重视福利国家建设。但在政策的具体实施过程中，囿于国内外政治经济形势，某些政策也会偏离社会民主主义政党的基本价值观。

# 第四章 波兰民主左翼联盟关于国际问题的政策主张

冷战结束后,波兰面临的国际环境发生了巨大变化:苏联和东欧国家社会制度发生剧变,波兰不再是东方社会主义阵营的一部分,俄罗斯也不再是波兰的保护伞,欧洲内部不再从政治和军事上被分为敌对的东欧和西欧。面对变化了的国际形势,波兰民主左翼联盟立足于波兰的主权独立和领土完整,从波兰的国家利益出发,提出了关于波兰对外政策的基本方针、政策和主张。

## 第一节 波兰民主左翼联盟对外政策的指导思想与主要特点

波兰民主左翼联盟关于波兰对外政策的主张致力于维护波兰的民族国家利益,保护波兰的主权独立和领土完整,为波兰的发展创造友好的国际环境。波兰民主左翼联盟关于波兰对外政策的主张有着深厚的思想渊源,有明确的指导方针,显示了其对外政策的鲜明特色。

### 一、波兰民主左翼联盟对外政策主张的思想渊源

波兰的历史塑造了波兰人关于主权、安全的概念。波兰处于普鲁士与沙俄、北约与华约、德国与俄罗斯地缘政治夹心的两难境地,对18世纪后波兰不再是欧洲的一个主权大国的国家身份有很大影响。这种地缘政治现实和历史使波兰的对外政策出现了约瑟夫·毕苏斯基(Jozef Pilsudski)的政治理想主义和罗曼·斯坦尼斯瓦夫·德莫夫斯基(Roman Stanisław Dmowski)的政治现实主义两种外交政策倾向,这两种对外政策倾向深刻地影响了民主左翼联盟的对外政策主张。

约瑟夫·毕苏斯基(1867—1935)在多元文化的维尔纽斯长大,受到波

兰被瓜分前国家和多种族模式的影响。1893年他加入波兰社会党，推崇国家高于各民族权利的国家至上思想。毕苏斯基的对外政策思想主要有三个方面。

第一，毕苏斯基是一个统一的民族主义者，主张波兰复国。他承认并在某种程度上支持立陶宛、乌克兰、鲁塞尼亚和白俄罗斯的解放，支持东欧各民族自决并打算通过建立独立的乌克兰和白俄罗斯改变波兰的东部边界。毕苏斯基主张波兰复国，他的复国计划就是恢复被瓜分前作为一个松散联邦的、多种族的波兰——由波兰领导、其他东欧国家有相当大自治权的联邦国家。这个松散的联邦与历史上波兰贵族共和国（波兰第一共和国，也称波兰-立陶宛联邦）面积大致相当，包括了今天大部分的波兰、乌克兰、立陶宛、白俄罗斯，甚至俄罗斯的一部分。[①]他支持乌克兰等东欧民族的独立运动，但毕苏斯基扩张性的东欧政策不仅遭到东欧各国反对而且也没有得到西方的支持。面对联邦计划的失败和波兰内战使波兰三分之一人口成了少数民族这种情况，他转而选择在波兰建立把西乌克兰和维尔纽斯飞地并入波兰的多民族国家，这是1935年《宪法》定义的非种族国家的基础。

第二，主张干预主义和主动的外交政策。第一次世界大战期间，毕苏斯基组建了波兰军团。1920年，在他领导的苏波战争中，波兰采用了进攻性的战略；作为对1934年莱茵兰再军事化的反应，他建议法国对纳粹德国应采用先发制人的战略。他认为波兰不能通过被动或防守来确保独立，应采取积极主动的外交政策捍卫自己的国家利益。

第三，关于普鲁士和俄罗斯，他认为波兰处在两个扩张性大国之间，这对波兰第一共和国是致命的，也是导致波兰在1795－1918年灭国的主要原因之一。1795年之后，波兰外交政策重点是通过与西方国家建立联盟来战胜波兰的"地缘政治陷阱"[②]。但是到19世纪中叶，很明显无论是法国还是其他西方强国都不会为争取波兰的利益而卷入军事冲突，只有占领者之间的冲突才能为波兰独立提供一个现实的前景。毕苏斯基认为俄罗斯是波兰复国的最大威胁，因此他选择与奥地利和德国结盟，与俄罗斯保持良好关系，保持波兰与法国的联盟，改善与英国的关系。

德莫夫斯基（1864－1939）的思想中民族居于首要地位，其思想的核心是主张波兰是波兰人的波兰。德莫夫斯基是国家民主党成员，赞同社会达尔

---

[①] 刘祖熙. 波兰通史[M]. 北京：商务印书馆，2006：108.
[②] Kerry Longhurst, Marcin Zaborowski. The New Atlanticist:Poland's Foreign and Security Policy Priorities[M]. London: Blackwell Publishers, 2007: 20.

文主义，持反社会主义和反犹太主义立场，主张"健康的民族利己主义"①。他的民族和民族-国家是以种族为基础的，认为民族是语言和文化连接在一起的一个有机体，认为波兰民族-国家要繁荣兴旺，需要使波兰社会民主化并建立一个在种族、语言、宗教（天主教）上同一的国家。德莫夫斯基鄙视联邦的多民族结构和宗教宽容政策，主张建立单一种族的波兰民族国家，他认为波兰是波兰人的波兰，②非波兰少数民族应该有加入这个文化共同体的机会，但前提是他们必须变成波兰人，"顺从文化和语言波兰化"③。

德莫夫斯基终其一生反对毕苏斯基和毕苏斯基所代表的一切，他对毕苏斯基的联邦制不感兴趣，也不支持乌克兰和其他东欧民族的建国愿望。相比毕苏斯基，德莫夫斯基的外交政策是内向和孤立主义的。他认为波兰的责任是为波兰民族提供安全的条件而不是致力于在本地区过于积极的外交政策。与毕苏斯基不同，德莫夫斯基认为德国是波兰安全的主要威胁，因此他呼吁波俄和解，倡导新斯拉夫主义，反对德意志。④

毕苏斯基和德莫夫斯基的思想是波兰对外政策思想的两个极端，是民主左翼联盟对外政策主张的思想渊源。毕苏斯基的波兰是包容的，孕育了积极的干预主义的反对俄罗斯的对外政策；德莫夫斯基是排外的、消极的和反对德国的对外政策。二者的共同点是在波兰的独立和主权上毫不妥协，反对来自俄罗斯或德国的威胁，坚决捍卫波兰的领土完整。

## 二、波兰民主左翼联盟对外政策的基本方针

从坚决捍卫波兰的独立与主权的基本立场出发，民主左翼联盟制定了关于波兰对外政策的基本方针。

第一，维护民族独立、领土完整和国家主权是民主左翼联盟对外政策的首要战略目标。民主左翼联盟认为，1989年之后，波兰的安全形势发生了巨

---

① 罗曼・德莫夫斯基[OL]．[2014-08-20]．http://baike.so.com/doc/1383834.html．
② Kerry Longhurst, Marcin Zaborowski. The New Atlanticist: Poland's Foreign and Security Policy Priorities. London: Blackwell Publishers, 2007: 9.
③ 耶日・卢克瓦斯基，郝伯特・扎瓦德斯基．波兰史[M]．常程，译．上海：东方出版社，2011：194．
④ 耶日・卢克瓦斯基，郝伯特・扎瓦德斯基．波兰史[M]．常程，译．上海：东方出版社，2011：211．

大变化，1991年苏联用来控制东欧各国的经互会和华约相继宣告解散，①1993年6月17日，最后一批独联体军队离开波兰，"300年来波兰国土上很少没有外国军队"②，波兰真正获得了独立和主权。但是，民主左翼联盟认为，要保证独立和主权，波兰必须全面转向西方，谋求加入北约和欧盟，只有这样才能"加强国家独立和主权，消除外部威胁"③。1994年，民主左翼联盟政府外长在向波兰议会做的第一份波兰外交政策说明中强调，波兰外交政策"最主要的任务是确保波兰的永久安全。要完成这个任务必须通过与所有邻国建立友好关系，建立亲欧洲-大西洋的安全结构"④。波兰开始了全面的加速西转的进程——加入北约和欧盟，波兰是东欧剧变后第一个外交政策转向西方的中东欧国家。民主左翼联盟认为，转向西方符合波兰的国家利益——捍卫波兰的主权独立和领土完整。⑤

第二，谋求地区大国角色为目标的积极的外交政策。历史上波兰曾是欧洲的大国，1569年建立的波兰-立陶宛联邦共和国，1634年最盛时面积达99万平方公里，包括了如今的波兰、立陶宛、白俄罗斯、乌克兰、俄罗斯各国领土，是"两海之间"——从波罗的海直达黑海的当时欧洲最大的国家。⑥荣耀的历史，再加上1978年波兰克拉科夫大主教卡罗尔·沃伊蒂瓦当选罗马教皇，1989年波兰率先实现制度剧变，波兰的"首领欲"更加膨胀。民主左翼联盟主张波兰采用积极的外交政策，谋求成为地区大国。在建立维谢格拉德集团、波罗的海中欧倡议和中欧自由贸易区、波罗的海国家理事会、北约及欧盟东扩、对乌克兰及白俄罗斯等东部邻国政策等重大问题上，波兰都走到前台，扮演"第一小提琴手"的角色。为此，波兰以伊拉克战争为契机，

---

① 1991年6月28日，在匈牙利首都布达佩斯举行的经济互助委员会第四十六次会议上，保加利亚、匈牙利、波兰、罗马尼亚、苏联、捷克斯洛伐克以及蒙古、越南和古巴等9个成员国的常任代表签署了议定书，宣告经互会自议定书签字之日起90天后停止存在；1991年7月1日，苏联、捷克斯洛伐克、波兰、匈牙利、保加利亚、罗马尼亚6国领导人在捷克斯洛伐克首都布拉格签署解散华沙条约的议定书。1991年6月19日，苏联从匈牙利撤出最后一批军队，1991年6月25日苏联从捷克斯洛伐克撤军。

② Presentation of Polish Foreign Policy in 1994 expose by the Ministy of Foreign Affair in Sejm[R]. 1994-05-02.

③ Program of The Social Democracy of The Republic of Poland[R/OL]. [2014-08-25]. http://library.fes.de.

④ Presentation of Polish Foreign Policy in 1994 expose by the Ministy of Foreign Affair in Sejm[R]. 1994-05-02.

⑤ Ryszard Zieba. Transformation of Polish Foreign Policy[J]. The Polish foreign affairs digest, 2004, 4(4): 13.

⑥ 郭大成，金孜虞. 波兰！波兰！从这里读懂欧洲历史[M]. 沈阳：辽宁教育出版社，2011：3.

倾其全力为美国的全球战略提供帮助，表现自己"唯美是从"的忠诚态度，既是对美国的支持表示感谢和回报，也寄希望于美国对波兰更多关照，以期实现波兰充任地区首领的战略目标。

第三，保障波兰在国际社会政治、经济、文化等各方面的利益，为波兰发展创造良好的外部条件。民主左翼联盟主张波兰在经济、政治、文化等各领域实行全面的对外开放，参与全球化过程。坚持"波兰外交的核心目标是服务人民和他们的福利，而不是抽象的历史、思想和特别暂时的国家利益"[1]。因此，民主左翼联盟认为，波兰外交政策是超党派的，"不是政府和国家垄断的，而是总统、议会和政府共同创立和实施的，外交政策专家、社区活动分子、市民都参与"[2]的透明的政策和在他们制定的框架下坚决的行动。民主左翼联盟主张波兰外交政策应服务于利用国际合作为波兰的经济发展服务，积极参加地区合作，与有活力的世界市场建立紧密的联系；加入文化和文明的民族一体化进程，参与解决全球问题；保护海外波兰侨民利益，保护海外波兰少数民族的权利；与世界所有文明中心发展友好关系。[3]

据此基本方针，民主左翼联盟主张波兰外交政策的优先任务是：尽快加入北约和欧盟；与所有邻国建立友好关系；广泛参与服务于地区稳定和加强波兰地位的地区合作。[4]在民主左翼联盟努力下，波兰外交取得了重大成就：1995 年波兰成为世界贸易组织成员、1996 年加入经合组织、1996－1997 年担任联合国安理会非常任理事国、1999 年成为北约正式成员国、2004 年成为欧盟正式成员国，波兰与周边所有邻国都建立了友好关系，波兰外部环境处于历史上最好时期，为波兰政治、经济、文化发展创造了良好的外部环境，支持了波兰的发展和进步。

---

[1] Presentation of Polish Foreign Policy in 1994 expose by the Ministy of Foreign Affair in Sejm[R]. 1994-05-02.

[2] Presentation of Polish Foreign Policy in 1994 expose by the Ministy of Foreign Affair in Sejm[R]. 1994-05-02.

[3] Program of The Social Democracy of The Republic of Poland[R/OL]. [2014-08-28]. http://library.fes.de.

[4] Expose by Minister of Foreign Affairs of the Republic of Poland Dariusz Rosati to the Diet of the Republic of Poland[R]. 1996-05-09; Expose by Minster of Foreign Affairs Dariusz Rosati to the Diet of the Republic of Poland[R]. 1997-05-08; Information of the Government of the Republic of Poland on the Polish foreign policy in the year 2003[R]. 2003-01-22; Włodzimierz Cimoszewicz, Government information on the Polish foreign policy in the year 2004, 2004-01-21.

## 三、波兰民主左翼联盟对外政策的特点

民主左翼联盟关于波兰对外政策的主张显示了其鲜明的特色。

第一,民主左翼联盟主张波兰的外交政策应保持延续性和一致性。民主左翼联盟认为,波兰外交政策的核心始终应该是维护波兰的民族独立和国家主权,认为"外交政策有党派色彩,但其实施是超党派的,外交官代表国家和国家的目标,而不是某个政党或者个人的观点"①,"外交政策的目的和任务是维护国家利益,它超越党派斗争"②。因此,民主左翼联盟从国家利益出发,其对外政策超越党派斗争,一方面延续了自身一贯的对外政策主张,另一方面在执政后继续实行前任维护波兰国家利益的政策。

研究波兰外交政策的学者也认为,"1990 年第三共和国建立后,波兰外交政策的特点就是高度的一致性和连续性,尽管政党千变万化,政府更迭几近破纪录。1989 年之后波兰国内政治的不稳定主要表现在政府的频繁更迭上,但令人印象深刻的是波兰外交政策保持了稳定和可预测。政府来了又走,但波兰的外交政策在同样的原则指导下——波兰的地缘政治、波兰的历史和约瑟夫·毕苏斯基的思想"保持了一致。③

民主左翼联盟认为,"波兰外交政策保持一致和连贯。这种一致反映了波兰各种政治力量对波兰外交主要目标的尊重"④。但同时民主左翼联盟认为,这并不是说波兰外交政策一成不变,"外部环境在不断变动,因此波兰外交政策也必须适应变化了的环境而变化"⑤。在外交政策上,波兰社会的不同政治力量加强合作,寻求外交政策的连贯性,其核心就是波兰的发展。⑥为保持外交政策的延续性和一致性,民主左翼联盟主张"建立专业的外交机构,

---

① Presentation of Polish Foreign Policy in 1994 expose by the Ministy of Foreign Affair in Sejm[R]. 1994-05-02.

② Włodzimierz Cimoszewicz, Government information on the Polish foreign policy in the year 2004[R]. 2004-01-21; Adam Daniel Rotfeld, Government information on the Polish foreign policy[R]. 2005-01-21.

③ Kerry Longhurst, Marcin Zaborowski. The New Atlanticist:Poland's Foreign and Security Policy Priorities[M]. London: Blackwell Publishers, 2007: 96.

④ Expose by Minister of Foreign Affairs of the Republic of Poland Dariusz Rosati to the Diet of the Republic of Poland[R]. 1996-05-09.

⑤ Expose by Minister of Foreign Affairs of the Republic of Poland Dariusz Rosati to the Diet of the Republic of Poland[R]. 1996-05-09.

⑥ Coproponujemy Polakom w obszarze polskiej polityki zagranicznej? [R/OL]. [2014-08-29]. www.sld.org.pl.

不受内部政治变化的影响"①。

第二,民主左翼联盟的对外政策深受波兰地缘政治、第二次世界大战及其结果的影响,奉行大西洋主义、追随美国、稳定东部环境的对外政策主张。历史上波兰曾长期处于两个强国或集团之间,如第二次世界大战前的普鲁士和沙俄、德国和苏联,冷战期间的北约和华约,冷战后的德国和俄罗斯,这被视为是波兰的"地缘政治陷阱"。波兰由于自身实力缘故,或主动或被动地与周边大国结盟,或寻求外部力量的支持来分裂这些强大的邻国以保证自己的独立和安全。

受第二次世界大战及其结果的影响,民主左翼联盟既不认为波兰能保卫自己的安全也不信任西欧联盟能帮助波兰。因此,1989年之后,民主左翼联盟在波兰外交中产生了大西洋主义的思想,这种思想产生的基础是认为美国是欧洲和波兰安全的最终保障,是当今世界唯一有能力遏制俄罗斯和控制德国的国家,是唯一能从"地缘政治陷阱"中拯救波兰的国家。②因此,民主左翼联盟认为波兰应追随美国,奉行大西洋主义。

华约解散后,波兰积极要求加入北约并于1999年正式成为北约成员国。波兰与美国建立特殊伙伴关系,在反恐、反导、伊拉克、阿富汗、人权等问题上处处追随美国。美国把波兰视为"值得珍视的伙伴"③,波兰则因坚定地追随美国而被称为"美国人的特洛伊木马"④。

正是这样的对外政策思想渊源、基本方针和特点塑造了民主左翼联盟的对外政策主张。

## 第二节 波兰民主左翼联盟关于若干国际热点问题的基本主张

波兰民主左翼联盟就全球化、欧洲一体化、北约及波兰和北约的合作、

---

① Program of The Social Democracy of The Republic of Poland[R/OL]. [2014-08-29]. http://library.fes.de.

② Kerry Longhurst, Marcin Zaborowski. The New Atlanticist: Poland's Foreign and Security Policy Priorities[M]. London: Blackwell Publishers, 2007: 21.

③ Kerry Longhurst, Marcin Zaborowski. The New Atlanticist:Poland's Foreign and Security Policy Priorities[M]. London: Blackwell Publishers, 2007: 1.

④ Kerry Longhurst, Marcin Zaborowski. The New Atlanticist:Poland's Foreign and Security Policy Priorities[M]. London: Blackwell Publishers, 2007: 1.

联合国的作用及其改革、2008年国际金融危机、国际恐怖主义与反恐合作等若干国际热点问题提出了自己的看法和主张。

## 一、关于全球化

20世纪末人类进入全球化加速发展时期，恰在此时，包括波兰在内的中东欧及苏联解体后形成的国家正在经历经济转型，波兰应该如何应对全球化呢？

民主左翼联盟政府前副总理兼财政部部长科勒德克认为，全球化是用来描述在世界范围之内快速变动的、现实的、最普遍的用语，包括政治、经济、社会和文化，涉及政治学、社会学、心理学、历史学、管理科学、网络科学甚至包括神学和生态学，其中最重要的是经济学，①更多的时候全球化指的是经济全球化。

科勒德克认为，经济全球化是不断减少国际经济交流限制的一个过程，它是一个渐进的自由化过程，伴随着资本、商品、服务和劳动力的自由流动，最后的结果是形成一个统一的全球市场。②全球化有三个贡献：自由化、一体化和相互依赖。自由化是进一步深化经济关系的关键和先决条件，它使不同经济体可以进入共同的技术、组织、贸易、金融和投资关系中；一体化是将分割开来的商品、资本及劳动力融入一个统一大市场的过程；在经济自由化、一体化过程中形成了相互依赖的全球经济。技术进步尤其是计算机技术和网络技术的发展使世界经济成为24小时经济。但是今天的全球化还不完全，如劳动力还不能完全自由流动等。

科勒德克认为，目前阶段的全球化有六个重要特征："世界贸易以两倍于产出的速度增长；全球资本转移以更为迅速的速度增加；移民不断挣脱国家政府的控制并且数量不断增加；新技术以空前的速度传播，改变了人们从事商业行为的方式，并在世界范围内创造了新型的相互依赖关系；后社会主义体系的转型进一步加快，使得来自35个国家的18亿人民融入没有限制的世界经济中；多方位的文化转型正在进行，出现对各种价值的多元化解读。"③

---

① 格泽高滋·W.科勒德克.真相、谬误与谎言——多边世界中的政治与经济[M].张淑芳,译.北京：外文出版社,2012：88.

② Grzegorz W. Kolodko. Globalization-Challenges and Opportunities for Transition Economies[C/OL]. [2014-09-06]. www.tiger.edu.pl.

③ 格泽高滋·W.科勒德克.真相、谬误与谎言——多边世界中的政治与经济[M].张淑芳,译.北京：外文出版社,2012：107.

伴随经济全球化发展的还有区域一体化，它不是全球化的阻碍，相反区域一体化加速了全球化，最终会通过区域一体化逐步实现世界经济一体化。全球化并未消除竞争，而是增强了竞争并使竞争的形式发生了变化，竞争已经超出国界范围，而且在更大的平台上出现了更多的竞争者，竞争的程度也比过去更加激烈。

民主左翼联盟认识到全球化是一个不可避免的过程，因此积极主张波兰加入国际一体化过程即全球化过程。①民主左翼联盟认为，全球性的文明已经到达地球的各个角落，全球化发展给人们带来了很多希望，人们能够更快、更经济地进行交流，教育和科学也更加开放；由于资本、商品、服务和劳动力的自由流动，资源以全球作为市场进行最优配置，促进了经济发展。一些国家成为"全球化的成功故事"。

民主左翼联盟认为，在全球化过程中机遇与挑战并存，但同时认为"'并存'并不意味着是'一比一的比例'"②。机遇与挑战取决于在全球化的游戏中各国所处的位置，同时也在于一国如何利用新的、更多的机会发挥全球化给它带来的最大效益。一国想要吸收资本、引进技术就必须对国际竞争开放市场，必须面对来自其他市场企业的竞争以及投机资本的渗透等。③

民主左翼联盟认为，对波兰这样的转轨国家来说，全球化是后社会主义转型的催化剂。外部压力导致转型国家国内变革的需求：产权私有化、资本的自由流通、货币的自由兑换、改革商业银行和投资银行、合理的宏观经济政策等，这些是建立市场经济体制所必需的。为了融入世界经济，转型国家必须实行同样的规则：自由化、市场经济、开放、私有化。但也可能导致被边缘化，因为全球化的果实不是自动就能得到的，最终结果在于各国的地缘政治及其采取的政策。波兰优越的地理位置——地处扩大的欧盟和独联体之间，使波兰可以利用全球化带来的机遇，如果利用不好，那就是政策不当造成的。④民主左翼联盟主张利用经济全球化减少波兰与较发达世界文明中心

---

① Program of The Social Democracy of The Republic of Poland[R/OL].[2014-09-07]. http://library.fes.de.

② 格热戈日·W. 科勒德克. 新兴市场应从波兰大变革中汲取的经验教训[C/OL].[2014-09-08]. www.tiger.edu.pl.

③ Grzegorz W. Kolodko. Globalization and Its Impact on Economic Development[C/OL].[2014-09-09]. www.tiger.edu.pl.

④ Grzegorz W. Kolodko. Globalization and Its Impact on Economic Development[C/OL].[2014-09-09]. www.tiger.edu.pl.

的差距。

1989 年，波兰开始了全面的对外开放，积极融入国际市场，利用国际市场吸引经济发展所需资金，引进技术，积极参与国际经济合作，加快波兰的现代化进程。波兰分别在 1995、1996、2004 年加入世贸组织（1967 年波兰加入关税与贸易总协定）、经合组织和欧盟等国际经济组织；除汽车、钢铁、燃料油外，其他工业品实行零关税，2004 年加入欧盟后，欧盟农产品进入波兰实行零关税；波兰是中东欧吸收外资最多的国家，1989－2002 年，波兰共吸收 651 亿美元对外直接投资；[1]1998 年波兰外贸出口额从 1990 年的 109 亿美元增长到 303 亿美元，共增长了 2 倍。[2]波兰对外开放取得的成就充分证明波兰是"全球化成功故事"之一。

与此同时，民主左翼联盟也认识到，全球化最大的赢家是那些经济和政治上的强国；同时，"全球化也意味着全球范围相互依赖的经济运作会带来全球性的问题"[3]。经济层面，如金融危机的蔓延，新的利益结构引发的新冲突；社会层面，如气候变化、大范围疾病的流行、恐怖主义等。由于这些问题涉及的范围非常广泛、原因非常复杂，因此，单凭某个国家——即使是像美国那样强大的国家或是某几个国家的力量——如八国集团或欧盟这样强大的国家联盟也无法解决。全球化产生的问题只能通过全球化解决。[4]但是，目前波兰"我们有世界经济却没有世界政府或者世界经济政策，因此适当的机构是需要的"[5]。现有的国际机构如联合国、欧盟、国际国币基金组织、世界银行等无法解决这些问题。人类"需要一个全球性机构协调全球性问题的解决"[6]。有些问题已经在进行全球性协调，如打击恐怖主义、防范金融危机等。

民主左翼联盟认为，全球化是一个划时代的进程，是一个持久的过程，

---

[1] 高德平. 列国志·波兰[M]. 北京：社会科学文献出版社. 2005：212.

[2] 金雁，秦晖. 十年沧桑：东欧诸国的经济社会转轨与思想变迁[M]. 上海：上海三联书店，2004：86.

[3] 格泽高滋·W. 科勒德克. 真相、谬误与谎言——多边世界中的政治与经济[M]. 张淑芳，译. 北京：外文出版社，2012：104.

[4] Grzegorz W. Kolodko. Globalization-Challenges and Opportunities for Transition Economies[C/OL]. [2014-09-10]. www.tiger.edu.pl.

[5] Grzegorz W. Kolodko. Globalization-Challenges and Opportunities for Transition Economies [C/OL]. [2014-09-10]. www.tiger.edu.pl.

[6] Grzegorz W. Kolodko. Globalization-Challenges and Opportunities for Transition Economies [C/OL]. [2014-09-10]. www.tiger.edu.pl.

是一个永远变动的进程。"全球化的未来将取决于人类是否真正意识到自己的命运并将之掌握在自己手中。"①通向美好未来的关键在于使目前基本是自发的全球化更加理性化。民主左翼联盟主张,世界各国和各民族之间只能用团结和伙伴关系的原则来解决全球化带来的问题,克服全球化过程中的威胁;认为世界只有更加团结、更加包容、更多平等的机会才能解决全球化面临的这些问题。因此,需要团队合作、协同政策和共同的组织,需要新规则,需要世界范围内的共同行动。②民主左翼联盟希望打造未来③,主张波兰应当加入文化和文明的民族一体化进程,参与全球性问题的解决。④

## 二、关于欧洲一体化

1989年波兰发生剧变之后,波兰外交战略的优先目标是"回归欧洲"即加入北约和欧盟⑤,民主左翼联盟积极主张和推动波兰加入欧盟。

民主左翼联盟认为,波兰应加入欧盟。首先,从经济上考虑有助于波兰市场经济的发展,有助于解决波兰国内面临的一些迫切问题,如失业、保护自然环境等;其次,加入欧盟会提高波兰作为民主和现代国家在欧洲和世界上的地位,巩固波兰的民主,有助于波兰的国防安全,促进波兰的发展;⑥最后,民主左翼联盟认为,阻止欧洲分裂是几代波兰人的梦想⑦,加入欧盟就是通向没有分裂的欧洲最简单的道路,是为了保证波兰的国家主权和永久安全。而不加入欧盟,波兰在欧洲会被边缘化,经济受到歧视,屈从于别人。在国土面积、人口、经济实力上,波兰都是中东欧实力最强的国家,民主左

---

① 格泽高滋·W. 科勒德克. 真相、谬误与谎言——多边世界中的政治与经济[M]. 张淑芳, 译. 北京: 外文出版社, 2012: 113.

② 格泽高滋·W. 科勒德克. 真相、谬误与谎言——多边世界中的政治与经济[M]. 张淑芳, 译. 北京: 外文出版社, 2012: 113.

③ Manifest programowy: Nowy wiek-nowy Sojusz Lewicy Demokratycznej, Socjaldemokratyczny program dla polski[R/OL]. [2014-09-10]. http://library.fes.de.

④ Program of The Social Democracy of The Republic of Poland[R/OL]. [2014-09-10]. http://library.fes.de.

⑤ Kerry Longhurst, Marcin Zaborowski. The New Atlanticist: Poland's Foreign and Security Policy Priorities[M]. London: Blackwell Publishers, 2007: 5.

⑥ Expose by Minister of Foreign Affairs of the Republic of Poland Dariusz Rosati to the Diet of the Republic of Poland[R]. 1996-05-09.

⑦ Expose by Minister of Foreign Affairs of Poland, Wlodzimierz Cimoszewicz, to the Diet of the Republic of Poland on the Main Lines of Polish Foreign Policy in2002[R]. 2002-03-14

翼联盟"相信不仅波兰需要欧盟,欧盟也需要波兰"[①]。因此,民主左翼联盟认为,对欧盟而言,没有波兰参与的欧盟东扩是不可想象的。

民主左翼联盟认为,加入欧盟不仅会促进波兰政治、经济、社会和文明的进步,而且因为波兰在欧洲东部有着重要的利益,加入欧盟可以促进和加速波兰与东方的商业交流。由于波兰直接面对俄罗斯、白俄罗斯、乌克兰等国家,因此,波兰还承担着欧盟与这些国家之间安全对话员和安全机制协调员的身份。在欧盟与斯拉夫国家之间,波兰起着加强合作的桥梁和东西方交流中介的作用。民主左翼联盟认为,这恰恰是"我们在欧盟的特殊作用之处"[②]。民主左翼联盟认为,没有人会因为波兰加入欧盟而受损,大家都是受益者,特别是波兰农民。[③]

民主左翼联盟认为,加入欧盟会扩大波兰的政治视野,把波兰引入许多全球问题中,使波兰从一个只在区域发挥作用的国家变成一个在全球发挥作用的国家,这将给波兰带来可观的收益,特别是在增加波兰的政治权力和文化吸引力上,这是欧盟承担更多全球义务的结果。关于非欧洲问题,在欧盟制定的共同立场下,波兰将利用欧盟成员国身份积极参与有关全球化、可持续发展、环境保护及社会问题的国际讨论,在南北联系中恰当地扮演建设性的角色。[④]民主左翼联盟认为,波兰应该在欧盟对非欧洲国家的政策制定中发挥作用,因为波兰具备不是殖民国家、已经在很多国家建立了外交机构、有大量的专家、有数量众多的波兰侨民社区等优势。

民主左翼联盟认为,加入欧盟波兰也必须做出牺牲和努力。[⑤]波兰必须调整工农业结构以适应欧盟的经济和法律体系,这对波兰来说是一个极大的困难。波兰可能被视为"北方国家",因而被期望贡献更多的发展援助。民主左翼联盟认为,欧盟作为国家和公民的联盟,会确保尊重国家认同和所有国

---

[①] Program of The Social Democracy of The Republic of Poland[R/OL]. [2014-09-12]. http://library.fes.de.

[②] Program of The Social Democracy of The Republic of Poland[R/OL]. [2014-09-12]. http://library.fes.de.

[③] Adam Daniel Rotfeld. Government information on the Polish foreign policy[R]. 2005-01-21.

[④] Information of the Government of the Republic of Poland on the Polish foreign policy in the year 2003[R]. 2003-01-22.

[⑤] The Sejm expose of Wladyslaw Bartoszewski the Minster of Foreign Affairs of the Repbulic of Poland[R]. 1995-05-24.

家的文化多样性，不会削弱波兰的民族认同，[①]民主左翼联盟也会保护波兰的国家认同，确保欧洲人和波兰人不会势不两立，而是互惠互利。为应对加入欧盟的挑战，民主左翼联盟政府制定了与欧盟融合的国家战略，成立了"欧洲一体化委员会"，1997年1月28日批准了"国家一体化战略"。

1998年，波兰就入盟开始与欧盟进行谈判。[②]2001年，民主左翼联盟再次执政后，加快了波兰入盟的谈判进程。[③]在劳动力流动和外国人购买波兰土地这两个分歧较大的问题上，波兰最后与欧盟在谈判中达成一致。[④]在劳动力流动问题上波兰接受了欧盟提出的7年过渡时间即入盟7年后波兰劳动力才可在欧盟内自由流动。由于历史原因，土地在波兰是一个敏感问题，波兰人害怕外国人购买大量波兰土地，所以土地出售问题的谈判更加困难。最终，欧盟接受了波兰提出的妥协方案——加入欧盟12年后，欧盟其他国家的公民才能自由购买波兰土地；已经在波兰租赁土地的欧盟其他国家的公民3年后才可以在波兰东南部购买土地，7年后才能在波兰西北部购买土地。波兰同意入盟5年后其他欧盟国家公民可以在波兰购买"第二个家"。在最具争议的农业补贴问题上，民主左翼联盟政府最后同意给波兰农民的补贴额低于欧盟原15国的平均水平。欧盟原15国在成为成员国的前3年，农民得到的直接农业补贴分别是55%、60%和65%，而波兰接受的农业补贴分别是36%、39%和42%。[⑤]

2002年12月13日，波兰结束入盟谈判；2003年4月16日，波兰签署加入欧盟的条约。2003年6月7-8日，波兰举行加入欧盟的全民公投，参与投票的公民77.45%赞同波兰加入欧盟，波兰顺利通过入盟公投；[⑥]2003年7月23日，克瓦希涅夫斯基总统正式批准波兰加入欧盟的条约；2004年5

---

① Adam Daniel Rotfeld. Government information on the Polish foreign policy presented by the Minister of Foreign Affairs[R]. 2005-01-21.

② 1991年11月26日，波兰正式加入欧洲理事会，开启了波兰加入欧洲一体化的步伐。1991年12月16日欧共体与波兰、匈牙利、捷克三国正式签署建立联系国关系的"欧洲协定"，三国得到保证将在20世纪90年代末进入欧洲自由贸易区。1993年6月欧盟哥本哈根会议首次承诺将接纳中东欧联系国入盟，并公布了入盟标准，即所谓的"哥本哈根标准"。1994年欧盟制定了帮助中东欧国家入盟的核心战略，即《中东欧国家准备加入欧盟战略》（也称"入盟战略"或"埃森战略"）。

③ 孔田平. 波兰的欧盟政策与入盟谈判战略[J]. 欧洲研究，2004（2）.

④ Gavin Rae. Poland's Return to Capitalism: from the Socialist Bloc to the European Union[M]. London: I.B.Tauris & Co Ltd, 2008: 133.

⑤ Gavin Rae. Poland's Return to Capitalism: from the Socialist Bloc to the European Union[M]. London: I.B.Tauris & Co Ltd, 2008: 190.

⑥ Ryszard Zieba. Transformation of Polish Foreign Policy[J]. The Polish foreign affairs digest, 2004, 4(4).

月 1 日,波兰正式加入欧盟。至此,波兰加入了世界上最大的一体化组织,进入欧洲文明的中心,实现了波兰转轨初期提出的"回归欧洲"的梦想。

加入欧盟后,波兰得到大量来自欧盟的资金,截止到 2007 年 3 月,波兰从欧盟共接收了 13020 亿兹罗提资金,用于资助超过 56000 个项目,2004—2006 年,39%的资金到位。2013—2017 年,波兰从欧盟预算资金中获得 59 亿欧元资金,主要用于波兰的道路、铁路、机场和油气管道等基础设施建设。①

波兰的人口和农民规模大于与波兰一同入盟的其他 7 国的总和,随着经济实力的增强,波兰对欧盟经济增长的贡献也越来越显著。在经济总量上,波兰已经是欧盟第七大经济体。假如波兰能保持现在的增长速度,那么到 2050 年波兰将成为欧盟第一大经济体,未来波兰有潜力与德国成为推动欧盟经济增长的"双引擎"②。

关于欧盟改革和欧盟宪法,民主左翼联盟也表明了自己的基本主张。

民主左翼联盟支持对扩大后的欧盟进行改革,创新欧盟发挥作用的机制、提高欧盟机构的效率和进行更深入的一体化,使欧盟能更好地应对当今世界面临的挑战。民主左翼联盟认为,欧盟必须遵循透明、民主的原则,以团结一致的行动原则为基础,在决策时考虑所有成员国的利益,鼓励妥协而不是强迫接受;各成员国以适当方式追求自己利益的同时要与欧盟作为一个整体的利益相协调;"波兰在欧盟问题上的主要原则是寻找共同利益。国家利益永远是我们定义波兰位置的出发点。我们将寻求波兰与欧洲的共同利益。波兰利益与欧洲利益之间没有根本矛盾"③。民主左翼联盟认为,波兰加入欧盟后的首要任务是在决定欧盟未来发展的一些关键问题上找到波兰的位置,如共同农业政策、欧盟预算案、里斯本战略及增长倡议等。波兰在欧盟捍卫自己权利的同时承担自己的责任,是一个诚实和负责任的伙伴。

民主左翼联盟支持欧盟宪法,主张欧盟宪法应在政府间框架下进行谈判。波兰主张在宪法序言中包含欧洲基督教的传统;反对建立一个单一的欧盟主席,赞同主席团模式,主张欧盟委员会实行一国一票制,反对双重多数投票

---

① Gavin Rae. Poland's Return to Capitalism: from the Socialist Bloc to the European Union[M]. London: I.B.Tauris & Co Ltd, 2008: 75-76, 190.

② 赵远方. 2010 年波兰经济欧洲"一枝独秀"[J/OL]. (2010-12). [2014-09-17]. http://gb.cri.cn/27824/2010/12/29/5187s3106135.htm.

③ Wlodzimierz Cimoszewicz. Government information on the Polish foreign policy in the year 2004[R]. 2004-01-21.

制；反对在欧洲建立独立于北约的安全体系。①民主左翼联盟认为，欧盟25国起草的宪法条约十分简单、清晰和易读，尽管有缺点，但也充分考虑了波兰的利益，因此赞同批准欧盟宪法；如果不批准欧盟宪法，波兰就会因此陷入自我封闭，导致"两种速度"的欧洲及"核心"与"边缘"欧洲思想的复兴。

对于欧盟继续东扩和未来发展，民主左翼联盟支持欧盟进一步扩大②，认为全球竞争正在加剧，欧洲只有作为一个整体才能更好地参与竞争，未来欧盟的进一步东扩有利于波兰和欧洲的发展。2004年9月，时任民主左翼联盟政府外交部部长的齐莫谢维奇说："欧洲不应该只被视为地理方面。我们不只是正在处理单独的一个欧洲大陆——而是与一群有相同价值观和想为共同的目标努力的国家一起。波兰希望欧盟继续扩大并认为未来这是优先事项……欧盟应该传递这样强烈的信号——它对进一步一体化是开放的。"③

民主左翼联盟认为，作为欧盟成员国，波兰外交政策的最重要目标是保护波兰利益的同时赢得欧盟伙伴国对波兰的支持。波兰不会在欧盟内建立持久联盟，但会在一些特殊问题上寻求观点、立场接近的欧盟国家的支持。波兰反对"核心"④欧洲和"欧洲执政当局"⑤（European Directorate）的概念。

民主左翼联盟并没有专门的文件勾画关于欧洲未来发展的概念，经常被其引用的是欧洲社会党关于欧盟未来发展的有关论述，⑥1997年、1999年纲领都明确赞同欧洲社会党提出的"社会欧洲"概念，在民主左翼联盟网站上有四个欧洲社会党文件。⑦因此，欧洲社会党关于"社会欧洲"的愿景规划可以看作民主左翼联盟对欧盟的主要愿景。根据欧洲社会党文件，"社会欧洲"

---

① Ryszard Zieba. Transformation of Polish Foreign Policy[J]. The Polish foreign affairs digest, 2004, 4(4).
② Wlodzimierz Cimoszewicz. Government information on the Polish foreign policy in the year 2004[R]. 2004-01-21.
③ Address by Minister Foreign Affairs Włodzimierz Cimoszewicz entitled "The Enlargement of the EU and the Processes in the Union, including the Constitutional Treaty"[C/OL].[2014-09-20]. http://www.iep-berlin.de.
④ New EU Member Poland Oppose 'Core Europe' within Bloc[N/OL].（2005-01-21）[2014-09-21]. http://www.eubusiness.com/archive/Institutions/050121154646.49upoikm/.
⑤ Adam Daniel Rotfeld. Government information on the Polish foreign policy presented by the Minister of Foreign Affairs[R]. 2005, 11(21).
⑥ Piotr Buras. Polish social democracy, policy transfer and programmatic change[J]. Journal of Communist Studies and Transition Politics, 2005, 21(1).
⑦ Growing stronger together: Five commitments for the next five years[R/OL].（2004-04-24）PES manifesto. People First: A New Direction for Europe[R/OL].（2009-06）；A Pact for growth and jobs in Europe[R/OL].（2012-06-28）；Towards a new Europe[R/OL].[2014-03-01][2014-09-22]. www.sld.org.pl.

主要内容包括重振欧洲经济并预防新的金融危机，促进欧洲经济增长，消除贫困，创造更多更好的就业机会，新社会欧洲会给人们更公平的待遇，应对气候变化使欧洲成为全球领导力量，在欧洲倡导两性平等，制定有效的欧盟移民政策，促进欧洲作为和平、安全和发展伙伴的作用，等等。

尽管波兰已经如愿加入欧盟，但与欧盟主要大国之间还存在很大差距，在很多问题上分歧依然严重。波兰人均GDP只有原欧盟15国平均水平的40%①，要达到原欧盟15国的人均GDP水平还需要几十年时间。由于波兰参加美国领导的伊拉克战争，导致波兰与欧盟主要大国德国、法国关系紧张。在共同农业政策、预算政策、欧盟东扩对象选择及对俄罗斯政策等问题上，波兰都坚持自己的立场。②未来波兰与欧盟的磨合还将继续。

## 三、关于北约及波兰与北约的合作

1993年民主左翼联盟执政之前，对波兰加入北约持怀疑态度，但支持在欧洲建立集体安全机制，如欧洲安全与合作机制（Conference on Security and Cooperation in Europe，简称 CSCE；后改称 Organization for Security and Cooperation in Europe，简称 OSCE），认为这是填补冷战结束和华约解散后波兰面临的地缘政治真空的唯一办法。民主左翼联盟认为"欧洲大陆所有国家安全了欧洲才能真正安全"。此时的民主左翼联盟认为，北约是只考虑自己安全的联盟，北约不可能填补波兰面临的地缘政治真空，③波兰与北约和西欧联盟（West Europe Union，简称 WEU）可以合作，但这不是波兰的主要目的。

1993年大选前，民主左翼联盟对北约的态度开始发生变化，在其1993年的竞选纲领中支持"北约性质的变化"——不再是扎根于对抗性时代的军事协定，认为这是波兰加入北约的前提。1994年1月，民主左翼联盟领导人克瓦希涅夫斯基在议会下院明确表示"加入北约是我们的目标"，他说，"尽管事实是我们将加入一个新的、一个不同于我们知道的北约"。④

1992年，波兰国防委员会制定了"波兰安全政策原则"及"波兰共和国

---

① 杨烨. 欧盟东扩中的"波兰现象"评析[J]. 俄罗斯中亚东欧研究，2004（4）.

② Kerry Longhurst, Marcin Zaborowski. The New Atlanticist: Poland's Foreign and Security Policy Priorities[M]. London: Blackwell Publishers, 2007: 74-86.

③ Piotr Buras. Polish social democracy, policy transfer and programmatic change[J]. Journal of Communist Studies and Transition Politics, 2005, 21(1).

④ Piotr Buras. Polish social democracy, policy transfer and programmatic change[J]. Journal of Communist Studies and Transition Politics, 2005, 21(1).

安全政策和防务战略",认为波兰虽然不再面临来自任何国家的现实军事威胁,但是波兰外交政策的首要目标仍然是保卫主权独立和领土完整。然而,两次世界大战的经历使波兰认为与英法结盟不能保证波兰的安全,没有美国的欧洲安全防卫不能保证波兰的安全。①最终,为了国家安全波兰选择了北约。

民主左翼联盟认为,北约是欧洲-大西洋安全体系的关键组织,经历了历史考验,能有效保护成员国的安全,保护民主和自由市场的价值观,阻止某一国家安全政策的再国有化,阻止有历史恩怨的国家发生冲突,促进了欧洲-大西洋两岸国家的政治稳定和经济发展。因此,民主左翼联盟认为,"成为北约成员国是对波兰外部安全的最大保证"②,加入北约有助于减轻德国统一和俄罗斯东山再起给波兰造成的地缘政治压力,这是保证波兰永久安全,防止欧洲再次分裂的最好办法。③ 1996年5月,时任民主左翼联盟政府外长罗萨蒂(Dariusz Rosati)对外表示:"没有任何障碍能在最近的将来阻止波兰加入北约……1996年12月,北约委员会做出的联盟扩大的时间表及波兰被确定为首批扩大成员国是我们的目标。"④民主左翼联盟认为,确保波兰安全的基本条件是与民主国家建立联盟,这种联盟符合波兰的国家利益,反映了大多数波兰人的愿望,因而得到了包括民主左翼联盟在内的波兰各党派的支持。1998年,克瓦希涅夫斯基总统发表演讲《北约新成员国:新挑战与新功能》,指出,"我们属于西方基督教文明大家庭。历史、共同的文化根源和共同的价值体系将我们联系起来"⑤。所以,波兰要极力争取加入北约⑥。

1994年2月,民主左翼联盟政府与北约签署了《和平伙伴关系框架》,同年9月,波兰与北约签订《和平伙伴关系计划》,成为中东欧第一个签署该计划的国家。1995年9月末,北约制定了"北约东扩问题报告"给各候选国,

---

① David H.Dunn. Poland: America's New Model Ally[M]. //Marcin Zaborowski, David H.Dunn. Poland-A New Power in Transatlantic Security. London: Frank Cass Publishers, 2003: 65.

② Gavin Rae. Poland's Return to Capitalism: from the Socialist Bloc to the European Union[M]. London: I.B.Tauris & Co Ltd, 2008: 120.

③ Presentation of Polish Foreign Policy in 1994 exposed by the Ministy of Foreign Affair in Sejm[R]. 1994-05-02.

④ Expose by Minster of Foreign Affairs Dariusz Rosati to the Diet of the Republic of Poland[R]. 1997-05-08.

⑤ 周伟. 浅谈冷战后波美关系[J]. 俄罗斯中亚东欧研究,2007(4).

⑥ Expose by Minister of Foreign Affairs of the Republic of Poland Dariusz Rosati to the Diet of the Republic of Poland[R]. 1996-05-09.

波兰正式启动加入北约的进程；1997年7月，波兰参加了北约扩大谈判的马德里峰会；1997年12月16日，波兰签署了加入北约的文件；1999年3月12日，波兰正式加入北约。

关于北约的性质，民主左翼联盟认为，北约是民主国家的联盟，是对民主国家友好的国际组织，是防御性而不是进攻性的组织。[1]北约不是一个侵略性的阵营，不会用任何方式威胁第三方的和平或主权。因此，北约扩大的目的不是针对俄罗斯，不会威胁到俄罗斯的安全，相反它使成员国能更好地与俄罗斯合作。[2]1999年4月，北约在华盛顿召开首脑会议，通过了《北约华盛顿宣言》和《北约21世纪战略新概念》，认为在打击恐怖主义等非传统安全威胁上，北约的集体防御功能在弱化，北约从被动变得更加主动。民主左翼联盟认为，包括波兰在内的盟友应该为满足新任务的需要发展他们的防御能力，但这并不意味着忘记北约作为集体防御工具的经典作用，也不意味着忘记密切监控传统威胁的必要性。民主左翼联盟支持北约与俄罗斯建立密切联系，认为"9·11"事件之后，北约与俄罗斯合作的自然杠杆就是反恐，"反对恐怖主义威胁的联合斗争已成为一个促使合作的自然的激励"[3]。

关于北约进一步扩大及北约扩大的作用，民主左翼联盟表明了自己的看法。民主左翼联盟支持北约继续扩大，完全赞同华盛顿条约制定的原则，认为北约东扩会巩固政治稳定、提升民主和市场经济发展的机会。[4]民主左翼联盟认为，渴望加入北约的国家都可以加入，特别支持吸收乌克兰成为北约正式成员国。民主左翼联盟政府外长齐莫谢维奇认为北约继续扩大，有助于弥合欧洲的分裂，擦除"莫洛托夫-里宾特洛甫"[5]所带来的后果，[6]波兰支

---

[1] The Sejm expose of Wladyslaw Bartoszewski the Minster of Foreign Affairs of the Repbulic of Poland[R]. 1995-05-24.

[2] Expose by Minster of Foreign Affairs Dariusz Rosati to the Diet of the Republic of Poland[R]. 1997-05-08.

[3] Getting the Priorities Straight 2003[N/OL]. (2003-01-30) [2014-09-25]. http://www.warsawvoice.pl/WVpage/pages/article.php/1062/article.

[4] The Sejm expose of Wladyslaw Bartoszewski the Minster of Foreign Affairs of the Repbulic of Poland[R/OL]. 1995-05-24.

[5] 莫洛托夫-里宾特洛甫条约也称苏德互不侵犯条约或希特勒-斯大林条约，是1939年8月23日苏联与纳粹德国在莫斯科签订的一份秘密协议，该条约划分了苏德双方在东欧地区的势力范围。1939年9月1日，纳粹德国对波兰实施闪电战，第二次世界大战全面爆发。1941年6月22日，阿道夫·希特勒撕毁《苏德互不侵犯条约》，执行巴巴罗萨计划，对苏联发动猛烈进攻，苏德战争爆发。

[6] Getting the Priorities Straight2003[N/OL]. (2003-01-30) [2014-09-27]. http://www.warsawvoice.pl/WVpage/pages/article.php/1062/article.

持美国提出的把北约变成一个"全球联盟"的思想①。

民主左翼联盟认为，北约是建立新欧洲安全体系的一部分②，北约扩大不会导致欧洲分裂，它有助于欧洲稳定，有助于中欧国家的转型和消除中欧的"灰色地带"；加入北约使波兰不仅进入民主大家庭而且能加强波兰的政治和经济稳定，扩大波兰东部地区的稳定和民主，阻止无效、潜在和敌对区域联盟的建立；北约扩大有助于加强北约与俄罗斯、乌克兰等国的合作；波兰赞同北约扩大与非联盟国家的合作，加入北约将为波兰与其他国家的合作打开新的一页。

关于北约战略转型，民主左翼联盟认为，北约运行环境在不断变化，北约面临威胁和期望不断变化的性质需要对安全威胁和挑战、北约在全球及欧洲-大西洋安全中的作用、北约的任务，特别是北约与欧盟和其他国际组织合作的原则等进行反思。这样的反思可能会导致制定一个关于北约未来十年的愿景规划，可以重建因伊拉克分歧而紧张的跨大西洋共同体的信任。③民主左翼联盟认为，"9·11"事件之后，北约最大的危险是非传统安全威胁的上升，因此北约必须从被动防御变得更加主动以应对日益增加的非传统安全威胁。未来的北约不仅要负责地区安全，还要负责全球安全，这是进入21世纪后北约继续存在的理由，北约的存在符合波兰的利益。民主左翼联盟认为，尽管欧洲没有武装冲突，但如果对来自欧洲外部的威胁不进行有效控制，那也会威胁到欧洲的安全，因此，北约不可避免地要在欧洲以外采取行动。民主左翼联盟认为，尽管北约首先是集体防卫的工具，但波兰支持北约转型，支持北约成为一个在世界任何边远角落都能够履行选择性任务的机构。

关于北约与欧洲防务体系的关系，民主左翼联盟认为，北约与欧洲自身的安全防卫力量，如欧洲安全与合作组织、西欧联盟之间不是互相替代而是互补的关系。④民主左翼联盟认为，跨大西洋地区冲突的温床并没有消失，包括德涅斯特河沿岸地区、高加索和外高加索地区，欧安组织是调解和防止新冲突发生的一个重要工具，是欧洲分裂的反对力量。欧安组织构成了欧洲

---

① Ryszard Zieba. Transformation of Polish Foreign Policy[J]. The Polish foreign affairs digest, 2004, 4(4).
② Expose by Minister of Foreign Affairs of the Republic of Poland Dariusz Rosati to the Diet of the Republic of Poland[R]. 1996-05-09.
③ Wlodzimierz Cimoszewicz. Government information on the Polish foreign policy in the year 2004[R]. 2004-01-21.
④ David H.Dunn. Poland: America's New Model Ally[M].//Marcin Zaborowski, David H.Dunn. Poland-A New Power in Transatlantic Security. London: Frank Cass Publishers, 2003: 81.

安全的重要一环，波兰支持欧安组织在民主机制的巩固、保护人权、冲突地区的预防外交及维和力量的使用、裁军谈判、构建 21 世纪欧洲安全新模式等方面发挥作用。民主左翼联盟支持加强欧洲共同外交和防卫安全政策，但认为欧洲防卫政策是对北约的补充，①北约是跨大西洋合作的基本平台②，是负责欧洲安全的核心。波兰支持进一步减少欧洲大陆的常备军，支持以改革的北约为基础建立泛欧洲安全体系。2001 年，波兰国防部长布罗尼斯瓦夫·科莫罗夫斯基表示："我们想保持与美国的联系并希望美国介入欧洲。同时我们支持欧洲安全和防务体系的发展。我们认为他们的行动是一致的。"③民主左翼联盟认为，尽管欧洲不再面临大规模武装侵略的威胁，不再需要美国的保护，但在新时期欧洲被美国视为应对全球威胁的一个伙伴，北约就是这种全球伙伴的工具。波兰希望美国留在欧洲并发挥它作为一个特殊的欧洲力量的作用，在东欧、南高加索和中亚，美国都是不可或缺的。民主左翼联盟政府外长齐莫谢维奇认为，"在我们的心中毫不怀疑北约仍然是世界稳定与和平的关键因素之一。波兰也认为欧盟共同安全与防务政策的发展很重要。我们认为它是联合的欧洲未来安全的一个关键因素。大体上，我们认为地区组织和安排不仅在欧洲而且在其他地方也能对保持和平与稳定的全球努力负更多责任"④。

对于北约成员国在一些问题上的分歧如伊拉克战争等，民主左翼联盟认为这种分歧是一种自然现象，反映了他们各自历史、发展模式、地理位置和在世界事务中作用的特殊性，不应放大这种分歧，因为联盟的基本利益和文明价值观强大而且富有弹性，因此短暂的意见分歧将会日渐消弭。美国和欧洲在解决当今世界很多问题上有共同的议程，只要他们合作就一定可以实现，波兰将努力确保跨大西洋共同体的一致性。⑤

---

① Information of the Government of the Republic of Poland on the Polish foreign policy in the year 2003[R]. 2003-01-22.

② Wlodzimierz Cimoszewicz. Government information on the Polish foreign policy in the year 2004[R]. 2004-01-21.

③ David H.Dunn. Poland: America's New Model Ally[M].//Marcin Zaborowski, David H.Dunn. Poland-A New Power in Transatlantic Security. London: Frank Cass Publishers, 2003: 77.

④ "POLAND'S VIEW ON GLOBAL SECURITY ISSUES" -A lecture of the Minister for Foreign Affairs of the Republic of Poland-Włodzimierz CIMOSZEWICZ, at the University of New South Wales, Sydney[R/OL]. (2003-03-03) [2014-09-30]. http://www.msz.gov.pl/en/news/aktualnosc_2026.

⑤ Information of the Government of the Republic of Poland on the Polish foreign policy in the year 2003[R]. 2003-01-22.

在加入北约的进程中及加入北约后，波兰都积极参加北约组织的军事行动。民主左翼联盟希望，波兰作为北约成员国在获得安全保证的同时也做出自己的贡献①，从"消费者"变成跨大西洋安全和稳定的促进者②。波兰试图证明"自己是加强北约的潜在力量……使联盟确信我们现在和未来都是稳定与安全的提供者而不只是消费者"③。波兰参与了北约和平伙伴关系计划，如 1994 年 9 月，在波兰举行的"合作之桥"联合军事训练；波兰积极参加大西洋伙伴委员会概念的准备和北约政治委员会的咨询工作。民主左翼联盟支持波兰参加北约领导的多国稳定部队（Stabilization Force）在波黑的维和行动、科索沃危机反应行动及在东南欧的国际警察行动和北约驻阿富汗国际安全援助部队；积极参加旨在提高联盟军事能力的活动，如布拉格能力承诺（Prague Capabilities Commitment）、北约快速反应部队（NATO Response Force）、防御大规模杀伤性武器扩散的倡议等。波兰支持并监督改革北约指挥结构,支持在波兰建立一个北约盟军培训中心（NATO Allied Forces Training Center）。

加入北约使得波兰在地缘政治夹心中的安全获得了保证④，有学者认为"波兰作为北约成员国极大地改变了地区均势,最终消除了历史上欧洲地缘政治的基本原则即德国-俄罗斯为争夺地区统治地位而竞争的威胁"⑤。同时，加入北约使波兰有了一个独特的强有力的大西洋战略，在中东欧国家中不仅凸显了波兰比其他国家更重要，而且使波兰对欧盟的外交与安全政策具有更大的影响，提升了波兰在欧洲及世界事务中的地位。因此，民主左翼联盟认为，对波兰来说北约是非常珍贵、不可替代的工具。⑥

---

① Kerry Longhurst. From Security Consumer to Security Provider-Poland and Transatlantic Security in the Twenty-First Century[M]. //Marcin Zaborowski, David H.Dunn. Poland-A New Power in Transatlantic Security. London: Frank Cass Publishers, 2003: 51.

② MACIEJ CELEWICZ, MONIKA NIZIOŁ-CELEWICZ. RELATIONS BETWEEN POLAND AND ITS EASTERN NEIGHBOURS AFTER THE 1999 NATO ENLARGEMENT[C]. 2006(10).

③ Przemyslaw Grudzinski. A View From Poland: What Now, Who Next? in Simon Serfaty NATO at 50: What Now, Who Next, What Else?[C]. 1999: 11-12.

④ Sarah Meiklejohn Terry. Poland's foreign policy since 1989: the challenges of independence[J]. Communist and Post-Communist Studies, 2000(33).

⑤ Andrew A. Michta. Poland: A Linchpin of Regional Security[M]. //Andrew A. Michta. America's new Allies: Poland, Hungary and the Czech Repbulic in NATO. Seattle: Univ. of Washington Press 1999: 62.

⑥ Information of the Government of the Republic of Poland on the Polish foreign policy in the year 2003[R]. (Delivered by the Minister of Foreign Affairs at the Sejm session of January 22, 2003).

## 四、关于联合国的作用及其改革

第二次世界大战后建立的联合国是维护世界和平的多边国际机制的核心,冷战结束后,国际形势的变化使联合国面临巨大挑战。民主左翼联盟支持波兰积极参与联合国事务,对联合国的作用及其改革问题提出了自己的看法。

民主左翼联盟认为,从1945年第二次世界大战结束到1989年柏林墙倒塌这段时期,联合国是保障世界和平的国际多边机制的核心。民主左翼联盟政府外长齐莫舍维奇认为,"尽管有国际社会的一个成员承担起世界事务的全部责任的诱惑,但我们不可能期望设计一个没有其他成员国及他们掌握的机构参与的、可行的全球安全体系。在这方面,联合国有自己的作用。我们相信多边机制仍然代表新的全球安全体系的核心"①。

经过几十年的发展,国际环境已经发生了巨大变化,联合国已经到了十字路口。民主左翼联盟认为,在新的国际环境下,联合国"仍然是我们商议好的行动的首选"②。因此,应尽最大努力避免联合国管理的国际安全体系瘫痪,"质疑联合国作用的企图只能适得其反"③。民主左翼联盟认为,全球安全的未来格局将最终取决于联合国的政治形式,"最重要的是使这种格局牢牢地植根于多边机制的原则,多边机制应该继续是国际关系的指导原则"④。波兰支持继续加强并广泛使用多边手段。民主左翼联盟同时认为,联合国既无法完成所有的事,"应该引导和鼓励联合国专注于自身的比较优势"⑤。民

---

① "POLAND'S VIEW ON GLOBAL SECURITY ISSUES"-A lecture of the Minister for Foreign Affairs of the Republic of Poland-Włodzimierz CIMOSZEWICZ, at the University of New South Wales, Sydney[R/OL]. (2003-03-03) [2014-10-06]. http://www.msz.gov.pl/en/news/aktualnosc_2026.

② "POLAND'S VIEW ON GLOBAL SECURITY ISSUES"-A lecture of the Minister for Foreign Affairs of the Republic of Poland-Włodzimierz CIMOSZEWICZ, at the University of New South Wales, Sydney[R/OL]. (2003-03-03) [2014-10-06]. http://www.msz.gov.pl/en/news/aktualnosc_2026.

③ "POLAND'S VIEW ON GLOBAL SECURITY ISSUES"-A lecture of the Minister for Foreign Affairs of the Republic of Poland-Włodzimierz CIMOSZEWICZ, at the University of New South Wales, Sydney[R/OL]. (2003-03-03) [2014-10-06]. http://www.msz.gov.pl/en/news/aktualnosc_2026.

④ "POLAND'S VIEW ON GLOBAL SECURITY ISSUES"-A lecture of the Minister for Foreign Affairs of the Republic of Poland-Włodzimierz CIMOSZEWICZ, at the University of New South Wales, Sydney[R/OL]. (2003-03-03) [2014-10-06]. http://www.msz.gov.pl/en/news/aktualnosc_2026.

⑤ "POLAND'S VIEW ON GLOBAL SECURITY ISSUES"-A lecture of the Minister for Foreign Affairs of the Republic of Poland-Włodzimierz CIMOSZEWICZ, at the University of New South Wales, Sydney[R/OL]. (2003-03-03) [2014-10-07]. http://www.msz.gov.pl/en/news/aktualnosc_2026.

主左翼联盟认为,"尽管联合国还是核心,但是它不是负责这个领域唯一的国际组织"①。在维护世界和平及管理全球性事务方面,联合国应加强与其他国际组织的合作,如世界银行、国际货币基金组织、世界贸易组织、北约、欧盟、经合组织等,杜绝对抗、重复建设和资源浪费。

"9·11"事件发生后,国际安全形势再次发生重大转变,非传统安全威胁取代传统安全威胁成为国际社会关注的新热点。民主左翼联盟认为,联合国在应对国际社会面对的新挑战和新威胁中起到的仍然是核心作用。波兰积极参加联合国发起和实施的反恐行动,积极参加联合国解决有组织犯罪、贩毒、洗钱等非传统安全威胁的活动。

1996—1997年,波兰当选联合国安理会非常任理事国,民主左翼联盟认为这是国际社会对波兰国际地位的认可。波兰在联合国的活动主要致力于解决冲突、捍卫人权、军备控制和裁军等。民主左翼联盟认为,波兰有义务在联合国庇护下参与维和行动,为维护国际和平与安全做出自己的贡献,但同时强调这些行动需要获得联合国授权。②民主左翼联盟认为,波兰在联合国维和及参与人道主义援助、遣散武装力量、扫雷、使武装人员重新融入社会、人权保护等方面已经积累了丰富的经验,组建了有能力参与联合国维和特派团的技能人才团队,如参加多国待命部队高度戒备旅(Multinational Stand-by Forces High Readiness Brigade)、联合国待命安排系统(UN Stand-by Arrangements System)等。波兰还与联合国签署了参加联合国快速反应部队的协议。波兰支持联合国发起的裁军和无条件限制核武器扩散的计划,参与了联合国在波黑、中东、独联体等地的维和行动。民主左翼联盟认为,促进人权保护和经济发展是波兰参与联合国合作的重要议题③,因此,积极主张波兰与联合国特别机构如经社理事会、欧洲经济理事会进行合作。此外,波兰还在国际刑事法庭的建立过程中发挥积极作用,积极参与联合国预防犯罪和刑事司法委员会(UN Commission on Crime Prevention and Criminal Justice)的讨论,发起《联合国反对有组织跨国犯罪公约》。

---

① "POLAND'S VIEW ON GLOBAL SECURITY ISSUES"-A lecture of the Minister for Foreign Affairs of the Republic of Poland-Włodzimierz CIMOSZEWICZ, at the University of New South Wales, Sydney[R/OL]. (2003-03-03)[2014-10-07]. http://www.msz.gov.pl/en/news/aktualnosc_2026.

② Expose by the Minister of Foreign Affairs of Poland,Włodzimierz CIMOSZEWICZ,to the Diet of the Republic of Poland on the Main Lines of Polish Foreign Policy in 2002[R]. 2002-03-14.

③ The Sejm expose of Wladyslaw Bartoszewski the Minster of Foreign Affairs of the Repbulic of Poland [R]. 1995-05-24.

关于联合国改革①，民主左翼联盟支持波兰积极参与联合国及安理会的改革，不隐藏任何目的②。民主左翼联盟认为，冷战结束后尤其是"9·11"事件之后，国际社会面临新的挑战和不对称威胁，如国际恐怖主义、大规模杀伤性武器的扩散、贫困、流行病的威胁、人道主义危机、大规模侵犯人权的行为等，需要重新定义国际秩序和联合国在当代的特性，重新证实联合国作为"共同价值观和目标组织"③的作用；但是，"在人们承认联合国体系已经而且还必须继续在全球安全上发挥作用的同时，人们应该不遗余力地重新评估和重新确定其基本结构、职责及约定"④。联合国虽然还是稳定国际关系的工具，但它在很多领域已经不能满足现代世界的需要，全球化需要一种新的制度体系，但是"联合国不能胜任建设这种制度的角色"⑤。世界安全体系是变动的，但联合国的结构却保持不变，因此必须对联合国进行改革。民主左翼联盟认为，有关联合国的所有改革都必须有助于提高联合国的效率、促进国际关系民主化并确保更高的人权保护。⑥

民主左翼联盟不主张首先对联合国进行制度改革，认为首先需要找到联合国存在的问题，然后确定联合国的任务，之后才能考虑制度变革。

民主左翼联盟认为，联合国存在的主要问题包括以下几方面。首先，组织概念不足，联合国往往缺乏抵制新威胁和解决新问题的手段。国际冲突主要出现在国家内部而不是国家之间，一方面国际社会希望联合国快速、有效地进行干预；另一方面联合国没有合适的规范、程序和工具。其次，政治不足，联合国内部的力量排列已经不能反映当代世界实际的力量对比。最后，

---

① 1992年第47届联大通过了关于联合国改革的决议，1995年第50届联大正式成立35个改革工作小组，就安理会改革、和平纲领、发展纲领、财政状况和加强联合国系统等问题广泛征求各成员国意见并提出改革对策，主要涉及精简联合国机构、削减经常性预算、加强内部监督和司法程序、改善联合国财政状况和加强联合国在经济和社会政治领域的活动等。

② Government information on the Polish foreign policy presented by the Minister of Foreign Affairs, Adam Daniel Rotfeld, at the session of the Sejm on 21st January 2005[R].

③ POLITICAL PERISCOPE[N/OL]. (2003-10-23) [2014-10-10]. http://www.warsawvoice.pl/WVpage/pages/article.php/3870/article.

④ "POLAND'S VIEW ON GLOBAL SECURITY ISSUES"-A lecture of the Minister for Foreign Affairs of the Republic of Poland-Włodzimierz CIMOSZEWICZ, at the University of New South Wales, Sydney[R/OL]. (2003-03-03) [2014-10-11]. http://www.msz.gov.pl/en/news/aktualnosc_2026.

⑤ 格泽高滋·W. 科勒德克. 真相、谬误与谎言——多变世界中的政治与经济[M]. 张淑芳, 译. 北京：外文出版社, 2012: 316.

⑥ United Nations reform[R/OL]. [2014-10-12]. http://www.msz.gov.pl/en/foreign_policy/international_organisa-tions/united_nations/un_reform/.

机构不足，联合国的机构和官员只能用无效和过时的方式工作。①

民主左翼联盟认为，要通过改革消除这些不足，首先需要对把国际社会结合在一起的价值观与原则进行反思，否则将不能构建一种新的体系。民主左翼联盟认为，普遍认同的价值观是通向新体系的路标，是全球安全的主要支柱，"联合国千年宣言认同自由、平等、团结、包容、尊重自然和共担责任这些价值观。我们还应该记得民主、法治和善治的重要性。他们都遵守人的尊严、安全和繁荣这些我们为之奋斗的国际秩序的核心价值。因此，它们可以被视为国际体系的组织原则"②。民主左翼联盟认为，只有连接国际社会的这些价值观得以建立，全球安全体系才能建立。

2002年9月，在第57届联大上，波兰提交了关于联合国改革的全面愿景——21世纪联合国新政治行动（New Political Act for the UN for the 21st Century），目的是确认联合国在国际安全领域的基础作用，明确联合国的价值观、目标和原则，通过改革使联合国能适应和满足新的需求和挑战，"特别重要的是它会重申联合国作为拥有共同价值观的一个共同体的重要性"③。

民主左翼联盟认为，在新形势下，不能再用老方法面对新挑战和解决新问题，必须重新定义很多传统概念，包括与主权、合法性及与平等有关的概念。为了更好地理解新安全架构建立的方式，有必要重新审视自决权与领土完整、人权与主权这些原则之间的相关性及规范制定的可能性。民主左翼联盟认为，人道主义干涉应该更广泛地被视为是对人权的保护。

具体而言，在20世纪90年代，波兰关于联合国改革的主张包括：提议根据联合国宪章第43条给予安理会常任理事国使用军事力量的权利；波兰共同起草了保护军事行动人员的决议；2004年5月，在华沙举行了关于联合国改革的区域会议；波兰提出删除《宪章》第53条、第77条和第107条中"敌国"这些过时的提法并被第49届联大接受，最终在2005年第60届联大会议上通过的《成果文件》中得以确认。民主左翼联盟认为，2005年9月，第60

---

① Adam Daniel Rotfeld. Government information on the Polish foreign policy presented by the Minister of Foreign Affairs, Prof[R]. 2005-01-21.

② "POLAND'S VIEW ON GLOBAL SECURITY ISSUES"-A lecture of the Minister for Foreign Affairs of the Republic of Poland-Włodzimierz CIMOSZEWICZ, at the University of New South Wales, Sydney [R/OL]. (2003-03-03)[2014-10-13]. http://www.msz.gov.pl/en/news/aktualnosc_2026.

③ "POLAND'S VIEW ON GLOBAL SECURITY ISSUES"-A lecture of the Minister for Foreign Affairs of the Republic of Poland-Włodzimierz CIMOSZEWICZ, at the University of New South Wales, Sydney [R/OL]. (2003-03-03)[2014-10-13]. http://www.msz.gov.pl/en/news/aktualnosc_2026.

届联大及全球首脑会议形成的最后文件《2005年世界首脑会议成果》体现了波兰关于联合国改革的方向和基本原则，是指导联合国改革的纲领性文件，为联合国进行一系列必要的改革开了一个好头。

对于联合国改革重中之重的安理会改革[①]，民主左翼联盟认为，安理会是联合国负责维持国际和平与安全的强力机构，反映的是第二次世界大战后形成的世界政治格局，两极格局的解体意味着安理会必须适应新的国际环境，波兰支持安理会的改革。安理会改革主要涉及安理会的扩大、重新调整否决权、提高行动透明度、精简工作方式等。

民主左翼联盟认为，安理会改革的目的应该是建立更有效的工作方法。波兰支持安理会扩大，认为安理会扩大成员的选择，应当根据地域平衡原则考虑中东欧国家利益，[②]主张应增加一个来自中东欧的名额，但明确表态波兰不会争夺安理会常任理事国席位。[③]包括波兰在内的中东欧国家提出安理会扩大的"25国方案"，即将安理会成员国增加到25个，其中常任和非常任理事国各增加5个。在5个新常任理事国中，2个来自发达国家，另外3个分别由亚非拉三大洲各出一个，但新增常任理事没有否决权；中东欧国家特别强调，在5个非常任理事国中，必须有一个席位给中东欧地区。作为欧盟成员国，波兰支持进一步讨论安理会为欧盟建立一个联合席位的问题，波兰支持德国提出的方案——欧盟作为一个集体在安理会中如果占有一个席位，那么德国作为一个民族国家可以放弃安理会常任理事国的席位。

民主左翼联盟政府认为，联合国改革最重要的问题不是改变安理会结构[④]，因为安理会改革并不能解决联合国面临的主要问题。2005年6月，时任民主左翼联盟政府外长亚当·丹尼尔·罗特费尔德（Adam Daniel Rotfeld）指出，联合国目前面临许多重大挑战，如增强在安全问题上的有效性、支持世界上最贫穷国家的发展等。民主左翼联盟认为，这些问题不是改革安理会就能解决的，必须对联合国机构及其工作方式进行全面改革。

---

① 1992年第47届联大通过关于《安全理事会席位公平分配和成员数目增加问题》的决议，安理会改革问题被提上日程。

② Expose by Minister of Foreign Affairs of the Republic of Poland Dariusz Rosati to the Diet of the Republic of Poland[R]. 1996-05-09.

③ Adam Daniel Rotfeld. Government information on the Polish foreign policy presented by the Minister of Foreign Affairs, Prof.[R]. 2005-01-21.

④ 波兰外长说改变安理会结构并非联合国改革最重要的问题[N/OL].（2005-06-25）[2014-10-15]. http://news.xinhuanet.com/world/2005-06/25/content_3132965.htm.

## 五、关于 2008 年国际金融危机

2008 年始于美国次贷危机的国际金融危机不只是一次经济衰退，还是一次席卷全球的系统性危机。这次危机是受新自由主义意识形态驱动的、不受监管的金融市场的危机，危机宣告了不受管制的市场原教旨主义的终结，"宣告了新自由主义资本主义的失败"①，这次危机也标志着对市场监管不好的保守派时代的结束。民主左翼联盟认为，"2008 年作为全球资本主义历史上很不光彩的一页被世人铭记。我们见证了 2008 年所发生的一切，并最终意识到金融危机并不仅仅是一个经济的'跳闸'或经济周期中的一个典型放缓阶段。它恰恰意味着现有体系的崩溃"②。

民主左翼联盟认为，放松管制和新自由主义的保守主义是导致危机的思想根源。保守的自由市场意识形态、资本的贪婪和不负责任导致了危机的发生。新自由主义认为市场是好的，政府是坏的。但没有足够规则的市场注定要失败，金融危机就是最好的例证。在新自由主义思想指导下，资本主义已陷入贪婪和不负责任的泥潭，"在银行和金融机构面临破产的时候，现代资本主义文明标准的缺陷明显地暴露出来，可怕地影响到市场机制的运作"③。金融投机、对回报的贪婪追逐、缺乏对金融机构的监管、消费主义文化以及不负责任的管理者导致了金融机构的失败和人们对市场失去了信心。"新自由主义的放松管制导致了自由经济基本原则的破坏，导致对市场机制和管理机构信任的缺失，特别是对它们自我再生能力信心的缺失。"④

金融市场脱离实体经济的过度发展、高风险债务、过高的报酬、利益冲突和缺乏透明度都是缺乏监管的结果。在新自由主义思想指导下，市场成了主人，人成了市场的仆人。民主左翼联盟认为，自我调节不能避免危机的发生，市场不是万能的。"市场作为一个社会经济的重要调节器，不应该只是'守夜人'。市场应该服务于人民，而不是人民服务于市场！"⑤

民主左翼联盟认为，金融应该是一种全球公共产品，应该服务于实体经济而不是脱离实体经济，但现实中"金融市场与经济生产部门分离，对市场

---

① Taking Europe out of financial and economic crisis: An Urgent European Plan of Action[R/OL]. [2018-11-05][2014-10-18]. http://www.pes.eu/.
② 约瑟夫·奥莱克西. 当代变革对左翼社会的挑战[J]. 姚永祥, 译. 当代世界, 2012（7）.
③ 约瑟夫·奥莱克西. 当代变革对左翼社会的挑战[J]. 姚永祥, 译. 当代世界, 2012（7）.
④ 约瑟夫·奥莱克西. 当代变革对左翼社会的挑战[J]. 姚永祥, 译. 当代世界, 2012（7）.
⑤ 约瑟夫·奥莱克西. 当代变革对左翼社会的挑战[J]. 姚永祥, 译. 当代世界, 2012（7）.

上的证券严重的估价过高,银行间资金流断裂,引发危机不断加剧"①。这次金融危机表明有毒金融产品可以传播经济病毒,给经济和社会带来毁灭性的后果。资本的贪婪使得本应为人民利益服务的金融体系只为少数人服务。金融机构组成的"影子银行"在全球金融的心脏组成了一个巨大的赌窝;而那些搅动金融市场、全球经济并从中获得巨额利润的对冲基金和私募股权基金却远离监管。波兰经济学家、民主左翼联盟政府前副总理兼财政部部长科勒德克认为,"这是一个系统性经济危机。危机来自美国的金融产业,由于一些决策者的短见和贪婪,缺少责任心,过度使用一些金融工具、金融衍生品,有创新精神的企业家被投机炒作者代替了,大量有毒资产被注入经济当中,并由金融产业传导到生产环节。所以,问题起源于金融领域,然后传导到实体经济"②。

"当前世界金融危机是新自由资本主义理论学说的失败,它带来了一系列严重的社会后果。"③全球金融危机导致了经济衰退,经济衰退导致失业率上升、食品和能源价格上涨,而人们的购买力却不断下降,因此增加了贫困的危险,世界各国的人们正面临着前所未有的挑战。纳税人、普通公众正在为金融业的错误买单,为贪婪和不负责任的金融市场付出代价。世界正在遭遇自20世纪30年代以来最糟糕的信贷紧缩,能源与食品价格的飙升已经突破历史纪录。高额奖金文化刺激了不计后果的冒险行为并造成了社会不公,工人和金融高管之间不公平的报酬增加了失业和失去家庭的人们的风险。危机威胁到人们的就业、积蓄、养老金和公众服务,人们担心失去自己的房子、储蓄、退休金和工作。危机发生后,像美国这样十分具有竞争力的经济体失业率达到10%④,在欧洲有1700万人失业而且还有很多人的工作面临着不稳定的风险,人们会首先受到经济增长缓慢的打击以及随时会无家可归的风险、社会不平等的威胁,有7800万人(许多是儿童)生活在贫困线以下或面临贫困的风险。⑤

金融危机助长了贸易保护主义,贸易保护主义将限制团结,助长利己主

---

① 约瑟夫·奥莱克西. 当代变革对左翼社会的挑战[J]. 姚永祥,译. 当代世界,2012(7).
② 《财经》杂志专访波兰前副总理科勒德克,未来取决于政府自我改革[J/OL].[2014-10-18]. http://comments.caijing.com.cn/2011-11-23/111437429.html.
③ 约瑟夫·奥莱克西. 当代变革对左翼社会的挑战[J]. 姚永祥,译. 当代世界,2012(7).
④ 《财经》杂志专访波兰前副总理科勒德克,未来取决于政府自我改革[J/OL].[2014-10-18]. http://comments.caijing.com.cn/2011-11-23/111437429.html.
⑤ PES manifesto. People First: A New Direction for Europe[R/OL].[2014-10-20]. http://www.pes.eu/.

义,不遵从多边协定的核心理念。此外,再加上气候变化、恐怖主义、犯罪这些安全威胁因素的日益增加,引发了一系列安全与发展问题。

民主左翼联盟认为,"当金融体系威胁到经济实际发展进程时,世界必须找到有效控制金融体系弊端的途径。因为对资本主义金融机构的缺乏信任不能持续太长时间,否则,这将导致深刻的经济退化,并会在全球范围内影响金融体系"①。

对于如何走出危机,民主左翼联盟认为,首先应防止现有金融体系的崩溃。虽然是不受监管的金融机构导致了危机的发生,但如果金融体系崩溃会对实体经济和普通人的生活造成更大的危害,因此必须防止金融体系崩溃。"为了挽救金融领域,政府不得不注入大量资金,这样就把债务从私有银行领域转到公众领域。"②危机发生后,各国政府抽走和转移大量公共资金,并对银行系统进行大规模的金融援助以防止金融体系崩溃,据统计,截至2014年,欧洲为救援银行业已经花费了纳税人1.6万亿欧元。③

民主左翼联盟认为,给即将崩溃的金融体系输血,一方面印证了资本主义缺乏对未来的责任,另一方面在金融体系没有做出改革保证的前提下,就将数以万亿公共资金分配给金融部门,这势必会影响国家在未来经济中的作用,有可能使"社会和国家面对'资本自治权'的规则时将束手无策,听任其宰割。资本一旦背离社会责任和约束,投机资本可以肆无忌惮地发挥其作用"④。民主左翼联盟认为,"这种做法不仅仅将所有的负担推给了下一代人,延续着'靠信贷为生'的轮回,而且几乎剥夺了他们自我再生的能力。如果不重塑经济体系,使其成为一个能够激发创造力和有利于公共利益的体系的话,那么将会对整个国际社会造成威胁"⑤。因此,民主左翼联盟认为,不能只是简单地给犯错误的金融体系输血,在经济危机的情况下,首先考虑的是争取公平分享成本,考虑人们的生活质量,而不是金融机构的利益或"市场情绪",必须从根本上改造国际金融体系,对金融市场进行管制,对抗经济衰退并讨论有关经济增长和人类可持续发展问题。

其次,民主左翼联盟认为,解决危机之路就是管理良好的社会市场经济。

---

① 约瑟夫·奥莱克西. 当代变革对左翼社会的挑战[J]. 姚永祥,译. 当代世界,2012 (7).
② 《财经》杂志专访波兰前副总理科勒德克,未来取决于政府自我改革[J/OL]. [2014-10-21]. http://comments.caijing.com.cn/2011-11-23/111437429.html.
③ PES manifesto. Towards a new Europe[R/OL]. [2014-10-21]. http://www.pes.eu/.
④ 约瑟夫·奥莱克西. 当代变革对左翼社会的挑战[J]. 姚永祥,译. 当代世界,2012 (7).
⑤ 约瑟夫·奥莱克西. 当代变革对左翼社会的挑战[J]. 姚永祥,译. 当代世界,2012 (7).

"我们必须用社会民主主义的方式来行动——不是市场社会主义而是受到良好管理的社会市场经济。"①民主左翼联盟相信，社会市场经济能使社会中的每个人最大限度地利用全球化提供的机会，具体来说，应采取如下措施。

第一，建立金融监管避免未来再次发生金融危机。民主左翼联盟认为，要使金融体系长期稳定并重建人们对银行的信心，必须引入全面的良好的对所有金融工具和从业者包括对冲基金和私人股本的监管和监督，这是解决缺乏透明度和极度利用杠杆的风险所必需的。这次危机应该成为建立新的、更公平和透明的国际金融体系的契机。这需要各国积极合作、协调行动来应对各国和国际金融体系存在的问题，在各国、在全球范围建立金融监管机构，不能再放任金融机构的投机冒险行为。民主左翼联盟对国际货币基金组织和世界银行提出了批评，认为金融危机的发生它们也有责任。

民主左翼联盟认为，金融机构必须说明其资产负债表的所有风险；监管部门必须遏制有害的卖空；必须监控并更有效地监管对冲基金和私募股权基金；更严格地要求告知投资者风险，限制过量的债务融资和投资。此外，有必要建立一个评价国家信用状况及抗衡私人评级机构的欧盟评级机构，评级机构的活动也需要更加透明。

民主左翼联盟认为，金融市场应该是实体经济的仆人而不是主人，应该为实体经济服务；应设计一个框架使金融业真正为实体经济服务，并把其部分收入公平地回馈给社会；投资者应该为银行的损失负责而不仅仅只为他们的利益负责；要进一步规范银行业，遏制金融投机，在商业银行和投资银行之间建立防火墙。

对于有人担心对金融机构的监管侵犯了经济主体的自由，民主左翼联盟认为，"左翼强调的是资本的社会责任及限制投机资本的自由流动。我们应该大胆地讨论和不要惧怕那些所谓涉嫌侵犯经济自由区'神圣的'教义"②。

第二，改革金融市场。新的规则应该涵盖金融市场的所有参与者。金融市场需要一个透明和信息披露的新标准，对所有金融市场的参与者都应该有严格的资本要求，限制过度借贷和不良贷款以防止过度风险和债务。限制高管的薪酬和奖金，特别要使其能反映盈亏，对高额奖金和分红征税。建立防止利益冲突的新规则，确保工人在所有的并购中有完全的知情权和咨询权，

---

① Taking Europe out of financial and economic crisis: An Urgent European Plan of Action[R/OL]. [2008-11-05][2014-10-25]. http://www.pes.eu/.

② 约瑟夫·奥莱克西. 当代变革对左翼社会的挑战[J]. 姚永祥，译. 当代世界，2012（7）.

确保缴纳养老保险基金的雇员知道他们的钱如何投资及投资在什么地方。对所有金融机构的金融产品征收 0.05% 的金融交易税,因为它可以促进长期的、可持续的投资,同时金融交易税也是公平分担责任、限制投机和确保金融部门为摆脱危机做出贡献的一种方式。如果开征金融交易税每年能为欧洲增加 1000 亿欧元收入①,这样金融机构才能成为实体经济的仆人并为巩固公共财政做出贡献。

第三,杜绝避税天堂、避税骗局和逃税,不能再让纳税人救助的金融机构逃税,要在全球范围加紧反洗钱,对避税天堂、离岸金融交易中心和银行保密法建立新的国际标准。采取一定措施保证所有市场参与者给他们经营所在的国家缴纳公平份额的税收。如果措施到位,那么到 2020 年骗税、逃税、避税将会减少一半,每年将有一万亿欧元的收入,②可以把这些税收用在公共财政和创造新的就业机会上。

第四,为解决国际金融危机导致的社会后果,民主左翼联盟赞同欧洲社会党提出的建立社会欧洲模式的建议。"我们要特别反对新自由主义全球化,维护欧洲社会模式的过程。"③民主左翼联盟赞同提高对工人和失业者的保护,保证他们平等地获得普遍的、高质量的社会服务;实行体面的最低收入制度,实行最低工资的欧洲条约,确保所有工人和雇员获得超过贫困线的工资,欧盟立法应确保基本的社会权利不屈服于单一的市场自由;每个国家和欧盟至少 6% 的预算要用在教育上;要彻底铲除男女工资差别,每年缩小 2% 的差距;④还需要采取更多措施增加对孩子和老人的照顾。

对于金融危机导致的经济衰退,民主左翼联盟认为,在相互依存条件下,没有一国可以置身事外,世界各国政府都是全球努力的一部分,各国应采取更进一步的、协调的行动。例如:采取积极主动的财政政策使全球经济走出衰退;建立强大的银行业联盟,确保实体经济能获得必要的投资和信贷;支持中小企业和绿色经济发展;带领全球经济走向可持续发展;等等。

民主左翼联盟认为,"在对全球金融市场监管体制和资本新秩序建立之前,资本主义将长期徘徊在十字路口之上,文明进程也将陷入长期停滞"⑤。

---

① A Pact for growth and jobs in Europe[R/OL]. (2012-06-28) [2014-10-26]. http://www.pes.eu/.
② A Pact for growth and jobs in Europe[R/OL]. (2012-06-28) [2014-10-26]. http://www.pes.eu/.
③ 约瑟夫·奥莱克西. 当代变革对左翼社会的挑战[J]. 姚永祥,译. 当代世界,2012 (7).
④ A Pact for growth and jobs in Europe[R/OL]. (2012-06-28) [2014-10-26]. http://www.pes.eu/.
⑤ 约瑟夫·奥莱克西. 当代变革对左翼社会的挑战[J]. 姚永祥,译. 当代世界,2012 (7).

值得一提的是，面对国际金融危机，波兰是欧盟唯一保持经济正增长的国家，2009年经济增长率达到1.7%—1.8%。①

## 六、关于国际恐怖主义与反恐合作

"9·11"事件使恐怖主义成为国际热点问题，民主左翼联盟认为，"9·11"恐怖袭击已成为国际环境深远变革的催化剂，国家间冲突及根源于两次世界大战与大屠杀相联系的传统威胁已经被非对称威胁取代。民主左翼联盟立场鲜明地反对国际恐怖主义，全力支持美国的国际反恐战略。这既是因为波兰要支持自己最大的盟友美国，也是因为波兰认为反恐是一场复杂的、综合性的全球行动。②

民主左翼联盟认为，"两极世界的衰落孕育了一个欺骗性希望，那就是未来已经不会再有对世界和平的威胁了。传统威胁没有了，但是它可能只是被更糟糕的威胁代替了"③。正如民主左翼联盟前政府总理米莱尔所说，传统威胁如武装侵略已被"来自非国家实体的非传统威胁"④取代。

民主左翼联盟认为，"9·11"恐怖袭击事件削弱了现存的国际安全模式，对全球经济产生了重要影响。它迫使国际社会意识到恐怖主义是对国际安全和单个国家安全的最大威胁。恐怖主义已经对世界和平构成巨大威胁，打击恐怖主义是所有政治组织的优先任务。国际社会只有找到产生恐怖主义的原因，才能有针对性地打击和最终消灭恐怖主义。

民主左翼联盟认为，全球化导致的一系列问题和发展不平衡是恐怖主义产生的根本原因。"9·11"恐怖袭击是有计划地对西方文明的攻击，没有什么政治目的可以为恐怖主义辩护。全球化和当代世界的破碎化导致了国际环境的波动性和不可预测性，"全球化的过程已经暴露了迄今被忽视或者忽略

---

① 鲍莱克参赞谈波兰经济形势与国企私有化问题[N/OL].（2010-12-25）[2014-10-26]. http://news.163.com/10/1225/10/6OO9UHO100014JB5.html.

② Małgorzata Kaczorowska. Polish Foreign Policy[N/OL].（2005-03-08）[2014-10-29]. http://www.warsawvoice.pl/WVpage/pages/article.php/7898/article.

③ "POLAND'S VIEW ON GLOBAL SECURITY ISSUES"——A lecture of the Minister for Foreign Affairs of the Republic of Poland -Włodzimierz CIMOSZEWICZ, at the University of New South Wales, Sydney[R/OL].（2003-03-03）[2014-10-29]. http://www.msz.gov.pl/en/news/aktualnosc_2026.

④ 波兰总统批准实施新国家安全战略 增强反恐能力[N/OL].（2003-09-09）[2014-11-01]. http://news.sohu.com/34/41/news213004134.shtml.

的对世界安全的威胁"①，而包括恐怖主义在内的新威胁"根源于诸如贫穷、社会排斥、不平等、腐败及缺乏民主等这些根本原因。跨国恐怖主义……是政治全球化失败的潜在原因"②。目前，尚缺乏合理手段战胜贫穷、社会排斥、传染病、无家可归等问题，国际体系还很脆弱和不稳定，由此滋生了恐怖主义。

民主左翼联盟认为，确保公民安全和国内秩序的国家作用的下降以及"善治"原则的弱化或者被否认，权威被破坏，"导致了世界各地政治、民族，或者甚至宗教性质的国内流血冲突"③，这也是恐怖主义产生的原因之一。"民主供不应求的事实、迫害的存在、不尊重人权、腐败和恶治是紧张局势和问题的根源。"④民主左翼联盟认为，"失败国家"和"无赖国家"与跨界恐怖主义有密切联系，威胁世界和平与公民安全。一些地区经济恶化以及"失败国家"数量的大幅飙升加剧了发展方向的不确定。

同样，在民主左翼联盟看来，对武器缺乏管制，导致了武装冲突和区域战争向私有化方向发展，"世界恐怖主义正是这种疯狂私有化的又一结果"⑤。恐怖主义的蔓延使大规模武器扩散问题成为全球安全的一个极端重要的问题。民主左翼联盟认为，国际恐怖组织试图得到大规模杀伤性武器甚至是核武器，他们使用弹道导弹运送核弹头、生物和化学弹头能力的危险与日俱增，更增加了其危害，国际社会必须对此保持高度警惕。

此外，民主左翼联盟还认为极端主义是恐怖主义的土壤。很多时候极端主义来自不满，在有世仇和收入差距冲突的地方滋长，在贫穷和没有体面生活的地方滋长，漠不关心、不理解或否认这些现象都可能成为恐怖主义产生的温床。

---

① "POLAND'S VIEW ON GLOBAL SECURITY ISSUES"-A lecture of the Minister for Foreign Affairs of the Republic of Poland-Włodzimierz CIMOSZEWICZ, at the University of New South Wales, Sydney[R/OL]. (2003-03-03) [2014-10-29]. http://www.msz.gov.pl/en/news/aktualnosc_2026.

② "POLAND'S VIEW ON GLOBAL SECURITY ISSUES"-A lecture of the Minister for Foreign Affairs of the Republic of Poland-Włodzimierz CIMOSZEWICZ, at the University of New South Wales, Sydney[R/OL]. (2003-03-03) [2014-10-31]. http://www.msz.gov.pl/en/news/aktualnosc_2026.

③ "POLAND'S VIEW ON GLOBAL SECURITY ISSUES"-A lecture of the Minister for Foreign Affairs of the Republic of Poland-Włodzimierz CIMOSZEWICZ, at the University of New South Wales, Sydney[R/OL]. (2003-03-03) [2014-10-31]. http://www.msz.gov.pl/en/news/aktualnosc_2026.

④ Information of the Government of the Republic of Poland on the Polish foreign policy in the year 2003[R].2003-01-22.

⑤ 格泽高滋·W. 科勒德克. 真相、谬误与谎言——多边世界中的政治与经济[M]. 张淑芳，译. 北京：外文出版社，2012：113.

如何铲除恐怖主义呢？民主左翼联盟认为，打击恐怖主义应从其根源入手，预防与打击并重，多管齐下，标本兼治才能彻底战胜恐怖主义，具体措施包括如下几方面。

第一，民主左翼联盟认为打击恐怖主义最重要的是预防，必须改革现有的国际规则和机制。[①]"9·11"事件证明现有预防冲突的手段已经过时，"以西方自由民主为模型所构建的现代世界无力应对原教旨主义的蔓延，国际社会缺乏应对这些社会挑战的团结"[②]。因此，民主左翼联盟认为，必须对现有国际规则和机制进行改革。民主左翼联盟强调国际关系中共同价值观的重要性，2000年波兰提出"民主共同体"[③]（Community of Democracies）的概念。民主左翼联盟认为，建立国际新机制的"总体概念应该是文明、人权、民主、法治、市场经济、社会正义和包容这些基本价值观。这些价值观应该是针对当前挑战寻找结构性解决方案的指南针"[④]，他们是战胜恐怖主义的最佳保证。

第二，民主左翼联盟认为，发展不足是国际恐怖主义最强大的诱因之一，因此"对于恐怖主义，没有比全球经济平衡发展更好的预防措施了。即使这不能减弱恐怖分子的决心，至少可以削弱他们的社会支持"[⑤]。民主左翼联盟认为，这虽然不是宗教原教旨主义和极端民族主义的解药，但它可以逐渐减弱支持有组织的恐怖主义的社会态度和政治态度，因此主张"在发展成果分配中少一些不公正、少一些社会排斥、允许自由移民、对少数民族文化的吸收，以及基于合作的国际关系"[⑥]。民主左翼联盟认为，不排外、消除贫困、促进对人权的尊重和努力改善发展中国家人们的生活水平是预防对犯罪分子行为产生支持的最佳手段，有助于从根本上铲除产生恐怖主义的根源。

第三，民主左翼联盟支持采用军事手段打击恐怖主义，但同时认为使用

---

[①] Expose by the Minister of Foreign Affairs of Poland, Włodzimierz CIMOSZEWICZ, to the Diet of the Republic of Poland on the Main Lines of Polish Foreign Policy in 2002[R]. 2002-03-14.

[②] 约瑟夫·奥莱克西. 当代变革对左翼社会的挑战[J]. 姚永祥, 译. 当代世界, 2012（7）.

[③] Wlodzimierz Cimoszewicz. Government information on the Polish foreign policy in the year 2004[R]. 2004-01-21.

[④] Information of the Government of the Republic of Poland on the Polish foreign policy in the year 2003 [R]. 2003-01-22.

[⑤] 格泽高滋·W. 科勒德克. 真相、谬误与谎言——多变世界中的政治与经济[M]. 张淑芳, 译. 北京：外文出版社, 2012：358.

[⑥] 格泽高滋·W. 科勒德克. 真相、谬误与谎言——多变世界中的政治与经济[M]. 张淑芳, 译. 北京：外文出版社, 2012：358.

军事手段应考虑其必要性。民主左翼联盟认为,"恐怖主义本身已经变得国际化,甚至全球化"①,因此,建立全球反恐合作联盟非常关键。尽管恐怖主义没有直接袭击波兰领土,但它打击了文明社会秩序的基础。民主左翼联盟支持波兰继续参与反恐联盟的行动,并"打算保持这种奉献精神,因为这种危险也可能直接涉及我们"②。民主左翼联盟同时认为,军事行动只能打击一些表面现象,因为"军事力量强大的俄罗斯发现自己无法对付车臣问题;而强大的军事集团北约在超级富裕的美国打前锋的情况下,仍然无法消灭在极度贫困的阿富汗的塔利班组织"③。所以,民主左翼联盟认为,用军事手段打击恐怖主义必要但不是解决恐怖主义的根本手段,"军事手段应该被视为最后的手段,而且应该考虑其必要性"④。

民主左翼联盟认为反恐应该覆盖包括军事在内的很多领域。恐怖主义已经在充分利用科学技术和网络,因此单凭武力不能彻底铲除恐怖主义,"应对恐怖主义应该主要依靠全面、全球协作和长期行动来消除其根源"⑤。当反恐的军事阶段结束后,国际社会的基本目标应该是清除政治和宗教极端主义的根源。越快改变用于军火、战争及支持贫困国家发展的资金比例,"将越能更快地使这些即将爆发的冲突以及明目张胆的战争消失"⑥。

第四,民主左翼联盟认为加强民主、自由和法治,建立秩序、安全和善治政府,少一些"失败国家"和"无赖国家"将有助于减少恐怖主义。民主左翼联盟政府在决定波兰参加伊拉克战后稳定任务时就认为,波兰在伊拉克不是占领而是稳定伊拉克的力量,波兰副外长亚当·罗特费尔德认为"这种干预完全合法且符合联合国决议。我认为越快完成对伊拉克越好"⑦。民主

---

① 格泽高滋·W. 科勒德克. 真相、谬误与谎言——多变世界中的政治与经济[M]. 张淑芳, 译. 北京:外文出版社, 2012: 358.

② Information of the Government of the Republic of Poland on the Polish foreign policy in the year 2003 [R]. 2003-01-22.

③ 格泽高滋·W. 科勒德克. 真相、谬误与谎言——多变世界中的政治与经济[M]. 张淑芳, 译. 北京:外文出版社, 2012: 359.

④ Information of the Government of the Republic of Poland on the Polish foreign policy in the year 2003 [R]. (Delivered by the Minister of Foreign Affairs at the Sejm session of January 22, 2003).

⑤ 格泽高滋·W. 科勒德克. 真相、谬误与谎言——多变世界中的政治与经济[M]. 张淑芳, 译. 北京:外文出版社, 2012: 357.

⑥ 格泽高滋·W. 科勒德克. 真相、谬误与谎言——多变世界中的政治与经济[M]. 张淑芳, 译. 北京:外文出版社, 2012: 359.

⑦ Press Conference with Polish Deputy Foreign Minister Adam Rotfeld[EB/OL]. (2004-09-17) [2014-11-06]. http://2001-2009.state.gov/s/d/former/armitage/remarks/36288.htm.

左翼联盟认为，波兰在伊拉克的目的是"帮助伊拉克人承担起自己未来的责任，建设法治、建立秩序和安全，没有其他目的。伊拉克的混乱对地区乃至全世界都有极其负面的影响"[①]。安全需要一个强大的政府和强大的体制。

第五，民主左翼联盟认为打击恐怖主义还需遏制大规模杀伤性武器的扩散。很多恐怖组织试图得到包括核武器在内的大规模杀伤性武器，必须采取一切措施防止这种事情发生，国际社会必须始终准备好采取坚决行动和充分利用《国际法》提供的手段予以遏制，包括防止扩散、禁止生产直到销毁大规模杀伤性武器。民主左翼联盟认为，波兰对预防大规模杀伤性武器扩散做出了自己的贡献。例如：波兰主持了导弹技术控制机制（Missile Technology Control Regime）；2003年波兰被选为国际原子能机构理事会（Board of Governors of the International Atomic Energy Agency）成员，在伊朗核计划中发挥自己的作用，认为可以在六方会谈框架下解决朝鲜核问题；参加了2004年6月美国总统布什在波兰克拉科夫宣布建立的防扩散安全倡议（Proliferation Security Initiative）；等等。

1990年，波兰驻贝鲁特大使馆受到恐怖分子袭击后，波兰组建了号称"雷霆"的反恐特种部队，其"机动反应特战群"是波兰反恐作战的主要力量。2003年9月8日，波兰总统批准了新的国家安全战略，以便波兰在参加伊拉克维和之际进一步加强国内的反恐能力。

民主左翼联盟执政期间，波兰参与了一系列反恐国际合作。2001年11月6日，波兰倡议的中东欧国家关于打击恐怖主义的会议在华沙召开，会议通过了打击恐怖主义的宣言和行动计划。2002年2月，为找到有效应对恐怖主义挑战的方式，在波兰的倡议和支持下，欧洲-大西洋合作理事会（Euro-Atlantic Partnership Council，简称EAPC）于波兰举行了打击恐怖主义的会议。波兰支持欧盟打击恐怖主义的立场，与欧盟合作每6个月更新一次恐怖分子和恐怖团体的名单。在联合国大会上，波兰与欧盟一起支持美国提出的关于网络安全的全球文化倡议。[②]民主左翼联盟政府支持波兰积极参与欧盟、联合国及美国主导的国际反恐军事行动。

---

① Wlodzimierz Cimoszewicz. Government information on the Polish foreign policy in the year 2004[R]. 2004-01-21.

② Małgorzata Kaczorowska. Polish Foreign Policy[N/OL].（2005-03-08）[2014-11-08]. http://www.warsawvoice.pl/WVpage/pages/article.php/7898/article.

## 第三节 波兰民主左翼联盟关于波兰与相关国家关系的基本主张

波兰民主左翼联盟关于波兰对外政策的重点是欧洲和跨大西洋关系，主要关注的双边关系是波兰与德法英在内的欧盟主要国家的关系、波兰与东部邻国的关系、波兰与美国的关系等；与非欧美国家主要关注经贸关系的发展，如波兰与中国的关系等。

### 一、关于波兰与欧盟主要国家的关系

民主左翼联盟认为，波兰外交政策的重点是欧洲和跨大西洋关系，认为在欧洲"与我们的所有邻国保持良好关系至关重要"①，是波兰外交政策最重要的目标。②

民主左翼联盟认为，波兰在欧洲最重要的双边关系是与德国、法国和英国（2020年1月31日英国正式退出欧盟）的关系，这主要是因为德法英是欧盟最大的三个国家。德法被认为是欧洲一体化的发动机，波兰3/4的对外贸易面向欧盟国家，其中对德贸易额占波兰对外贸易额的1/3；而法国是对波兰投资最多的国家。由于波兰与美国的特殊关系，在欧洲，波兰与英国同为美国最亲密的盟友。德法英三国在欧洲的大国地位使他们在波兰对欧洲国家的双边关系中居于最重要的位置。1998年的调查显示，9%的波兰人会讲英语，9%会德语，4%会法语。③

德国是波兰的西部邻国，1990年德国统一使波兰在地缘政治上更接近西方，波兰与欧盟最大成员国成了邻国。④冷战后，波德关系首先面临的是两国关系正常化问题，而两国关系正常化必须解决历史问题。波兰前军事官员爱德华·皮特兹特（Edward Pietrzyk）曾说："我们和我们的德国邻居一起生

---

① Program of The Social Democracy of The Republic of Poland[R/OL]．[2014-11-09]．http://library.fes.de．

② Presentation of Polish Foreign Policy in 1994 exposed by the Ministy of Foreign Affair in Sejm[R]．1994-05-02．

③ Marcin Zaborowski. Germany, Poland and Europe: Conflict, co-operation and Europeanisation[M]．Machester: Machester University Press, 2004: 132．

④ Małgorzata Kaczorowska. Polish Foreign Policy[N/OL]．（2005-03-08）[2014-11-09]．http://www.warsawvoice.pl/WVpage/pages/article.php/7898/article．

活了 1000 年，但我们总是背对背而不是面对面。"①历史上，普鲁士几次参与瓜分波兰并导致波兰亡国，1939 年纳粹德国军队入侵波兰，第二次世界大战全面爆发，二战使波兰损失了 600 万人。波德都希望能以德法和解的成功经验化解两国关系的历史困局。1990 年 11 月波德签订条约，确认了两国的边界，1991 年 6 月 17 日，波德签署《睦邻与友好合作条约》，之后又相继签订了《波德两国边界协定》《边界通道协议》和《边界小规模人员流动协议》等法律文件，波德关系实现正常化。

民主左翼联盟认为，在历史变迁中，波德两国从敌对到友好，必须去除传统上双方的互不喜欢，在经济发展和文明进步中建立稳固的基础。德国的地理位置、经济实力、对波兰加入欧盟的支持和帮助使德国成为波兰在欧盟最重要的伙伴。②20 世纪 90 年代，德国在波兰对外关系中被看作"特殊朋友"③。

民主左翼联盟主张波德合作应建立在尊重伙伴的平等基础上。波兰承认德国在欧洲建设中的作用，希望德国能够改变对波兰的负面刻板印象，把波兰视为一个友好和乐于助人的邻居。两国人民的友谊意味着欧洲潜在冲突的一个来源被清除了，这个友谊之路就是加入欧盟。民主左翼联盟认为，欧洲一体化为波德利益共同体构建了长久的基础。加入欧盟使波德关系的重要性超越了双边关系，它不仅为波兰揭开了加速发展的前景，而且为德国带来了与东欧国家合作的更多可能性；④同时也为波德战略伙伴关系及两国和解创造了新的条件。民主左翼联盟认为，波德关系能够而且应该是波兰在欧洲作用的一个工具和关键杠杆，希望把新型波德关系的塑造植根于欧洲和跨大西洋背景下。

民主左翼联盟认为，波德关系正常化后，两国民间交流合作不断加强，两国关系不再完全依赖政府。2003 年 2 月的民调显示，60%的波兰人认为德

---

① Marcin Zaborowski. Germany, Poland and Europe: Conflict, co-operation and Europeanisation[M]. Manchester: Manchester University Press, 2004: 103.

② Information of the Government of the Republic of Poland on the Polish foreign policy in the year 2003[R]. 2003-01-22.

③ Kerry Longhurst, Marcin Zaborowski. The New Atlanticist: Poland's Foreign and Security Policy Priorities[M]. London: Blackwell Publishers, 2007: 31.

④ Expose by Minister of Foreign Affairs of Poland, Wlodzimierz Cimoszewicz, to the Diet of the Republic of Poland on the Main Lines of Polish Foreign Policy in2002[R]. 2002-03-14.

国是波兰的朋友,①这使得波德关系"有坚实的基础而不是建立在流沙之上"②。民主左翼联盟认为,波德合作应优先加强青年之间的交流、企业之间在边境和跨境的合作、更全面的经济合作、社会之间的对话、科技合作以及地方政府之间的合作等。

德国认为波兰在欧盟东扩成员国中具有优先性,德国的态度加强了波兰的亲德外交政策倾向。德国不仅全力支持波兰加入欧盟和北约,而且在波兰转轨过程中给予波兰大量的经济援助。1990－1995年,德国是对中东欧国家实施的"24国援助计划"提供双边援助最多的欧洲国家(共146.46亿埃居③),而波兰则是接受援助最多的国家(占"24国援助计划"总额的35%,共计303.94亿埃居);1990－1998年,欧共体对中东欧国家实施的"法尔计划",波兰也是最大受益国(共获得17.31亿埃居援助,占援助总额的22%)。④德国是波兰最大的贸易伙伴国,1990－1994年,波德双边贸易额从150亿马克增加到250亿马克;⑤截至2012年,波兰出口的25.1%面向德国,21.3%的进口来自德国;⑥截至2004年,波兰全部外国直接投资的12.6%来自德国,德国与美国并列波兰外资来源国第三位。⑦

民主左翼联盟认为,未来波德关系还会受到不信任、不确定和不稳定因素的影响。⑧归还战争期间被挪动的文物、德国的波兰人组织得到政府的资助、谈判关于保留战争坟墓的协议等是影响波德关系未来发展的一些主要问题。民主左翼联盟认为,"应该深刻反思战争责任及其后果以及它在国家和社会的当代意识当中的存在。波兰应该捍卫历史真相。波兰认为德国在波兰领土建立了最大的集中营,对犹太人和欧洲的其他民族进行了大屠杀。'波兰死亡集中营'(Polish death camps)的提法不仅掩盖了谁是犯罪实施者的真相而

---

① 周伟.浅谈冷战后波美关系[J].俄罗斯中亚东欧研究,2007(4).

② Presentation of Polish Foreign Policy in 1994 exposed by the Ministy of Foreign Affair in Sejm[R]. 1994-05-02.

③ 埃居是欧洲货币单位的简称。由欧洲经济共同体会员国货币共同组成的一篮子货币,是欧共体各国之间的清算工具和记账单位。在1999年1月1日欧盟诞生之后,埃居自动以1∶1的汇价折成欧元。

④ 朱晓中.中东欧与欧洲一体化[M].北京:社会科学文献出版社,2002:81-92.

⑤ 熊炜.统一以后的德国外交政策(1990－2004)[M].北京:世界知识出版社,2008:121.

⑥ 2013年波兰统计年鉴[DB/OL].[2014-11-12]. http://www.fmprc.gov.cn/mfa_chn/gjhdq_603914/gj_603916/oz_606480/1206_606722/.

⑦ 中国驻波兰经济商务参赞处.波兰吸引外商直接投资情况[R/OL].[2014-11-12]. http://ccn.mofcom.gov.cn/spbg/show.php?id=4649.

⑧ Adam Daniel Rotfeld. Government information on the Polish foreign policy presented by the Minister of Foreign Affairs[R]. 2005-01-21.

且污蔑了波兰，波兰是纳粹德国的第一个受害者"①。民主左翼联盟认为，波兰应该对两国关系中存在的这些问题保持清醒头脑而不是幻想。这些问题的解决没有妙方，也不可能单方面解决。波兰与德国应努力卸下历史包袱，共同开辟波德关系的新未来，防止波德关系背负历史问题的负担。民主左翼联盟认为，2003年10月，两国总统共同发表的"格但斯克宣言"是建设性地解决历史问题的一个范例。②民主左翼联盟认为，加入欧盟将决定波德关系的未来，波兰会以欧洲伙伴精神寻求波兰的利益并建设性地与德国开展合作，将建立新的倡议使两国更紧密地联系在一起。

民主左翼联盟高度重视波兰与法国的关系③，不仅因为波法友好关系的历史传统、法国的传统及文化对波兰的巨大影响，而且因为法国是波兰最大的外国投资来源国，截至2004年，波兰全部外国直接投资的19.9%来自法国。④1995年，希拉克当选法国总统后改变了对欧盟东扩的政策，明确支持波兰最早于2000年加入欧盟。⑤民主左翼联盟赞赏法国对波兰加入欧盟的支持，认为进入21世纪，两国除了继承传统友好关系之外，还需要新的刺激，波法在欧洲及全球问题上有很多共同看法，如欧洲防务问题及欧洲未来走向，这些构成了建设欧洲的基础。民主左翼联盟认为，应加强两国的战略对话及各层次包括最高层次的关系，"使法国相信波兰是法国在中东欧最好的伙伴"⑥。民主左翼联盟主张通过经济推广和利用区域联系网络加强波兰企业在法国市场的能力，希望法国在欧盟的东部政策中发挥积极作用。

---

① Wlodzimierz Cimoszewicz. Government information on the Polish foreign policy in the year 2004[R]. 2004-01-21.
② Wlodzimierz Cimoszewicz. Government information on the Polish foreign policy in the year 2004[R]. 2004-01-21.
③ Expose by Minister of Foreign Affairs of the Republic of Poland Dariusz Rosati to the Diet of the Republic of Poland[R]. 1996-05-09.
④ 中国驻波兰经商参处. 波兰吸引外商直接投资情况[R/OL]. [2014-11-13]. http://ccn.mofcom.gov.cn/spbg/show.php?id=4649.
⑤ Vanda Knowles. Security and Defence in the New Europe: Franco-Polish Relations-Victim of Neglect? [M]. //Zaborowski, David H.Dunn. Poland-A New Power in Transatlantic Security. London: Frank Cass Publishers, 2003: 89.
⑥ Expose by Minster of Foreign Affairs Dariusz Rosati to the Diet of the Republic of Poland[R]. 1997-05-08.

民主左翼联盟认为,波德法三国建立的"魏玛三角"①是欧洲独一无二的三角框架,②在波兰"回归欧洲"的战略中发挥了积极作用。加入欧盟之后,波兰希望继续丰富和发展"魏玛三角"的作用,把"魏玛三角"作为波德法进行政治合作和讨论欧洲问题的平台,使其成为促进了解彼此期望和建立互信的新机制。③波兰将保持与法国和德国政治联系的势头,为东部政策和欧盟共同外交和防御政策的合作发现更多空间。

波兰与英国同为美国在欧盟的亲密盟友。民主左翼联盟认为,英国是波兰在西欧的重要伙伴,是波兰最重要的经贸伙伴之一,两国在欧洲和国际问题上有相似立场,如北约的作用和地位、欧洲安全与防御政策等,④两国合作在支持中东欧改革和民主力量中有特殊作用。民主左翼联盟认为,两国政治、经济和军事上的关系使双方有必要进一步加强两国关系,主张两国应建立平等的、建设性的密切关系。⑤波兰希望在建立跨大西洋关系——美国与欧盟关系新模式上加强与英国的合作。⑥

时任民主左翼联盟政府外长齐莫谢维奇认为,加入欧盟将改变波兰与欧盟成员国的双边关系,这些关系将获得更多的发展空间。德国是波兰在欧盟最重要的盟友;波兰将努力保持与法国进行密集的政治对话;波兰将继续加强与英国的密切关系,其与英国同为美国在欧盟最亲密的盟友,将巩固凝聚"跨大西洋"关系。"魏玛三角"在欧盟东扩后还将发挥巨大作用。与此同时,民主左翼联盟认为,欧洲国家与美国在一些问题上观点不同很正常,如关于

---

① 1991年8月28日,波兰、法国和德国三国外长在德国古城魏玛举行会晤,发表了《魏玛声明》,决定建立每年定期会晤的机制,西方称其为"魏玛三角"。波兰希望通过"魏玛三角"机制拉住法国平衡德国在中东欧的影响力,而通过"魏玛三角"也提升了波兰在中东欧的重要地位,法国和德国把波兰作为中东欧的示范。
② Expose by Minster of Foreign Affairs Dariusz Rosati to the Diet of the Republic of Poland[R]. 1997-05-08.
③ Wlodzimierz Cimoszewicz. Government information on the Polish foreign policy in the year 2004[R]. 2004-01-21.
④ Silke Pottebohm. Poland and Britain:The Future of an Atlanticist Partnership in Europe[M]. //Zaborowski, David H.Dunn. Poland-A New Power in Transatlantic Security. London: Frank Cass Publishers, 2003: 135.
⑤ Expose by Minster of Foreign Affairs Dariusz Rosati to the Diet of the Republic of Poland[R]. 1997-05-08.
⑥ Adam Daniel Rotfeld. Government information on the Polish foreign policy presented by the Minister of Foreign Affairs[R]. 2005-01-21.

伊拉克战争、欧洲安全与防务政策等，①但不应夸大这些问题，因为共同体的基本利益和价值观很强大足以战胜暂时的不同②。

## 二、关于波兰与东部邻国的关系

波兰的东部政策（Ostpolitik）是波兰针对东部邻国俄罗斯、乌克兰、白俄罗斯及立陶宛的政策，波兰如何看自己和东部邻居的关系反映了波兰对外部世界的总体看法，也成为波兰对外政策的重要组成部分。③

民主左翼联盟认为，东部政策是波兰外交政策重要的、不可分割的组成部分，属于波兰外交战略的次级目标，但不是说波兰有两个外交政策，④其目的是确保波兰的安全，为波兰的转轨和发展提供条件，保护波兰少数民族。民主左翼联盟认为，与东部邻国建立友好合作关系与加入北约和欧盟是一致的，⑤有助于欧洲的和平与稳定，有助于该地区国家的发展。民主左翼联盟认为，波兰的东部政策是波兰在欧盟的重要资产，希望利用欧盟成员国的地位为本地区的发展注入新的活力。

波兰的东部政策由来已久，可以追溯到18世纪波兰消失之前。1569年，波兰与立陶宛组成了一个多民族的共同体——波兰贵族共和国（也被称为波兰-立陶宛联邦或第一共和国），其领土包括今天的波兰、白俄罗斯、立陶宛、乌克兰的大部分、摩尔多瓦北部的一部分地区及现在俄罗斯西部部分地区。⑥加入欧盟之前，波兰希望在东部邻居和西方之间扮演"桥梁"的作用；加入欧盟之后，波兰希望"成为欧洲向东扩大和地区发展的良好的倡导者"。⑦

---

① Kai-Olaf Lang. The German-Polish Security Partnership within the Transatlantic Context-Convergence or Divergence? [M]. //Zaborowski, David H.Dunn. Poland-A New Power in Transatlantic Security. London: Frank Cass Publishers, 2003: 105.

② Getting the Priorities Straight2003[N/OL]. (2003-01-30) [2014-11-18]. http://www.warsawvoice.pl/WVpage/pages/article.php/1062/article.

③ Kerry Longhurst, Marcin Zaborowski. The New Atlanticist: Poland's Foreign and Security Policy Priorities[M]. London: Blackwell Publishers, 2007: 58.

④ Expose by Minister of Foreign Affairs of the Republic of Poland Dariusz Rosati to the Diet of the Republic of Poland[R]. 1996-05-09.

⑤ Expose by Minster of Foreign Affairs Dariusz Rosati to the Diet of the Republic of Poland[R]. 1997-05-08.

⑥ 郭大成,金孜虞.波兰!波兰!从这里读懂欧洲历史[M].沈阳：辽宁教育出版社,2011:3.耶日•卢克瓦斯基,郝伯特•扎瓦德斯基.波兰史[M].常程,译.上海：东方出版社,2011:79-80.

⑦ Information of the Government of the Republic of Poland on the Polish foreign policy in the year 2003[R]. 2003-01-22.

波兰总统克瓦希涅夫斯基认为，"欧盟的东部政策可能成为波兰的特产。波兰不仅讨论东部政策，而且做出了我们的贡献；它提出了许多倡议和主张，得到了国际社会的赞赏——美国、北约和欧盟国家"①。

民主左翼联盟认为，相比与其他邻国如德国的关系，波兰与东部邻国的关系"发展缓慢而且比较脆弱"②，因此，要保证波兰的永久安全，迫切需要提升波兰与东部邻国的关系，而要实现这样的目标需要解决两个平行的问题——"为合作创造条件，抵消现实的及潜在的威胁；提高这一地区的稳定和安全，扩大经济合作"③。民主左翼联盟认为，波兰在东部应实行双轨政策：一方面大力改善与俄罗斯的关系；另一方面积极培育与位于波俄之间的新国家的互利合作关系。④具体来说，波兰的东部政策有三个支柱：放弃对东部邻国的领土要求，与东部邻国实现和解；支持波兰和俄罗斯之间的国家或民族独立；推动东部邻国融入西方。

民主左翼联盟认为，波兰东部政策最重要的是与俄罗斯的关系。⑤冷战的结束把波兰从苏联的统治下解放出来，1992年波兰与俄罗斯签署了《睦邻友好合作条约》等文件为双方关系奠定了法律基础。

经过多年发展，两国政治对话成为常态，每半年举办一次双方总理工作会议，2002年建立了由两国外长领导的波兰-俄罗斯合作战略委员会，定期举行波兰-俄罗斯经济论坛、波兰-俄罗斯对话论坛等，就政治、经济、军事、文化、外交等问题开展官方与非官方、政府与非政府组织参与的对话与合作。但是，民主左翼联盟认为，波俄政治关系发展远没有达到经贸和人员往来的水平⑥，1998年的调查显示，波兰人中会俄语的占24%。⑦

---

① Getting the Priorities Straight 2003[N/OL].（2003-01-30）[2014-11-21]. http://www.warsawvoice.pl/WVpage/pages/article.php/1062/article.

② Presentation of Polish Foreign Policy in 1994 expose by the Ministy of Foreign Affair in Sejm[R]. 1994-05-02.

③ Presentation of Polish Foreign Policy in 1994 expose by the Ministy of Foreign Affair in Sejm[R]. 1994-05-02.

④ Sarah Meiklejohn Terry. Poland's foreign policy since 1989: the challenges of independence[J]. Communist and Post-Communist Studies, 2000(33).

⑤ Presentation of Polish Foreign Policy in 1994 expose by the Ministy of Foreign Affair in Sejm[R]. 1994-05-02.

⑥ The Sejm expose of Wladyslaw Bartoszewski the Minster of Foreign Affairs of the Republic of Poland [R]. 1995-05-24.

⑦ Marcin Zaborowski. Germany, Poland and Europe: Conflict, co-operation and Europeanisation [M]. Manchester: Manchester University Press, 2004: 132.

民主左翼联盟认为，波兰与俄罗斯合作最重要的是缔结贸易协议，制定经济合作的原则和方向；推动跨境合作；推动金融和银行合作。民主左翼联盟主张充分利用波兰是俄罗斯输欧油气过境国的优势加强与俄罗斯的能源合作①，认为这事关波兰的国家安全，被称为波俄"管道外交"②。

对波兰来说，俄罗斯天然气最便宜，俄罗斯天然气工业股份公司（Gazprom）不仅垄断了波兰 79%的天然气供应，③而且通过参与各种合资公司控制了波兰的油气分配和运输。2001 年民主左翼联盟政府执政后，放弃了前任政府与挪威签署的在波罗的海下修建一条油气管道的协议。④ 1993 年，波兰与俄罗斯天然气工业股份公司签署修建第二条从西伯利亚经波兰到德国和其他西欧国家的天然气管道——亚马尔 2（Yamal 2）线油气管道；⑤2001 年，波兰又同意俄罗斯修建一条从白俄罗斯穿越波兰东部领土，最终抵达斯洛伐克等南欧国家的天然气输送管道，波兰作为管道过境国可以收取中转费。2005 年 4 月，俄罗斯天然气工业股份公司与德国巴斯夫（BASF）的公司达成协议，将在波罗的海下修建一条新的被称为北溪管道天然气管道，作为亚马尔 2 线的一个替代选择，该计划耗资 150 亿美元，是亚马尔 2 线计划的 4 倍。⑥尽管是一个昂贵的选择，但在这条线路上没有任何中转国，会直接把天然气输送到德国。民主左翼联盟政府认为，俄罗斯与德国之间签署的这项协议对波兰来说如同 1939 年的《苏德互不侵犯条约》。面对俄罗斯和德国的交易，波兰和波罗的海国家向欧盟委员会呼吁和游说在能源安全及与俄罗斯关系问题上采用一个共同的欧洲立场。可以说俄罗斯能源对波兰已经变成了

---

① Expose by Minister of Foreign Affairs of Poland, Wlodzimierz Cimoszewicz, to the Diet of the Republic of Poland on the Main Lines of Polish Foreign Policy in2002[R]. 2002-03-14.

② Kerry Longhurst, Marcin Zaborowski. The New Atlanticist: Poland's Foreign and Security Policy Priorities [M]. London: Blackwell Publishers, 2007: 62.

③ Kerry Longhurst, Marcin Zaborowski. The New Atlanticist: Poland's Foreign and Security Policy Priorities [M]. London: Blackwell Publishers, 2007: 63.

④ 波兰需要购买大大超出波兰实际需要的天然气量，但挪威天然气不仅比俄罗斯天然气贵 30%，而且由于波兰与俄罗斯天然气工业股份公司合同的锁定条款，即到 2020 年波兰必须购买一定数量的天然气以换取更便宜的供应，使民主左翼联盟政府放弃了与挪威的协议。

⑤ 原来计划的亚马尔-欧洲管道是经俄罗斯、白俄罗斯、乌克兰、斯洛伐克进入奥地利的管道；亚马尔 2 线从俄罗斯经白俄罗斯、波兰、斯洛伐克到达奥地利，绕开了乌克兰。亚马尔-欧洲管道的规划始于 1992 年，俄罗斯、白俄罗斯和波兰之间的政府间协议于 1993 年签署。1997 年，天然气经白俄罗斯-波兰走廊被送到德国，白俄罗斯和波兰部分 1999 年 9 月已经完成。

⑥ 亚马尔-欧洲天然气管道 2 号线重启风波不断[N/OL].(2013-05-01)[2014-11-26]. http://www.csgcn.com.cn/news/show-19134.html.

一个重要的政治问题。①

波兰与俄罗斯最大分歧在于欧洲安全问题。俄罗斯把中东欧地区视为与欧盟连接的桥梁，是反对西方向独联体渗透的缓冲区，俄罗斯希望西方与中东欧一体化仅限于经济利益；而波兰等中东欧国家则希望彻底摆脱俄罗斯控制，加入北约和欧盟，回归西方。民主左翼联盟认为，在安全上只有北约才能保证欧洲的安全，同时认为俄罗斯也是"新欧洲安全体系重要的参与者"②。民主左翼联盟政府认为，波兰加入北约不是针对俄罗斯，"我们重复声明：波兰的欧洲-大西洋倾向不针对任何国家也不会侵犯任何国家的利益。我们的东部邻国因此而感到威胁是完全没有道理的。我们应该在友好合作中消除这些担忧，克服历史障碍，开辟友好睦邻关系"③。民主左翼联盟赞同北约与俄罗斯建立更紧密的关系，认为"不包含俄罗斯和东部邻居的体系不能保证波兰和欧洲的永久安全"④，赞同基于欧洲文明价值观、共同的经济和政治利益，欧盟与俄罗斯建立战略伙伴关系。

波俄关系还受到一些不稳定因素影响尤其是政治因素⑤，如1994年车臣战争爆发后，民主左翼联盟政府公开声援车臣武装分子导致波俄关系出现波折，1999年波兰加入北约又使波俄关系出现恶化迹象。"9·11"事件之后，由于俄罗斯支持美国的反恐政策，为改善因加入北约而恶化的波俄关系提供了契机，但2004年于民主左翼联盟政府公开支持乌克兰"橙色革命"⑥，导致波俄关系又一次跌入低谷。

由于历史、政治等原因，波俄虽互为重要的贸易伙伴，但政治关系的不稳定制约了双方经贸关系的发展，在波俄贸易关系中波兰始终是逆差。民主

---

① Kerry Longhurst, Marcin Zaborowski. The New Atlanticist: Poland's Foreign and Security Policy Priorities[M]. London: Blackwell Publishers, 2007: 63.

② Expose by Minster of Foreign Affairs Dariusz Rosati to the Diet of the Republic of Poland[R]. 1997-05-08.

③ Program of The Social Democracy of The Republic of Poland[R/OL]. [2014-11-28]. http://library.fes.de.

④ Presentation of Polish Foreign Policy in 1994 exposed by the Ministy of Foreign Affair in Sejm[R]. 1994-05-02.

⑤ Fatih Ozbay, Bulent Aras. Polish-Russian Relations:History, Geography and Geopolitics[J]. East European Quarterly, 2008(1).

⑥ 橙色革命是指由于2004年乌克兰总统大选过程中的严重贪污、选举舞弊引发乌克兰2004－2005年全国发生的一系列抗议和政治事件，因抗议者佩戴橙色丝带也被称为橙色革命。

左翼联盟认为,未来波兰与俄罗斯还需要解决历史遗留的一些问题,①如卡廷惨案②、2010 年斯摩棱斯克空难③等。2003 年 2 月波兰民调显示,波兰人认为俄罗斯是朋友和敌人的各占 50%。④

处于波兰与俄罗斯之间的乌克兰、白俄罗斯和立陶宛被波兰视为波兰与俄罗斯之间的缓冲地带。⑤波兰的东部政策支持这些东部邻国主权独立、转向民主、实行市场经济、建立法治、与西方和解、加入北约和欧盟。⑥冷战结束后,波兰不仅承认了东部邻国的独立,而且迅速确认了他们之间的共同边界。

在波兰的东部邻国中,由于立陶宛积极融入西方,双方在加入北约和欧盟过程中相互支持,⑦波兰与立陶宛的关系发展较为顺利,高层互访频繁,双方就自由贸易、边界合作、立陶宛参加中欧自由贸易协定等签署了一系列政府间文件,2009 年,立陶宛加入波兰-乌克兰维和部队组成波兰-乌克兰-立陶宛三方维和部队。

东部三国中对波兰尤为重要的是乌克兰。20 世纪初,波兰总统毕苏茨基曾说:"没有乌克兰的独立就不会有独立的波兰。"⑧民主左翼联盟认为,乌克兰独立是波兰和欧洲安全的必要保证⑨,因此,乌克兰是波兰东部安全政

---

① Wlodzimierz Cimoszewicz. Government information on the Polish foreign policy in the year 2004[R]. 2004-01-21.

② 卡廷惨案又称卡廷事件、卡廷森林大屠杀。1940 年春,大约 2.2 万名波兰军人、知识分子、政界人士和公职人员在卡廷森林遭到苏联军队杀害;1943 年,发现波兰军人尸体的纳粹德国称杀害事件为苏联所为,遭到苏联否认;直至 1990 年 4 月 13 日,时任波兰总统雅鲁泽尔斯基访问苏联时,苏方才正式承认对卡廷事件负全部责任,称其为"斯大林主义的严重罪行之一"。2010 年 4 月,俄罗斯总统梅德韦杰夫下令公开俄方掌握的卡廷事件历史文件,这是俄罗斯首次向公众公开卡廷事件的相关材料。

③ 摩棱斯克空难也称 2010 年波兰空军图-154 坠机事件。2010 年 4 月 10 日,时任波兰总统卡钦斯基与众多波兰政府高官搭乘图-154 型专机预定访问斯摩棱斯克,参加纪念卡廷大屠杀 70 周年活动,但飞机坠毁导致机上包括机组人员在内共 97 人全部遇难。

④ 周伟. 浅谈冷战后波美关系[J]. 俄罗斯中亚东欧研究,2007(4).

⑤ George Sanford. Overcoming the Burden of History in Polish Foreign Policy[J]. Journal of Communist Studies and Transition Politics, 2003, 19(3).

⑥ Wlodzimierz Cimoszewicz. Government information on the Polish foreign policy in the year 2004[R]. 2004-01-21.

⑦ 立陶宛于 2004 年 3 月 29 日加入北约,同年 5 月 1 日与波兰一同加入欧盟。

⑧ Maciej celewicz, monika niziol-celewicz. relations between poland and its eastern neighbours after the 1999 nato enlargement[C]. unisci discussion papers, 2006, (1)10.

⑨ Expose by Minister of Foreign Affairs of the Republic of Poland Dariusz Rosati to the Diet of the Republic of Poland[R]. 1996-05-09.

策的核心。①民主左翼联盟认为，波乌和解，与乌克兰建立睦邻友好及战略伙伴关系对于地区及欧洲稳定有重要意义。对于 2004 年乌克兰橙色革命，民主左翼联盟认为，这是千百万乌克兰人以和平方式实现民主的胜利，波兰人为乌克兰危机的解决做出了贡献，这也是波兰人的胜利，是波兰对乌克兰未来的重要投资，为波兰东部政策打开了新的机会。②

白俄罗斯大约有 50 万波兰裔少数民族，占白俄罗斯总人口的 5%。③1795 年前，白俄罗斯波兰裔少数民族地区一直在波兰统治之下。波兰和白俄罗斯同为俄罗斯输往欧洲油气管道亚马尔 1 号线和 2 号线的过境国，经济上相互依存。民主左翼联盟认为，指导波兰与白俄罗斯关系的原则是睦邻友好，主张对白俄罗斯实行"双轨"政策（"two-track" policy）——与卢卡申科当局高调联系的同时支持亲民主的反对派及白俄罗斯国内社会的发展。民主左翼联盟政府支持欧盟和美国对卢卡申科政权领导成员的限制，同时又对白俄罗斯采取了较为独特的立场，如民主左翼联盟政府总理无视欧盟的禁令，于 2003 年 10 月访问了白俄罗斯，2004 年 2 月，民主左翼联盟政府又接待了来访的白俄罗斯外长。民主左翼联盟赞同促进白俄罗斯的独立、民主改革、市场经济改革及亲欧洲的倾向④，主张全面提升波兰与白俄罗斯之间的政治、经济和文化关系，利用两国地缘优势发展泛欧交通及交流，相互减少旅游签证费用。

民主左翼联盟认为，在与乌克兰和白俄罗斯这两个与波兰有历史文化渊源的国家发展关系时，波兰应采取主动。⑤波兰支持乌克兰加入中欧倡议、中欧自由贸易区及中欧总统定期会晤，支持乌克兰加入欧盟和北约；支持白俄罗斯加入中欧自由贸易区，支持白俄罗斯加入欧盟。1997 年 6 月，民主左翼联盟政府成功游说乌克兰与北约在马德里签署乌克兰-北约宪章，该文件代表北约进一步扩大。民主左翼联盟主张波乌加强军事领域合作。1995 年，波

---

① Minton F. Goldman. POLISH-RUSSIAN RELATIONS AND THE 2004 UKRAINIAN PRESIDENTIAL ELECTIONS[J]. East European Quarterly, 2006(4).

② Adam Daniel Rotfeld. Government information on the Polish foreign policy presented by the Minister of Foreign Affairs[R]. 2005-01-21.

③ Kerry Longhurst, Marcin Zaborowski. The New Atlanticist: Poland's Foreign and Security Policy Priorities[M]. London: Blackwell Publishers, 2007: 68.

④ Information of the Government of the Republic of Poland on the Polish foreign policy in the year 2003[R]. 2003-01-22.

⑤ Maciej celewicz, monika niziol-celewicz. relations between poland and its eastern neighbours after the 1999 nato enlargement[C]. unisci discussion papers, 2006(10).

兰第十四旅（Polish Fourteenth Brigade）和乌克兰机械化边境团（Ukrainian Mechanized Border Regiment）联合组建了波兰-乌克兰维和部队（BOLUKRBAT），2000 年，波兰-乌克兰维和部队参加了北约在科索沃的维和行动；伊拉克战争结束后，乌克兰派出 1500 人参与由波兰领导的伊拉克稳定任务。波乌贸易 1992－1997 年增长了 6 倍，跨境投资开始起飞。波兰和乌克兰还考虑联合建设一条输油管道，把里海石油从波兰输送到西欧以减轻对俄罗斯能源的依赖。

民主左翼联盟的东部政策主张得到了美国的支持，美国把波兰视为欧盟和北约东扩的榜样，希望北约继续东扩步伐，建立了波兰-美国-乌克兰合作倡议（Poland-America-Ukraine Cooperation Initiative）。民主左翼联盟希望借助波兰是欧盟及北约成员国的地位推动联盟的"东部维度"①（"Eastern Dimension" of the Union），希望欧盟能利用波兰的地缘优势比美国更多地投入东欧，推动乌克兰、白俄罗斯尽快融入西方。②民主左翼联盟认为，如果乌克兰和白俄罗斯被证明是负责任的伙伴，欧盟应该考虑为它们引进更灵活的签证制度。同时，建议把欧盟对独联体国家的技术支持（Technical Assistance for the Commonwealth of Independent States，简称 TACIS）等项目扩大到波兰的东部邻国，以促进它们的技术能力并培育它们与欧盟合作的能力。

但是波乌关系也被历史负担阻碍，如第二次世界大战期间与纳粹结盟的乌克兰反抗军对波兰人的民族清洗及战后波兰从边境驱逐乌克兰人事件等；③2004 年底，波乌关系又因修缮波兰利沃夫（Lychakov）公墓和纪念 1918 年因抗击乌克兰军队保卫利沃夫而死亡的波兰志愿者铭文引发的争议而蒙上了阴影。

波兰与白俄罗斯关系在 2004 年乌克兰橙色革命之后也发生了较大波动。由于民主左翼联盟政府积极支持白俄罗斯反对派，被卢卡申科政府认为是为了推翻其政权，因而认定波兰是这一地区的麻烦制造者，④两国关系交恶。2004 年 10 月，民主左翼联盟政府谴责白俄罗斯允许总统第三次连任的宪法

---

① Information of the Government of the Republic of Poland on the Polish foreign policy in the year 2003[R]. 2003-01-22.
② Kerry Longhurst, Marcin Zaborowski. The New Atlanticist: Poland's Foreign and Security Policy Priorities[M]. London: Blackwell Publishers, 2007: 60.
③ Kerry Longhurst, Marcin Zaborowski. The New Atlanticist: Poland's Foreign and Security Policy Priorities[M]. London: Blackwell Publishers, 2007: 66.
④ Kerry Longhurst, Marcin Zaborowski. The New Atlanticist: Poland's Foreign and Security Policy Priorities[M]. London: Blackwell Publishers, 2007: 68.

公投涉嫌伪造。2005年6月底,白俄罗斯波兰人联盟(Belarussian Union of Poles Organisation)被指控从事推翻卢卡申科政权的活动,民主左翼联盟政府则指控白俄罗斯政府迫害白俄罗斯波兰裔少数民族,白俄罗斯政府用自己选择的白俄罗斯波兰人代替白俄罗斯波兰人联盟独立选举产生的领导人,遭到拒绝后警察逮捕了该联盟领导人。①此事导致了自双方关系建立以来的最严重的危机,民主左翼联盟政府不仅召回了波兰驻白俄罗斯大使,并且向布鲁塞尔和华盛顿游说采取更果断的政策促使白俄罗斯发生政权更迭,如请求欧盟在波兰建立一个向白俄罗斯广播的独立广播电视台、请欧洲刑警组织调查卢卡申科是否参与贩卖毒品和洗钱等。

民主左翼联盟认为,波兰与东部邻国发展友好关系,受到来自俄罗斯"特殊利益""特殊作用"这样的警告,②波兰认为这是不可接受的。民主左翼联盟认为,"乌克兰、白俄罗斯、摩尔多瓦与欧盟、北约一体化符合俄罗斯和西方的共同利益"③。波兰希望利用自己欧盟成员国的身份和独特的地缘政治优势,成为欧洲东部邻国政策的领导者,提升波兰在欧盟的地位,保卫波兰的安全。

### 三、关于波兰与美国的关系

民主左翼联盟认为,美国是除欧盟以外波兰最重视的外交政策对象,波美关系是最重要的双边关系,④在波兰的双边关系中处于优先地位⑤,波美关系的目标是巩固成熟的战略伙伴关系。⑥

尽管波兰是北约新伙伴,但美国视波兰为老朋友,其特殊关系不亚于美英、美以关系。⑦2003年,波兰对美国出兵伊拉克政策的支持加深了欧洲内

---

① 杜海龙. 试析冷战后白俄罗斯与波兰关系[D]. 北京:外交学院,2013:28.

② Presentation of Polish Foreign Policy in 1994" exposed by the Ministy of Foreign Affair in Sejm[R]. 1994-05-02.

③ Adam Daniel Rotfeld. Government information on the Polish foreign policy presented by the Minister of Foreign Affairs[R]. 2005-01-21.

④ Expose by Minister of Foreign Affairs of the Republic of Poland Dariusz Rosati to the Diet of the Republic of Poland[R]. 1996-05-09.

⑤ Expose by Minster of Foreign Affairs Dariusz Rosati to the Diet of the Republic of Poland[R]. 1997-05-08.

⑥ Information of the Government of the Republic of Poland on the Polish foreign policy in the year 2003[R]. 2003-01-22.

⑦ David H.Dunn. Poland: America's New Model Ally[M]. //Marcin Zaborowski, David H.Dunn. Poland-A New Power in Transatlantic Security. London: Frank Cass Publishers, 2003: 65.

部的裂隙，导致很多人认为波兰是"美国的特洛伊木马"（America's Trojan horse），更有人把波兰贬为"木马驴"①（Trojan donkey）。对于这种称谓，波兰人不仅不反驳反而欣然接受，波兰领导人自己也承认不妨就做美国的"特洛伊木马"②。布什总统在白宫接见波兰总统时表示，"在今天的欧洲，美国没有比波兰更要好的朋友了"③。美国有意扶植波兰坐上"新欧洲"的"第一把交椅"，意图借助波兰作为中东欧大国的地位加紧控制这一地区。美国前国家安全事务助理兹比格涅夫·卡济米尔兹·布热津斯基（Zbigniew Kazimierz Brezinski）也认为波兰是美国在欧洲大陆除德国、法国之外的第三个主要伙伴，是美国在扩大的欧盟的一个关键伙伴。

波兰与美国的这种特殊关系源于两国的历史、文化联系及双方的战略评估。

第一，美国的波兰移民是推动波美特殊关系的重要力量。波兰人是美洲最早的殖民者之一，波兰裔美国人是美国最大的斯拉夫族群。④从19世纪中期到第一次世界大战，据估计共有250万波兰人移民美国，目前在美国大约有9569207波兰裔。⑤根据美国人口普查局（US Census Bureau）开展的2010年美国社群调查显示，波兰裔美国人在美国最大的12个族群中位居第七。其中，不乏一些著名人物，如曾担任美国国家安全事务助理的布热津斯基等。这些波兰裔美国人与国内的波兰家庭之间建立了密切联系，对美国政府的波兰政策有着深刻影响。

第二，波兰历史上曾三次被俄、普、奥等邻国瓜分⑥，但波兰不仅没有与大洋彼岸的美国发生过冲突，而且在争取独立建国及1989年波兰剧变中都得到了美国的支持。波兰独立前夕，时任美国总统托马斯·伍德罗·威尔逊（Thomas Woodrow Wilson）发表咨文，专门提出波兰独立的必要性，在波兰

---

① Kerry Longhurst, Marcin Zaborowski. The New Atlanticist: Poland's Foreign and Security Policy Priorities[M]. London: Blackwell Publishers, 2007: 1.

② 惠一鸣. 欧盟共同外交和安全战略中的特洛伊木马[M]. //胡荣花. 欧洲未来：挑战与前景. 北京：中国社会科学出版社，2005：410-424.

③ 高德平. 列国志·波兰[M]. 社会科学文献出版社，2005：356-358.

④ David H.Dunn. Poland: America's New Model Ally[M].//Marcin Zaborowski, David H.Dunn. Poland-A New Power in Transatlantic Security. London: Frank Cass Publishers, 2003: 65.

⑤ 美国最常见的12个族群[N/OL]．（2012-07-11）[2014-12-01]. http://club.china.com/data/thread/12171906/2743/42/40/2_1_home.html.

⑥ 1772年波兰被俄、普、奥三国第一次瓜分，1793年波兰被俄、普两国第二次瓜分，1795年波兰被俄、普、奥三国第三次瓜分。

独立过程中美国给予波兰大量财政和军事物资援助。第二次世界大战期间波兰对法西斯德国的英勇抵抗赢得了美国民众的好感，第二次世界大战结束后，美国即在 1945 年 7 月 5 日承认了波兰人民政权。战后除哈里·S. 杜鲁门（Harry S. Truman）外几乎所有美国总统都到访过波兰。冷战时期，波兰人可以收听到"美国之音"和"自由欧洲电台"的广播，美国是 1989 年波兰政局变动的主要推动者，美国要使波兰成为"插入苏联帝国心脏的一把尖刀"和东欧其他国家效仿的榜样。1993 年民主左翼联盟执政之后，在议会下院的首次外交政策说明中讲道："波兰人传统上视美国人为合作和提供帮助的好朋友。"①大多数波兰人也认为美国不是奴役者而是解放者，如 2003 年 2 月的波兰民调显示，50%的被调查者认为美国是波兰的朋友。②

第三，波美特殊关系源于波兰悲剧的历史及第二次世界大战对波兰的影响。历史上波兰 3 次被普鲁士和沙俄等国瓜分，亡国长达 123 年；1918 年波兰复国，1939 年又被纳粹德国占领，1945 年波兰获得解放但又被苏联控制。历史的惨痛教训使波兰认为自己没有能力在地缘政治夹心中保卫自己的主权和安全，波兰需要寻求一个强大的盟友，对波兰来说世界上军事、经济实力最强大的美国是最佳选择。2001 年 6 月，波兰《共和国报》就波美关系评论说："波兰悲剧的历史经历使波兰需要一个可以依赖的盟友。"③波兰的历史经历及其影响使民主左翼联盟认为美国有必要留在欧洲。④

第四，波美特殊关系还源于波兰特殊的地缘政治。原来被波兰视为"地缘政治陷阱"的地理位置冷战后成为波兰地缘政治优势所在。波兰被美国视为向东发展的门户，美国希望借助波兰在中东欧的影响力进入苏联势力范围，把波兰视为中东欧的领导者及北约东扩的榜样，⑤进一步孤立俄罗斯，这与波兰的东部政策吻合；波兰则希望借助美国保卫自己在地缘政治夹心中的安全，借助美国的力量提升波兰在欧洲和世界事务中的影响力。波兰地处东西欧交界的特殊地理位置使波兰对于美国的中东欧战略有着极其重要的价值。

---

① Presentation of Polish Foreign Policy in 1994 expose by the Ministy of Foreign Affair in Sejm[R]. 1994-05-02.
② 周伟. 浅谈冷战后波美关系[J]. 俄罗斯中亚东欧研究，2007（4）.
③ Ian Fisher. The US and Its Leader Are Popular With Poles[N]. The New York Times, 2001-06-16.
④ Presentation of Polish Foreign Policy in 1994 expose by the Ministy of Foreign Affair in Sejm[R]. 1994-05-02.
⑤ David H.Dunn. Poland: America's New Model Ally[M]. //Marcin Zaborowski, David H.Dunn. Poland-A New Power in Transatlantic Security. London: Frank Cass Publishers, 2003: 70.

第五，波兰希望在转轨与发展过程中获得美国的支持与帮助。美国是当今世界最大的经济体，有波兰需要的技术、资金和市场，波兰希望通过加强两国经济合作得到美国的技术、投资和市场。民主左翼联盟认为，"稳定和快速增长的美国资本也有助于促进波兰的安全"①，并希望美国为波兰产品提供优惠关税从而进入美国市场。民主左翼联盟认为，加强波美政治和军事合作是使波兰尽快适应北约军事标准的有效途径。

基于对波美关系的认识，民主左翼联盟认为，波兰在扩大的欧盟中应该成为美国最忠实的盟友，恰如波兰国防部官员马瑞克·西维克（Marek Siwec）所说，"在欧洲有两个与美国发展关系的榜样国家：英国和西班牙。我们的地位、我们的现实、我们的愿望是成为第三个这样的国家"②。因此，民主左翼联盟执政之后大力加强与美国的关系，在联合国及其他国际组织中支持美国提出的政策，如在联合国人权委员会上支持美国对华人权议案；坚持美国在欧洲安全中的首要地位。民主左翼联盟认为，"在欧盟和北约之间不存在两难选择。波兰认为当务之急是巩固跨大西洋的团结。这种团结有助于应对当代世界共同的挑战和威胁，特别关系到打击恐怖主义、大规模杀伤性武器扩散和有组织犯罪、解决地区危机、促进民主和人权、市场经济、解决全球化的问题等"③。

"9·11"事件发生后，波兰率先对美国做出政治承诺，与美国合作打击恐怖主义，开展军事、经济和金融合作，包括阻断恐怖主义的资金来源。民主左翼联盟政府积极参与美国组建的反恐联盟，派出300人的军事派遣队参加了美国在阿富汗的军事行动；④2003年8月，北约接管驻阿富汗国际安全援助部队后，波兰军事派遣队继续留在阿富汗执行维和任务。民主左翼联盟认为，参加阿富汗的军事行动将有助于巩固波兰是"一个可信赖的盟友"和积极的北约成员国的形象。⑤

---

① Expose by Minster of Foreign Affairs Dariusz Rosati to the Diet of the Republic of Poland[R]. 1997-05-08.

② Gavin Rae. Poland's Return to Capitalism: from the Socialist Bloc to the European Union[M]. London: I.B.Tauris & Co Ltd, 2008: 134.

③ Wlodzimierz Cimoszewicz. Government information on the Polish foreign policy in the year 2004[R]. 2004-01-21.

④ David H.Dunn. Poland: America's New Model Ally[M]. //Marcin Zaborowski, David H.Dunn. Poland-A New Power in Transatlantic Security. London: Frank Cass Publishers, 2003: 67.

⑤ Expose by Minister of Foreign Affairs of Poland, Wlodzimierz Cimoszewicz, to the Diet of the Republic of Poland on the Main Lines of Polish Foreign Policy in2002[R]. 2002-03-14.

2003年的伊拉克战争使欧盟内部产生了严重分歧,以波兰民主左翼联盟为代表的中东欧社会民主党在与美国的关系上脱离了欧洲传统社会民主党的主流,包括德国社会民主党和法国社会党在内的大部分欧洲社会民主党反对伊拉克战争,但波兰民主左翼联盟坚定地支持美国和英国在伊拉克问题上的立场。对来自德法的警告和反对,波兰民主左翼联盟认为,波兰有权做出对自己有利的决定,其他国家应给予尊重,而不是反对。民主左翼联盟认为,尽管伊拉克危机暴露了美国与一些关键欧洲国家的严重分歧,但"考虑到把美国和欧洲结合成一个具有相同价值观和利益观的稳固共同体,这些分歧是次要的"①。

民主左翼联盟政府对美国伊拉克军事行动的支持使波兰成为中东欧最忠实的支持美国的国家。②据波通社报道,布什感谢波兰在反恐问题上的立场,并强调波兰在反恐问题上是美国"忠诚的和真正的盟友"③。虽然意大利和西班牙最开始也支持美国,但政府换届后改变了政策,只有波兰一如既往地支持美国的伊拉克政策。④华盛顿邮报甚至评论说,波兰比德国或法国更支持美国的外交政策。⑤

民主左翼联盟支持美国的反导计划、"防扩散安全倡议"。美国计划在波兰建10个导弹拦截装置,在捷克建雷达预警基地。由于担心对自身安全造成威胁,该计划遭到俄罗斯的坚决反对。波兰民众则由于担心本国会成为潜在的攻击目标,因而反对在波兰部署反导基地,2008年的民调显示,57%接受调查的波兰人反对在本国建立美国导弹防御基地。⑥但波兰总统克瓦希涅夫斯基说:"这是个新系统,它对我们包括对北约成员国及俄罗斯和中国在内的

---

① Wlodzimierz Cimoszewicz. Government information on the Polish foreign policy in the year 2004[R]. 2001-01-21.

② 2003年1月30日,波兰与英国、西班牙等8国发表联合声明,呼吁其他国家与美国团结一致,支持美国使用武力推翻萨达姆政权。同时,波兰还宣布为美英开放领土、领空并提供后勤支援。同年3月17日,波兰宣布支持美国发动伊拉克战争,并宣布向海湾地区派遣由200人组成的"霹雳"突击队,为美英联军提供后勤支援。伊拉克战争结束后,波兰又宣布参加以美英为首的驻伊拉克多国维和部队及伊拉克重建工作,派出2000名士兵,并成为美英之外第三个在伊拉克独立管理一个安全区的国家。

③ 高盛平. 列国志·波兰[M]. 社会科学文献出版社,2005:357.

④ 但是2004年2月的民调显示,60%的波兰人反对参与伊拉克战争和战后占领,参见 Ryszard Zieba. Transformation of Polish Foreign Policy[J]. The Polish foreign affairs digest, 2004, 4(4): 13.

⑤ A Commitment To Europe[N]. Editorial,The Washington Post, 2001-04-29.

⑥ 波兰俄罗斯就反导基地问题举行磋商[N/OL]. (2008-01-11)[2014-12-05]. http://euroasia.cass.cn/news/80221.htm.

其他国家都好。"①

民主左翼联盟政府对美国导弹防御计划的看法超出了冷战防御的思维范式，并且不希望导弹防御计划危害到跨大西洋关系。②民主左翼联盟认为，"来自'无赖国家'之一的弹道导弹攻击威胁的日益增加，凸显了美国导弹防御计划的重要性，因此波兰支持这个计划。我们深信，反导伞是司法和政治途径确保安全的一个必不可少的必然结果"③。民主左翼联盟认为，在防止弹道导弹扩散的国际行为准则谈判上，波兰发挥了积极作用。"2001年5月，波兰政府举办的华沙圆桌会议不仅确认了我们支持该文件的理念、原则和规定，而且还在更广泛的国际舞台上对后续进展做出了显著贡献。"④2003年5月，美国总统布什访问波兰克拉科夫时称："和平最大的威胁是核武器、化学武器、生物武器的扩散，因而我们应携手阻止这种扩散……当大规模杀伤性武器或其部件正在进出时，我们必须有能力和办法截获它。因此，今天我把这一新的防扩散的努力称之为'防扩散安全倡议'（Proliferation Security Initiative）。"⑤波兰是首批加入该倡议的11个国家之一。⑥

关于驻军问题，2003年1月31日，民主左翼联盟政府国防部长耶日·什马伊津斯基（Jerzy Szmajdziński）表示，不会允许美国在波兰设立永久军事基地，但如果是在北约指挥系统范围内，则不反对在波兰部署北约的一部分指挥系统。⑦波兰积极支持美国主张的北约继续东扩计划及多边军控主张。

---

① David H.Dunn. Poland: America's New Model Ally[M]. //Marcin Zaborowski, David H.Dunn. Poland-A New Power in Transatlantic Security. London: Frank Cass Publishers, 2003: 85.

② David H.Dunn. Poland: America's New Model Ally[M]. //Zaborowski, David H.Dunn. Poland-A New Power in Transatlantic Security. London: Frank Cass Publishers, 2003: 81.

③ "POLAND'S VIEW ON GLOBAL SECURITY ISSUES"-A lecture of the Minister for Foreign Affairs of the Republic of Poland-Włodzimierz CIMOSZEWICZ, at the University of New South Wales, Sydney [R/OL]. (2003-03-03) [2014-12-06]. http://www.msz.gov.pl/en/news/aktualnosc_2026.

④ "POLAND'S VIEW ON GLOBAL SECURITY ISSUES"-A lecture of the Minister for Foreign Affairs of the Republic of Poland-Włodzimierz CIMOSZEWICZ, at the University of New South Wales, Sydney[R/OL]. (2003-03-03) [2014-12-06]. http://www.msz.gov.pl/en/news/aktualnosc_2026.

⑤ 杨泽伟. 防扩散安全倡议：国际法的挑战与影响[J]. 中国海洋法学评论，2008（2）.

⑥ 自美国提出"倡议"后，最初参加国只有澳大利亚、法国、德国、意大利、日本、荷兰、波兰、葡萄牙、西班牙、英国和美国等11个国家。2003年12月，加拿大、丹麦、挪威和新加坡加入该"倡议"，2004年上半年，捷克、俄罗斯也加入"倡议"，新西兰、希腊和泰国于2005年加入。此外，伯利兹、克罗地亚、塞浦路斯、利比里亚、马绍尔群岛、巴拿马分别在2004年、2005年与美国签署了相互登船检查货运船只的协定，从而成为"倡议"的合作伙伴国。2021年8月，已有近107个国家加入"倡议"活动。"倡议"的参加国还在马德里、布里斯班、巴黎、伦敦、里斯本和克拉科夫等地举行了多次圆桌会议。

⑦ 高德平. 列国志·波兰[M]. 社会科学文献出版社，2005：357.

作为对波兰给予支持的回报，美国支持波兰加入北约，美国认为波兰不仅是中东欧地区的领导者，而且是北约东扩政策的"模范盟友"和榜样。[①]美国支持波兰在地区及全球事务中发挥更积极和更大的作用，如波兰的东部政策。[②]波美两国不仅高层互动频繁[③]，而且美国给予波兰大量的经济和军事援助，1994年美国给波兰提供了价值2亿美元的经济援助；2000年9月20日，波美签订经济合作协议的同一天，美国众议院以绝对多数票批准了一项专门提供给波兰和匈牙利的8.37亿美元的援助计划；2003年4月17日，波美签署了包括波兰从美国购买48架F-16多功能战机协议和美国对波兰投资协议等在内的四项协议[④]，被称为"百年合同"，其中的飞机交易连带总价值为75亿美元的44个项目，是迄今波兰引进的最大一笔外国直接投资。波兰科学和信息部长称这是"世界历史上任何一个合同所不能比拟的纲领"[⑤]。民主左翼联盟政府认为，"这有助于加强两国的经济合作，包括美国在波兰的直接投资达到一个新阶段，尤其要感谢与购买F-16战斗机相关的抵消协议的实施"[⑥]。波兰信息和外国投资局的统计显示，截至2004年底，美国对波兰的投资占波兰外国直接投资的12.6%，在所有对波兰的投资国中仅次于法国（19.9%）和荷兰（13.8%），投资最多的前20家外国投资商中有4家来自美

---

① David H.Dunn. Poland: America's New Model Ally[M]. //Marcin Zaborowski, David H.Dunn. Poland-A New Power in Transatlantic Security. London: Frank Cass Publishers, 2003: 82.

② David H.Dunn. Poland: America's New Model Ally[M]. //Marcin Zaborowski, David H.Dunn. Poland-A New Power in Transatlantic Security. London: Frank Cass Publishers, 2003: 63.

③ 1994年7月，美国总统克林顿在出席七国集团首脑那不勒斯峰会后顺访波兰，强调波兰是美国的特殊伙伴；布什总统2001年6月首次欧洲之行选择华沙作为他发表主旨演讲的场地，布什总统还通过视频连线参加了2001年在华沙举行的地区反恐大会；2002年7月，波兰总统克瓦希涅夫斯基正式访问美国，这次访问使波美关系急剧升温，布什明确宣称，美波"两国之间存在着特殊关系"。2003年1月，波兰总统克瓦希涅夫斯基再次访问美国，进一步加强了波美在军事和国际问题上的合作；2005年，美国国务卿赖斯访问波兰时说："美国重视波兰作为欧盟成员国的重要性以及作为美国最重要的跨大西洋伙伴国之一的地位。"参见新闻分析：美国与波兰深化特殊关系[N/OL].（2003-06-01）[2014-12-09]. http://news.xinhuanet.com/world/2003-06/01/content_898447.htm.；（Remarks With Polish Foreign Minister Adam Rotfeld After Meeting with the Secretary Condoleezza Rice[R/OL].（2005-02-05）[2014-12-09]. http://2001-2009.state.gov/secretary/ rm/2005/41848.htm.）

④ 四项协定包括：2006-2008年波兰从美国购买48架F-16多功能战机协定；关于两国金融合作条件的财政协定；美国政府向波兰提供补偿贷款协议；美国在波兰投资协议。

⑤ 周伟. 浅谈冷战后波美关系[J]. 俄罗斯中亚东欧研究，2007（4）.

⑥ Government information on the Polish foreign policy in the year 2004, presented at the session of the Sejm on January 21, 2004 by the Minister of Foreign Affairs of the Republic of Poland, Wlodzimierz Cimoszewicz[R].

国。①民主左翼联盟认为，波美关系的良好气氛也将有利于波兰企业在美国市场的运作。

值得关注的是，尽管波美关系特殊，但波美关系力量并不对等。民主左翼联盟认为，波兰从美国对欧洲安全和国际秩序的维护中获得了安全保障、提高了波兰的国际地位，民主左翼联盟政府外长齐莫谢维奇称"与美国的关系是建立波兰在欧盟地位的资产"②，波兰也从与美国的经济联系中获得了益处。相比而言，美国想通过波兰这个"新欧洲"的可靠盟友，抵消与"旧欧洲"关系出现的严重危机，进一步加强对中东欧地区的控制，但实际从波兰那里得到的回报却受到波兰的资源能力和国际环境的限制，因而波美关系不可能如英美和以美关系一样。所以，积极支持并参与伊拉克战争的波兰没能如愿得到伊拉克重建的合同就不足为奇了，波兰公民也迟迟没能获得进入美国的免签证待遇。曾担任波兰国防部长的亚努什·奥涅什凯维奇（Janusz Onyszkiewicz）就说："波美友谊应该像一杯好茶：浓、热但不应太甜。"③

## 四、关于波兰与中国的关系

1949 年中华人民共和国成立后，波兰是最早与中国建立外交关系的国家之一。1989 年之后，两国关系进入新的历史时期，波兰与中国"在尊重各自对经济和社会发展道路选择"④的基础上，超越社会制度、意识形态和发展道路的差异，在和平共处五项原则基础上保持和发展两国关系。1997 年，波兰总统克瓦希涅夫斯基对中国进行国事访问，这是 38 年来波兰国家元首首次对中国进行正式访问，两国领导人签署了《中华人民共和国和波兰共和国联合公报》。2004 年，时任国家主席胡锦涛访问波兰，两国元首共同签署了《中华人民共和国和波兰共和国联合声明》，将波中关系提升为友好合作伙伴关系。波中两国不同层次和不同领域的官方及非官方对话与合作大大促进了两国关系的发展。

---

① 中国驻波兰经济商务参赞处. 波兰吸引外商直接投资情况[R/OL]. [2014-12-10]. http://ccn.mofcom.gov.cn/spbg/show.php?id=4649.

② Getting the Priorities Straight 2003[N/OL]. (2003-01-30) [2014-12-10]. http://www.warsawvoice.pl/WVpage/pages/article.php/1062/article.

③ HEARD IN PASSING[R/OL]. (2003-02-07) [2014-12-10]. http://www.warsawvoice.pl/WVpage/pages/article.php/1218/article.

④ 中华人民共和国和波兰共和国联合公报[EB/OL]. (1997-11-17) [2014-12-15]. http://www.fmprc.gov.cn/mfa_chn/gjhdq_603914/gj_603916/oz_606480/1206_606722/1207_606734/t5428.shtm.

民主左翼联盟认为，虽然波兰外交政策的重点是在欧洲和跨大西洋关系上，但这并不意味着波兰忽视与非欧洲国家的关系，特别是经济高速增长的亚太地区，①中国是波兰在非欧洲地区发展关系的优先对象之一②。

民主左翼联盟"承认世界上只有一个中国，即中华人民共和国，台湾是中国领土不可分割的一部分，中华人民共和国政府是代表全中国人民的唯一合法政府"③，"反对任何旨在改变台湾地位、导致台海局势紧张的做法。支持中国和平统一"④。

民主左翼联盟认为，中国有巨大的经济机会，波兰将努力促进在中国这个巨大市场的发展。波兰特别重视中国的技术、市场和投资，希望利用波兰是世界贸易组织、欧盟、北约和经合组织成员国的身份寻求与中国持久合作的新机制，进一步加强与中国的经济联系，为包括中、小企业在内的企业间的直接合作提供便利，支持依据市场经济和世贸组织规则广泛开展其他形式的经济合作，⑤支持互相扩大投资⑥。波兰希望参与中国大水电站建设计划。

波兰与中国的经贸关系从 1950 年至今大致经历了三个发展阶段：1950－1989 年政府间协定贸易阶段，1990－2003 年经贸合作转型和发展阶段，2004 年以来在波中友好合作伙伴关系框架下新的发展阶段。⑦

在民主左翼联盟执政时期，波兰与中国签订了多项促进双边关系发展的协定：《波中经贸关系协定》（1993 年）；1994 年 9 月，民主左翼联盟政府总理帕夫拉克访华，双方签署了九项合作协议和意向书；《波兰共和国政府和中华人民共和国政府科学技术合作协定》（1995 年）；《波兰共和国政府和中华人民共和国政府海运合作协定》（1996 年）；《波兰共和国政府和中华人民共

---

① The Sejm expose of Wladyslaw Bartoszewski the Minster of Foreign Affairs of the Repbulic of Poland[R]. 1995-05-24.

② Expose by Minister of Foreign Affairs of the Republic of Poland Dariusz Rosati to the Diet of the Republic of Poland[R]. 1996-05-09.

③ 中华人民共和国和波兰共和国联合公报[EB/OL]. （1997-11-17）[2014-12-15]. http://www.fmprc.gov.cn/mfa_chn/gjhdq_603914/gj_603916/oz_606480/1206_606722/1207_606734/t5428.shtm.

④ 中华人民共和国和波兰共和国联合公报[EB/OL]. （1997-11-17）[2014-12-15]. http://www.fmprc.gov.cn/mfa_chn/gjhdq_603914/gj_603916/oz_606480/1206_606722/1207_606734/t5428.shtm.

⑤ 中华人民共和国和波兰共和国联合公报[EB/OL]. （1997-11-17）[2014-12-15]. http://www.fmprc.gov.cn/mfa_chn/gjhdq_603914/gj_603916/oz_606480/1206_606722/1207_606734/t5428.shtm.

⑥ Information of the Government of the Republic of Poland on the Polish foreign policy in the year 2003[R]. 2003-01-22.

⑦ 中华人民共和国商务部. 对外投资合作国别（地区）指南——波兰[R/OL]. [2014-12-16]. http://fec.mofcom.gov.cn/gbzn/upload/bolan.pdf.

和国政府经济合作协定》(2004 年)等,为波中双边关系的发展奠定了法律基础。

1991 年之后波中贸易增长迅速,1993 年比上一年增长 125.5%,1997 年双边贸易额达到 7.05 亿美元,2001—2005 年双边贸易额从 12.4 亿美元增长到 31.5 亿美元(见表 4.1)。

表 4.1　1990—2005 年波中贸易统计资料

| 年份 | 贸易额（亿美元） | 同比增长（%） | 出口额（亿美元） | 同比增长（%） | 进口额（亿美元） | 同比增长（%） |
| --- | --- | --- | --- | --- | --- | --- |
| 1990 | 3.2194 | — | 0.7432 | — | 2.4762 | — |
| 1991 | 1.4443 | -55.1 | 0.5628 | -24.3 | 0.8815 | -64.3 |
| 1992 | 2.0944 | 45.0 | 1.1924 | 111.9 | 0.9020 | 2.3 |
| 1993 | 4.7222 | 125.5 | 2.4853 | 108.4 | 2.2369 | 148.0 |
| 1994 | 3.0667 | -35.1 | 1.5689 | -36.9 | 1.4978 | -33.0 |
| 1995 | 5.5555 | 17.6 | 4.7196 | 200.8 | 0.8359 | -44.2 |
| 1996 | 6.1597 | 10.9 | 5.6855 | 20.5 | 0.4742 | -43.3 |
| 1997 | 7.0538 | 14.5 | 6.7336 | 18.4 | 0.3202 | -32.5 |
| 1998 | 8.1453 | 15.5 | 7.5867 | 12.7 | 0.5586 | 74.5 |
| 1999 | 8.6023 | 5.6 | 7.0244 | -7.4 | 1.5779 | 182.5 |
| 2000 | 9.6002 | 11.6 | 8.6041 | 22.5 | 0.9961 | 36.9 |
| 2001 | 12.4280 | 29.5 | 10.1641 | 18.1 | 2.2639 | 127.3 |
| 2002 | 13.8335 | 11.3 | 11.6470 | 14.6 | 2.1865 | -3.4 |
| 2003 | 19.7965 | 43.1 | 16.2049 | 39.1 | 3.5916 | 64.3 |
| 2004 | 23.3 | — | — | — | — | — |
| 2005 | 31.5 | — | — | — | — | — |

资料来源:周伟. 二〇〇四年波兰经济形势[J]. 俄罗斯中亚东欧研究,2005(7);2004 和 2005 年数据来源于中华人民共和国外交部. 中国同波兰的关系[R/OL]. [2014-12-17]. http://www.fmprc.gov.cn/mfa_chn/gjhdq_603914/gj_603916/oz_606480/1206_606722/sbgx_606726/。

波兰向中国出口的主要商品是铜、化工、机电、钢铁、运输设备、纸制品、家具等,而波兰从中国进口的主要商品是机电、纺织、鞋类、家电、运输设备、钢铁、家具等(见表 4.2)。[①]2013 年,波中双边贸易额达到 123 亿美元,目前波兰是中国在欧盟的第九大贸易伙伴国和在中东欧最大的贸易伙伴国,波兰是中东欧国家中第一个与中国双边贸易额突破百亿美元的国家,

---

① 中国同波兰的关系[R/OL]. [2014-12-17]. http://www.fmprc.gov.cn/mfa_chn/gjhdq_603914/gj_603916/oz_606480/1206_606722/sbgx_606726/.

中国则是波兰第三大进口来源地。①

表 4.2　2005 年波兰对中国出口和从中国进口的十大商品类别

| 波兰向中国出口的十大商品类别 | 波兰从中国进口的十大商品类别 |
| --- | --- |
| 未锻压的精炼铜及铜合金 | 用于打字及其他办公用机器的零附件 |
| 仅含有氮杂原子的杂环化合物 | 自动数据处理设备及其部件等 |
| 巡航船、游船、渡船、驳船等客货运船 | 有线电话、电报设备包括有线载波通信设备 |
| 其他氨基化合物 | 其他玩具、娱乐用模型及各种智力玩具 |
| 铜废碎料 | 未列名灯具及照明装置、发光标志及名牌等 |
| 成卷或成张的未经涂布的牛皮纸及纸板 | 动物肠、膀胱、胃、鲜冷冻干熏盐腌及盐渍品 |
| 主要用于电动机、发电机及旋转式变流机等的零件 | 主要用于无线电话、雷达等装置或设备的零件 |
| 主要用于无线电话、雷达等装置或设备的零件 | 白炽灯泡、放电灯管及弧光灯等 |
| 无环醇及其卤化、磺化、硝化或亚硝化衍生物 | 衣箱、手提包及类似容器 |
| 初级形状的聚酰胺 | 变压器、静止式变流器（例如整流器）及电感 |

资料来源：中华人民共和国商务部. 中华人民共和国商务部国别贸易报告——波兰[R/OL]. [2014-12-18]. http://countryreport.mofcom.gov.cn/record/view110209.asp?news_id=2830 和 http://countryreport.mofcom.gov.cn/record/view110209.asp?news_id=2831.

但是，1989 年之后波中贸易波兰始终是逆差，民主左翼联盟认为，波中两国振兴经济合作的同时需要进一步提高贸易平衡②，波兰希望通过扩大对华出口而不是限制从中国进口来解决波兰对华贸易逆差。③相比于贸易，双方投资发展较为缓慢。截至 2013 年底，中国在波兰直接投资存量约 2.18 亿美元，波兰在中国实际投资额约 1.25 亿美元。④据波兰中央统计局数据，截至 2012 年，中国在波兰注册企业共计 723 家，主要投资领域为贸易和服务、制造业、房地产、承包工程等。中国在波兰主要的企业有成立于 1951 年的中

---

① 中华人民共和国商务部. 对外投资合作国别（地区）指南——波兰[R/OL]. [2014-12-18]. http://fec.mofcom.gov.cn/gbzn/upload/bolan.pdf.
② Information of the Government of the Republic of Poland on the Polish foreign policy in the year 2003[R]. 2003-01-22.
③ 高德平. 列国志·波兰[M]. 北京：社会科学文献出版社，2005：375.
④ 中国同波兰的关系[R/OL]. [2014-12-18]. http://www.fmprc.gov.cn/mfa_chn/gjhdq_603914/gj_603916/oz_606480/1206_606722/sbgx_606726/.

波轮船股份公司（该公司是两国合资创办的一家远洋运输企业，也是新中国第一家中外合资企业）、柳工机械（波兰）有限公司、TCL 波兰电视机组装厂、苏州昶虹电子（波兰）有限公司、华为、中兴、上海建工、上海城建、GD 波兰华沙中国城、SCC 波兰国际贸易中心、中国银行波兰分行、工商银行波兰分行等。波兰在中国的投资主要有三北-拉法科锅炉有限公司工业锅炉生产项目、山东新汶矿业集团与波兰柯派克斯（KOPEX）公司合资生产的液压支架项目、泰安良达机械制造公司与波兰华星（FASING）公司输煤机圆环链生产项目、江西九江红鹰科技公司与波兰 PZL 希维德尼克（PZL-SWIDNIK）公司合作生产的直升机项目等。[1]

波中两国开展了广泛的科技合作，20 世纪 50 年代初，波中两国签订《波中技术与技术科学合作协定》，成立波中科技合作联合委员会。该委员会每年举行一次会议（自 2002 年起改为每两年举行一次），确定双方合作项目，为两国科技合作奠定了法律基础，使两国科技合作走上制度化轨道。2004 年，波中科技合作联合委员会第 31 次会议在北京举行；2005 年，波兰科学与信息化部部长来华出席"中欧科技战略高层论坛"。波中两国已经形成了多形式、多层次、多部门、多渠道、官民结合、繁荣稳定的经贸及科技合作关系。

民主左翼联盟认为，波兰与包括中国在内的非欧洲地区虽然主要是经济合作，"但这并不意味着我们不关心这些国家的政治问题"[2]，未来要与中国在内的亚洲国家领先伙伴开展政治对话和最高级别的政治联系[3]。经过双方政府间各层次的对话与合作，民主左翼联盟执政时，波兰与中国就以下问题达成一致：联合国作用及其改革，实现联合国千年发展目标；谴责一切形式的恐怖主义，在国际反恐、军控和防扩散、可持续发展与环境保护等重大全球性问题上保持磋商与沟通；在打击非法生产及贩运毒品、武器走私[4]，打击跨国有组织犯罪、非法移民、经济犯罪的斗争中积极配合[5]；认为实现人

---

[1] 中华人民共和国商务部. 对外投资合作国别（地区）指南——波兰[R/OL]. [2014-12-18]. http://fec.mofcom.gov.cn/gbzn/upload/bolan.pdf.

[2] The Sejm expose of Wladyslaw Bartoszewski the Minster of Foreign Affairs of the Repbulic of Poland [R]. 1995-05-24.

[3] Information of the Government of the Republic of Poland on the Polish foreign policy in the year 2003[R]. 2003-01-22.

[4] 中华人民共和国商务部. 对外投资合作国别（地区）指南——波兰[R/OL]. [2014-12-18]. http://fec.mofcom.gov.cn/gbzn/upload/bolan.pdf.

[5] 中华人民共和国和波兰共和国联合声明[EB/OL]. （2004-06-08）[2014-12-20]. http://www.gov.cn/gongbao/content/2004/content_62850.htm.

民的生存权和发展权对人类具有非常重要的意义等①。

民主左翼联盟也注意到在政治、经济、社会和价值观等方面波兰与中国存在差异，但认为这些差异并不会影响波中双边关系的发展，愿意就这些问题与中国进行建设性对话与交流。

2004年波兰正式加入欧盟，作为中东欧最大的国家，波兰广阔的市场、丰富和高素质的人力资源、连接东西欧的优越地理位置，为中国企业进军欧盟市场提供了难得的发展机遇。2011年12月，波兰总统布罗尼斯瓦夫·马利亚·科莫罗夫斯基（Bronislaw Maria Komorowski）14年来首次正式访问中国，两国元首共同签署《中波关于建立战略伙伴关系的联合声明》，两国关系提升为战略伙伴关系，为未来波中关系发展奠定了良好基础。

综上所述，在对外政策上，民主左翼联盟从波兰国家利益出发，超越党派局限，两次执政继续保持了波兰对外政策的一致性和连贯性。民主左翼联盟对外政策主张的重点是欧洲和跨大西洋关系，与美国保持特殊关系，在东部邻国政策上显示波兰在欧洲的与众不同和重要性，与非欧洲国家关系主要是发展经贸合作，为波兰争取更多的利益，同时积极参与国际事务如联合国改革等。民主左翼联盟的对外政策主张显示了波兰作为欧洲大国的历史荣耀地位，以及作为中东欧地区最大、欧洲第九大经济体②不甘心在欧洲充当二流角色的抱负，同时受限于波兰的地缘政治现实和有限的资源，波兰不得不借助于欧盟和北约来捍卫国家主权独立、领土完整及提升波兰的国际地位。

---

① 中华人民共和国和波兰共和国联合公报[EB/OL].（1997-11-17）[2014-12-20]. http://www.fmprc.gov.cn/mfa_chn/gjhdq_603914/gj_603916/oz_606480/1206_606722/1207_606734/t5428.shtm.

② 2019年欧洲各国GDP排名，http://s.shijiejingi.net/world/global/2019/206542.html.

# 第五章 波兰民主左翼联盟对波兰政坛的影响及发展趋势

波兰民主左翼联盟脱胎于社会主义时期波兰的执政党——波兰统一工人党,被认为是波兰统一工人党的继承者。自1991年波兰举行西方式议会选举以来,波兰民主左翼联盟是波兰政坛唯一能与右翼力量抗衡的左翼政治力量,1993年、2001年两次赢得大选执政,其在波兰政坛的影响力在第二次执政期间达到顶峰。尽管2005年之后波兰民主左翼联盟在波兰政坛的影响力下降,但不可否认的是,波兰民主左翼联盟仍然是波兰最有影响力的左翼力量,所以其未来发展也备受关注。

## 第一节 波兰民主左翼联盟对波兰政坛的影响

作为剧变之后波兰政坛唯一能与右翼力量抗衡的最大的左翼力量,波兰民主左翼联盟对波兰政坛的影响是显而易见的。

### 一、波兰民主左翼联盟对波兰政党格局的影响

1990年,波兰统一工人党解散,随后立即成立了波兰共和国社会民主党。为参加大选,1991年左翼力量以波兰共和国社会民主党为核心组建了民主左翼联盟。1991年大选民主左翼联盟成为议会最大反对派,1993年赢得大选执政,1997年再次成为议会最大反对派,1999年民主左翼联盟适应波兰宪法要求注册为政党,2001年民主左翼联盟再次赢得大选执政,2005年、2007年、2011年、2019年大选分别位居议会第四、第三、第五位和第三位。

由此可见,自1991年波兰举行剧变之后第一次西方式议会选举开始,民主左翼联盟就是波兰政坛影响力最大的左翼政治力量,在波兰政坛两次出现

总统、议长、总理都是清一色左翼人士的政坛"红三角",其在波兰政坛的影响力在2001年达到顶峰。

尽管民主左翼联盟在波兰议会中的地位有所变化(见表5.1),但自1991年大选以来,民主左翼联盟一直是波兰政坛最有影响力的左翼政治力量,也是1991年以来波兰政坛唯一能够与右翼力量抗衡的左翼政治力量。

表5.1 1991—2019年民主左翼联盟在波兰历次大选中的状况

| 类别 | 1991年 | 1993年 | 1997年 | 2001年 | 2005年 | 2007年 | 2011年 |
| --- | --- | --- | --- | --- | --- | --- | --- |
| 得票率(%) | 11.99 | 20.41 | 27.13 | 41.04 | 11.3 | 13.15 | 8.24 |
| 议会排名 | 第二 | 第一 | 第二 | 第一 | 第四 | 第三 | 第五 |
| 议会席位(个) | 60 | 171 | 164 | 216 | 55 | 53 | 27 |

注:2001、2005年民主左翼联盟与劳动联盟组成竞选联盟参加大选;2007年民主左翼联盟与劳动联盟、波兰社民党、民主党组成左翼与民主者联盟参加竞选;2015年7月,民主左翼联盟与你们的运动、波兰社党、劳动联盟、绿党、波兰劳动党结成竞选联盟——统一左翼参加大选;2019年8月,民主左翼联盟与左翼一起、春天组成竞选联盟——左翼参加竞选。
资料来源:笔者根据相关资料整理。参见欧洲选举数据库——波兰大选结果整理[DB/OL].[2014-12-25]. http://www.nsd.uib.no/european_election_database/country/poland/.

在民主左翼联盟两度执政期间,波兰经济得到快速增长(见表5.2),被称为"波兰奇迹",并且,波兰先后于1999年加入北约、2004年加入欧盟,实现了"回归欧洲"的梦想。但是,民主左翼联盟在执政期间出现的一些问题也成为反对派展开抨击的口实。民主左翼联盟政府前副总理兼财政部部长科勒德克认为,"在野党总是反对执政党提出来的开明的经济变革举措,它当然试图推出自己的一系列变革措施。政治上来看,这自然无可厚非:对执政党的政策给予支持能够使得局面得到改善,也很可能因此让当权者得以连任。这样看来,'更为糟糕的事情在某些人眼里反而更有利'。如此一来,政治活动更多是关于一部分人对另一部分人的所作所为,以及这部分人为此需要拉拢人并且付出何种代价,而不是围绕它本该实现的目标即:即出台公共举措,来推动整个社会的进步"[①]。同时,当民主左翼联盟在野时也会抨击执政党的失误,为自己增加人气。

---

[①] 格泽高滋·W.科勒德克.真相、谬误与谎言——多变世界中的政治与经济[M].张淑芳,译.北京:外文出版社,2012:275.

表 5.2　1990—2005 年波兰 GDP 增速

单位：%

| 类别 | 1990 | 1991 | 1992 | 1993 | 1994 | 1995 | 1996 | 1997 |
|---|---|---|---|---|---|---|---|---|
| GDP 增速 | -11.6 | -7.0 | 2.6 | 3.8 | 5.2 | 7.0 | 6.0 | 6.8 |
| 类别 | 1998 | 1999 | 2000 | 2001 | 2002 | 2003 | 2004 | 2005 |
| GDP 增速 | 4.8 | 4.1 | 4.0 | 1.0 | 1.4 | 3.8 | 5.4 | 3.4 |

资料来源：Grzegorz W. Kołodko. Globalization and Its Impact on Economic Development [C/OL]. TIGER Working Paper Series No. 81, 2006. www.tiger.edu.pl.

虽然左右两翼政党竞争符合西方议会民主和多党竞争的发展要求，但左右两翼这种永无休止的政治斗争如果仅仅是为了一党私立而不是国家的长远发展，那么这样的政党政治斗争会在某种程度上阻碍经济社会的发展。科勒德克认为正是"政治选举的周期循环以及媒体每日的歪曲报道共同维系着公共生活，造就了目前的现实"[①]。

由此可见，无论是作为执政党还是在野党，民主左翼联盟参与波兰政治生活遵循的都是剧变后波兰建立的西方式议会民主、多党竞争制度的要求，其存在和发展本身就是波兰政治发展的重要组成部分。作为反对派的民主左翼联盟，对右翼政府的批评表达了中下层民众的要求和愿望；作为执政党的民主左翼联盟，采取措施纠正右翼政府的政策失误，实施体现社会民主党公平、公正价值观的政策。因此，无论是在野还是执政，作为波兰政坛最大和最有影响力的左翼政治力量，民主左翼联盟的存在和发展代表了波兰倾向左翼的选民和社会弱势群体的利益，起到了制衡波兰政坛右翼力量，防止右翼力量一家独大的无可替代的作用，其存在和发展也必将继续对波兰政党格局产生深远影响。

## 二、波兰民主左翼联盟对波兰左翼政治力量发展的影响

1991 年，为参加波兰剧变之后举行的第一次西方式议会选举，原执政的统一工人党的"后继党"波兰共和国社会民主党联合波兰工会全国协议会、波兰社会党、妇女民主联盟、波兰绿党等 32 个中左翼政党和社会团体成立了民主左翼联盟，截至 1997 年大选前，民主左翼联盟共包含了 33 个中左翼政党和社会团体。

---

[①] 格泽高滋·W. 科勒德克. 真相、谬误与谎言——多变世界中的政治与经济[M]. 张淑芳, 译. 北京：外文出版社, 2012：276.

为适应1997年10月通过的波兰新《宪法》的规定，1997年12月6日至7日，波兰共和国社会民主党举行第三次全国代表大会，决定把民主左翼联盟改组成政党。1999年5月17日，民主左翼联盟在华沙地方法院注册为政党。2001年，民主左翼联盟与劳动联盟组成的竞选联盟赢得大选执政。

民主左翼联盟是波兰政坛最有影响力的左翼力量。但是，在波兰除了民主左翼联盟之外，还有数量众多的左翼政党，如劳动联盟、波兰社会民主党、波兰社会党（波兰文名称为Polska Partia Socjalistyczna，波兰文简称PPS）、波兰左派（Polska Lewica，PL）、波兰劳动党（Polska Partia Pracy，PPP）、绿党2004（Zieloni 2004）、波兰共产党（Komunistyczna Partia Polski，KPP）、波兰"无产阶级"共产主义者联盟（Związek Komunistów Polskich 'Proletariat'，ZKP'P'）、国家退休与抚恤者党（Krajowa Partia Emerytów i Rencistów，KPEiR）、新左派党（Nowa Lewica，NL）、理由党（RACJA Polskiej Lewicy，RACJA PL）、左派联盟（Unia Lewicy，UL）、（独立）波兰社会党（(Niezależna) Polska Partia Socjalistyczna，(N)PPS）、全波兰工会联盟（Ogólnopolskie Porozumienie Związków Zawodowych，OPZZ）、波兰加（Polska Plus）、妇女党（Partia Kobiet，PK）等。这些左翼政党主张民主社会主义或马克思主义。

2001年，民主左翼联盟在波兰的影响力达到顶峰，其对波兰左翼政治力量的影响互相矛盾。一方面，民主左翼联盟利用其是波兰政坛最大和最有影响力的左翼政治力量不断整合其他左翼力量，扩大了左翼政治力量的影响力；另一方面，其自身的分裂和拒绝与某些左翼力量合作又削弱、限制了左翼力量扩大影响力。

2001年大选前，民主左翼联盟与劳动联盟结成竞选联盟参加大选，创纪录地赢得41.04%的支持率，时隔4年再次执政。

2004年3月，民主左翼联盟议会党团主席马雷克·博罗夫斯基率领部分民主左翼联盟成员成立了波兰社会民主党。

为参加2007年议会大选，2007年6月14日，民主左翼联盟、劳动联盟、波兰社会民主党和民主党4个中左翼政党结成新的竞选联盟——左翼与民主者联盟，但2007年的大选成绩并不理想，2008年左翼与民主者联盟解散。

2007年9月，原民主左翼联盟主席、政府总理米莱尔因抗议成立左翼与民主者联盟而组建新的左翼政党——波兰左翼党[①]，2007年议会大选该党未

---

[①] Krzysztof Jasiewicz. The (not always sweet) uses of opportunism: Post-communist political parties in Poland[J]. Communist and Post-Communist Studies, 2008(41).

能进入议会,其在波兰左翼阵营也一直未能找到自己牢固的地盘。2009年,民主左翼联盟在参加欧洲议会选举时将波兰左翼党领导人米莱尔列入候选人名单,2010年,米莱尔率领波兰左翼党重新并入民主左翼联盟。米莱尔本人2011年12月再次当选民主左翼联盟主席(他曾于2004年3月辞去民主左翼联盟主席职务)。

2013年10月,民主左翼联盟领导人米莱尔与劳动联盟领导人瓦尔德马·维特科夫斯基(Waldemar Witkowski)签署了关于参加2014年欧洲议会选举、2014年波兰地方选举以及2015年波兰议会选举双方建立联盟关系的文件,确立两党将平等合作,提交联合宣言和选举名单。①

为参加2014年欧洲议会选举,2013年,民主左翼联盟前领导人、波兰前总统克瓦希涅夫斯基牵头率领部分民主左翼联盟成员与帕里克特组建了新的中左翼联盟——欧洲加。②尽管欧洲加领导人克瓦希涅夫斯基说该组织是一个"开放"的运动,但民主左翼联盟领导人明确表示不会与欧洲加合作。③

2014年7月,民主左翼联盟与你们的运动(Your Movement)就调查波兰外长拉多斯瓦夫·西科尔斯基(Radoslaw Sikorski)和内政部长巴特洛梅伊·显凯微支(Bartlomiej Sienkiewicz)录音带丑闻达成合作意向,④民主左翼联盟支持由你们的运动牵头领导调查录音带丑闻,而你们的运动支持民主左翼联盟提出的对外长西科尔斯基和内政部长显凯微支的不信任案。2014年地方选举,民主左翼联盟本打算与你们的运动建立竞选联盟,但因联盟名称等问题双方没能合作成功。⑤

---

① Polish left parties sign coalition deal[R/OL].(2013-10-04)[2014-12-30]. http://www.warsawvoice.pl/WVpage/pages/article.php/26048/news.

② New radical pro-EU movement Europa Plus presents program[R/OL].(2013-05-10)[2014-12-30]. http://www.warsawvoice.pl/WVpage/pages/article.php/24578/news.

③ Europa Plus—A New Center-Left Party? [R/OL].(2013-04-25)[2014-12-31]. http://www.warsawvoice.pl/WVpage/pages/article.php/26127/article.

④ 2014年6月22日,英国《每日电讯报》22日报道称,一段秘密录音资料显示,2014年早些时候,波兰外交部长西科尔斯基在一次对话中称,波兰与美国的联盟关系一文不值。波兰杂志《直言》将这段西科尔斯基与国会议员罗斯托夫斯基交谈的录音资料公布在网上。录音中,西科尔斯基称:"你知道的,波兰与美国的联盟关系一文不值。"他还表示,该联盟关系造成一种错误的安全感,有百害而无一利。波兰对美国阿谀奉承,恐怕将导致与德国及俄罗斯的冲突。2014年6月,《直言》曝光波兰内政部长显凯微支与波兰央行负责人贝尔卡之间的谈话录音。在录音中,双方讨论了银行如何帮助执政的公民纲领党在2015年赢得连任,被指明显违反了银行的独立性。

⑤ Leftist parties won't create joint list to local elections[R/OL].(2014-08-25)[2015-01-06]. http://www.warsawvoice.pl/WVpage/pages/article.php/29249/news.

2014年欧洲议会大选,民主左翼联盟与劳动联盟结盟参选,获得9.44%的选票,获得5个欧洲议会席位。2019年欧洲议会选举,民主左翼联盟与劳动联盟结盟参选,民主左翼联盟获得3个席位,劳动联盟获得1个席位。

2015年7月,民主左翼联盟与你们的运动、波兰社会党、劳动联盟、绿党和波兰劳动党建立竞选联盟——统一左翼。2015年波兰议会大选,统一左翼获得7.55%的选票,未达到竞选联盟进入议会8%的最低门槛要求,未能进入议会,这是1991年民主左翼联盟参加波兰议会大选以来第一次未能进入议会,民主左翼联盟遭遇1991年波兰举行西方式自由选举以来最大的一次失败。2016年2月,统一左翼解散。

2019年8月,为参加议会大选,民主左翼联盟与左翼一起、春天组成新的竞选联盟——左翼(英文名称为The Left,波兰文名称为Lewica)。2019年波兰议会大选,左翼获得12.56%选票,共计49个议会下院席位,在议会中位列第三位。

2005年成为民主左翼联盟在波兰政坛发展的分水岭。2005年之前,民主左翼联盟是波兰左翼阵营的核心,各种左翼力量团结在民主左翼联盟身边与右翼展开斗争;2005年之后,随着民主左翼联盟在波兰政坛影响力下降,其自身不仅两次发生分裂,而且由于民主左翼联盟自身存在的种种问题等原因,使其难以像1991-2005年那样再次整合波兰政坛的左翼力量,因而限制、削弱了包括民主左翼联盟自身在内的左翼力量在波兰政坛发挥作用。因此,2005年之后,在波兰政坛一直是右翼力量占上风,而左翼力量处于下风。

但不可否认的是,虽然民主左翼联盟2005年之后在整合波兰左翼力量方面大不如从前,如未能与你们的运动等结成竞选联盟,2015年议会大选未能进入议会,但民主左翼联盟依然是波兰政坛最大的左翼力量,其对左翼力量在波兰政坛的崛起功不可没。

## 第二节 波兰民主左翼联盟的发展趋势

波兰民主左翼联盟的发展既取决于其自身能否通过调整和改革提出吸引选民的纲领,也受到波兰政坛右翼力量发展的制约和国际环境的影响。

## 一、波兰民主左翼联盟未来发展的可能性

2005年之后，民主左翼联盟的支持率维持在10%左右，只相当于2001年鼎盛时期的1/4，但不可否认的是，民主左翼联盟依然是波兰政坛最大和最有影响力的左翼力量，其多年积累的议会工作经验、多年的执政经历、数量众多的有政治经验的领导人、财政实力、在全国各地的分支机构、竞选经验、知识分子的支持、与欧洲政治结构的融合等都处于领先地位。①

面对2005年之后民主左翼联盟在波兰政坛影响力下降的严峻现实，民主左翼联盟面临的选择是，要么把自己塑造成特别强调社会公正的左翼政党，要么是中间派，或者在议会中把自己作为执政的右翼自由派的合作伙伴或是带有自由主义主张的反对派。

2013年6月16日，民主左翼联盟主持召开了2005年以来波兰左翼力量最大规模的一次集会——波兰左翼大会，约90个左翼政党和社会组织参加了此次大会。与会代表就波兰经济与全球危机、新社会政策、现代波兰与妇女解放、民主的未来等议题展开广泛讨论，②但遗憾的是，民主左翼联盟依然没能利用这样有利的时机再次整合波兰数量众多的左翼力量。

由此可以看出，作为波兰政坛最有影响的左翼政治力量，2005年之后，民主左翼联盟确实没能再用自己的影响力去整合波兰政坛的左翼力量，但也没有任何一个其他左翼政治力量获得持久和稳固的成功。尽管有人认为，只有民主左翼联盟的彻底垮台才能为波兰左翼真正的发展扫清道路③，但在最近的将来波兰政坛很难出现一个替代民主左翼联盟的左翼政党。

曾经有民意调查问到"还会投票支持其他什么政党"，结果显示民主左翼联盟处于领先地位；当问到"如果明天举行投票会选择谁"的时候，结果显示民主左翼联盟还是最受欢迎的政党。许多支持右翼公民纲领党的选民明确表示，民主左翼联盟是他们的第二选择。④对于2005年之后同属右翼阵营的法律与公正党、公民纲领党的先后执政，选民们认为这是由于民主左翼联盟

---

① Holger Politt. Left-Wing Parties in Poland[M]. //Birgit Daiber, Cornelia Hildebrandt, Anna Striethorst. From Revolution to Coalition-Radical Left Parties in Europe. Rosa-Luxemburg-Foundation, 2012: 180.

② 外国政党动态[J]. 当代世界，2013（7）.

③ Cornelia Hildebrandt, Birgit Daiber. Political Parties and Party Alliances between Norway and Turkey [R]. Rosa Luxemburg Foundation Brussels Office 2009.

④ Holger Politt. Left-Wing Parties in Poland[M]. //Birgit Daiber, Cornelia Hildebrandt, Anna Striethorst. From Revolution to Coalition-Radical Left Parties in Europe. Rosa-Luxemburg-Foundation, 2012: 179.

没能实现他们所宣称的代表社会公正的立场，因而使得关心社会福利问题的选民先后转而支持民族保守主义的法律与公正党、公民纲领党。由此可见，民主左翼联盟还是波兰选民心中最有影响力的左翼政党。

因此，笔者认为民主左翼联盟还将是波兰政坛左翼力量的主力，但民主左翼联盟的未来发展会受到其自身存在的问题及外部环境的深刻影响。

## 二、波兰民主左翼联盟自身存在的主要问题

2005年之后，民主左翼联盟在波兰政坛的影响力下降，在整合波兰政坛左翼力量上也显得力不从心，导致在与波兰政坛右翼的斗争中处于下风，究其原因，笔者认为主要是因为民主左翼联盟自身存在不少问题，主要有如下五个方面。

第一，未能兑现竞选承诺也未提出吸引选民的新纲领。民主左翼联盟两度执政期间，波兰的经济发展取得巨大成就，如愿加入欧盟，实现了"回归欧洲"的梦想。但2001年再次执政后，面对国内严峻的经济形势，民主左翼联盟为尽快实现加入欧盟的承诺，不得不采用了新自由主义的经济社会政策。该政策虽然使波兰经济得到增长，并如期实现加入欧盟的目标，但为达到入盟要求而削减财政赤字，减少财政支出，同时增加税收的政策，导致社会开支大幅缩减，因而没能解决好民生问题，失业率居高不下（见表5.3），引发民众对民主左翼联盟的不满。

表5.3　2001－2005年波兰GDP增速和失业率

单位：%

| 类别 | 2001 | 2002 | 2003 | 2004 | 2005 |
| --- | --- | --- | --- | --- | --- |
| GDP增速 | 1.0 | 1.4 | 3.8 | 5.4 | 3.4 |
| 失业率 | 17.4 | 18.0 | 18.0 | 19.1 | 17.6 |

资料来源：Grzegorz W. Kołodko. Globalization and Its Impact on Economic Development [C/OL]. TIGER Working Paper Series No. 81, 2006. www.tiger.edu.pl; Gavin Rae. Poland's Return to Capitalism:from the Socialist Bloc to the European Union [M]. London:I.B.Tauris & Co Ltd, 2008: 64.

由于没有兑现竞选承诺和提出有吸引力的竞选纲领，在2005年议会大选中，民主左翼联盟失去75%原本支持左翼政党的选民的支持，败给右翼法律与公正党。作为在野党，民主左翼联盟没能再提出吸引选民的新纲领，导致

其支持率一路下滑,从 2005 年的 11.3%跌落至 2011 年的 8.24%。①民主左翼联盟在议会中的地位从曾经的最大政党、最大反对党降至 2011 年议会五大政党的末位,2015 年议会大选首次未能进入议会。

第二,错误的定位导致失去选民支持。为扩大选民基础,尤其是为了吸引中间选民的支持,民主左翼联盟向中间党派靠拢,从左翼政党转向中左翼政党。但是,因为在波兰政坛已经有力量比较稳定的中间派政党,如波兰人民党和民主党,而执政的右翼政党也在向中间派靠拢。所以,在右翼执政党没有太大执政失误的情况下,作为左翼政党的民主左翼联盟向中间派靠拢,不仅不能吸引新的中间派选民的支持,反而容易流失原本支持它的左翼选民。2005 年之后的波兰大选结果验证了这一点。

同时,尽管民主左翼联盟认为自己是现代的、最新的左翼政治力量,但明显缺乏两类选民——女性和青年人的支持。虽然民主左翼联盟强调自己一贯特别重视性别问题,但在日复一日的残酷政治斗争及与两大右翼政党的斗争中,性别问题逐渐被忽略,民主左翼联盟逐渐失去了原本支持它的女性选民的支持。虽然民主左翼联盟以及与它有联系的组织中不乏著名的女性政治家,但决策时,男性拥有绝对的权利和优势,女性被边缘化了。出现这种状况的原因是,多年来支持民主左翼联盟的男性选民占绝对优势;在民主左翼联盟核心领导层中女性所占比例偏低,如 2001 年大选时,六个民主左翼联盟领导人中只有一位是女性,当选的民主左翼联盟议员中女性议员只占其中的 18.5%。②

从年龄结构上来说,民主左翼联盟领导层的年龄大部分是 50 岁左右(如 2001 年大选,进入议会的民主左翼联盟议员年龄结构如下:29 岁及以下占 4.5%、30—39 岁占 6%、40—49 岁占 31.5%、50—59 岁占 52%、60 岁及以上占 5.5%③),青年人比例明显偏低,这充分说明民主左翼联盟在吸引年轻选民方面做得还不够。在动员年轻的、受过良好教育的年轻选民上,民主左翼

---

① 欧洲选举数据库——波兰大选结果[DB/OL].[2015-01-10]. http://www.nsd.uib.no/european_election_database/country/poland/.

② Hieronim Kubiak. Poland's Democratic Left Alliance:Beyond Postcommunist Succession[M]. //Kay Lawson, Peter H.Merkl. When parties prosper:the uses of electoral success. London: Lynne Riemmer Publishers,Inc., 2007: 75.

③ Hieronim Kubiak. Poland's Democratic Left Alliance:Beyond Postcommunist Succession[M]. //Kay Lawson, Peter H.Merkl. When parties prosper:the uses of electoral success. London: Lynne Riemmer Publishers,Inc., 2007: 75.

联盟输给了公民纲领党。①

第三，党内腐败问题及丑闻使民主左翼联盟形象受损、渐失民心。民主左翼联盟1993－1997年执政期间，曾曝出民主左翼联盟政府总理奥莱克西是苏联时期间谍的丑闻，总理被迫辞职；1995年，民主左翼联盟候选人克瓦希涅夫斯基第一次参选总统时，团结工会借口假学历问题发动过"倒克"运动。民主左翼联盟2001－2005年执政期间，腐败问题和丑闻愈演愈烈：2000年总统大选之前，民主左翼联盟候选人、时任总统克瓦希涅夫斯基的夫人约兰塔·克瓦希涅夫斯卡娅涉嫌卷入非法政治资金交易；2005年总统选举前，波兰议会怀疑总统夫人约兰塔·克瓦希涅夫斯卡娅领导的"无障碍和谐"基金会从事非常可疑的交易，特别是有可能卷入民主左翼联盟的黑色政治资金交易，因而受到众议院调查委员会的询问；②2002年，波兰"奥尔连"石油公司总裁莫扎耶夫斯基被捕牵涉到许多政界要人，尤其包括执政的民主左翼联盟高层领导人；"雷温丑闻"也牵涉到包括民主左翼联盟主席、总理米莱尔在内的多位政要。接二连三的腐败和丑闻极大地损害了民主左翼联盟在选民中的声誉和形象，选民们认为他们只知道争权夺利，只为自己谋取私利而不是为选民服务，2005年大选，民主左翼联盟遭遇惨败与此有直接关系。

第四，未能进一步整合左翼力量。波兰社会中的左翼力量除民主左翼联盟外，还包括劳动联盟、波兰社会民主党、波兰社会党、波兰左派、波兰劳动党、绿党2004、波兰共产党、波兰"无产阶级"共产主义者联盟等数量众多的左翼政党和社会团体。

1991年，波兰共和国社会民主党联合32个中左翼政党和社会团体组建的民主左翼联盟赢得1993年大选执政；2001年，民主左翼联盟与劳动联盟结盟赢得大选执政。但2005年之后，民主左翼联盟没能再像过去一样整合波兰社会的左翼力量，甚至民主左翼联盟自身也两度发生分裂，一部分民主左翼联盟成员分别于2004年、2007年成立了波兰社会民主党、波兰左翼党。

2005年之后，民主左翼联盟虽然在整合左翼力量上也做了一些努力，但其影响与结果已经不能和2005年之前相比。例如，为参加2007年议会大选，民主左翼联盟、劳动联盟、波兰社会民主党和民主党4个中左翼政党成立了

---

① Holger Politt. Left-Wing Parties in Poland[M]. //Birgit Daiber, Cornelia Hildebrandt, Anna Striethorst. From Revolution to Coalition-Radical Left Parties in Europe. Rosa-Luxemburg-Foundation, 2012: 178.

② 波兰总统夫人卷入资金交易丑闻受波兰议会调查[N/OL].（2005-06-08）[2015-01-17]. http://news.163.com/05/0628/20/1NC3HR2S0001121S.html.

新的竞选联盟——左翼与民主者联盟，但 2007 年议会大选，左翼与民主者联盟仅得到 13.15% 的支持率共计 53 个议会席位①，2008 年春，左翼与民主者联盟解散；2013 年 10 月，民主左翼联盟与劳动联盟确立合作关系，联合提交 2014 年欧洲议会、2014 年波兰地方选举以及 2015 年波兰议会选举名单。2015 年 7 月，民主左翼联盟与你们的运动、波兰社会党、劳动联盟、绿党和波兰劳动党建立竞选联盟——统一左翼参加议会大选，因未能达到竞选联盟进入议会需要的 8% 的最低门槛而未能进入议会，2016 年 2 月，统一左翼解散。2019 年 8 月，民主左翼联盟与左翼一起、春天组成新的竞选联盟——左翼参加议会大选，获得 49 个议会下院席位，位列议会第三位。在左翼力量较为分散且处于下风的情况之下，民主左翼联盟还拒绝了一些左翼力量提出的合作倡议，如 2013 年民主左翼联盟领导人拒绝与前总统克瓦希涅夫斯基新建立的中左翼联盟——欧洲加合作参加 2014 年欧洲议会选举。民主左翼联盟与你们的运动建立竞选联盟参加 2014 年波兰地方选举的倡议也因联盟名称等问题导致双方没能合作成功，并且双方还为此互相指责。

由此可见，波兰社会左翼力量较为分散，作为最大的左翼力量的民主左翼联盟又未能很好地整合数量众多的左翼力量，因此，限制、削弱了包括民主左翼联盟自身在内的左翼力量发挥作用，这直接导致左翼力量在与右翼公民纲领党、法律与公正党的竞争中明显处于下风。

第五，执政时期没有处理好与执政联盟伙伴的关系。1993－1997 年、2001－2005 年民主左翼联盟两次与波兰人民党联合组阁执政，但在联合执政期间，民主左翼联盟没能处理好与执政联盟伙伴的关系，双方在人事问题、私有化政策、农业政策、地方自治、政府工作方法以及执政联盟内部相互沟通情况等方面存在分歧。②民主左翼联盟甚至在 2003 年 3 月把波兰人民党驱逐出执政联盟，同时解除两位波兰人民党部长级官员的职务，导致民主左翼联盟政府成为少数派政府。而民主左翼联盟的内部斗争导致米莱尔于 2003 年 3 月初辞去民主左翼联盟主席职务，2004 年 5 月 2 日又辞去政府总理之职。这些给选民造成了民主左翼联盟不是为选民服务而是争权夺利、自私自利、为自己牟取私利的印象，因而在大选中失去民心。

总之，民主左翼联盟自身存在的问题是导致民主左翼联盟影响力下降的

---

① 欧洲选举数据库——2007 年波兰大选结果[DB/OL]. [2015-01-20]. http://www.nsd.uib.no/european_election_database/country/poland/.

② 王京尘. 波兰政坛冲突始末[J]. 时事报告，1995（4）。

主要原因。

## 三、波兰民主左翼联盟面临的外部挑战

2005 年之后，民主左翼联盟在波兰政坛的影响力下降，固然有其自身的内在原因，但也受到了欧洲政治大环境、全球化、信息化等外部因素的影响。

20 世纪 90 年代中期开始，欧盟等国的社会民主党纷纷上台执政，欧洲政坛逐渐呈现一片粉红的"玫瑰色"①。1994 年 5 月，荷兰工党在大选中获胜，之后欧洲几个大国的左翼政党纷纷上台执政，如法国社会党人密特朗 1981－1995 年连续两届担任法国总统，创历史纪录，1988－1993 年法国社会党组阁执政，1997 年由社会党和共产党组成的左翼联盟赢得大选获得组阁权；英国工党在 1997 年、2001 年、2005 年连续三次赢得大选，蝉联执政达 13 年之久；德国社会民主党 1998 年、2002 年两次赢得大选执政。截至 1998 年底，当时欧盟 15 国中除爱尔兰和西班牙是右翼执政外，其余 13 国是以社会民主党为主体的左翼政党或中左翼联合执政。

1998 年，英国工党领袖、首相布莱尔将其治国理政的思想理念和政策主张加以系统化总结，发表了《第三条道路：新世纪的新政治》，标志着"第三条道路"思想正式问世。布莱尔倡导的"第三条道路"思想汲取和融合了西方中左翼的自由主义和民主社会主义两大政治思潮中的进步价值，是对传统民主社会主义和保守主义右翼政党的超越，被认为是"进步的中左力量在英国和其他地方正在形成的新政治的最好的称号"②。2000 年 6 月，14 个国家的社会民主党齐聚德国柏林，参加了在那里举行的世界中左翼政党首脑会议，彼此交流经验，畅谈"21 世纪的进步管理"。与会代表共同发表了题为《21 世纪的进步管理》的声明，强调全球化能给人们带来的好处，如促进繁荣发展、改善不平等状况、加强国际交流与合作等。

20 世纪 90 年代中期之后的十余年，以英国首相托尼·布莱尔（工党）、德国总理格哈特·施罗德（社会民主党）以及西班牙总理何塞·路易斯·罗德里格斯·萨帕特罗（工人社会党）等社会民主党人倡导和实践的"第三条道路"在欧洲大行其道，"第三条道路"在世界上的影响达到了顶峰。

---

① 社会民主党的国际性组织——社会党国际以粉红色玫瑰为标志，因此，国外舆论多以"玫瑰色"形容左翼政党或政府。
② 林建华，张友军，李华峰. 冷战后欧盟诸国社会民主党政坛沉浮研究[M]. 北京：人民出版社，2010：106.

在欧美主要国家政治风向左转影响之下，中东欧国家的政治风向也从剧变初期的集体右转再次左转，同属社会民主党、接近或赞同"第三条道路"思想的中东欧国家的左翼政党纷纷上台执政。1993年，波兰民主左翼联盟赢得大选执政，波兰成为中东欧国家左翼最早走上执政舞台的国家，2001年民主左翼联盟再次赢得大选执政。

但是进入21世纪之后，欧洲主要大国的政治风向发生逆转，欧洲政坛从一片"玫瑰色"变成了一片"蓝色"[1]。到2002年6月，在原欧盟国家中，除瑞典、英国、德国、希腊四国还是左翼政党执政外，其他原欧盟国家政权纷纷旁落右翼政党。2009年初，原欧盟主要国家只有西班牙、英国、奥地利和葡萄牙等国是左翼政党执政，而英国工党在2010年大选中不敌右翼保守党，在连续执政13年之后黯然下台，2011年西班牙工人社会党败给右翼人民党下台，2005年10月，右翼的德国基督教民主联盟主席安格拉·默克尔蝉联德国总理至今。

在欧洲政治风向右转的背景下，中东欧国家的左翼政党在与本国右翼政党的竞争中也纷纷败下阵来。2005年波兰议会大选，执政的民主左翼联盟与劳动联盟组成的竞选联盟得票率仅为11.31%，比2001年大选少了3/4（41.04%），只获得55个下院席位，比2001年少了161席。2007年波兰大选，民主左翼联盟、波兰社会民主党、劳动联盟和民主党组成了名为左翼与民主者联盟的竞选联盟参加大选，但只得到13.15%的支持率，在议会中位列第三，获得53个议会席位。2011年大选，民主左翼联盟得票率跌落至8.24%，在议会中位列第五，共获得27个下院席位。[2]作为2015年波兰议会大选风向标的2014年11月波兰地方议会选举，民主左翼联盟只获得28个席位，执政的公民纲领党和波兰人民党则分别获得179和159个席位，反对党法律与公正党获得169个席位。[3]2015年波兰议会大选，右翼法律与公正党得票率37.58%，获得235个议会席位，超过460个议会总席位的半数，获得单独组阁权；而由民主左翼联盟、劳动联盟和波兰劳动党等6个中左翼政党组成的联合左翼得票率仅为7.55%，[4]没能达到进入议会所需8%的得票率门槛。波

---

① 蓝色是右翼保守政党的代表性色彩。
② 根据欧洲选举数据库波兰2005、2007、2011年大选结果整理[DB/OL]. [2015-01-25]. http://www.nsd.uib.no/european_election_database/country/poland/.
③ Ruling party PO secures surprise win in local elections, opposition PiS questions results[R/OL]. (2014-11-24) [2015-01-26]. http://www.warsawvoice.pl/WVpage/pages/article.php/30160/news.
④ https://en.wikipedia.org/wiki/Polish_parliamentary_election,_2015 [DB/OL]. [2017-12-6].

兰剧变后，左翼第一次无缘进入议会，这在波兰历史上是史无前例的。

此外，全球化、信息化这些新形势也不可避免地对民主左翼联盟的未来发展产生影响。全球化条件下工会的作用在下降，工会代表放弃了政党的概念，失去了对抗的兴趣；①产业结构和就业结构的变化使传统工人阶级不仅数量减少而且其内部构成也更加复杂，受过高等教育的脑力劳动者数量超过体力劳动者。工人阶级队伍的萎缩和结构的变化导致民主左翼联盟传统选民基础被削弱，民主左翼联盟面临如何扩大其意识形态的包容性、扩大选民基础的挑战。

同时，信息化使得不同文化程度、价值观念和利益阶层的群体通过基于互联网的新媒体等信息工具沟通交流、表达诉求，促进了多元价值观和思想观念的传播，这使得民主左翼联盟的主流意识形态遭到弱化并面临多方面的挑战，即：组织成员的活动范围从现实社会更多地转向网络虚拟社会，尤其对于青年人来说，网络已经成为他们获取知识、社会交往、发表意见的主渠道；信息化条件下，"金字塔式"的纵向传播模式被"网络矩阵式"的扁平化的即时传播模式取代，导致拥有广泛基层组织的民主左翼联盟依靠传统的由上而下层层传达信息的方式受到挑战；网络对民主左翼联盟与选民联系和沟通的方式提出了挑战；网络新媒体的出现使得民主左翼联盟必须重新审视与媒体的关系，利用新媒体宣传自己的主张，及时了解社会舆情变化，及时调整政策，利用新媒体在选民中塑造自己的良好形象，建立与各种利益主体的新对话机制等新问题亟待解决。②

"唯物辩证法认为外因是变化的条件，内因是变化的根据，外因通过内因而起作用。"③民主左翼联盟影响力的减弱固然受到欧洲政治风向右转、全球化、信息化等外部因素的影响，但这并不是导致民主左翼联盟影响力下降的主要原因，主要原因也即内因还在于其自身存在的问题。如果民主联盟内部不出现问题，"咬定青山不放松"，那么外因就不可能起作用，正所谓"千磨万击还坚劲，任尔东西南北风"。

因此，笔者认为总结经验教训、适时调整战略对民主左翼联盟非常重要。如果不能适应新形势发展的需要，那么民主左翼联盟的未来发展也必然受到

---

① 李涛，聂运麟.世界范围内全球化对左翼的挑战——德国特里尔国际学术会议综述[J].社会主义研究，2005（1）.

② 赵磊.调整中的东欧中左翼政党[J].当代世界，2005（2）.

③ 毛泽东选集（第一卷）[M].北京：人民出版社，1991：302.

限制，要想东山再起，重现当年的辉煌恐怕是遥遥无期。而如果能认真总结经验教训，适应形势发展调整战略，那么作为波兰最具影响力的左翼力量，再加上其丰富的执政经验和长期积累的宝贵资源，民主左翼联盟东山再起也不是不可能的事情。

# 结　语

作为由原来执政的共产党转变而来的社会民主主义性质的左翼政党，波兰民主左翼联盟是中东欧国家第一个重新执政的左翼政治力量，其发展在中东欧国家由原来执政的共产党转变而来的社会民主党中具有典型代表性。

波兰民主左翼联盟以民主社会主义作为意识形态指导思想，其主张充分显示了社会民主主义性质。波兰民主左翼联盟强调把国家利益视为最高价值，主张服务波兰。在政治上主张实行议会民主、三权分立、多党竞争和地方自治；在经济上主张社会公正，多种经济成分共同发挥作用，把市场经济同国家的干预因素和国家承担社会福利责任结合起来，主张在波兰建立社会市场经济；在社会建设上主张权利平等、机会平等，在波兰实行福利国家制度；在思想文化上主张社会生活不可剥夺的价值是包容，主张言论自由、宗教信仰自由，主张政教分离，国家对公民信仰何种宗教持中立态度；在国际问题上，支持波兰加入国际一体化进程，反对新自由主义的全球化，维护欧洲社会模式，赞同社会党国际提出的在国际关系中实现和平、公正、公平和文明进步与建立东西南北关系新秩序的主张。波兰民主左翼联盟的目标是把波兰建成"自由、民主、平等、公正、团结"的国家，将在波兰实现民主社会主义作为最高理想。

作为执政党，波兰民主左翼联盟实行的国内外政策主张与西欧传统社会民主党的政策主张基本一致。但是，面对波兰严峻的社会经济形势、窘迫的财政状况和来自执政联盟伙伴的压力，波兰民主左翼联盟执政时采取的某些政策主张也会偏离传统社会民主党的立场，实行比前任右翼政府更为右倾的内外政策，明显与其基本理论主张背道而驰，这表现出波兰民主左翼联盟政治实践的功利性要大于其理论的原则性。例如：波兰民主左翼联盟在第二任期为加速推进波兰加入欧盟的进程，背离其左翼立场，实行了新自由主义的社会经济政策，削减社会开支、增加税收，国家承担的社会服务功能逐渐社会化、商业化；伊拉克战争爆发后，民主左翼联盟在对外政策上坚定地支持美国发动的伊拉克战争，与法国社会党、德国社会民主党等西欧主要社会民主党的立场截然不同，在欧洲社会民主党中招致普遍批评。究其原因，笔者认为这是因为波兰民主左翼联盟存在的主要目标是谋求执政，相对而言，其意识形态属性并不是最重要的。另外，由于受到全球化、信息化等影响，为了扩大选民基础，波兰民主左翼联盟必须不断扩大其意识形态的包容性，从而不可避免地使其从西欧社会民主党那里借鉴、学习来的民主社会主义的意识形态发生变异。因此，有人认为波兰民主左翼联盟空有社会民主党之名而无社会民主党之实也就不足为奇了。

波兰民主左翼联盟之所以能在波兰两次执政，其主要原因在于：第一，波兰民主左翼联盟具有其他政党所不具备的资源优势；第二，转轨造成的痛苦使人们出现了怀旧情绪，波兰民主左翼联盟成为很多人怀念社会主义的寄托；第三，实用主义的纲领迎合了选民们的需求；第四，在选民中树立了新形象，尽可能地扩大了自己的选民基础，赢得了更多支持；第五，充分利用右翼执政的失误来为自己加分；第六，新的竞选规则对波兰民主左翼联盟这样的大党更有利。

波兰民主左翼联盟从巅峰到谷底的主要原因包括：第一，波兰民主左翼联盟执政后没能兑现其竞选承诺，参与或容忍腐败，大搞裙带关系，党内派系斗争导致波兰民主左翼联盟分裂，最终失去选民支持；第二，自由化的经济社会政策导致的失误引发了民众的反感和不满；第三，与执政联盟伙伴波兰人民党矛盾不断；第四，受腐败和丑闻指控；第五，党建中的失误迫使大批党员退党并导致党的分裂。

未来波兰民主左翼联盟的发展，首先取决于其能否克服自身存在的一些问题，如波兰民主左翼联盟如何保持自己的左翼特色；能否提出吸引选民支持的新纲领；能否克服和解决党内存在的腐败问题；能否再次整合波兰的各派左翼政治力量；等等。其次取决于其未来能否有效应对外部环境带来的压力与挑战，如欧洲政治风向的右转，全球化、信息化提出的挑战等。这些对波兰民主左翼联盟来说无疑都是艰巨的挑战。

由于时间、资料、语言及本人理论水平的限制，笔者对波兰民主左翼联盟的党风党纪、经费管理等问题的研究在文中没有涉及，对其基本理论与西欧传统社会民主党的比较、与波兰国内其他左翼政党的比较未及深入研究，这些问题都有待日后继续深入研究探讨。

此外，受笔者知识背景、眼界的限制，再加上马克思主义理论功底有待进一步提高，因而，关于波兰民主左翼联盟的理论及内外政策主张的梳理及分析还欠缺一定的理论高度。同时，在观点表述、遣词造句和行文格式上，笔者也会存在不妥之处，恳请各位专家学者不吝赐教、批评指正，多提宝贵意见，以利于笔者今后进一步深入研究，提高关于波兰民主左翼联盟的研究水平，在此对各位专家学者表示深深的感谢！

# 参考文献

[1] What does the Wikipedia say? [EB/OL]. [2012-08-16]. http://www.sld.org.pl/strony/40-english.html.

[2] 波兰国家概况[EB/OL]. (2014-09)[2014-10-12]. http://www.fmprc.gov.cn/mfa_chn/gjhdq_603914/gj_603916/oz_606480/1206_606722/.

[3] 张志军将访问英国、波兰、保加利亚和捷克[EB/OL]. (2007-11-09) [2012-08-16]. http://www.idcpc.org.cn/xwb/071109-2.htm.

[4] 王兆国会见波兰民左联党代表团[EB/OL]. (2004-02-02)[2012-08-16]. http://www.idcpc.org.cn/duiwai/niandugaikuang/2004/040202.htm.

[5] 驻波兰大使徐坚拜会波兰民主左派联盟党主席米莱尔[N/OL]. (2012-10-25)[2012-11-20]. http://www.chinadaily.com.cn/hqgj/jryw/2012-10-26/content_7347743.html.

[6] 波兰民主左派联盟党选出奥莱克西为新主席[N/OL]. (2004-12-19) [2012-08-16]. http://news.163.com/41219/8/17V0UMUA0001121Q.html.

[7] 姜琦, 张月明. 悲剧悄悄来临——东欧政治大地震的征兆[M]. 上海: 华东师范大学出版社, 2001.

[8] 张月明, 姜琦. 政坛10年风云——俄罗斯与东欧国家政党研究[M]. 上海: 上海社会科学院出版社, 2005.

[9] 天鹅绒分离[OL]. [2014-01-16]. http://zh.wikipedia.org/wiki/天鹅绒分离.

[10] Hungary: Parliamentary Election 1990[DB/OL]. [2013-02-05]. http://eed.nsd.uib.no/webview/index.jsp?study=http://129.177.90.166:80/obj/fStudy/HUPA1990_Display&mode=cube&v=2&cube=http://129.177.90.166:80/obj/fCube/HUPA1990_Display_C1&top=yes.

[11] Czech Republic: Parliamentary Election 1990[DB/OL]. [2013-02-05].

http://eed.nsd.uib.no/webview/index.jsp?study=http://129.177.90.166:80/obj/fStudy/CZPA1990_Display&mode=cube&v=2&cube=http://129.177.90.166:80/obj/fCube/CZPA1990_Display_C1&top=yes.

[12] 王志连. 东欧社会民主主义政党执政的若干经验教训[J]. 科学社会主义, 2007（3）.

[13] 王秋准. 东欧共产党社会民主党化探析[J]. 聊城大学学报（社会科学版），2008（2）.

[14] Vincentas Vobolevičius. The Left or the Right? The Political Logic Behind the Economic Policies of the Communist Successor Parties in Central Europe[J]. Baltic Journal of Law & Politics, 2009, 2(2).

[15] Andras Bozoki, John T. Ishiyama. The Communist Successor Parties of Central and Eastern Europe[M]. New York: M. E. Sharpe,Inc.,2002.

[16] Anna M. Grzymała-Busse. Redeeming the Communist Past: The Regeneration of Communist Successor Parties in East Central Europe[M]. Cambridge: Cambridge University Press, 2002.

[17] Csaba Nikolenyi. Coordination problem and grand coalition: the puzzle of the government formation game in the Czech Republic[J]. Communist and Post-Communist Studies, 2003(36).

[18] John E. Jackson, Bogdan W. Mach, Radosław Markowski. Electoral Success among Post-Communist Parties[C]. Paper presented at the annual meeting of the American Political Science Association, Washington, DC, 2005-09-01.

[19] 高歌. 剧变后东欧国家左翼政党发展过程中的三个为什么——东欧左翼政党发展态势初探[J]. 东欧中亚研究，1998（6）.

[20] 科勒德克. 波兰转型的思考：公私合伙鼓励中小企业发展[J/OL]. 财经国家周刊，（2011-07-27）[2013-05-16]. http://focus.news.163.com/11/0727/12/79VGOSOR00011SM9.html.

[21] Cornelia Hildebrandt, Birgit Daiber. Political Parties and Party Alliances between Norway and Turkey[R]. 2009.

[22] Social Democratic Party of Poland after one year (brief outline) [R/OL]. [2013-02-08]. http://www.sdpl.pl/index.php/ida/27/.

[23] 欧洲选举数据库波兰历次大选[DB/OL]. [2013-02-10]. http://www.

nsd.uib.no/european_election_database/country/poland/.

[24] Partia Demokratyczna–demokraci.pl[OL]. [2013-03-03]. http://en.wikipedia.org/wiki/Democratic_Party_-_demokraci.pl.

[25] 欧盟宪法公投[OL]. [2014-07-05]. http://baike.baidu.com/link?url=q8MkzXaCj2dZNlsZsa43IIBlsf5pv2UZEQS8_GaXenQaUywdFgLpyDlygkVXO0C83xUX-gb_9tcGIC3R9bVQIa.

[26] 波兰人民党[OL]. [2013-03-06]. http://zh.wikipedia.org/wiki 波兰人民党/.

[27] Law and Justice[OL]. [2013-03-10]. http://en.wikipedia.org/wiki/Law_and_Justice.

[28] 王冲. 前苏联集团的"去共产主义"潮[J]. 财经杂志, 2010 (9).

[29] 徐刚. 新民粹主义——中东欧政治现象的解读[N]. 学习时报, 2013-07-08.

[30] 大西洋主义[OL]. [2014-09-06]. http://baike.baidu.com/view/1028579.htm.

[31] Civic Platform[OL]. [2013-03-16]. http://en.wikipedia.org/wiki/Civic_Platform.

[32] 高德平. 列国志·波兰[M]. 北京: 社会科学文献出版社, 2005.

[33] Hieronim Kubiak. Poland's Democratic Left Alliance:Beyond Postcommunist Succession[M]. //Kay Lawson,Peter H.Merkl. When parties prosper:the uses of electoral success. London: Lynne Riemmer Publishers, Inc., 2007.

[34] Jack Bielasiak. The Institutionalization of Electoral and Party Systems in Postcommunist States[J]. Comparative Politics, 2002, 34(2).

[35] 圣拉古计算法[OL]. [2013-04-11]. http://zh.wikipedia.org/wiki/圣拉古法.

[36] 1997 年波兰共和国宪法英文版[OL]. (1997-04-02) [2013-04-18]. http://www.sejm.gov.pl/prawo/konst/angielski/kon1.htm.

[37] 波兰共和国社会民主党[OL]. [2014-03-20]. http://xuewen.cnki.net/read-R2006080980000926.html.

[38] Aleks Szczerbiak. The new Polish political parties as membership organizations[J]. Contemporary Politics, 2001, 7(1).

[39] Voytek Zubek. The eclipse of Walesa's political career[J]. Europe-Asia Studies, 1997, 49(1).

[40] Aleks Szczerbiak. Interests and Values: Polish Parties and their Electorates

[J]. Europe-Asia Studies, 1999, 51(8).

[41] Voytek Zubek. The Phoenix Out of the Ashes: The Rise To Power of Poland's Post-Communist SdRP[J]. Communisf and Post-Communist Studies, 1995, 28(3).

[42] Voytek Zubek. The Reassertion of the Left in Post-communist Poland[J]. Europe-Asia Studies, 1994, 46(5).

[43] Voytek Zubek. The Fragmentation of Poland's Political Party System[J]. Communist and Post-Communist Studies, 1993, 26(1).

[44] 刘悌和，陈凤英. 波兰左翼力量政府及其内外政策[J]. 国际研究参考，1993（12）.

[45] Gavin Rae. Poland's Return to Capitalism:from the Socialist Bloc to the European Union[M]. London: I.B.Tauris & Co Ltd, 2008.

[46] Program of The Social Democracy of The Republic of Poland[R/OL]. [2013-05-12]. http://library.fes.de.

[47] 孙谦，韩大元. 世界各国宪法·欧洲卷[M]. 北京：中国检察出版社，2012.

[48] 王福兴. 波兰的民主社会主义[J]. 当代世界与社会主义，2000（2）.

[49] 王正泉. 剧变后的原苏联东欧国家（1989－1999）[M]. 东方出版社，2001.

[50] Grzegorz W. Kolodko. Globalization and Its Impact on Economic Development [C/OL]. （2006-01）[2013-05-22]. www.tiger.edu.pl.

[51] Krzysztof Jasiewicz. The (not always sweet) uses of opportunism: Post-communist political parties in Poland[J]. Communist and Post-Communist Studies, 2008(41).

[52] 欧洲议会大选[DB/OL]. [2013-05-30]. http://eed.nsd.uib.no/webview/index.jsp?study=http%3A%2F%2F129.177.90.166%3A80%2Fobj%2FfStudy%2FPLEP2004_SUM_Display&mode=cube&v=2&cube=http%3A%2F%2F129.177.90.166%3A80%2Fobj%2FfCube%2FPLEP2004_SUM_Display_C1&top=yes.

[53] 欧洲议会[DB/OL]. [2014-11-06]. http://www.europarl.europa.eu/elections2014-results/en/country-results-pl-2014.html.

[54] New Leader of the Left [N/OL]. （2008-06-11）[2013-05-20]. http://www.warsawvoice.pl/WVpage/pages/article.php/18073/article.

[55] Holger Politt. Left-Wing Parties in Poland[M]. //Birgit Daiber, Cornelia Hildebrandt,Anna Striethorst. From Revolution to Coalition-Radical Left Parties in Europe. Rosa-Luxemburg-Foundation, 2012.

[56] 魏伟. 外国政党塑造自身公众形象的动因及做法[J]. 当代世界，2010（12）.

[57] Erhan Buyiikakinci. The Neo-Communist Parties and Power in Central and Eastern Europe: Change in Political Discourses and Foreign Policy Positions[J]. East European Quarterly, 2005(3).

[58] Jane Leftwich Curry. Poland's ex-communists: from pariahs to establishment players[M]. // Jane Leftwich Curry,Joan Barth Urban. The left transformed in post-communist societies : the cases of East-Central Europe, Russia, and Ukraine. Lanham: Rowman & Littlefield Publishers, 2003.

[59] L. Skiba. The people, the programme and the governments of the Democratic Left Alliance (SLD) [M]. // L. Kopecek. Trajectories of the Left, Social Democratic and (Ex-)Communist Parties in Contemporary Europe: Between Past and Future. Brno:Democracy and culture studies centre, 2005.

[60] F.Millard. Elections in Poland 2001:Electoral Manipulation and Party Upheava[J]. Communist and Post-Communist Studies, 2003(36).

[61] Aleks Szczerbiak. Cartelisation in post-communist politics: State party funding in post-1989 Poland[J]. European Politics and Society, 2001, 2(3).

[62] Aleks Szczerbiak. Party Structure and Organizational Development in Post-Communist Poland[J]. Journal of Communist Studies and Transition Politics, 2001, 17(2).

[63] P.G. Lewis. Party Funding in post-communist east central Europe. [M].// Burnell, Ware. Funding Democratization. Manchester: Manchester University Press.

[64] Aleks Szczerbiak. State party funding and patronage in post-1989[M]. //Petr Kopecky. New Political Parties and the State in Post-communist Europe. London: Taylor & Francis Ltd, 2008.

[65] Transparency International Corruption Perception Index, 2002, 2003, 2004 [R/OL]. [2013-06-15]. http://www.transparency.org.

[66] 林建华,张有军,李华锋. 冷战后欧盟诸国社会民主党政坛浮沉研究[M].

北京：人民出版社，2010.

[67] Natalia Letki. Lustration and Democratisation in East-Central Europe[J]. Europe-Asia Studies, 2002, 54(4).

[68] Kieran Williams, Brigid Fowler, Aleks Szczerbiak. Explaining Lustration in Central Europe: A "Post-communist Politics" Approach[J]. Democratization, 2005, 12(1).

[69] Noel Calhoun. The Ideological Dilemma of Lustration in Poland[J]. East European Politics and Societies, 2002, 16(1).

[70] Aleks Szczerbiak. Dealing with the Communist Past or the Politics of the Present? Lustration in Post-Communist Poland[J]. Europe-Asia Studies, 2002, 54(4).

[71] 曾天. 什么是波兰的"第三条道路"？[J]. 当代世界社会主义问题，1997(1).

[72] 刘邦义. 哥穆尔卡评传[M]. 北京：中共中央党校出版社，1995.

[73] 塔德·舒尔茨. "布拉格之春"前后[M]. 北京：新华出版社，1983.

[74] Thomas Meyer. The Third Way at the Crossroads[R/OL]. [2013-07-20]. http://www.fes.de.

[75] Dan Hough. Third Way or New Ways? The Post-Communist Left in Central Europe[J]. The Political Quarterly, 2005, 76(2).

[76] 波兰共和国社会民主党宣言[R/OL].（1990-01-28）[2013-07-20]. http://baike.so.com/doc/5772959.html#5772959-5985732-2.

[77] 东欧一些国家的政党和学者主张建立"社会市场经济"[J]. 社科信息文荟，1994（6）.

[78] 王志连，姬文刚. 波兰左翼政党发展演变探析[J]. 当代世界与社会主义，2006（6）.

[79] JUTRO BEZ OBAW Program dla Polski[R/OL].[2013-07-22]. www.sld.org.pl.

[80] Manifest programowy : Nowy wiek - nowy Sojusz Lewicy Demokratycznej, Socjaldemokratyczny program dla polski[R/OL].[2013-07-25]. http://library.fes.de.

[81] Piotr Buras. Polish social democracy, policy transfer and programmatic change[J]. Journal of Communist Studies and Transition Politics, 2005, 21(1).

[82] Statute of the The Social Democracy of The Republic of Poland[R/OL]. (1990-01-28) [2013-08-20]. http://library.fes.de.

[83] What does our statutes say? [EB/OL]. [2013-08-20]. http://www.sld.org.pl/strony/40-english.html.

[84] Declaration of principles[R/OL]. [2013-08-22]. http://www.socialistinternational.org/viewArticle.cfm?ArticleID=31.

[85] About the PES[EB/OL]. [2013-08-22]. http://www.pes.eu/about_us.

[86] Linda J.Cook, Mitchell A.Orenstein. The Return of the Left and Its Impact on the Welfare State in Poland, Hungary and Russia[M]. //Linda J.Cook, Mitchell A.Orenstein, Marilyn Rueschemeyer. Left Parties and Social Policy in Postcommunist Europe. Oxford: Westview Press, 1999.

[87] Aleks Szczerbiak. Old and New Divisions in Polish Politics: Polish Party' Electoral Strategies and Bases of Support[J]. Europe-Asia Studies, 2003, 55(5).

[88] Anna Pacześniak. How much Left is there on the Left? The views of SLD party members[C].

[89] 马屹. 简评民主社会主义在东欧演进的几个阶段[J]. 今日东欧中亚, 1999（2）.

[90] 未来取决于政府自我改革——专访波兰前副总理科勒德克[J/OL]. （2011-11-23）[2013-09-05]. http://comments.caijing.com.cn/20111123/1189569_2.shtml.

[91] 格泽高滋·W. 科勒德克. 真相、谬误与谎言——多变世界中的政治与经济[M]. 张淑芳，译. 北京：外文出版社，2012.

[92] Grzegorz W. Kolodko. Strategy for Poland[C/OL]. [2013-09-15]. www.tiger.edu.pl.

[93] Grzegorz W. Kolodko. Strategy for Poland Package 2000[C/OL]. [2013-09-15]. www.tiger.edu.pl.

[94] Bruno Dallago. Privatization: The Teaching of Western Experiences[M]. //Ivan Major. Privatization and Economic Performance in Central and Eastern Europe :Lessons to be Learnt from Western Europe. Cheltenham: Edward Elgar Publishing Limited, 1999.

[95] Barbara Blaszczyk,Grazyna Gierszewska, Michal Gorzynski. Privatization

and Company Restructuring in Poland[M]. //Ivan Major. Privatization and Economic Performance in Central and Eastern Europe:Lessons to be Learnt from Western Europe. Cheltenham: Edward Elgar Publishing Limited, 1999.

[96] Ivan Major. Company Restructuring after Privatization in a Comparative Perspective: Lessons from Four Central and East European Countries[M].// Ivan Major. Privatization and Economic Performance in Central and Eastern Europe: Lessons to be Learnt from Western Europe. Cheltenham: Edward Elgar Publishing Limited ,1999.

[97] 苏永乐. 波兰经济转轨概观（1989－2000）[J]. 陕西经贸学院学报，2001（6）.

[98] 中国驻波兰大使馆经济商务参赞处. 波兰私有化概况及部分经验教训[R/OL].（2006-01-13）[2013-09-20]. http://euroasia.cass.cn/news/107221.htm.

[99] 国家转型系列之——波兰[OL].（2012-08-26)[2013-09-20]. http://blog.ifeng.com/article/19598039.html.

[100] Central Statistical Office. Small Statistical Yearbook 1997[R]. 1997.

[101] 伊象. 波兰的经济发展之路[J]. 今日东欧中亚. 1999（2）.

[102] 格热戈日·W. 科勒德克. 新兴市场应从波兰大变革中汲取的经验教训[C/OL].[2013-09-27]. www.tiger.edu.pl.

[103] 何起东，诸廷助. 波兰私有化进程及其评价[OL]. [2013-09-28]. http://www.doc88.com/p-99830325714.html.

[104] Grzegorz W. Kolodko, D. Mario Nuti. The Polish Alternative: Old myths, Hard Facts and New Strategies in the Successful Transformation of the Polish Economy[C/OL]. [2013-10-09]. http://www.tiger.edu.pl/english/kolodko/publikacje.htm.

[105] 余泽清. 波兰政府经济纲领及其实施后的效应[J]. 俄罗斯中亚东欧研究. 1991（06）.

[106] 周伟. 2004年波兰经济形势回顾[J]. 俄罗斯中亚东欧市场，2005（7）.

[107] Bolesław Domański. Industrial change and foreign direct investment in the postsocialist economy: The Case of Poland[J]. European Urban and Regional Studies, 2003, 10(2).

[108] 波兰成东欧经济发展的领头羊，GDP增长率将达6%[N/OL].(2004-10-

19）[2013-10-15]. http://www.chinadaily.com.cn/gb/doc/2004-10/19/content_383645.htm.

[109] 胡德巧，王小卓，叶英，等. 波兰促进就业的做法及启示[J]. 宏观经济管理，2006（4）.

[110] 朱晓中. 十年巨变·中东欧卷[M]. 北京：中共党史出版社，2004.

[111] 波兰前副总理兼财长：新自由主义败下阵来[N/OL].（2011-11-14）[2013-10-26]. http://international.caixin.com/2011-11-14/100326167_all.html.

[112] NOWOCZESNA WIEŚ-KONKURENCYJNE ROLNICTWO[R/OL]. [2013-11-06]. www.sld.pl.

[113] 陈吉元，张兴华，孟秀云. 波兰农业考察报告[J]. 经济学动态，1998（10）.

[114] Arne Henningsen. Why is the Polish farm sector still so underdeveloped? [J]. Post-Communist Economies, 2009, 21(1).

[115] Silvia Borzutzky, Emmanuel Kranidis. A Struggle for Survival: The Polish Agricultural Sector from Communism to EU Accession[J]. East European Politics and Societies, 2005(19).

[116] 波兰概况[R/OL].（2003-08-14）[2013-11-20]. http://www.china.com.cn/chinese/zhuanti/oyx/580303.htm.

[117] 万伦来，黄咏梅，朱骏锋. 波兰农业信贷政策及启示：基于信贷配给的视角分析[J]. 乡镇经济，2008（3）.

[118] 黄朝禧. 波兰的农产品生产与市场供给状况考察[J]. 华中农业大学学报（社会科学版），2001（4）.

[119] 成长的波兰农业[N]. 国际经贸消息报，2002-11-19.

[120] 金钊. 波兰：时间将证明一切[N/OL].（2004-5-14）[2013-11-20]. http://www.people.com.cn/GB/guoji/1031/2496983.html.

[121] 国家计委宏观经济研究院赴波兰考察团. 波兰农业发展政策印象[J]. 经济研究参考，2003（58）.

[122] 捷克、波兰变革后的财政支农政策[J]. 农村财政与财务，2001（4）.

[123] Hilary Ingham, Mike Ingham. How Big is the Problem of Polish Agriculture?[J]. Europe-Asia Studies, 2004, 56(2).

[124] 王波，杨广. 波兰吸引外资的举措[J]. 全球科技经济瞭望，2005（5）.

[125] 高空. 中东欧国家吸引外资与外资立法[J]. 俄罗斯中亚东欧研究, 2009（3）.

[126] 苑质辰. 波兰文化教育现状[J]. 国际论坛, 1992（3）.

[127] otwarta kultura Kultura i dziedzictwo narodowe w programie SLD[R/OL]. [2014-01-15]. www.sld.org.pl.

[128] 李庆本, 吴慧勇. 欧盟各国文化产业咨询报告[M]. 郑州: 大象出版社, 2008.

[129] 波兰概况[R/OL].（2006-11-16）[2014-01-18]. http://news.qq.com/a/20100410/001660_2.htm.

[130] 波兰国家概况[EB/OL].（2015-03）[2015-03-01]. http://www.fmprc.gov.cn/mfa_chn/gjhdq_603914/gj_603916/oz_606480/1206_606722/.

[131] Culture in 2012[R/OL]. [2014-01-22]. http://stat.gov.pl/en/topics/culture-tourism-sport/.

[132] 李怡楠. 波兰: 打好海外文化推广"阵地战"[N]. 中国文化报, 2014-09-04.

[133] Rowne Szanse Program SLD dla edukacji Sojusz Lewicy Demokratycznej [R/OL]. [2014-03-06]. http://www.sld.org.pl/.

[134] Agnieszka Paczynska. Inequality,Political Participation, and Democratic Deepening in Poland[J]. East European Politics and Societies, 2005(19).

[135] 波兰教育制度[OL].（2013-03-19）[2014-03-09]. http://www.liuxue86.com/a/1017937.html.

[136] 何雪莲. 波兰、匈牙利、捷克私立高等教育财政政策述评[J]. 民办教育研究, 2007（2）.

[137] 杨昌锐. 政治转型后波兰高等教育改革述评[J]. 外国教育研究, 2009（2）.

[138] 豪尔斯·加尔塞斯, 等. 匈牙利、波兰和捷克的福利国家建设[J]. 王新颖, 译. 当代世界与社会主义, 2004（5）.

[139] Jozefina Hrynkiewicz. From Socialist to Liberal Utopia:Changed in Poland's Social Policy since 1989[M]. //Anna Kwak, Robert Dingwall. Social Change, Social Policy and Social Work in the New Europe. Brookfield: Ashgated Publishing Ltd, 1998.

[140] Michael J. G. Cain, Aleksander Surdej. Transitional Politics or Public

Choice? Evaluating Stalled Pension Reforms in Poland[M]. //Linda J.Cook, Mitchell A.Orenstein, Marilyn Rueschemeyer. Left Parties and Social Policy in Postcommunist EuropeOxford: Westview Press, 1999.

[141] Anna Kwak. Family Policy and Family Life in Poland[M]. //Anna Kwak, Robert Dingwall. Social Change, Social Policy and Social Work in the New Europe. Brookfield: Ashgated Publishing Ltd, 1998.

[142] 居民消费价格指数[OL]. [2014-04-22]. http://baike.baidu.com/link?url=fizvZ-u0S1qlk1szIprfmNRqeRrNnEHTil0_oLp8-GMoWmCtJRnH9RV4AHpFENDH3JldYQi6P-zpMcp1G050keOZ8SjEA4vMZKyUQFsSpBzuwPinyVssoZ8T2-IZj9GB.

[143] 华盛顿共识（Washington Consensus）[OL]. [2015-04-21]. http://baike.baidu.com/link?url=hIDPZGfzp4zu5l2kBVEvAIMvxDYDp4kHfLbcCDdSyeiNB0VIncmsP0jLdaILJd1HS5IdI_fbXstDj5k8TH72Nq.

[144] Growing stronger together: Five commitments for the next five years, Manifesto of the Party of European Socialists for the June 2004 European Parliament elections.[R/OL]. (2004-04-24)[2014-06-09]. http://www.pes.eu/.

[145] PES manifesto. People First: A New Direction for Europe [R/OL]. [2014-06-19]. http://www.pes.eu/.

[146] Reproductive freedom news from the Center for Reproductive Law & Policy, 1996, 5(19).

[147] Gillian Pascall, Nick Manning. Gender and social policy: comparing welfare states in Central and Eastern Europe and the former Soviet Union[J]. Journal of European Social Policy, 2000(10).

[148] RAPORT-CZY PRAWA KOBIET BĘDĄ OGRANICZONE? [R/OL]. [2014-06-23]. http://www.sld.org.pl/.

[149] 陈振. OECD 国家幼儿教育投入机制对我国的启示[J]. 当代学前教育, 2009（6）.

[150] Eva Fodor, Christy Glass, Janette Kawachi, Livia Popescu. Family policies and gender in Hungary, Poland and Romania[J]. Communist and Post-Communist Studies, 2000, 35.

[151] Socjaldemokratyczny program dla młodego pokolenia [R/OL]. [2014-06-

25］. http://www.sld.org.pl/.

[152] European Statistics. Total public expenditure on education ［DB/OL］. ［2014-07-06］. http://epp.eurostat.ec.europa.eu/tgm/table.do?tab=table&plugin=1&language=en&pcode=tps00158.

[153] European Statistics. Public expenditure on education ［DB/OL］. ［2014-07-06］. http://epp.eurostat.ec.europa.eu/tgm/table.do?tab=table&init=1&language=en&pcode=tsdsc510&plugin=1.

[154] A Pact for growth and jobs in Europe ［R/OL］. (2012-06-28). ［2014-07-19］. http://www.pes.eu/.

[155] PES manifesto. Towards a new Europe ［R/OL］. (2014-03). ［2014-07-19］. http://www.pes.eu/.

[156] 彼得·贝格尔. 神圣的帷幕：宗教社会学理论之要素[M]. 高师宁，译. 上海：上海人民出版社，1991.

[157] 波兰[M]. 刘杉杉，等译. 北京：中国水利水电出版社，2006.

[158] 耶日·卢克瓦斯基，郝伯特·扎瓦德斯基. 波兰史[M]. 常程，译. 上海：东方出版中心，2011.

[159] Andrzej Korbonski. Poland ten years after: the church[J]. Communist and Post-Communist Studies, 2000(33).

[160] Ryszard Zieba. Transformation of Polish Foreign Policy[J]. The Polish foreign affairs digest, 2004 (4).

[161] Trouble at the Top[N/OL]. （2003-04-03）［2014-08-01］. http://www.warsawvoice.pl/WVpage/pages/article.php/1879/article.

[162] Left against political campaigning in churches[N/OL]. （2013-09-09）［2014-08-06］. http://www.warsawvoice.pl/WVpage/pages/article.php/25781/news.

[163] 刘祖熙. 波兰通史[M]. 北京：商务印书馆，2006.

[164] Kerry Longhurst, Marcin Zaborowski. The New Atlanticist: Poland's Foreign and Security Policy Priorities[M]. London: Blackwell Publishers, 2007.

[165] 罗曼·德莫夫斯基[OL]. ［2014-08-20］. http://baike.so.com/doc/1383834.html.

[166] Presentation of Polish Foreign Policy in 1994 expose by the Ministy of

Foreign Affair in Sejm[R]. (1994-05-02).

[167] 郭大成，金孜虞. 波兰！波兰！从这里读懂欧洲历史[M]. 沈阳：辽宁教育出版社，2011.

[168] Expose by Minister of Foreign Affairs of the Republic of Poland Dariusz Rosati to the Diet of the Republic of Poland[R]. (1996-05-09).

[169] Expose by Minster of Foreign Affairs Dariusz Rosati to the Diet of the Republic of Poland[R]. (1997-05-08).

[170] Information of the Government of the Republic of Poland on the Polish foreign policy in the year 2003[R]. (2003-1-22).

[171] Włodzimierz Cimoszewicz. Government information on the Polish foreign policy in the year 2004[R]. (2004-1-21).

[172] Adam Daniel Rotfeld. Government information on the Polish foreign policy presented by the Minister of Foreign Affairs[R]. (2005-01-21).

[173] Coproponujemy Polakom w obszarze polskiej polityki zagranicznej?[R/OL]. [2014-08-29]. www.sld.org.pl.

[174] Grzegorz W. Kolodko. Globalization-Challenges and Opportunities for Transition Economies[C/OL].(2003-06)[2014-09-06]. www.tiger.edu.pl.

[175] 金雁，秦晖. 十年沧桑：东欧诸国的经济社会转轨与思想变迁[M]. 上海：上海三联书店，2004.

[176] Expose by Minister of Foreign Affairs of Poland, Wlodzimierz Cimoszewicz, to the Diet of the Republic of Poland on the Main Lines of Polish Foreign Policy in2002[R]. 2002-03-04.

[177] The Sejm expose of Wladyslaw Bartoszewski the Minster of Foreign Affairs of the Repblic of Poland[R]. 1995-05-24.

[178] 孔田平. 波兰的欧盟政策与入盟谈判战略[J]. 欧洲研究，2004（2）.

[179] 赵远方.2010 年波兰经济欧洲"一枝独秀"[J/OL]. 国际在线，2010（12）[2014-09-17]. http://gb.cri.cn/27824/2010/12/29/5187s3106135.htm.

[180] Address by Minister Foreign Affairs Włodzimierz Cimoszewicz entitled "The Enlargement of the EU and the Processes in the Union, including the Constitutional Treaty" [C/OL]. [2014-09-20]. http://www.iep-berlin.de.

[181] New EU Member Poland Oppose "Core Europe" within Bloc[N/OL]. （2005-01-21）[2014-09-21]. http:www.eubusiness.com/archive/Institutions/

050121154646.49upoikm/.

[182] 杨烨. 欧盟东扩中的"波兰现象"评析[J]. 俄罗斯中亚东欧研究, 2004 (4).

[183] David H.Dunn. Poland: America's New Model Ally[M]. //Marcin Zaborowski, David H.Dunn. Poland-A New Power in Transatlantic Security. London: Frank Cass Publishers, 2003.

[184] 周伟. 浅谈冷战后波美关系[J]. 俄罗斯中亚东欧研究, 2007（4）.

[185] Getting the Priorities Straight 2003[N/OL]. （2003-01-30）[2014-09-25]. http://www.warsawvoice.pl/WVpage/pages/article.php/1062/article.

[186] 莫洛托夫-里宾特洛甫条约[OL]. [2014-09-27]. http://baike.haosou.com/doc/6955347-7177779.html.

[187] "POLAND's VIEW ON GLOBAL SECURITY ISSUES"- A lecture of the Minister for Foreign Affairs of the Republic of Poland - Włodzimierz CIMOSZEWICZ, at the University of New South Wales, Sydney[R/OL]. （2003-03-03）[2014-09-30]. http://www.msz.gov.pl/en/news/aktualnosc_2026.

[188] Kerry Longhurst. From Security Consumer to Security Provider-Poland and Transatlantic Security in the Twenty-First Century[M]. //Marcin Zaborowski, David H.Dunn. Poland-A New Power in Transatlantic Security. London: Frank Cass Publishers, 2003.

[189] MACIEJ CELEWICZ, MONIKA NIZIOŁ-CELEWICZ. RELATIONS BETWEEN POLAND AND ITS EASTERN NEIGHBOURS AFTER THE 1999 NATO ENLARGEMENT[C]. UNISCI DISCUSSION PAPERS, 2006.

[190] Przemyslaw Grudzinski. A View From Poland: What Now, Who Next? in Simon Serfaty NATO at 50: What Now, Who Next, What Else?[C]. Washington DC: CSIS, 1999.

[191] Sarah Meiklejohn Terry. Poland's foreign policy since 1989: the challenges of independence[J]. Communist and Post-Communist Studies, 2000(33).

[192] Andrew A. Michta. Poland: A Linchpin of Regional Security[M]. // Andrew A. Michta. America's new Allies:Poland, Hungary and the Czech Republic in NATO, Seattle: Univ. of Washington Press, 1999.

[193] POLITICAL PERISCOPE[N/OL].（2003-10-23）[2014-10-10].http://www.warsawvoice.pl/WVpage/pages/article.php/3870/article.

[194] United Nations reform[R/OL].[2014-10-12].http://www.msz.gov.pl/en/foreign_policy/international_organisations/united_nations/un_reform/.

[195] 波兰外长说改变安理会结构并非联合国改革最重要的问题[N/OL].（2005-06-25）[2014-10-15].http://news.xinhuanet.com/world/2005-06/25/content_3132965.htm.

[196] Taking Europe out of financial and economic crisis: An Urgent European Plan of Action[R/OL].(2008-11-05)[2014-10-18].http://www.pes.eu/.

[197] 约瑟夫·奥莱克西. 当代变革对左翼社会的挑战[J]. 姚永祥，译. 当代世界，2012（7）.

[198] 鲍莱克参赞谈波兰经济形势与国企私有化问题[N/OL].（2010-12-25）[2014-10-26].http://news.163.com/10/1225/10/6OO9UHO100014JB5.html.

[199] Małgorzata Kaczorowska. Polish Foreign Policy[N/OL].（2005-03-08）[2014-10-29].http://www.warsawvoice.pl/WVpage/pages/article.php/7898/article.

[200] 波兰总统批准实施新国家安全战略 增强反恐能力[N/OL].（2003-09-09）[2014-11-01].http://news.sohu.com/34/41/news213004134.shtml.

[201] Press Conference with Polish Deputy Foreign Minister Adam Rotfeld [EB/OL].（2004-09-17）[2014-11-06].http://2001-2009.state.gov/s/d/former/armitage/remarks/36288.htm.

[202] Marcin Zaborowski. Germany, Poland and Europe:Conflict, co-operation and Europeanisation[M]. Machester: Machester University Press, 2004.

[203] 朱晓中. 中东欧与欧洲一体化[M]. 北京：社会科学文献出版社，2002.

[204] 熊炜. 统一以后的德国外交政策（1990—2004）[M]. 北京：世界知识出版社，2008.

[205] 2013年波兰统计年鉴[DB/OL].[2014-11-12].http://www.fmprc.gov.cn/mfa_chn/gjhdq_603914/gj_603916/oz_606480/1206_606722/.

[206] 中国驻波兰经济商务参赞处. 波兰吸引外商直接投资情况[R/OL].[2014-11-12].http://ccn.mofcom.gov.cn/spbg/show.php?id=4649.

[207] Vanda Knowles. Security and Defence in the New Europe: Franco-Polish Relations-Victim of Neglect? [M]. // Zaborowski,David H.Dunn. Poland-A

New Power in Transatlantic Security. London:Frank Cass Publishers, 2003.

[208] Silke Pottebohm. Poland and Britain: The Future of an Atlanticist Partnership in Europe[M]. //Zaborowski, David H.Dunn. Poland-A New Power in Transatlantic Security. London: Frank Cass Publishers, 2003: 135.

[209] Kai-Olaf Lang. The German-Polish Security Partnership within the Transatlantic Context-Convergence or Divergence?[M]. //Zaborowski, David H.Dunn. Poland-A New Power in Transatlantic Security. London: Frank Cass Publishers, 2003.

[210] 亚马尔-欧洲天然气管道2号线重启风波不断[N/OL].（2013-05-01）[2014-11-26]. http://www.csgcn.com.cn/news/show-19134.html.

[211] Fatih Ozbay, Bulent Aras. Polish-Russian Relations:History, Geography and Geopolitics[J]. East European Quarterly, 2008(1).

[212] 卡廷惨案[OL].［2015-03-06］. http://baike.haosou.com/doc/39987-41771.html? from=232802&redirect=merge.

[213] 斯摩棱斯克空难[OL].［2015-03-06］. http://www.baike.com/wiki/斯摩棱斯克空难.

[214] George Sanford. Overcoming the Burden of History in Polish Foreign Policy[J]. Journal of Communist Studies and Transition Politics, 2003, 19(3).

[215] Minton F. Goldman. Polish-Russian relations and the 2004 Ukrainian Presidential elections[J]. East European Quarterly, 2006(4).

[216] 杜海龙. 试析冷战后白俄罗斯与波兰关系[D]. 北京：外交学院，2013.

[217] 惠一鸣. 欧盟共同外交和安全战略中的特洛伊木马[M]. //胡荣花. 欧洲未来：挑战与前景. 北京：中国社会科学出版社，2005.

[218] 美国最常见的12个族群[N/OL].（2012-07-11）[2014-12-01]. http://club.china.com/data/thread/12171906/2743/42/40/2_1_home.html.

[219] Ian Fisher. The US and Its Leader Are Popular With Poles[N]. The New York Times, 2001-06-16.

[220] A Commitment To Europe[N]. Editorial, The Washington Post, 2001-04-29.

[221] 波兰俄罗斯就反导基地问题举行磋商[N/OL].（2008-01-11）[2014-12-05]. http://euroasia.cass.cn/news/80221.htm.

[222] 杨泽伟. 防扩散安全倡议：国际法的挑战与影响[J]. 中国海洋法学评论，2008（2）.

[223] 新闻分析：美国与波兰深化特殊关系[N/OL].（2003-06-01）[2014-12-09]. http://news.xinhuanet.com/world/2003-06/01/content_898447.htm.

[224] Remarks With Polish Foreign Minister Adam Rotfeld After Meeting with the Secretary Condoleezza Rice[R/OL].（2005-02-05）[2014-12-09]. http://2001-2009.state.gov/secretary/rm/2005/41848.htm.

[225] HEARD IN PASSING[R/OL].（2003-02-07）[2014-12-10]. http://www.warsawvoice.pl/WVpage/pages/article.php/1218/article.

[226] 中华人民共和国和波兰共和国联合公报[EB/OL].（1997-11-17）[2014-12-15]. http://www.fmprc.gov.cn/mfa_chn/gjhdq_603914/gj_603916/oz_606480/1206_606722/1207_606734/t5428.shtm.

[227] 中华人民共和国商务部. 对外投资合作国别（地区）指南——波兰[R/OL].[2014-12-16]. http://fec.mofcom.gov.cn/gbzn/upload/bolan.pdf.

[228] 中国同波兰的关系[R/OL].[2014-12-17]. http://www.fmprc.gov.cn/mfa_chn/gjhdq_603914/gj_603916/oz_606480/1206_606722/sbgx_606726/.

[229] 中华人民共和国和波兰共和国联合声明[EB/OL].（2004-06-08）[2014-12-20]. http://www.gov.cn/gongbao/content/2004/content_62850.htm.

[230] 波兰政党列表[OL].[2014-12-28]. 维基百科, http://zh.wikipedia.org/wiki/波兰政党列表.

[231] Polish left parties sign coalition deal[R/OL].（2013-10-04）[2014-12-30]. http://www.warsawvoice.pl/WVpage/pages/article.php/26048/news.

[232] New radical pro-EU movement Europa Plus presents program[R/OL].（2013-05-10）[2014-12-30]. http://www.warsawvoice.pl/WVpage/pages/article.php/24578/news.

[233] Europa Plus—A New Center-Left Party?[R/OL].（2013-04-25）[2014-12-31]. http://www.warsawvoice.pl/WVpage/pages/article.php/26127/article.

[234] Left-wing parties united by tape scandal[R/OL].（2014-07-02）[2015-01-05]. http://www.warsawvoice.pl/WVpage/pages/article.php/28734/news.

[235] Leftist parties won't create joint list to local elections[R/OL].（2014-08-25）[2015-01-06]. http://www.warsawvoice.pl/WVpage/pages/article.php/29249/news.

[236] 外国政党动态[J]. 当代世界，2013（7）.
[237] 波兰总统夫人卷入资金交易丑闻受波兰议会调查[N/OL].（2005-06-08）[2015-01-17] http://news.163.com/05/0628/20/1NC3HR 2S0001121S.html.
[238] 王京尘. 波兰政坛冲突始末[J]. 时事报告，1995（4）.
[239] Ruling party PO secures surprise win in local elections, opposition PiS questions results[R/OL]. (2014-11-24)[2015-01-26]. http://www.warsawvoice.pl/WVpage/pages/article.php/30160/news.
[240] 李涛，聂运麟. 世界范围内全球化对左翼的挑战——德国特里尔国际学术会议综述[J]. 社会主义研究，2005（1）.
[241] 赵磊. 调整中的东欧中左翼政党[J]. 当代世界，2005（2）.
[242] 毛泽东选集（第一卷）[M]. 北京：人民出版社，1991.

**主要网站：**
[1] 波兰民主左翼联盟：http://www.sld.org.pl.
[2] 华沙之声：http://www.warsawvoice.pl.
[3] 欧洲社会党：http://www.pes.eu/.
[4] 社会党国际：http://www.socialistinternational.org.
[5] 中共中央对外联络部：http://www.idcpc.org.cn/index_zhongwen.htm.

# 后 记

本书稿是在我的博士论文基础上修改完成的,能够成书需要感谢的人太多太多,但同时也感到很忐忑,因为这并不是一份令人满意的作业。

居里夫人曾说:"不管一个人取得多么值得骄傲的成绩,都应该饮水思源,应该记住是自己的老师为他们的成长播下了最初的种子。"在书稿成文之际,首先要特别感谢我的博士导师丁军教授。1997年,我离开山东大学踏上工作岗位,初来南开即有幸被分到丁老师所在的当代世界经济与政治教研室。丁老师作为教研室主任对刚刚踏上讲台的我给予了诸多帮助,使我顺利完成了从学生到教师的角色转换。在我成家之时,丁老师与当代教研室的各位同事把我当作自己的女儿出嫁,使身在异地的我感受到了家的温暖;在我人生发展的重要阶段更有幸师从丁老师攻读博士学位。在读博期间,老师的教诲与鞭策是我不断前行的动力。在学业上,丁老师严格要求,在论文选题、开题、写作和修改过程中,丁老师悉心指导,提出了极其宝贵的意见。可以说没有丁老师的指导,我不可能顺利完成论文的写作。在工作和生活上,丁老师也是我学习的榜样,让我明白了很多为人处世的道理。丁老师勤奋工作,爱岗敬业,取得了累累硕果,获得了诸多荣誉;丁老师爱生如子,对学生的厚爱得到了学生的尊敬与爱戴。有幸师从丁老师于我不只是学到了专业知识,更重要的是学到了很多做人做事的道理,这些会让我受用终身。师恩难忘,学生唯有不断努力,才能不辜负老师的辛勤教导和殷殷期望。

感谢南开大学马克思主义学院纪亚光教授、平章起教授、赵铁锁教授、武东生教授、杨谦教授、寇清杰教授、赵美玲教授、陈弘教授、孙寿涛教授、韦幼苏副教授,以及研究生公共教研室的各位同仁在我读博士期间对我学业和工作上的大力支持;感谢马克思主义学院陈平老师、张建生老师、马亚男老师、张雪梅老师、谷自力老师、郑文娟老师、王迪老师、袁婧老师在工作和学习上为我提供的支持和帮助。感谢南开大学图书馆馆际互借处苏东老师、申巍老师，南开大学外国语学院李玉平老师，中央编译局政党研究所朱昔群老师，以及国家图书馆和上海图书馆素未谋面的老师们对我的无私帮助。

书稿能够完成还要特别感谢德国弗里德里希·艾伯特基金会（FES）拉兹克（Jeannette Ladzik）女士、克努特·德特莱夫森（Kunt Dethlefsen）先生和茱莉亚·沃尔特（Julia Walter）女士，哈佛大学的丹尼尔·齐布拉特（Daniel Ziblatt）先生，欧洲社会党总部的阿格涅斯卡·利西克（Agnieszka Lisik）女士和安·林德（Ann Linde）女士为我提供了非常有帮助的信息；感谢波兰议会下院的德特乌什·伊文斯基（Tadeusz Iwinski）先生，波兰拉萨尔研究所的米沙·萨卡（Micha Syska）先生，德国弗里德里希·艾伯特基金会的英戈·萨夫蒙森（Ingo Schafhausen）女士、露丝·西蒙斯（Ruth Simons）女士和蒂纳·施罗德（Tina Schröder）女士，欧洲社会党总部的埃莉克里斯塔科普卢（Elli Chrysanthakopoulou）女士，波兰外交部的马里乌什·科辛斯基（Mariusz Kosiński）先生为我提供的关于波兰共和国社会民主党和波兰民主左翼联盟的极其宝贵的研究资料。我与他们素昧平生，但在我发去求助信息后，他们或者给我提供了非常有帮助的信息或者为我传递来珍贵的资料，很多资料是非常宝贵的第一手资料。在我苦于寻求资料的过程中，他们跨越国界的无私帮助如雪中送炭，对我完成研究起到了至关重要的作用。我要向他们学习，把这种助人为乐的精神传递下去，在别人需要帮助时伸出援手提供力所能及的帮助。

感谢清华大学肖贵清教授、天津师范大学杨仁忠教授和王秀阁教授、北京师范大学王树荫教授、天津大学孙兰英教授、南开大学武东生教授及寇清杰教授提出的宝贵意见，这些宝贵意见使该书稿得到了进一步的完善。

感谢天津市哲学社会科学规划基金给予的大力支持（项目编号 TJKS18-004《中国发展模式与中东欧模式的比较研究》）。

感谢生我养我的父母给我的鼓励和支持。一生以自己的孩子为骄傲的父母，含辛茹苦把我们姐弟三人养大，不幸的是弟弟英年早逝，白发人送黑发人的心痛只有亲历者才能深深体会。本希望自己能替弟弟尽孝以减轻二老失去爱子的痛苦，但我至亲至爱的父亲还是没能等到我博士毕业，没能等到我亲手把自己的第一本专著交到他手中就匆匆离我而去。每每想到父亲有生之年没能好好在他身边尽孝，在他病重期间也没能好好照顾他，"子欲养而亲不待"的遗憾让我时时感到心痛。现在只能在父亲周年祭奠之时讲给父亲听，希望父亲的在天之灵能听到、看到女儿的一点点进步。也请父亲放心，我会把母亲照顾好，多陪伴母亲，尽我所能把他无比牵挂的孙儿、孙女照顾好，完成父亲的遗愿，告慰父亲的在天之灵。感谢亲爱的姐姐、姐夫对父母的照顾，有你们在父母身边我才能安心在外学习和工作。

感恩公婆的支持与厚爱，感谢四位姑姐一直以来给予小妹的爱护和理解，能顺利完成书稿也离不开你们的大力支持。

感谢亲爱的老公林伟先生对我的全力支持，有你的支持我才能全身心地投入工作和学业。感谢可爱的女儿林佳雯，女儿的期待是对我最大的鞭策。老公常说希望女儿做个"学二代"，今后我将全力做好女儿成长路上的后盾。

本书的出版得到了南开大学出版社的大力支持，感谢李佳编辑和刘兵编辑给予悉心指导，在此致以衷心感谢。

我深知这并不是一份完美的作业，其中还有许多不能令人满意的地方，今后我还需要继续努力，才能报答师恩和大家的关心、支持与厚爱。再多的语言也不能表达我此时此刻对大家的感谢，唯有把这种支持、帮助与感谢化作进一步前行的动力，带着一颗感恩的心继续前行。

李玉萍

2021年8月中信珺台家中